U0494125

作　者（以姓氏笔画为序）

王　军　王　进　叶　华　史宇婷　刘河庆　闫雅琪　杜婷婷
李蔓莉　杨永娇　吴少龙　何蛟龙　张　东　张蕴洁　周　文
周　怡　曹薇娜　梁　宏　蔡正广　蔡　禾　蔡　畅

中国劳动力动态调查：

2017年报告

REPORT ON CHINA LABOR-FORCE

DYNAMIC SURVEY (2017)

主 编/蔡 禾

社会科学文献出版社
SOCIAL SCIENCES ACADEMIC PRESS (CHINA)

"2016 中国劳动力动态调查"为中山大学"双一流"专项

项目负责人 蔡　禾

项目执行单位 中山大学社会科学调查中心

中山大学社会科学调查中心名誉主任 林　南（美国杜克大学社会学教授）

中山大学社会科学调查中心主任、教授 蔡　禾

中山大学社会科学调查中心执行主任、教授 梁玉成

"中国劳动力动态调查"学术顾问委员会

主任委员 郝令昕（美国约翰·霍普金斯大学社会学系教授）

委　　员（以姓氏笔画为序）

刘远立（美国哈佛大学公共卫生学院教授）

边燕杰（美国明尼苏达大学社会学系教授）

吴晓刚（香港科技大学社会科学部教授）

周　敏（美国加州大学社会学系教授）

唐文方（美国爱荷华大学政治学系教授）

梁　在（美国纽约州立大学奥本尼分校社会学系教授）

谢　宇（美国密歇根大学社会学系教授）

谭康荣（香港中文大学社会学系教授）

"中国劳动力动态调查"调查合作机构（以机构名称笔画为序）

山西医科大学、广西师范大学、天津理工大学、云南大学、中山大学、中国青年政治学院、内蒙古大学、长春工业大学、西北大学、西北师范大学、成都理工大学、华中科技大学、华东师范大学、华北电力大学（保定）、华侨大学、江西财经大学、安徽农业大学、沈阳工程学院、青海师范大学、郑州轻工业学院、南京理工大学、贵州民族大学、重庆工商大学、济南大学、浙江工商大学、黑龙江工程学院、湖南农业大学、新疆师范大学

前　言

《中国劳动力动态调查：2017 年报告》是基于中山大学社会科学调查中心完成的 2016 年"中国劳动力动态调查"（China Labor-force Dynamic Survey，以下简称 CLDS）系列的第三份报告。《中国劳动力动态调查报告》系列以 CLDS 所收集的最新的劳动力数据为依据，使用科学严谨的研究方法和统计分析工具，力图为政府、企业界、社会及学界提供针对中国劳动力现状的可靠信息。为了让读者对 2017 年报告和 CLDS 有更为清晰和准确的了解，下文将对 CLDS 进行简要的介绍。[①]

CLDS 是中山大学社会科学调查中心设计并实施的一项全国追踪调查计划，旨在通过对中国城乡以村/居为追踪范围的家庭、劳动力个体开展每两年一次的动态追踪调查，系统地监测村/居社区的社会结构和家庭、劳动力个体的变化和相互影响，建立劳动力、家庭和社区三个层次上的追踪数据库，从而为进行实证导向的高质量的理论研究和政策研究提供基础数据。

CLDS 聚焦于中国劳动力的现状与变迁，内容涵盖教育、工作、迁移、健康、社会参与、经济活动、基层组织等众多研究议题，是一项跨学科的大型追踪调查。CLDS 样本覆盖中国 29 个省、自治区、直辖市（除港澳台、西藏、海南外），调查对象为样本家庭户的全部劳动力（年龄 15～64 岁的家庭成员）。在抽样方法上，采用多阶段、多层次与劳动力规模成比例的概率抽样方法（Multistage cluster, stratified, PPS sampling）。

CLDS 是一项连续性调查，每两年开展一次，并采用轮换样本追踪方式，既能较好地反映中国快速的变迁状况，又能兼顾横截面调查和追踪调查的特点。其设计是以社区为追踪范围，每个社区以及社区中的样本家庭和劳动力连续调查四轮（6 年），然后该社区以及社区中的样本家庭和劳动力退出调查，同时一个新的轮换社区样本以及社区中的样本家庭和劳动力将产生并替代退出

[①] 关于中国劳动力动态调查更详细的项目介绍请参考中山大学社会科学调查中心网站、《中国劳动力动态调查：2013 年报告》、《中国劳动力动态调查：2015 年报告》。

的轮换样本。在连续四轮调查期间,如果样本家庭整体迁出样本社区,将不再跟踪并从样本框中产生新的家庭样本。其操作是,将社区样本总体随机分成4份,按照表1的顺序进行轮换。

表1 "中国劳动力动态调查"社区样本轮换

调查年份	1				2			
2012	1	2	3					
2014	1	2	3	4				
2016		2	3	4	1'			
2018			3	4	1'	2'		
2020				4	1'	2'	3'	
2022					1'	2'	3'	4'

由于轮换样本追踪方式的设计,2016年CLDS的调查对象分为追踪样本和新增样本两个部分(见图1)。

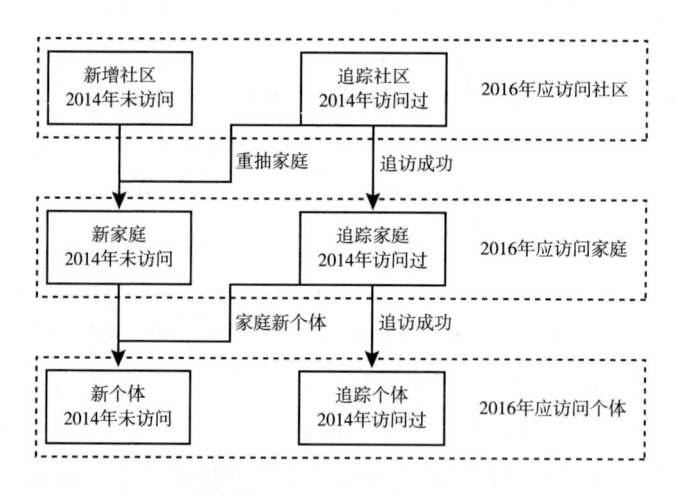

图1 2016年CLDS新增和追踪调查对象

考虑到调查成本、调查时间以及重复抽样的问题,CLDS不会对所有被访问家庭的家庭成员进行访问。对于同住家庭成员,只要符合劳动力年龄或者超过年龄但在劳动状态,都需要回答个人问卷;对于非同住家庭成员,当被访者在农村地区,非同住成员目前是农业户籍,是家庭问卷回答者的晚辈和同辈,

前言

并且现住地是在乡镇街道之外时,需要家庭成员代答其问卷;对于非同住家庭成员,当被访者居住在居委会社区,为非流动人口家庭(户主户口与居住地在同市),而非同住成员为流动人口(户籍与居住地不在同一个市的),并且是家庭问卷回答者的晚辈和同辈时,需要家庭成员代答其问卷;对于同住的非家庭成员,只有居住满6个月,并且处于劳动力年龄或者超过年龄但在劳动状态的,才需要回答个人问卷。

所有基线家庭成员及其今后的血缘/领养子女,都被视作CLDS的基因成员,成为追踪对象。基因成员,主要指具有家庭关系或血缘关系的直系后代亲属。离去基因成员,是针对追踪家庭而言的。家庭基因成员如果不住在家里,且不住在家里的原因为嫁出、离婚或者分家的,属于新组家庭,这些家庭如果还住在本社区,本次需要调查新成立的家庭。CLDS的基因成员所在家庭,只要仍在被调查的社区,也是CLDS当年的访问对象,不过一旦这些家庭没有基因成员存在(如基因成员从属于新的家庭或者死亡),则终止调查。具体问卷生成规则如图2所示。

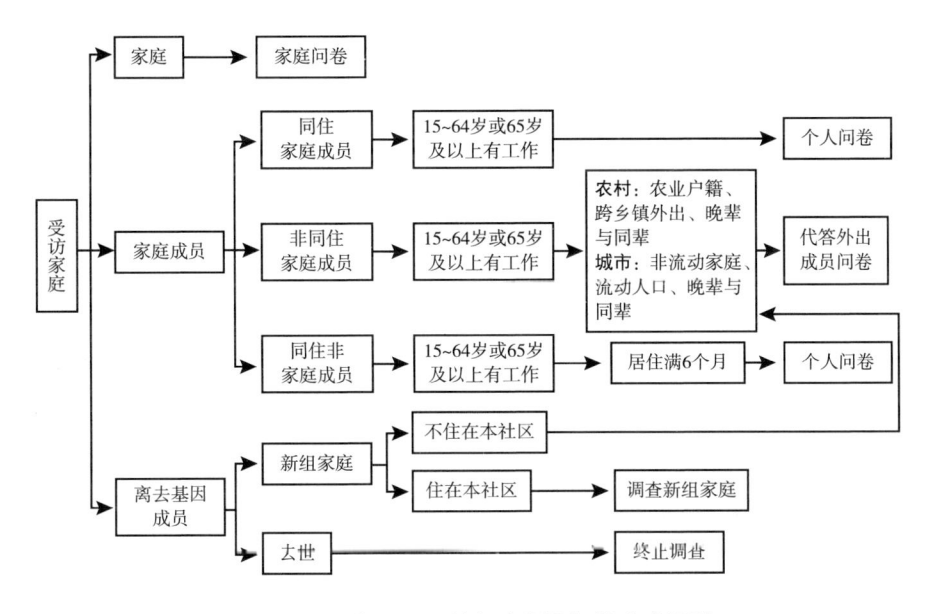

图2 2016年CLDS访问流程及问卷生成规则

CLDS 2016围绕劳动力议题,在家庭层面及个人层面上设计收集与劳动力相关的不同信息,如图3所示。

003

```
┌──────────────┐    ┌─────────────────────────────────────────────┐
│ 社区背景情况  │───│社区背景情况：社区劳动力结构、劳动力迁移、宗族、│
│              │    │土地与经济、社区环境与设施、社区治理等          │
└──────────────┘    └─────────────────────────────────────────────┘

┌──────────────┐    ┌─────────────────────────────────────────────┐
│ 家庭背景情况  │───│家庭基本情况：家庭人口、家庭环境、住房、家庭经济、│
│              │    │耐用消费品、家庭消费、流动人口家庭、农村家庭农业、│
│              │    │农村家庭扶贫                                  │
└──────────────┘    └─────────────────────────────────────────────┘

┌──────────────┐    ┌─────────────────────────────────────────────┐
│劳动者背景情况 │───│个人基本情况：出生时间、性别、婚姻状况、出生地、│
│              │    │父母情况、户口情况、政治面貌、保险情况          │
└──────────────┘    └─────────────────────────────────────────────┘
```

教育与迁移历史

你是否有过工作经历 — 是 / 否

2015年1月以来是否工作过 — 是 / 否

目前或2015年1月以来最近这份工作的基本情况：
工作时间、收入、职业、单位、行业、雇人情况

你现在是否有工作 — 是 / 否

工作相关情况

1. 雇员：工资计算方式、劳动权益、工作自主性、劳资纠纷等
2. 雇主：资产与经营、生产伙伴、创业条件、制度环境等
3. 自雇：工作规律、自雇原因、创业条件、创业投入等
4. 务农：农闲与农忙时间

上一份工作情况

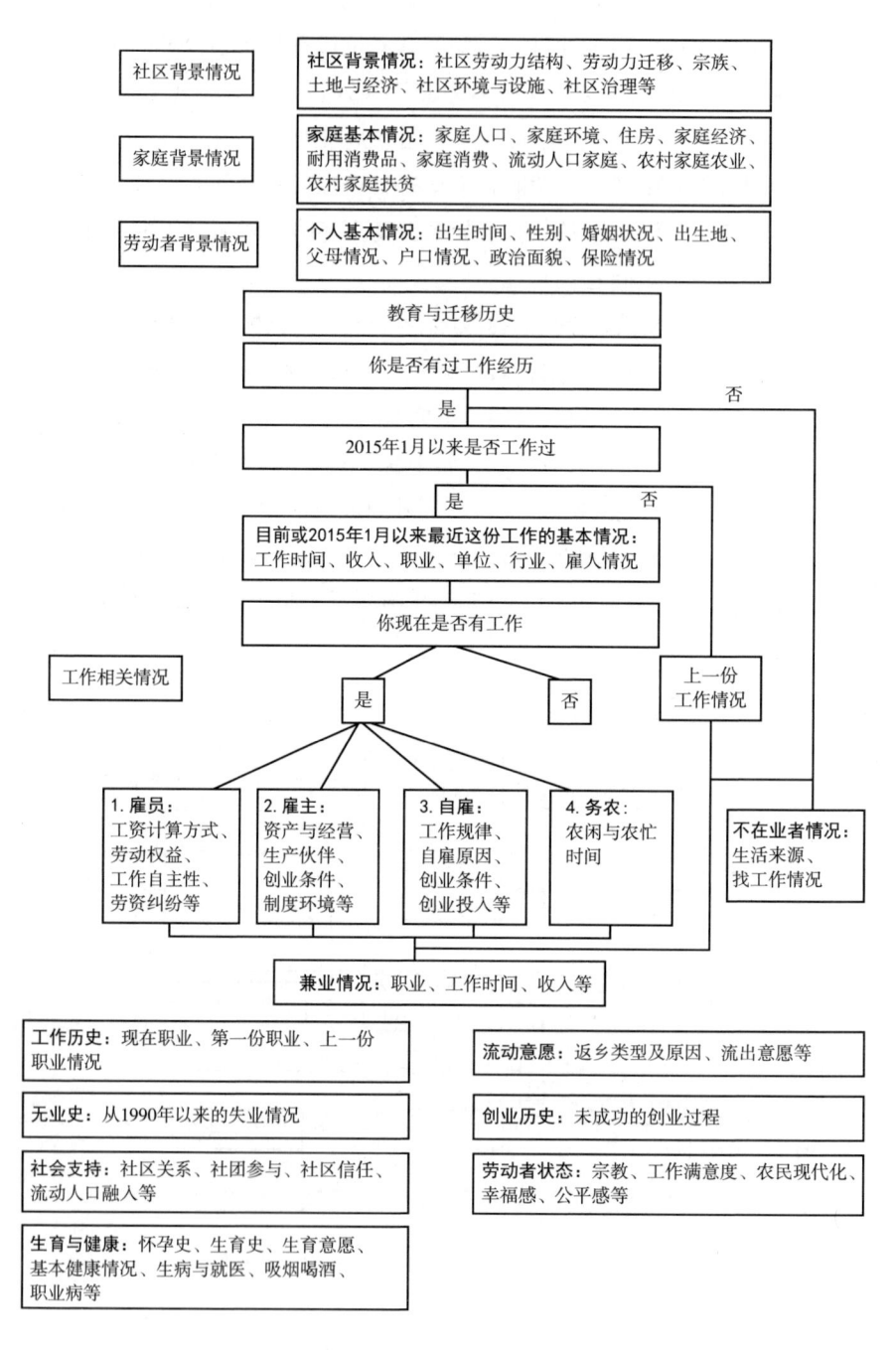

不在业者情况：生活来源、找工作情况

兼业情况：职业、工作时间、收入等

工作历史：现在职业、第一份职业、上一份职业情况

无业史：从1990年以来的失业情况

社会支持：社区关系、社团参与、社区信任、流动人口融入等

生育与健康：怀孕史、生育史、生育意愿、基本健康情况、生病与就医、吸烟喝酒、职业病等

流动意愿：返乡类型及原因、流出意愿等

创业历史：未成功的创业过程

劳动者状态：宗教、工作满意度、农民现代化、幸福感、公平感等

图3　2016年CLDS问卷结构

一 劳动者背景情况

家庭情况与个人基本信息作为劳动者基本背景信息收集，CLDS 收集的家庭背景信息包括家庭人口、家庭外出人口、家庭环境、家庭住房、家庭资产、家庭消费、流动家庭与家乡的联系及在当地的融合、农村家庭农业生产情况等。CLDS 收集的个人背景信息包括年龄、性别、婚姻状况、参军情况、户口、父母情况、保险等信息。

二 教育培训与迁移历史

教育培训与迁移历史放在了一个模块，教育经历详细了解被访者的教育经历，包括所受过的每一阶段教育的开始年份、毕业情况及其学校等级；培训经历主要了解培训的时间、内容以及进一步了解职业资格证书情况。迁移历史询问的是被访者出生地、14 岁的居住地，以及 14 岁到现在所有的跨县市迁移经历。

三 工作相关情况

工作相关情况是问卷的核心部分，在该部分中，工作情况包括有工作和无工作两种情况。对有工作主要了解被访者的基本工作情况，包括工作时间、工作收入、具体职业信息等情况。目前有工作的人，按照工作性质分成雇员、雇主、自雇和务农四部分。对雇员主要了解工资形式、合同、加班、自主性、福利、管理权、工会、权益受侵犯情况、工作体力要求、工作交往情况。对雇主主要了解经营的行业、所有权情况、投入资金及渠道、创业社会网络、雇员工作时间、工资、加班情况、生意成本等情况。对自雇者主要了解其工作时间、创业原因、顾客与服务对象、技能要求、工作纠纷等。对务农者主要问了农忙农闲时间。对于目前没有工作的人，询问了失业原因、其间生活费来源以及找工作意愿、求职情况等。这部分除了收集主要工作情况，还收集了兼职情况，包括兼职的原因、职业、收入、未来计划等。

四 工作史

工作史部分除了收集当前工作情况，还收集了被访者第一份工作情况、上一份工作情况，以及之前的创业情况。了解原来工作的工作内容、收入、职业级别、单位性质等情况。流动意愿是针对农村地区劳动力收集的，在城市化的大趋势下，CLDS收集了农业劳动力的返乡情况及其与家乡的联系；收集了农业劳动力的外出工作的意愿。

五 创业过程

创业过程询问的是每一个人曾经的创业情况、创业原因以及最后创业的结果等。

六 社会参与和支持

这一部分主要了解被访者的政治参与和获得社会支持的情况，包括投票情况，获得个人社会关系支持、社会或政府组织支持、社区信任度等情况，也包括流动人口居住地的本地人状况、方言水平和返回家乡的意愿等情况。

七 劳动者状态

该部分主要了解被访者的民间信仰行为与观念、宗教信仰行为与观念、对工作情况的满意度（包括工作收入、工作环境、晋升机会等）、工作价值观、生活满意度、幸福感、信任度、责任感、自评社会地位、公平感、未来工作预期等。

八 生殖生育

这一部分主要包括怀孕史、生殖人数、生育意愿等情况。

九 健康状况

健康状况主要包括被访者的身高、体重、自评身体状况、过去两周患病情况、健康状况对工作与生活的影响、吸烟与饮酒情况、疾病史、职业伤害、职业病与工伤情况等。

十 无工作史

这部分为2016年新增模块，主要了解从1990年以来，已经进入劳动力市场的劳动力的失业经历，这里的失业有严格的定义，是指3个月以上的失业，具体信息包括失业时间、失业前的工作单位、失业期间的救济等情况。

前 言

2011年，CLDS完成广东省试调查，获取村居问卷32份，家庭问卷799份，个体问卷1635份。2012年，CLDS完成第一次全国正式调查，涉及村居303个，家庭10612个，劳动力个体16253个。2014年，CLDS完成第一次追踪调查，在2012年的基础上新增101个社区样本，共完成14226份家庭问卷和23594份个体问卷。

2016年，CLDS全国第三次调查轮换掉2014年四分之一的社区样本，共完成401份社区问卷、14226份家庭问卷和21086份个体问卷。本轮调查的全部家庭户入户成功率为71.37%，家庭内个体问卷完成率为76.86%。在追踪调查样本中，家庭户追踪成功率为71.99%，个体追踪成功率为58.40%。

目 录

总报告：2016年中国劳动力的人口、经济、社会基本状况 …………… 001
第一章 劳动就业 ………… 066
第二章 劳动收入 ………… 098
第三章 劳动权益 ………… 125
第四章 工作价值观 ………… 158
第五章 工作满意度和生活幸福感 ………… 187
第六章 劳动力健康 ………… 209

专题一 农村问题

第七章 农村留守儿童及其家庭 ………… 244
第八章 农村土地与农业发展 ………… 261
第九章 农村劳动力外出务工经历与现代性获得 ………… 290

专题二 社区与社会组织

第十章 乡村建设与村庄社会关系 ………… 313
第十一章 城市社区异质性和社区关系 ………… 339
第十二章 家庭慈善捐赠行为 ………… 363
第十三章 城市劳动力的社会组织参与 ………… 397

总报告：2016年中国劳动力的人口、经济、社会基本状况

梁 宏

一 中国劳动力的人口及社会特征

（一）人口构成及区域分布

1. 性别、年龄结构

2016年中国劳动力动态调查（以下简称"2016年调查"）结果显示，全国劳动力的性别结构比较均衡，性别比为103.71。2016年调查结果同时显示（见表0-1），中国劳动力的平均年龄为37.62岁，且男性和女性的平均年龄相差无几。具体来说（见表0-1），15~29岁的低龄劳动力占33.08%，30~44岁的中

表0-1 全国劳动力的性别、年龄构成

单位：%

年龄组（岁）	男	女	全国	性别比
15~19	10.27	9.85	10.06	108.17
20~24	12.67	13.01	12.84	100.95
25~29	10.06	10.30	10.18	101.32
30~34	9.80	9.77	9.79	104.00
35~39	11.95	11.83	11.89	104.78
40~44	12.59	12.55	12.57	104.03
45~49	10.64	10.64	10.64	103.78
50~54	7.99	7.88	7.93	105.14
55~59	8.13	8.26	8.19	102.12
60~64	5.90	5.92	5.91	103.47
合计	100	100	100	103.71
平均年龄	37.61	37.62	37.62	—
标准差	13.69	13.65	13.67	—

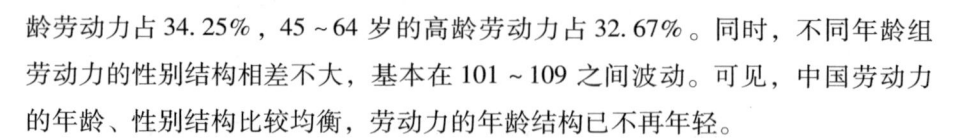

龄劳动力占34.25%，45~64岁的高龄劳动力占32.67%。同时，不同年龄组劳动力的性别结构相差不大，基本在101~109之间波动。可见，中国劳动力的年龄、性别结构比较均衡，劳动力的年龄结构已不再年轻。

2. 区域分布

2012~2016年间（见表0-2），中国劳动力的分布不断向东部地区集中，尤其是2014~2016年间，东部地区劳动力的比例增加了4.45个百分点，如今，超过四成的劳动力集中于东部地区；同时，西部地区劳动力的比例也明显提高；只有中部地区劳动力的比例明显下降，尤其是2014~2016年间，中部地区劳动力的比例降低了8.33个百分点。可见，2014~2016年间，中国劳动力区域分布的变化非常明显。

表0-2 2012~2016年全国劳动力的地区分布

单位：%

地区	2012年	2014年	2016年
东部	35.71	36.84	41.29
中部	48.56	47.16	38.83
西部	15.73	15.99	19.88
合计	100	100	100

2016年调查结果显示，从性别结构来看，不同区域劳动力的性别结构差别不大，东、中、西部劳动力的性别比分别为104.23、103.49、103.08。然而，在不同区域内部，不同年龄组劳动力的性别比差异较大（见表0-3），具体来说，东部劳动力的性别比随年龄提高的波动不大，只有20~24岁劳动力的性别比明显较高；中、西部劳动力的性别比在各年龄组的波动较大，中部地区15~19岁、35~39岁劳动力的性别比明显较高，除55~59岁外，西部地区45岁及以上劳动力的性别比较高。从年龄结构来看（见图0-1、表0-3），西部地区15~29岁低龄劳动力的比例最高（为40.33%），东部次之（为33.21%），中部地区15~29岁低龄劳动力的比例最低（为29.22%）；东部地区30~44岁中龄劳动力的比例相对较高（为36.21%）；中部地区45~64岁高龄劳动力的比例明显最高（为37.41%），东部次之（为30.58%），西部地

区 45~64 岁高龄劳动力的比例最低，仅为 27.78%。劳动力平均年龄的测算也发现类似结果，即东、中、西部劳动力的平均年龄分别为 37.28 岁、39.07 岁、35.47 岁。

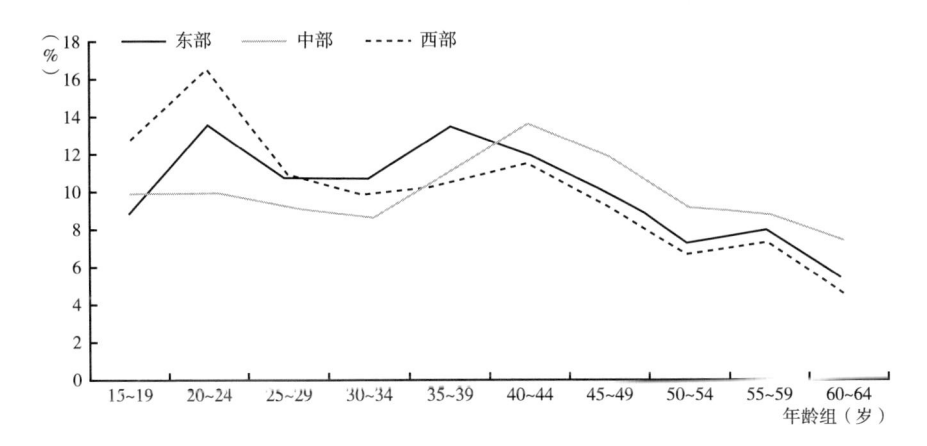

图 0-1 东、中、西部地区劳动力的年龄结构比较

表 0-3 东、中、西部地区劳动力的性别、年龄构成

单位：%，岁

年龄组(岁)	东部 年龄构成	东部 性别比	中部 年龄构成	中部 性别比	西部 年龄构成	西部 性别比
15~19	8.86	108.02	9.97	117.91	12.75	95.07
20~24	13.63	116.59	10.06	93.48	16.61	86.53
25~29	10.72	101.00	9.19	97.59	10.97	107.45
30~34	10.81	106.26	8.67	102.78	9.85	101.06
35~39	13.42	102.10	10.97	111.44	10.52	99.03
40~44	11.98	102.78	13.73	103.08	11.52	109.08
45~49	10.04	99.00	11.96	102.49	9.30	119.07
50~54	7.30	105.76	9.25	96.92	6.69	129.45
55~59	7.98	98.48	8.83	107.92	7.38	97.41
60~64	5.26	95.79	7.37	102.40	4.41	129.84
合计	100	104.23	100	103.49	100	103.08
平均年龄	37.28	—	39.07	—	35.47	—
标准差	13.28	—	13.92	—	13.64	—

（二）户口性质

2016年，中国劳动力的户口性质仍然以农业户口为主。调查结果显示（见表0-4），全国七成以上的劳动力为农业户口，非农业户口、居民户口劳动力的比例仅分别为13.70%、11.64%。同时，不同性别劳动力的户口性质没有显著差异；15~29岁低龄劳动力农业户口比例略高于30~44岁、45~64岁中、高龄劳动力的这一比例，他们为居民户口的比例略低于30~44岁、45~64岁中、高龄劳动力的这一比例。从地区分布来看，东部地区劳动力的农业户口比例低于中、西部地区的这一比例；中部地区劳动力非农业户口的比例相对较高，居民户口的比例相对较低。

表0-4 全国及不同特征劳动力的户口性质的构成

单位：%

户口性质	全国	性别 男	性别 女	年龄组（岁） 15~29	年龄组（岁） 30~44	年龄组（岁） 45~64	地区 东部	地区 中部	地区 西部
农业户口	74.49	74.33	74.67	76.75	73.66	73.08	72.51	75.40	76.81
非农业户口	13.70	13.46	13.94	12.32	14.39	14.36	13.69	15.64	9.92
居民户口	11.64	12.01	11.26	10.52	11.89	12.52	13.45	8.93	13.20
其他	0.17	0.20	0.13	0.41	0.06	0.04	0.35	0.03	0.07
合计	100	100	100	100	100	100	100	100	100

注：居民户口包括之前是农业户口和非农户口两类，由于二者差别不太大，故而合并。

（三）文化素质与技能

1. 正式教育

2016年，中国劳动力在正式教育中已毕业的比例为72.16%，肄业比例为19.97%，仍在读的比例不足十分之一（为7.87%）。由于仍在读的劳动力可能通过升学获得更高一级的正式教育，且所占比例较低，故而，本文仅分析已毕业或肄业者接受正式教育的情况。

2016年调查结果显示，中国劳动力的受教育程度以中等教育为主，平均受教育年限仅为9.02年。具体来说，从劳动力受教育程度的分类来看（见表

0~5），初中毕业比例最高（为49.03%），其次是小学/私塾、普通高中（分别为22.10%、9.63%），再次是职高/技校/中专和大学专科（分别为6.39%、5.90%），而大学本科及以上受教育程度的比例仅为3.94%，另有3.03%的劳动力没上过学。从性别特征来看（见表0-5），女性劳动力的受教育程度明显低于男性。首先，女性的平均受教育年限比男性少0.76年；其次，女性劳动力的受教育程度为未上过学、小学/私塾的比例远高于男性劳动力，而她们的受教育程度为初中及以上的比例皆低于男性劳动力的相应比例。从年龄特征来看（见表0-5），15~29岁低龄劳动力的受教育程度较高，他们中专及以上各种受教育程度的比例（硕士及以上除外）皆高于30~44岁和45~64岁劳动力的相应比例；同时，15~29岁劳动力的平均受教育年限比30~44岁中龄劳动力多0.87年，比45~64岁高龄劳动力多2.45年。

表0-5 全国劳动力分性别、年龄组的受教育程度构成

单位：%，年

受教育程度	性别 男	性别 女	性别比	年龄组(岁) 15~29	年龄组(岁) 30~44	年龄组(岁) 45~64	全国
未上过学	1.78	4.31	42.50	1.33	1.59	5.88	3.03
小学/私塾	18.48	25.82	73.69	8.01	18.66	36.75	22.10
初中	51.15	46.84	112.41	55.27	54.31	38.59	49.03
普通高中	10.93	8.29	135.73	10.84	7.08	11.33	9.63
职高/技校	2.92	1.83	164.22	3.21	3.25	0.83	2.39
中专	4.14	3.85	110.52	7.05	3.92	1.68	4.00
大学专科	6.18	5.61	113.41	8.86	6.33	3.13	5.90
大学本科	4.00	3.23	127.36	5.11	4.40	1.64	3.62
硕士及以上	0.41	0.22	193.98	0.33	0.45	0.17	0.32
合计	100	100	102.92	100	100	100	100
平均受教育年限	9.40	8.64	—	10.21	9.34	7.76	9.02

不同户口性质劳动力的受教育程度差异尤其明显，非农业户口劳动力的受教育程度最高，居民户口劳动力次之，农业户口劳动力的受教育程度最低。具体来说（见表0-6），农业户口劳动力的普通高中及以上各种受教育程度的比

例皆明显低于非农业户口、居民户口劳动力的相应比例,非农业户口、居民户口劳动力大专及以上受教育程度比例（分别为30.68%、27.18%）分别比的农业户口劳动力的这一比例（为3.53%）高27.15个、23.65个百分点,非农业户口、居民户口劳动力的平均受教育年限比农业户口劳动力分别多3.53年、3.10年。

表0-6 全国劳动力分户口性质、地区的受教育程度构成

单位：%,年

受教育程度	农业户口	非农业户口	居民户口	东部	中部	西部
未上过学	3.85	0.45	0.68	1.97	3.53	4.26
小学/私塾	27.18	5.68	7.87	17.48	24.96	26.19
初中	53.38	33.85	37.93	47.69	50.26	49.40
普通高中	7.10	18.08	16.48	11.52	8.31	8.23
职高/技校	1.86	3.90	3.81	3.38	1.75	1.54
中专	3.10	7.35	6.05	5.60	3.14	2.29
大学专科	2.69	16.57	14.50	7.43	5.01	4.45
大学本科	0.82	12.80	11.55	4.49	2.81	3.40
硕士及以上	0.02	1.31	1.13	0.44	0.22	0.23
合计	100	100	100	100	100	100
平均受教育年限	8.20	11.73	11.30	9.63	8.65	8.50

东、中、西部地区劳动力的受教育程度存在一定差异,东部地区劳动力的受教育程度及平均受教育年限明显高于中、西部地区的相应水平。具体来说（见表0-6）,东、中、西部地区大学专科及以上受教育程度的比例分别为12.36%、8.04%、8.08%,小学/私塾及以下受教育程度的比例分别为19.45%、28.49%、30.45%。东部地区的平均受教育年限比中、西部地区分别多0.98年、1.13年。从性别和年龄特征来看,东、中、西部地区男性劳动力的受教育程度及平均受教育年限皆明显高于相应地区内的女性劳动力,相对而言,受教育程度的性别差异在东部地区略小（见表0-7）;15~29岁低龄劳动力的受教育程度及平均受教育年限皆明显高于相应地区内30~44岁、45岁及以上中、高龄劳动力（见表0-8）。

表0-7 东、中、西部地区劳动力分性别的受教育程度构成

单位：%，年

受教育程度	东部 男	东部 女	东部 性别比	中部 男	中部 女	中部 性别比	西部 男	西部 女	西部 性别比
小学/私塾及以下	14.51	24.58	61.39	23.06	33.94	68.15	26.89	34.23	83.33
初中	50.20	45.09	115.68	52.49	48.02	109.62	50.60	48.12	111.52
普高/职高/技校/中专	22.40	18.55	125.51	15.43	10.98	141.09	13.70	10.32	140.83
大专及以上	12.89	11.78	113.79	9.02	7.06	128.15	8.81	7.33	127.48
合计	100	100	103.94	100	100	100.31	100	100	106.06
平均受教育年限	9.98	9.26	—	9.06	8.23	—	8.82	8.15	—

表0-8 东、中、西部地区劳动力不同年龄组的受教育程度构成

单位：%，年

受教育程度	东部 15~29	东部 30~44	东部 45~64	中部 15~29	中部 30~44	中部 45~64	西部 15~29	西部 30~44	西部 45~64
小学/私塾及以下	4.14	14.62	38.36	8.98	22.35	45.26	18.73	29.13	45.45
初中	50.52	52.53	39.56	59.64	57.72	38.20	57.66	51.56	37.42
普高/职高/技校/中专	26.95	18.74	17.01	19.11	11.20	11.57	13.67	9.99	12.59
大专及以上	18.39	14.10	5.07	12.27	8.73	4.97	9.94	9.32	4.54
合计	100	100	100	100	100	100	100	100	100
平均受教育年限	10.95	9.94	8.11	9.96	8.98	7.59	9.29	8.66	7.40

2. 职业培训

自2014年7月以来，中国劳动力参加过（至少5天的）专业技术培训的比例为10.48%。其中，男性劳动力的这一比例为13.06%，而女性劳动力的这一比例仅为7.80%；45~64岁高龄劳动力的这一比例（为5.96%）明显低于15~29岁、30~44岁低、中龄劳动力的这一比例（分别为13.44%、11.94%）；东部地区劳动力在过去一年参加过职业技术培训的比例（为12.60%）明显高于中、西部地区劳动力的这一比例（分别为8.99%、9.00%）；同时，农业户口劳动力在过去一年参加过职业技术培训的比例（为7.53%）远远低于非农业户口、居民户口劳动力的这一比例（分别为20.22%、17.58%）。

中国劳动力曾经获得专业技术资格证书（执业资格）的比例为13.24%，略高于2014年劳动力追踪调查结果（为11.75%）。其中，男性劳动力的这一

比例（为15.71%）明显高于女性劳动力的这一比例（为10.67%）；30~44岁中龄劳动力的这一比例最高（为16.46%），15~29岁低龄劳动力次之（为13.85%），45~64岁高龄劳动力的这一比例最低，仅为9.25%。东部地区劳动力曾经获得专业技术资格证书（执业资格）的比例（为18.49%）远远高于中、西部地区劳动力的这一比例（分别为9.67%、9.32%）；农业户口劳动力曾经获得专业技术资格证书（执业资格）的比例（为8.58%）远远低于非农业户口、居民户口劳动力的这一比例（分别为27.80%、25.32%）。另外，在获得专业技术资格证书的劳动力中，拥有1个证书（执业资格）的比例最高（为63.44%），拥有2个的占23.21%，拥有3个的占6.85%。

值得注意的是，中国劳动力过去两年参加过（至少5天的）专业技术培训和曾经获得专业技术资格证书（执业资格）的情况具有类似的年龄模式。具体来说（见图0-2），20~24岁劳动力过去两年参加过（至少5天的）专业技术培训的比例最高（为17.91%），其后年龄组的这一比例逐渐降低，35~39岁年龄组以后，这一比例随着年龄的提高急剧下降；类似地，20~24岁、25~29岁、30~34岁劳动力曾经获得专业技术资格证书（执业资格）的比例（分别为17.28%、18.60%、18.75%）明显高于其他年龄组，此后年龄组劳动力的这一比例也随着年龄的提高而迅速下降。可见，中国劳动力教育状况的明显差别不仅存在于正式教育方面，还存在于职业技术培训方面。

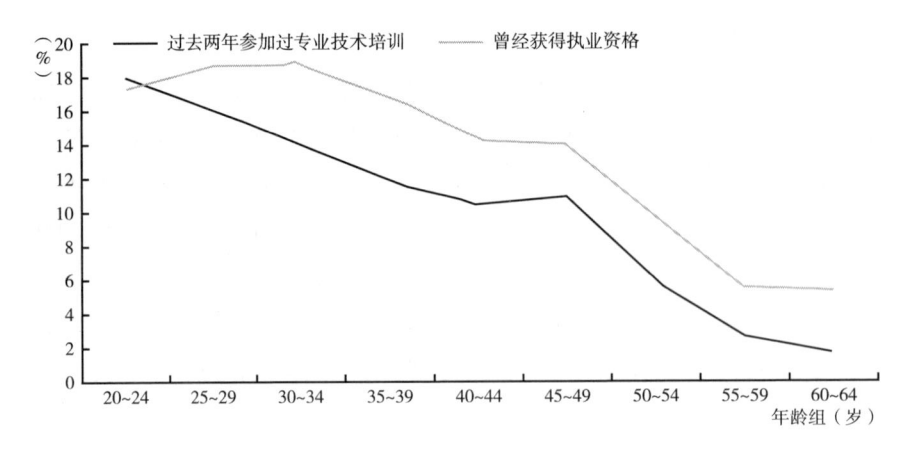

图0-2 分年龄组劳动力的专业技术培训及获得执业资格的情况

总报告：2016年中国劳动力的人口、经济、社会基本状况

随着时间的推移，中国劳动力获得专业技术资格证书（执业资格）的比例不断提高（见图0-3），在中国劳动力获得的重要专业技术资格证书（执业资格）中，超过一半（为56.25%）的证书是在2008年以后获得的，1992年以前获得的比例仅为5.71%，1993~2000年、2001~2008年获得的证书比例分别为12.59%、25.46%。在中国劳动力获得的重要专业技术资格证书（执业资格）中（见表0-9），除其他类外，计算机应用及软件类（IT类），建筑

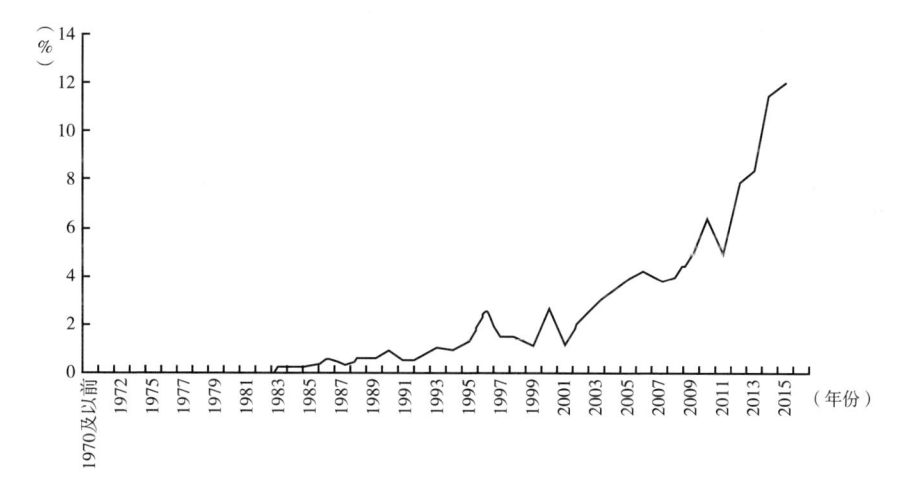

图0-3 全国劳动力执业资格获得的时间分布

表0-9 全国及不同年龄组、不同地区劳动力的执业资格的类型分布

单位：%

执业资格	全国	15~29岁	30~44岁	45~64岁	东部	中部	西部
法律类	0.53	0.40	0.62	0.59	0.33	0.48	1.54
管理、咨询、商务、市场营销类	6.37	6.59	5.78	7.06	6.98	5.45	5.58
经济专业技术、评估、拍卖类	1.60	1.68	1.30	2.03	1.58	1.52	1.86
房地产、金融、保险类	3.26	2.35	4.59	2.33	3.69	2.44	3.08
统计、会计、税务、审计类	9.49	10.46	8.75	9.23	9.84	9.76	7.45
语言、教育、出版类	8.87	11.52	6.25	9.23	8.15	9.89	9.86
计算机应用及软件类（IT类）	12.37	21.92	8.93	2.55	15.35	8.23	7.98
建筑工程、城市规划类	10.16	8.70	9.37	14.10	8.50	12.71	12.10
医务、药业类	5.97	4.72	5.71	8.58	4.86	8.16	6.28
其他	41.38	31.65	48.70	44.29	40.72	41.36	44.28
合计	100	100	100	100	100	100	100

工程、城市规划类，统计、会计、税务、审计类，语言、教育、出版类证书的比例相对较高。同时，不同年龄组劳动力获得证书的类型有显著差异，15~29岁低龄劳动力获得计算机应用及软件类（IT类），语言、教育、出版类，统计、会计、税务、审计类证书的比例明显较高，而45~64岁高龄劳动力获得建筑工程、城市规划类证书的比例较高；东部地区劳动力获得计算机应用及软件类（IT类）证书的比例明显较高，中、西部地区劳动力获得建筑工程、城市规划类证书的比例较高。

3. 外语的掌握情况

中国劳动力的外语掌握程度不高，2016年调查结果显示，只有18.57%的劳动力懂得外语，其中，懂得英语的比例最高（为90.84%）。但是，他们对外语的掌握程度并不高，其中，能够运用所懂外语非常熟练地听说读写的比例仅为2.78%，能比较熟练听说读写的比例为21.56%，勉强能够听说读写的比例最高（为58.64%），很难进行听说读写的比例为17.02%。

调查结果显示（见表0-10），女性劳动力懂得外语的比例略高于男性劳动力，15~29岁低龄劳动力懂得外语的比例远远高于30~44岁、45~64岁中、高龄劳动力的这一比例，东部地区劳动力懂得外语的比例明显高于中、西部地区劳动力的这一比例。同时，女性劳动力能够运用所懂外语非常及比较熟练地听说读写的比例明显高于男性劳动力，15~29岁低龄劳动力能够运用所懂外语非常及比较熟练地听说读写的比例远远高于30~44岁、45~64岁中、高龄劳动力的这一比例，东部地区劳动力能够运用所懂外语非常及比较熟练地听说读写的比例明显高于中、西部地区劳动力的这一比例。

表0-10 全国不同特征劳动力懂外语及熟悉程度的情况

单位：%

	性别		年龄组			地区		
	男	女	15~29岁	30~44岁	45~64岁	东部	中部	西部
懂得外语	17.70	19.46	39.21	12.01	4.59	21.65	16.09	17.01
能够运用所懂外语非常及比较熟练地听说读写的比例	20.96	27.53	29.25	13.68	11.24	26.01	22.66	23.07

4. 常用技能的自评

在阅读报刊、写信、用手机发短信、使用网上银行、网上购买火车票、银行 ATM 取款等日常技能方面，中国劳动力阅读报刊、用手机发短信、写信、银行 ATM 取款完全没问题的比例皆超过一半（分别为 62.33%、61.26%、58.14%、57.27%），完全没有上述日常技能的劳动力也占有一定比例，分别为 8.25%、16.69%、10.79%、23.50%；而使用网上银行、网上购买火车票完全没问题的比例明显较低，仅分别为 38.53%、34.90%，完全不会使用网上银行、网上购买火车票的比例高达 37.89%、40.43%。

不同区域劳动力的日常技能自评差异也非常明显。具体来说（见表 0-11），东、中部地区劳动力完全具备阅读报刊、写信、用手机发短信、使用网上银行、网上购买火车票、银行 ATM 取款技能的比例皆远远高于西部地区劳动力的相应比例（仅个别项目略低），西部地区劳动力完全不具备上述日常技能的比例则远远高于中、东部地区劳动力的相应比例。同时，从全国劳动力上述

表 0-11　全国及不同特征劳动力阅读报刊能力的自评状况

单位：%

		全国	东部	中部	西部			全国	东部	中部	西部
阅读报刊	完全没问题	62.33	67.23	68.79	55.95	使用网上银行	完全没问题	38.53	48.71	40.74	31.07
	还可以	20.29	18.30	16.63	24.24		还可以	9.30	8.53	8.34	11.06
	不太行	9.13	7.70	8.55	10.21		不太行	14.29	11.73	13.82	18.50
	完全不会	8.25	6.77	6.03	9.60		完全不会	37.89	31.02	37.10	39.37
	合计	100	100	100	100		合计	100	100	100	100
写信	完全没问题	58.14	64.21	63.74	51.20	网上购买火车票	完全没问题	34.90	43.24	36.57	26.96
	还可以	18.92	16.19	16.07	23.71		还可以	9.35	8.20	8.14	11.91
	不太行	12.15	11.37	11.11	13.24		不太行	15.32	14.87	14.48	19.65
	完全不会	10.79	8.23	9.08	11.85		完全不会	40.43	33.69	40.81	41.48
	合计	100	100	100	100		合计	100	100	100	100
用手机发短信	完全没问题	61.26	66.64	67.29	54.10	银行ATM取款	完全没问题	57.27	65.31	64.38	47.26
	还可以	14.79	12.46	11.47	18.72		还可以	11.44	9.34	8.69	15.86
	不太行	7.26	6.67	6.37	9.95		不太行	7.79	6.43	6.30	11.25
	完全不会	16.69	14.23	14.87	17.23		完全不会	23.50	18.92	20.63	25.63
	合计	100	100	100	100		合计	100	100	100	100

各项日常技能自评为"完全没问题"的年龄分布来看，无论哪种技能，都是15~19岁或20~24岁劳动力对各种技能的自评状况最好，随着年龄的提高，劳动力完全具有各种日常技能的比例不断下降（见图0-4）。

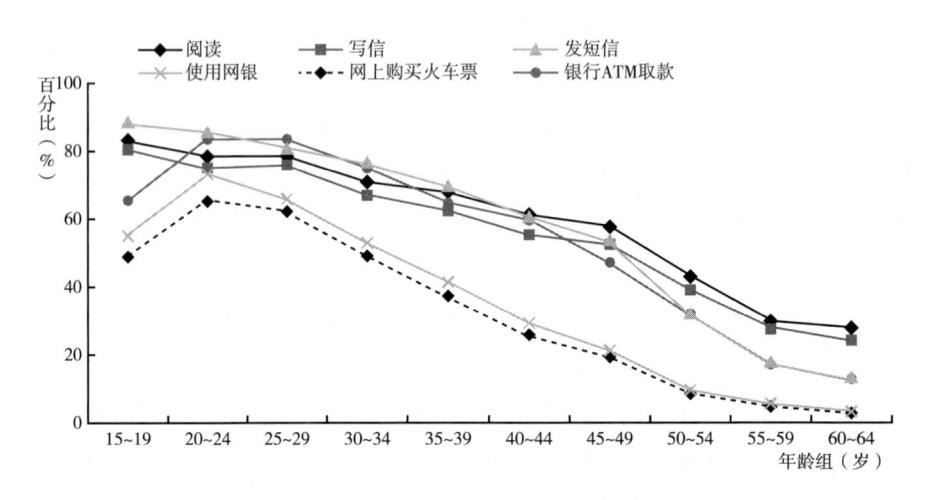

图0-4 全国劳动力日常技能自评为"完全没问题"的年龄分布

与2014年调查结果相比，中国劳动力的日常技能水平有所提高，在阅读报刊、写信、用手机发短信、使用网上银行、网上购买火车票、银行ATM取款等日常技能方面完全没问题的比例分别提高了4.47、3.71、5.87、10.15、9.13、6.22个百分点。

（四）其他社会特征

1. 婚姻状况与初婚年龄

2016年，超过七成（为70.94%）的全国劳动力处于初婚状态中，未婚比例不到1/4（为23.52%），婚姻状况为再婚、离异、丧偶、同居的比例分别为1.94%、1.56%、1.08%、0.97%。不同特征劳动力的婚姻状况存在一定差异。具体来说（见表0-12），女性劳动力初婚有配偶的比例明显高于男性，而男性劳动力的未婚比例则明显高于女性，男女劳动力非未婚无配偶（离婚/丧偶）的比例相差无几；超过九成的30~44岁、45~64岁的中、高龄劳动力处于有配偶状态，65.01%的15~29岁低龄劳动力处于未婚状态，45~64岁高龄劳动力非未婚无配偶（离婚/丧偶）的比例明显较高；同时，不同地区劳动力的婚姻状况差异不大，农业户口劳动力有配偶的比例明显较高。

表0-12 全国及不同特征劳动力的婚姻状况构成

单位：%

婚姻状况	全国	性别		年龄组（岁）		
		男	女	15~29	30~44	45~64
未婚	23.52	28.03	18.84	65.01	4.59	1.36
有配偶（初婚/再婚/同居）	73.84	69.24	78.62	34.51	92.71	93.88
非未婚无配偶（离婚/丧偶）	2.64	2.73	2.54	0.48	2.70	4.76
合计	100	100	100	100	100	100

婚姻状况	地区			户口性质		
	东部	中部	西部	农业	非农业	居民
未婚	24.45	20.62	27.24	22.72	26.43	24.29
有配偶（初婚/再婚/同居）	73.21	76.40	70.16	75.08	70.00	71.35
非未婚无配偶（离婚/丧偶）	2.34	2.98	2.60	2.20	3.57	4.36
合计	100	100	100	100	100	100

2016年，全国劳动力的初婚年龄为23.44岁，其中，男性平均初婚年龄明显高于女性，东部地区劳动力的平均初婚年龄高于中、西部地区，农业户口劳动力的平均初婚年龄明显低于非农业户口、居民户口劳动力，大专及以上受教育程度劳动力的平均初婚年龄明显较高。从初婚年龄的分布来看，15~19岁初婚的劳动力占11.49%，超过一半（为55.88%）劳动力的初婚年龄在20~24岁，25~29岁初婚的比例为26.59%，30岁及以上初婚的比例非常低（为6.04%）。不同特征劳动力的初婚年龄分布存在一定差异，具体来说（见表0-13），男性劳动力在25~29岁初婚的比例明显高于女性劳动力，而女性劳动力15~19岁初婚的比例则远远高于男性劳动力；西部地区劳动力15~19岁初婚的比例最高，中部地区劳动力次之，东部地区劳动力的这一比例最低，同时，东部地区劳动力25~29岁初婚的比例明显高于中、西部地区劳动力的这一比例；农业户口劳动力15~19岁、20~24岁初婚的比例皆远远高于非农业户口、居民户口劳动力的这一比例；同时，受教育程度越高，初婚年龄越大，小学及以下受教育程度者中15~19岁初婚的比例接近1/5，远高于其他

受教育程度者,而大专及以上受教育程度者 25~29 岁、30 岁及以上初婚的比例远远高于其他受教育程度者。

表 0-13 全国不同特征劳动力的初婚年龄分布

单位:%,岁

初婚年龄(岁)	地区			户口性质		
	东部	中部	西部	农业	非农业	居民
15~19	6.82	12.61	19.19	13.60	5.01	5.38
20~24	53.69	59.10	53.67	60.89	40.23	41.45
25~29	32.32	22.81	22.32	20.69	45.97	42.29
30 及以上	7.17	5.48	4.82	4.82	8.79	10.88
合计	100	100	100	100	100	100
平均初婚年龄	24.08	23.15	22.65	22.90	25.06	25.05

初婚年龄(岁)	性别		受教育程度			
	男	女	小学及以下	初中	普高/职高/技校/中专	大专及以上
15~19	6.38	16.17	19.71	10.98	3.69	1.62
20~24	50.26	61.06	56.93	61.28	51.59	29.07
25~29	34.38	19.43	17.38	23.26	36.63	57.56
30 及以上	8.98	3.34	5.98	4.48	8.09	11.75
合计	100	100	100	100	100	100
平均初婚年龄	24.45	22.50	22.63	23.10	24.57	26.02

2. 政治面貌

2016 年,中国劳动力中中共党员的比例仅为 5.98%,民主党派的比例更低(0.03%),群众占绝大多数(为 93.99%)。不同特征劳动力的政治面貌存在一定差异。具体来说(见表 0-14),男性劳动力中中共党员比例远高于女性劳动力的这一比例,而女性劳动力为群众的比例较高;大专及以上受教育程度劳动力为中共党员和民主党派的比例远远高于其他受教育程度者的相应比例;劳动力政治面貌的地区差异不大,西部地区劳动力中共党员的比例略高于中部和东部地区;非农业户口、居民户口劳动力中共党员的比例远高于农业户口劳动力的这一比例。

表0-14 全国不同特征劳动力的政治面貌构成

单位：%

政治面貌	地区			户口性质		
	东部	中部	西部	农业	非农业	居民
中共党员	5.91	6.03	6.06	3.74	14.20	10.77
民主党派	0.03	0.01	0.06	0	0.10	0.12
群众	94.06	93.96	93.88	96.25	85.70	89.11
合计	100	100	100	100	100	100

政治面貌	性别		受教育程度			
	男	女	小学及以下	初中	普高/职高/技校/中专	大专及以上
中共党员	8.22	3.66	1.45	3.33	8.84	21.31
民主党派	0.05	0.01	0	0.01	0	0.23
群众	91.73	96.33	98.55	96.66	91.16	78.46
合计	100	100	100	100	100	100

3. 宗教信仰

2016年，中国劳动力有宗教信仰的比例较低（仅占13.00%），近九成（为87.00%）的劳动力无宗教信仰。其中，男性劳动力无宗教信仰的比例（为88.11%）高于女性劳动力的这一比例（为85.86%）；不同年龄段劳动力有宗教信仰的比例相差不多，15~29岁、30~44岁、45~64岁低、中、高龄劳动力有宗教信仰的比例分别为13.10%、13.78%、12.07%；农业户口劳动力有宗教信仰的比例（为14.31%）高于居民户口、非农业户口劳动力的这一比例（分别为10.87%、7.84%）；小学及以下与初中受教育程度劳动力有宗教信仰的比例较高（分别为14.28%、14.18%），而普高/职高/技校/中专和大专及以上受教育程度者有宗教信仰的比例也在1/10左右（分别为10.31%、9.84%）。同时，西部地区劳动力有宗教信仰的比例（为22.63%）最高，东部地区次之（为13.97%），中部地区劳动力有宗教信仰的比例最低，仅为7.03%。

在有宗教信仰的劳动力中，信仰佛教的比例最高，其次为伊斯兰教，再次为基督教，三者共占87.47%。不同特征劳动力的宗教信仰存在一定差异。具体来说（见表0-15），在有宗教信仰的劳动力中，女性劳动力信仰基督教的比例高于男性劳动力的这一比例，而男性劳动力信仰佛教的比例略高于女性劳动力的这一比例；15~29岁低龄劳动力信仰伊斯兰教的比例远远高于30~44岁、45~64岁中、高龄劳动力的这一比例，而他们信仰佛教的比例则明显低于30~44岁、45~64岁中、高龄劳动力的这一比例；农业与非农业户口劳动力信仰伊斯兰教的比例明显较高，而居民户口劳动力信仰佛教的比例则明显较高。宗教信仰的地区差异更大，西部地区不仅有宗教信仰的劳动力比例较高，同时，他们中超过一半（为53.63%）的人信仰伊斯兰教，而东、中部地区劳动力信仰伊斯兰教的比例非常低（分别为1.29%、1.21%）；东部地区有宗教信仰的劳动力中，近八成（78.30%）信仰佛教；中部地区有宗教信仰的劳动力中，信仰基督教的比例（34.34%）远远高于东、西部地区劳动力的这一比例。

表0-15 有宗教信仰的全国及不同特征劳动力的宗教信仰构成

单位：%

宗教信仰	全国	性别		年龄组（岁）		
		男	女	15~29	30~44	45~64
天主教	2.19	1.70	2.63	3.36	0.83	2.55
基督教	14.41	11.33	17.10	8.46	11.09	24.92
佛教	53.64	56.09	51.48	46.18	60.78	53.24
藏传佛教	6.75	6.07	7.35	8.39	7.45	4.13
道教	2.09	3.75	0.65	2.02	2.17	2.09
伊斯兰教	19.42	19.15	19.64	30.39	16.86	10.42
其他	1.50	1.91	1.15	1.20	0.82	2.65
合计	100	100	100	100	100	100

宗教信仰	地区			户口性质		
	东	中	西	农业	非农业	居民
天主教	3.15	1.77	1.23	2.04	0.92	4.58
基督教	14.07	34.34	2.77	13.63	18.08	18.08
佛教	78.30	56.57	20.28	52.06	53.35	66.40
藏传佛教	0	0	19.49	7.40	4.30	3.50
道教	1.59	2.63	2.41	2.48	0.21	0.52
伊斯兰教	1.29	1.21	53.63	21.03	20.06	5.56
其他	1.6	3.48	0.19	1.36	3.08	1.36
合计	100	100	100	100	100	100

4. 人户结合与户口迁移状况

2016年，全国超过八成（为80.79%）劳动力的户口在本村/居委会，户口在本区县以外的劳动力占11.63%，户口在本乡镇（街道）其他村/居委会、本县（县级市、区）其他乡镇街道的劳动力分别为4.27%、3.77%。不同特征劳动力的人户结合状况存在一定差异。具体来说（见表0-16），男性与女性劳动力的人户结合状况相差不大，女性劳动力户口在本县区以外、本县（县级市、区）其他乡镇街道的比例略高于男性劳动力的相应比例。45~64岁高龄劳动力的人户结合最为紧密，其户口在本村/居委会的比例明显高于15~29岁、30~44岁低、中龄劳动力的这一比例；15~29岁低龄劳动力户口在本区县以外的比例最高，30~44岁中龄劳动力次之，45~64岁高龄劳动力的这一比例最低。东部地区劳动力户口在本县区以外的比例远高于中、西部地区劳动力的这一比例，中、西部地区劳动力的人户结合情况相差不大。农业户口劳动力户口在本村/居委会、在本区县以外的比例皆明显较高，非农业户口和居民户口劳动力的人户结合情况则相差不多。

户口在本县（县级市、区）其他乡镇街道、本县区以外的劳动力中，近八成（为79.12%）离开户口所在地超过半年，其中（见表0-16），男性与女性劳动力的这一比例相差无几；45~64岁高龄劳动力的这一比例明显较低；东部地区劳动力的这一比例明显较高，中、西部地区劳动力的这一比例相差无几；农业户口劳动力的这一比例明显最高，非农业户口、居民户口劳动力的这一比例则相差无几。

另外，在全部劳动力中，发生过户口迁移的比例已超过1/4（为26.28%），比2014年的调查结果（为16.70%）高出近10个百分点，可以说，中国劳动力最近两年的户口迁移比较频繁。但是，不同特征劳动力的户口迁移状况存在较大差异。具体来说（见表0-16），女性劳动力发生过户口迁移的比例远远高于男性劳动力的这一比例，15~29岁低龄劳动力发生过户口迁移的比例明显较低，30~44岁、45~64岁中、高龄劳动力的这一比例则相差不大；西部地区劳动力发生过户口迁移的比例明显最低，东、中部地区劳动力的这一比例相差不大；超过四成（为41.44%）的居民户口劳动力发生过户口迁移，接近四成（为39.25%）的非农业户口劳动力发生过户口迁移，而农业户口劳动力的这一比例仅为20.98%，明显较低。

表 0-16 全国及不同特征劳动力的人户结合与户口迁移状况

单位：%

户口状况	全国	性别		年龄组（岁）		
		男	女	15~29	30~44	45~64
本村/居委会	80.79	82.35	79.17	76.24	79.01	87.26
本乡镇（街道）其他村居委会	4.27	3.56	5.00	5.04	4.18	3.58
本县（县级市、区）其他乡镇街道	3.77	3.36	4.20	3.70	3.97	3.63
本县区以外	11.17	10.73	11.63	15.02	12.84	5.53
合计	100	100	100	100	100	100
离开户口所在地超过半年的比例	79.12	78.73	79.48	80.03	81.37	72.91
发生过户口迁移的比例	26.28	14.44	37.55	12.51	34.02	35.84

户口状况	地区			户口性质		
	东	中	西	农业	非农业	居民
本村/居委会	73.45	85.55	86.75	82.80	74.59	75.87
本乡镇（街道）其他村居委会	4.23	4.65	3.60	3.38	6.66	6.93
本县（县级市、区）其他乡镇街道	3.27	4.44	3.50	2.12	9.56	7.29
本县区以外	19.05	5.36	6.15	11.70	9.19	9.91
合计	100	100	100	100	100	100
离开户口所在地超过半年的比例	83.53	72.45	71.25	86.85	62.40	61.86
发生过户口迁移的比例	29.54	27.64	17.15	20.98	39.25	41.44

另外，2016年调查结果显示，非同住家庭成员占所有家庭成员的比例高达29.78%，其中，因外出打工/工作原因而不在家的成员比例高达15.64%，也就是说，基于流出地视角，家庭成员的外出务工流动率已经超过15%。同时，东、中、西部地区非同住家庭成员占所有家庭成员的比例分别为28.05%、34.71%、24.89%，因外出打工/工作原因而不在家的家庭成员比例分别为12.38%、20.97%、13.36%。

5. 阶层认同

2016年调查中，对劳动力社会阶层的认同度采用了"十分制"的测量方法，即从1分至10分，表示社会阶层的等级由低到高。这种测量涉及四个方面，分别是劳动力对自己目前、五年前、五年后的社会阶层等级的评定，以及14岁时家庭社会阶层的等级评定。

从劳动力的社会阶层等级评分来看，自评为4~6分中间阶层的比例较高，自评为1~3分底部阶层的比例较低，而自评为7~10分顶部阶层的比例也比较低。具体来说（见表0-17），就个体目前的社会阶层而言，超过六成（63.22%）的劳动力认为自己属于4~6分的中间阶层，自评属于1~3分底部阶层的比例接近三成（为29.46%），而自评属于7~10分顶部阶层的比例仅为7.32%；就个体五年前的社会阶层而言，超过一半（为53.26%）的劳动力认为自己属于4~6分的中间阶层，而自评属于1~3分底部阶层的比例超过四成（为41.69%），自评属于7~10分顶部阶层的比例更低，仅为5.05%；对于个体五年后社会阶层的预期，超过一半（56.04%）的劳动力认为自己属于4~6分的中间阶层，自评属于1~3分底部阶层的比例仅为16.89%，而自评属于7~10分顶部阶层的比例明显提高，达到27.07%；就14岁时家庭的社会阶层而言，接近一半（为48.77%）的劳动力认为自己的家庭属于1~3分的底部阶层，自评属于4~6分中间阶层的比例为44.85%，而自评属于7~10分顶部阶层的比例仅为6.38%。另外，在上述四方面的阶层自评中，劳动力的人均评分最低的为14岁时，其次为五年前，再次为现在，最高为五年后，可以说，随着时间的推移，劳动力自认为的社会阶层在不断提高。

表0-17 全国劳动力阶层认同得分的分布情况

单位：%

目前	百分比	五年前	百分比	五年后	百分比	14岁时	百分比
1	9.08	1	13.27	1	4.57	1	16.32
2	7.03	2	10.95	2	4.62	2	14.18
3	13.35	3	17.47	3	7.70	3	18.27
4	14.64	4	18.55	4	10.17	4	14.29
5	37.40	5	26.42	5	25.54	5	23.69
6	11.18	6	8.29	6	20.33	6	6.87
7	4.44	7	3.05	7	14.66	7	3.64
8	1.92	8	1.27	8	8.21	8	1.79
9	0.47	9	0.33	9	2.07	9	0.51
10	0.49	10	0.40	10	2.13	10	0.44
合计	100	合计	100	合计	100	合计	100
均值	4.31	均值	3.82	均值	5.35	均值	3.65
标准差	1.72	标准差	1.75	标准差	1.95	标准差	1.87

不同特征劳动力的社会阶层自评存在一定差异。具体而言（见表0-18），女性劳动力各方面社会阶层地位的人均自评分皆略高于男性劳动力；45~64

岁高龄劳动力社会阶层地位的人均自评分相对较低（五年前自评除外），而15~29岁低龄劳动力目前、五年后、14岁时社会阶层地位的人均自评分相对略高；东部地区劳动力目前、五年前、14岁时社会阶层地位的人均自评分相对略高，中部地区劳动力目前、五年后社会阶层地位的人均自评分相对较低，西部地区劳动力五年后社会阶层地位的人均自评分略高；非农户口劳动力各方面社会阶层地位的人均自评分皆略高，居民户口劳动力次之，农业户口劳动力各方面社会阶层地位的人均自评分皆相对较低；随着受教育程度的提高，劳动力各方面社会阶层地位的人均自评分皆明显提高。

表0-18 全国不同特征劳动力阶层认同得分的均值

		目前	五年前	五年后	14岁时
性别	男	4.21	3.73	5.29	3.57
	女	4.42	3.92	5.42	3.74
年龄组（岁）	15~29	4.39	3.75	5.87	3.99
	30~44	4.30	3.82	5.31	3.49
	45~64	4.26	3.90	4.88	3.30
地区	东部	4.43	3.97	5.46	3.79
	中部	4.21	3.79	5.15	3.61
	西部	4.27	3.59	5.55	3.48
户口性质	农业	4.26	3.74	5.34	3.48
	非农业	4.56	4.18	5.45	4.22
	居民	4.40	3.93	5.37	4.05
受教育程度	小学及以下	4.17	3.72	4.88	3.19
	初中	4.25	3.71	5.35	3.54
	普高/职高/技校/中专	4.40	3.97	5.57	3.96
	大专及以上	4.74	4.20	5.97	4.31

二 中国劳动力的劳动及社会保障状况

（一）工作经历

2016年调查结果显示，在已经结束正规教育（毕业或肄业）的劳动年龄人口中，从未有过工作经历的比例为13.11%，86.89%的劳动年龄人口有过工作经历（见表0-19）。不同特征劳动年龄人口的工作经历存在一定差异，具体来说，女性劳动年龄人口有过工作经历的比例（为83.41%）低于男性劳动年龄人口的这一比例（为90.28%）；15~29岁低龄劳动年龄人口有过工作经历的比例（为76.61%）远远低于30~44岁、45~64岁中、高龄劳动年龄人口的这一比例（分别为91.35%、90.31%）；东部地区劳动年龄人口有过工作经历的比例（为91.54%）明显高于中、东部地区劳动年龄人口的这一比例（分别为83.91%、83.00%）；居民户口劳动年龄人口有过工作经历的比例（为90.47%）最高，非农业户口劳动年龄人口次之（为88.33%），农业户口劳动年龄人口的这一比例最低（为86.10%）；随着受教育程度的提高，劳动年龄人口有过工作经历的比例也明显提高，小学及以下、初中、普高/职高/技校/中专、大专及以上受教育程度者有过工作经历的比例分别为83.43%、86.64%、88.55%、94.55%。为了解中国劳动年龄人口近期的工作状态，此

表0-19 全国及不同特征劳动力的工作经历

单位：%

就业状态	性别		年龄组(岁)			地区		
	男	女	15~29	30~44	45~64	东	中	西
从未工作过	9.72	16.59	23.39	8.65	9.69	8.46	16.09	17.00
2015年1月以来一直没工作	7.33	19.24	9.65	9.04	20.33	13.71	14.51	9.55
2015年1月以来工作过	82.95	64.17	66.96	82.31	69.98	77.83	69.40	73.45
合计	100	100	100	100	100	100	100	100

就业状态	户口性质			受教育程度				全国
	农业	非农业	居民	小学及以下	初中	普高/职高/技校/中专	大专及以上	
从未工作过	13.90	11.67	9.53	16.57	13.36	11.45	5.45	13.11
2015年1月以来一直没工作	10.71	20.22	21.40	14.63	13.80	13.05	6.69	13.20
2015年1月以来工作过	75.39	68.11	69.07	68.80	72.84	75.50	87.86	73.69
合计	100	100	100	100	100	100	100	100

次调查还询问了2015年1月以来的工作经历。结果显示，在有过工作经历的劳动年龄人口中，2015年1月以来工作过的劳动力占84.81%，2015年1月以来没工作过的占15.19%。有过工作经历的不同特征劳动年龄人口自2015年1月以来的工作经历存在一定差异，具体来说，女性劳动年龄人口2015年1月以来有过工作经历的比例（为76.93%）明显低于男性劳动年龄人口（为91.88%），45~64岁高龄劳动年龄人口2015年1月以来有过工作经历的比例（为77.49%）明显低于15~29岁、30~44岁低、中龄劳动年龄人口的这一比例（分别为87.41%、90.10%）；西部地区劳动年龄人口的这一比例相对较高（为88.49%），东部地区次之（为85.02%），中部地区的这一比例相对较低（为82.71%）；农业户口劳动年龄人口2015年1月以来有过工作经历的比例（为87.56%）明显高于非农业户口、居民户口劳动年龄人口的这一比例（分别为77.11%、76.35%）；受教育程度越高，2015年1月以来有过工作经历的比例也明显越高，在有过工作经历的劳动年龄人口中，小学及以下、初中、普高/职高/技校/中专、大专及以上受教育程度者近一年多工作过的比例分别为82.46%、84.07%、85.26%、92.92%。

另外，此次调查还询问了农业生产经历，2016年调查结果显示，超过一半的劳动力（为56.37%）有农业生产经历。其中，女性劳动力的这一比例（为58.12%）高于男性劳动力（为54.98%）；45~64岁高龄劳动力有农业生产经历的比例（为79.00%）最高，30~44岁中龄劳动力次之（为53.06%），15~29岁低龄劳动力的这一比例（为29.40%）最低；同时，东部地区劳动力有农业生产经历的比例（为43.74%）明显低于中、西部地区劳动力的这一比例（分别为66.22%、65.64%）；农业户口劳动力并非都有农业生产经历，这一比例仅为66.34%，而居民户口、非农业户口劳动力有农业生产经历的占有一定比例（分别为17.87%、26.78%）；受教育程度越高的劳动力有过农业生产经历的比例明显越低，小学及以下、初中、普高/职高/技校/中专、大专及以上受教育程度者有过农业生产经历的比例分别为86.83%、59.98%、29.48%、11.05%。

在2015年1月以来有过工作经历的劳动年龄人口中，调查时有工作的比例超过九成（为91.48%）。其中，女性劳动力的这一比例（为89.30%）低于男性劳动力的这一比例（为93.13%）；15~29岁低龄劳动力的这一比例（为84.78%）明显低于30~44岁、45~64岁中、高龄劳动力的这一比例（分别为93.45%、94.10%）；西部地区劳动力调查时有工作的比例（为93.61%）略高于东、中部地区劳动力的这一比例（分别为91.42%、90.42%）；非农业户口劳动力的这一比例（为93.42%）略高于农业户口、居民户口劳动力的这一比例（分别为91.31%、90.64%）；不同受教育程度劳动力的这一比例差异不大，小学及以下、初中、普高/职高/技校/中专、大专及以上受教育程度者调查时有工作的比例分别为92.76%、90.93%、89.60%、93.84%。

在2015年1月以来有工作经历的劳动年龄人口中，八成以上（为83.53%）拥有全职工作；同时，男、女劳动力拥有全职工作的比例相差无几（分别为83.68%、83.32%）；45~64岁高龄劳动力拥有全职工作的比例（为79.55%）明显低于15~29岁、30~44岁低、中龄劳动力的这一比例（分别为86.78%、84.78%）；东部地区劳动力拥有全职工作的比例（为87.89%）明显高于中、西部地区劳动力的这一比例（分别为79.77%、80.80%）；农业户口劳动力拥有全职工作的比例（为81.16%）明显低于非农业户口、居民户口劳动力的这一比例（分别为91.97%、90.82%）；随着受教育程度的提高，2015年1月以来有工作经历的劳动力拥有全职工作的比例明显提高，小学及以下、初中、普高/职高/技校/中专、大专及以上受教育程度者的这一比例分别为75.69%、81.72%、91.40%、95.71%。

根据以往的工作经历和2015年1月以来的工作经历，可将全部已结束正规教育的劳动年龄人口的工作状态分为从未工作过（即无工作经历）、2015年1月以来一直没工作（即有过工作经历但2015年1月~2016年7月没工作经历）、2015年1月以来工作过三种工作状态。调查结果显示，接近3/4（为73.69%）的劳动力2015年1月以来工作过，13.20%的劳动力在此期间一直没工作，13.11%的劳动年龄人口从未工作过（即未进入劳动力市场）。同时，不同特征劳动力的就业状态存在一定差异（详见表0-19）。从全国劳动力分年龄组的就业状态来看（见图0-5），低年龄组劳动力从未工作过（即未进入劳动力市场）的比例相对较高，而中年龄组劳动力自2015年1月以来工作过的比例明显较高，高年龄组自2015年1月以来一直没工作的比例明显较高。

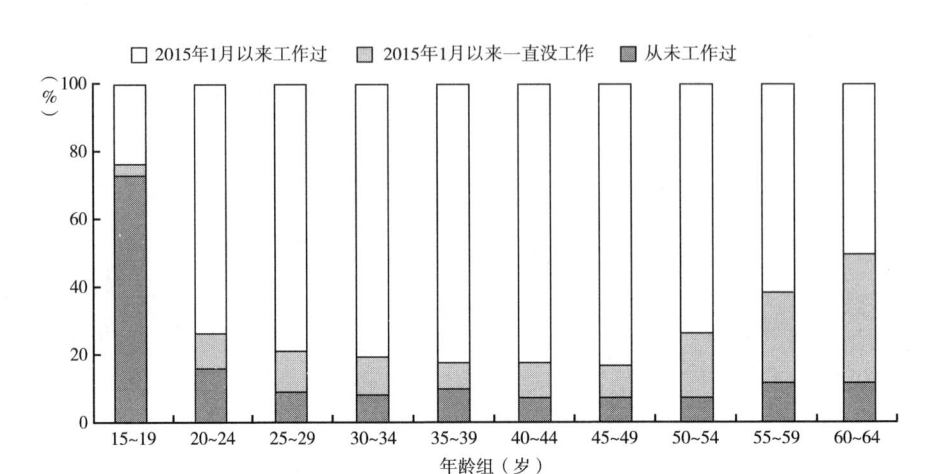

图 0-5 全国劳动力分年龄组的就业状态

（二）从业状态

在有工作的劳动力中，雇员的比例接近一半（48.63%），为最主要的从业状态；其次是务农的从业状态（为34.64%），雇主与自雇从业状态的比例较低，分别为2.67%、14.06%。

在业劳动力的从业状态存在很大的性别、年龄组、地区、户口性质和受教育程度差异。具体来说（见表0-20），女性在业劳动力务农的比例明显高于男性在业劳动力的这一比例，而男性在业劳动力为雇主及自雇的比例皆高于女性在业劳动力的相应比例。45~64岁高龄在业劳动力中，务农的比例超过一半（为53.67%），远远高于15~29岁、30~44岁低、中龄在业劳动力的这一比例；15~29岁低龄在业劳动力为雇员的比例明显最高，30~44岁中龄在业劳动力次之，45~64岁高龄在业劳动力为雇员的比例最低；30~44岁中龄在业劳动力为自雇的比例明显高于15~29岁、45~64岁低、高龄在业劳动力的相应比例；从全国在业劳动力分年龄组的从业状态来看（见图0-6），随着年龄的提高，在业劳动力为务农者的比例不断上升，雇员比例不断下降，30~34岁、40~44岁在业劳动力为雇主的比例相对较高（分别为3.55%、3.97%），30~34岁、35~39岁、40~44岁在业劳动力自雇的比例相对较高（分别为16.19%、19.66%、18.99%）。从地区差异来看，东部地区在业劳动力为雇员

总报告：2016年中国劳动力的人口、经济、社会基本状况

表0-20 全国及不同特征劳动力的从业状态

单位：%

从业状态	性别 男	性别 女	年龄组（岁）15~29	年龄组（岁）30~44	年龄组（岁）45~64	地区 东	地区 中	地区 西
雇员	48.51	48.76	67.66	49.31	33.50	62.07	40.92	33.02
雇主	3.59	1.46	3.01	3.41	1.53	3.84	1.87	1.57
自雇	16.34	11.03	10.60	18.43	11.30	14.52	13.93	13.27
务农	31.56	38.75	18.73	28.85	53.67	19.57	43.28	52.14
合计	100	100	100	100	100	100	100	100

从业状态	户口性质 农业	户口性质 非农业	户口性质 居民	受教育程度 小学及以下	受教育程度 初中	受教育程度 普高/职高/技校/中专	受教育程度 大专及以上	全国
雇员	40.09	81.03	72.37	20.71	44.95	71.13	88.42	48.63
雇主	2.19	3.14	5.58	0.87	2.97	3.39	4.00	2.67
自雇	14.39	12.64	13.39	11.25	16.90	15.06	6.52	14.06
务农	43.33	3.19	8.66	67.17	35.18	10.42	1.06	34.64
合计	100	100	100	100	100	100	100	100

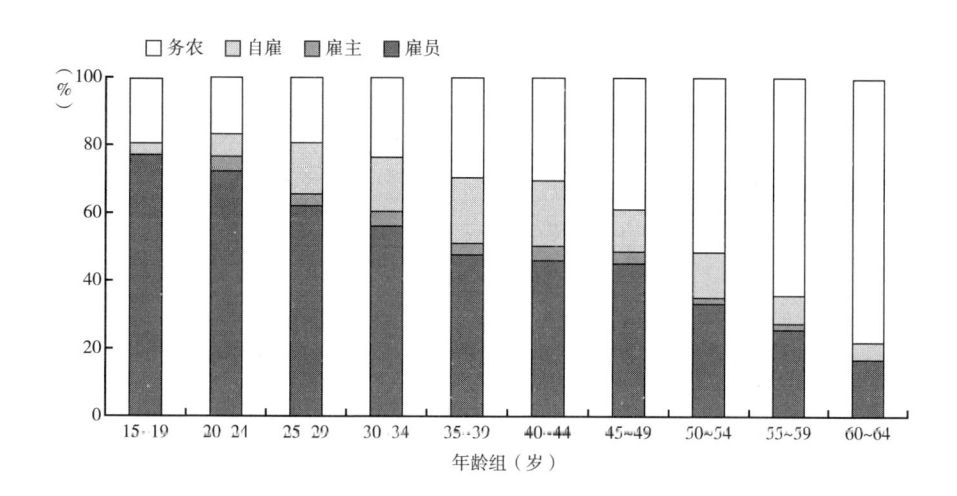

图0-6 全国劳动力分年龄组的从业状态

的比例远远高于中、西部地区在业劳动力的这一比例，他们中为雇主、自雇的比例也相对较高，而务农者的比例则远远低于中、西部地区在业劳动力的这一

025

比例；相比而言，西部地区劳动力中务农者比例最高，雇员比例最低。从户口性质来看，农业户口在业劳动力为雇员的比例远远低于非农业户口、居民户口在业劳动力的这一比例，他们为自雇劳动者的比例略高于非农业户口、居民户口在业劳动力的相应比例；居民户口劳动力为雇主的比例明显较高；值得注意的是，农业户口在业劳动力务农的比例虽然最高，但尚不足一半（为43.33%）。随着受教育程度的提高，劳动力为雇员、雇主的比例不断提高，为务农者的比例不断降低。

（三）职业、行业及工作（单位）类型情况

1. 职业构成

2016年调查结果显示，中国在业劳动力的职业主要集中在农、林、牧、渔业生产及辅助人员，社会生产服务和生活服务人员，以及生产制造及有关人员，三类合计接近九成（为88.84%）。相对而言，专业技术人员，办事人员和有关人员，党、国家机关、群众团体和社会组织、企事业单位负责人的比例较低，分别为6.09%、3.64%、1.09%。

在业劳动力的职业分布具有一定的性别、年龄组、地区、户口性质、受教育程度的差异。具体来说（见表0-21），男性在业劳动力作为生产制造及有关人员的比例远远高于女性在业劳动力的这一比例，而女性在业劳动力为农、林、牧、渔业生产及辅助人员，专业技术人员的比例皆明显高于男性在业劳动力的相应比例。超过一半（为55.27%）的45~64岁高龄在业劳动力为农、林、牧、渔业生产及辅助人员，远远高于15~29岁、30~44岁低、中龄在业劳动力的这一比例，而他们作为生产制造及有关人员的比例远低于15~29岁、30~44岁低、中龄在业劳动力的这一比例；15~29岁低龄在业劳动力作为专业技术人员、社会生产服务和生活服务人员及其他类职业人员的比例明显较高，但他们作为党、国家机关、群众团体和社会组织、企事业单位负责人的比例则非常低。从地区差异来看，东部地区在业劳动力作为生产制造及有关人员的比例明显最高，他们作为专业技术人员、社会生产服务和生活服务人员的比例也明显较高，但是，他们作为农、林、牧、渔业生产及辅助人员的比例则远远低于中、西部地区在业劳动力的这一比例；西部地区在业劳动力中，农、林、牧、渔业生产及辅助人员的比例超过一半（为53.94%），明显最高。从户口

表0-21 全国及不同特征劳动力的职业构成

单位：%

职业	性别 男	性别 女	年龄组(岁) 15~29	年龄组(岁) 30~44	年龄组(岁) 45~64	地区 东	地区 中	地区 西
党、国家机关、群众团体和社会组织、企事业单位负责人	1.57	0.46	0.63	1.30	1.18	1.30	1.05	0.70
专业技术人员	3.90	9.01	9.32	6.12	3.64	7.65	5.20	4.29
办事人员和有关人员	3.97	3.19	4.39	3.83	2.83	3.85	3.13	4.11
社会生产服务和生活服务人员	30.20	30.00	40.00	32.13	20.24	37.91	23.69	24.69
农、林、牧、渔业生产及辅助人员	32.75	39.78	18.71	30.30	55.27	20.42	44.40	53.94
生产制造及有关人员	27.05	17.52	26.41	26.07	16.55	28.81	21.73	12.16
其他	0.56	0.04	0.54	0.25	0.29	0.06	0.80	0.11
合计	100	100	100	100	100	100	100	100

职业	户口性质 农业	户口性质 非农业	户口性质 居民	受教育程度 小学及以下	受教育程度 初中	受教育程度 普高/职高/技校/中专	受教育程度 大专及以上	全国
党、国家机关、群众团体和社会组织、企事业单位负责人	0.79	1.84	2.46	0.18	0.69	1.69	3.74	1.09
专业技术人员	3.33	18.11	12.28	0.32	1.74	9.15	31.22	6.09
办事人员和有关人员	1.42	11.93	9.80	0.23	1.55	7.71	13.31	3.64
社会生产服务和生活服务人员	25.14	46.96	46.51	13.12	31.25	45.18	38.26	30.11
农、林、牧、渔业生产及辅助人员	44.52	3.75	9.74	69.27	36.24	11.31	1.17	35.77
生产制造及有关人员	24.52	16.41	19.19	16.34	28.36	24.31	12.14	22.96
其他	0.28	1.00	0.02	0.54	0.17	0.65	0.16	0.34
合计	100	100	100	100	100	100	100	100

注：由于被调查者为军人的数量很少（5人），故而不考虑该群体的各种从业特征。

性质来看，农业户口在业劳动力作为专业技术人员、办事人员和有关人员、社会生产服务和生活服务人员的比例远远低于非农业户口、居民户口在业劳动力的相应比例，他们作为生产制造及有关人员，农、林、牧、渔业生产及辅助人员的比例皆明显较高。随着受教育程度的提高，在业劳动力作为农、林、牧、渔业生产及辅助人员的比例急剧降低，作为党、国家机关、群众团体和社会组织、企事业单位负责人，专业技术人员，办事人员和有关人员的比例则明显提高，初中受教育程度在业者作为生产制造及有关人员、普高/职高/技校/中专受教育程度在业者作为社会生产服务和生活服务人员的比例明显较高。

2. 行业构成

2016年调查结果显示，除了农、林、牧、渔业和制造业以外，中国在业劳动力的行业分布较为分散，并且，不同特征劳动力的行业构成也存在一定差异。具体来说（见表0-22），女性在业劳动力从事农、林、牧、渔业，批发和零售贸易、餐饮业，社会服务业，卫生、体育和社会福利业，教育、文化艺术和广播电影电视业的比例皆略高于男性在业劳动力的相应比例，而男性在业劳动力从事采掘业，电力、煤气及水的生产和供给业，建筑业，交通运输、仓储及邮电通信业的比例略高于女性在业劳动力的相应比例。超过一半（为55.94%）的45~64岁高龄在业劳动力从事农、林、牧、渔业，远远高于15~29岁、30~44岁低、中龄在业劳动力的这一比例；15~29岁低龄在业劳动力从事制造业，批发和零售贸易、餐饮业，金融保险业，社会服务业，其他行业的比例相对较高，30~44岁中龄在业劳动力次之，45~64岁高龄在业劳动力从事上述行业的比例相对较低。从地区差异来看，西部地区在业劳动力从事农、林、牧、渔业的比例最高，中部地区在业劳动力次之，东部地区在业劳动力的这一比例最低；东部地区劳动力从事制造业，批发和零售贸易、餐饮业，交通运输、仓储及邮电通信业，教育、文化艺术和广播电影电视业，国家机关、党政机关和社会团体，其他行业的比例相对较高；中部地区在业劳动力从事建筑业的比例相对较高。从户口性质来看，农业户口在业劳动力除了从事农、林、牧、渔业，建筑业，制造业的比例明显较高以外，从事其他各个行业的比例皆较低；非农业与居民户口在业劳动力的行业分布相差不大，非农业户口劳动力从事批发和零售贸易、餐饮业，社会服务业，教育、文化艺术和广播电影电视业，国家机关、党政机关和社会团体的比例略高些。从受教育程度来看，小学及以下受教育程度在业者主要集中于农、林、牧、渔业，从事其他行业的比例很低；初中、普高/职高/技校/中专受教育程度在业者从事制造业，批发和零售贸易、餐饮业的比例明显较高，大专及以上受教育程度在业者从事金融保险业，房地产业，卫生、体育和社会福利业，教育、文化艺术和广播电影电视业，科学研究和综合技术服务业，国家机关、党政机关和社会团体的比例明显较高。

表0-22 全国及不同特征劳动力的行业构成

单位：%

行业	性别 男	性别 女	年龄组（岁） 15~29	年龄组（岁） 30~44	年龄组（岁） 45~64	地区 东	地区 中	地区 西
农、林、牧、渔业	33.23	40.52	19.74	30.44	55.94	20.80	45.67	54.24
采掘业	1.19	0.23	0.16	1.62	0.72	0.42	1.65	0.87
制造业	14.50	16.29	21.21	17.08	8.60	25.26	9.30	3.65
电力、煤气及水的生产和供给业	1.86	0.53	1.31	1.44	1.09	1.45	0.89	1.67
建筑业	11.38	1.50	6.60	8.13	6.42	5.93	8.97	6.66
地质勘查业、水利管理业	0.17	0.07	0.08	0.11	0.19	0.15	0.11	0.14
交通运输、仓储及邮电通信业	7.15	1.92	4.33	6.60	3.30	5.48	4.74	4.00
批发和零售贸易、餐饮业	9.63	14.96	17.65	12.50	6.88	15.08	9.07	9.94
金融保险业	1.20	1.41	1.64	1.58	0.67	1.77	0.96	0.80
房地产业	0.47	0.67	0.60	0.81	0.20	0.77	0.49	0.19
社会服务业	5.52	8.17	8.67	6.36	5.50	6.90	5.95	7.36
卫生、体育和社会福利业	1.40	2.54	1.79	1.99	1.84	2.18	1.72	1.53
教育、文化艺术和广播电影电视业	2.02	4.16	4.93	2.59	1.86	3.45	2.76	2.06
科学研究和综合技术服务业	0.66	0.56	1.37	0.52	0.18	0.84	0.60	0.15
国家机关、党政机关和社会团体	3.39	1.38	2.66	2.33	2.69	3.18	1.68	2.65
其他行业	5.93	5.09	7.26	5.90	3.92	6.34	5.44	4.10
合计	100	100	100	100	100	100	100	100.01

续表

行业	户口性质 农业	户口性质 非农业	户口性质 居民	受教育程度 小学及以下	受教育程度 初中	受教育程度 普高/职高/技校/中专	受教育程度 大专及以上	全国
农、林、牧、渔业	45.08	4.71	9.57	69.69	36.85	11.62	2.02	36.34
采掘业	0.60	1.48	2.90	0.47	1.12	0.95	1.19	0.95
制造业	16.08	12.91	11.96	8.57	17.92	19.44	11.99	15.27
电力、煤气及水的生产和供给业	0.86	2.50	2.80	0.36	1.00	2.77	2.27	1.29
建筑业	7.68	5.17	5.85	6.46	8.31	5.15	6.76	7.17
地质勘查业、水利管理业	0.03	0.45	0.45	0.05	0.11	0.12	0.39	0.13
交通运输、仓储及邮电通信业	3.38	10.13	10.16	1.35	5.04	8.08	7.21	4.92
批发和零售贸易、餐饮业	11.06	15.18	14.20	5.66	13.62	16.95	10.33	11.90
金融保险业	0.49	4.81	3.14	0.02	0.31	1.67	7.31	1.29
房地产业	0.35	1.08	1.43	0.10	0.28	1.05	1.89	0.55
社会服务业	4.91	13.47	11.64	2.76	6.21	11.27	9.77	6.65
卫生、体育和社会福利业	1.25	3.53	4.70	0.68	0.76	3.70	6.35	1.89
教育、文化艺术和广播电影电视业	1.72	7.79	6.16	0.25	1.41	3.78	13.36	2.93
科学研究和综合技术服务业	0.44	1.24	1.25	0.06	0.46	0.54	2.49	0.62
国家机关、党政机关和社会团体	1.04	8.06	6.66	0.08	0.66	5.71	10.69	2.53
其他行业	5.03	7.49	7.13	3.44	5.94	7.20	5.98	5.57
合计	100	100	100	100	100	100	100	100

3. 工作（单位）类型分布

2016 年调查结果显示，超过一半（为 54.03%）的中国在业劳动力有工作单位，45.97% 的中国在业劳动力无工作单位，处于务农或自由工作的状态。其中，男性与女性在业劳动力有工作单位的比例相差不大（分别为 54.15%、

53.87%）；15～29岁低龄在业劳动力有工作单位的比例超过七成（为71.24%），30～44岁中龄在业劳动力有工作单位的比例不到六成（为57.75%），45～64岁高龄在业劳动力有工作单位的比例仅为36.55%；近七成（为69.87%）的东部地区在业劳动力有工作单位，而中、西部地区在业劳动力的这一比例仅分别为44.10%、37.21%；近九成（为87.92%）的非农业户口在业劳动力有工作单位，居民户口在业劳动力有工作单位的比例也超过了八成（为81.18%），而农业户口在业劳动力有工作单位的比例不到一半，仅为44.78%；随着受教育程度的提高，在业劳动力有工作单位的比例明显迅速提高，大专及以上在业劳动力有工作单位的比例高达95.48%，小学及以下、初中、普高/职高/技校/中专受教育程度在业者的这一比例分别为21.95%、50.89%、79.70%。

从具体的工作（单位）类型来看，在有工作单位的劳动中，全国在业劳动力最主要集中在民营、私营企业（为45.64%）中，其次集中在个体工商户中（为23.76%），再次集中在国有/集体事业单位、国营企业（分别为9.88%、8.00%）中，上述四种类型工作单位共集中了全国有工作单位劳动力的87.28%。在没有工作单位的劳动力中，务农是主要的工作类型（为75.85%），另有接近四分之一（为24.15%）的在业劳动力为自由工作者。

不同特征在业劳动力的工作（单位）类型存在一定的差异。具体来说（见表0-23），男性在业劳动力的工作（单位）类型为党政机关、人民团体、军队，国营企业的比例明显高于女性在业劳动力的相应比例，女性在业劳动力为个体工商户的比例则略高于男性在业劳动力；同时，女性在业劳动力的务农比例高于男性在业劳动力，而男性在业劳动力为自由工作者的比例远远高于女性的这一比例。15～29岁低龄在业劳动力的工作（单位）类型为民营、私营企业，外资、合资企业，个体工商户的比例明显最高，30～40岁中龄在业劳动力次之，45～64岁高龄在业劳动力在上述三种工作（单位）类型工作的比例明显最低；45～64岁高龄在业劳动力务农的比例远远高于15～29岁、30～44岁低、中龄在业劳动力的这一比例；30～44岁中龄劳动力为自由工作者的比例最高。从地区差异来看，东部地区在业劳动力的工作（单位）类型为民营、私营企业，外资、合资企业，党政机关、人民团体、军队的比例明显最高，他们为个体工商户的比例也相对较高，但是，他们务农的比例明显最低。

从户口性质来看，非农业户口在业劳动力的工作（单位）类型为党政机关、人民团体、军队，国有/集体事业单位，国营企业，集体企业，村居委会等自治组织的比例皆明显最高；农业户口在业劳动力为务农、自由工作者的比例明显最高；居民户口在业劳动力的工作（单位）类型为民营、私营企业，外资、合资企业的比例明显最高。大专及以上受教育程度在业者在党政机关、人民团体、军队，国有/集体事业单位，国营企业、村居委会等自治组织，外资、合资企业等类型单位就职的比例明显较高，普高/职高/技校/中专受教育程度在业者的工作单位类型为民营、私营企业的比例较高，初中在业者的工作单位类型为个体工商户或自由工作者的比例较高，小学及以下受教育程度在业者务农的比例明显最高。

表0-23 全国及不同特征劳动力的工作（单位）类型构成

单位：%

工作单位类型	性别 男	性别 女	年龄组（岁） 15~29	年龄组（岁） 30~44	年龄组（岁） 45~64	地区 东	地区 中	地区 西
党政机关、人民团体、军队	2.39	0.97	1.94	1.45	2.06	2.45	1.13	1.50
国有/集体事业单位	5.28	5.43	5.55	5.52	4.96	4.64	5.93	5.80
国营企业	5.60	2.61	3.32	4.95	4.29	3.79	4.66	4.85
集体企业	1.08	0.68	0.95	0.84	0.95	0.95	0.84	0.94
村居委会等自治组织	1.39	1.76	0.72	1.85	1.80	1.79	1.45	1.22
民营、私营企业	23.92	25.64	37.18	26.01	13.60	34.76	19.46	11.82
外资、合资企业	1.90	2.09	3.92	1.94	0.58	3.89	0.38	0.70
民办非企业、社团等社会组织	0.39	1.00	0.68	0.78	0.48	0.85	0.57	0.37
个体工商户	12.20	13.70	16.98	14.40	7.83	16.75	9.69	10.00
务农：农林牧副渔业生产	31.95	38.74	19.18	29.04	53.80	19.71	43.31	52.92
自由工作者	13.90	7.38	9.58	13.22	9.65	10.42	12.58	9.88
合计	100	100	100	100	100	100	100	100

续表

工作单位类型	户口性质			受教育程度				全国
	农业	非农业	居民	小学及以下	初中	普高/职高/技校/中专	大专及以上	
党政机关、人民团体、军队	0.57	6.08	5.14	0.07	0.48	3.89	7.68	1.78
国有/集体事业单位	1.73	20.60	13.83	0.79	2.22	7.69	24.16	5.34
国营企业	1.79	12.93	12.82	0.71	3.40	8.14	9.90	4.32
集体企业	0.62	2.35	1.13	0.27	0.75	1.81	1.56	0.91
村居委会等自治组织	1.14	3.47	2.33	0.58	0.83	2.77	4.81	1.55
民营、私营企业	23.57	27.44	29.21	12.23	25.12	34.85	33.45	24.66
外资、合资企业	1.63	2.18	4.10	0.32	1.53	3.84	4.59	1.98
民办非企业、社团等社会组织	0.56	0.90	1.03	0.26	0.57	1.21	1.00	0.65
个体工商户	13.17	11.97	11.59	6.72	15.99	15.50	8.33	12.84
务农：农林牧副渔业生产	43.60	3.25	8.78	67.59	35.40	10.46	1.21	34.87
自由工作者	11.62	8.83	10.04	10.46	13.71	9.84	3.31	11.10
合计	100	100	100	100	100	100	100	100

注：（1）个体工商户包括登记过的个体商业户或未登记的各类店主；（2）自由工作者指自由职业者、零散工、摊贩、无派遣单位的保姆、自营运司机、手工匠等。

4. 编制情况

2016年调查结果显示，就职于党政机关、人民团体、军队，国有/集体事业单位，国营企业，集体企业的劳动者中，有编制（或单位编制内）的比例刚刚过半，为50.76%，49.24%的上述类型单位劳动者没有编制而属于"编外人员"。并且，上述四种类型单位中，不同特征劳动者的编制情况有一定差异。具体来说，男性劳动者有编制的比例明显高于女性劳动者；45~64岁高龄劳动者有编制的比例最高（为60.26%），30~44岁中龄劳动者次之（为55.23%），15~29岁低龄劳动者有编制的比例最低，仅为29.67%；西部地区劳动者有编制的比例相对最高（为54.69%），中部地区劳动者次之（为

50.59%），东部地区劳动者有编制的比例最低，仅为48.96%；非农业户口劳动者有编制的比例明显最高（为64.97%），居民户口劳动者次之（为56.50%），农业户口劳动者的这一比例最低，仅为25.59%；随着受教育程度的提高，上述四种类型单位在职者有编制的比例明显提高，小学及以下、初中、普高/职高/技校/中专、大专及以上劳动者有编制的比例分别为13.96%、32.25%、51.07%、65.94%。

（四）工作时间与工作地点、场所

1. 工作时间

在2016年调查中，通过"周工作小时数""月工作天数""年工作月数"来反映劳动力的工作时间。调查结果显示，中国劳动力的工作时间略长。具体来说，一般每周及上周的工作时间平均分别为44.73小时、44.04小时，工作时间为50小时或50小时以上的比例超过四成（分别为43.90%、42.57%）；一般每月及上月工作天数平均分别为23.93天、22.92天，工作时间为29天或29天以上的比例皆超过三成（分别为33.16%、30.85%）；上年工作月数平均为9.89个月，超过一半（为51.20%）的劳动力上年工作12个月。

2. 工作地点与场所

从工作地点来看，2016年中国在业劳动力的工作地点与住所相距较近，其中，工作地点在本村居的劳动力超过六成（为60.09%），在本乡镇街道（包括本村居）工作的劳动力超过七成（为71.28%），不在本乡镇但在本县/区内工作的劳动力占17.17%，在本县/区以外工作的劳动力仅占11.55%。

同时，不同特征劳动力的工作地点差异较大。具体来说（见表0-24），女性劳动力在本村居或本乡镇的比例明显高于男性劳动力，而男性劳动力在本乡镇以外或本县/区以外的比例则明显高于女性劳动力。45~64岁高龄劳动力在本村居或本乡镇工作的比例最高，30~44岁中龄劳动力的相应比例次之，15~29岁低龄劳动力在本居村或本乡镇工作的比例最低，仅为57.89%；超过两成（为20.21%）的15~29岁低龄劳动力在本县/区以外工作，远远高于30~44岁、45~64岁中、高龄劳动力的这一比例。从地区差异来看，东部地区劳动力在本村居工作的比例明显低于中、西部地区劳动力的这一比例，但是，他们在本乡镇的其他村居或县/区内的其他乡镇（不含县/区城）工作的比例则明显高于中、西部地区劳动力的相应比例。从户口性质来看，农业户口劳动力在本村居工作的比例远远高于非农业户口、居民户口劳动力的这一比例，非农业户口劳动力在县/区城工作的比例则远远高于农业户口、居民户口劳动力的相应比例。从从业状态来看，几乎所有务农者皆在本村居工作（为96.55%），自雇者次之（为59.67%），雇员和雇主在本村居工作的比例较低，在四成左右（分别为35.12%、44.89%）；雇员在本县/区以外工作的比例最高，雇主次之，自雇者再次，务农者微乎其微；雇主在县/区内的其他乡镇（不含县/区城）、县/区城工作的比例明显较高。

表0-24 全国及不同特征劳动力的工作地点

单位：%

工作地点	性别 男	性别 女	年龄组(岁) 15~29	年龄组(岁) 30~44	年龄组(岁) 45~64	地区 东	地区 中	地区 西
本村居	56.80	64.50	43.77	58.55	74.25	52.24	64.64	69.14
本乡镇的其他村居	10.98	11.45	14.12	11.79	8.24	16.11	8.94	4.40
县/区内的其他乡镇（不含县/区城）	6.09	4.44	6.82	6.05	3.49	7.78	4.01	2.60
县/区城	13.02	10.14	15.08	12.56	8.37	12.02	11.19	12.38
本县/区以外	13.11	9.47	20.21	11.05	5.65	11.85	11.22	11.48
合计	100	100	100	100	100	100	100	100

工作地点	户口性质 农业	户口性质 非农业	户口性质 居民	从业状态 雇员	从业状态 雇主	从业状态 自雇	从业状态 务农	全国
本村居	66.47	37.82	40.05	35.12	44.89	59.67	96.55	60.09
本乡镇的其他村居	11.05	13.12	10.08	18.45	8.30	10.58	1.49	11.19
县/区内的其他乡镇（不含县/区城）	4.66	7.80	7.68	8.61	11.62	5.61	0.27	5.38
县/区城	7.78	27.63	22.17	19.14	20.61	13.01	0.32	11.79
本县/区以外	10.04	13.63	20.02	18.68	14.58	11.13	1.37	11.55
合计	100	100	100	100	100	100	100	100

此次调查结果同时显示，2016年全国劳动力有固定工作场所的比例为83.00%，其中，户外工作的比例超过四成（为45.25%），在室内营业场所、车间、办公室工作的比例合计为42.81%，在家里、运输工具内、其他场所工

作的比例仅为11.94%。不同特征劳动力工作场所的固定性有一定差异,具体来说(见表0-25),女性劳动力有固定工作场所的比例远远高于男性;15~29岁低龄劳动力有固定工作场所的比例略高于30~44岁、45~64岁中、高龄劳动力的这一比例;东部地区劳动力有固定工作场所的比例最高,中部地区次之,西部地区劳动力的这一比例最低;农业户口劳动力有固定工作场所的比例明显低于居民户口、非农业户口劳动力的这一比例;自雇者有固定工作场所的比例明显最低,雇主的这一比例最高。

表0-25 全国及不同特征劳动力的工作场所

单位:%

工作场所	性别		年龄组(岁)			地区		
	男	女	15~29	30~44	45~64	东	中	西
有固定工作场所	77.31	90.54	84.98	81.69	83.11	84.90	82.84	79.04
工作场所:户外	48.66	40.73	28.01	40.83	63.60	30.87	55.35	58.48
车间	12.70	14.04	18.46	14.26	8.19	19.45	10.68	4.39
室内营业场所	13.45	20.71	25.17	17.14	9.42	18.79	13.88	16.64
办公室	11.88	14.39	16.71	13.84	9.06	17.44	9.61	9.20
家里	4.60	6.51	5.00	6.14	4.86	5.41	4.58	7.01
运输工具内	3.55	0.20	1.57	3.08	1.33	2.86	1.76	1.09
其他	5.16	3.42	5.08	4.71	3.54	5.18	4.14	3.19
合计	100	100	100	100	100	100	100	100

工作场所	户口性质			从业状态				全国
	农业	非农业	居民	雇员	雇主	自雇	务农	
有固定工作场所	81.41	89.09	87.28	86.71	88.14	64.50	84.89	83.00
工作场所:户外	52.58	17.67	24.12	17.26	12.58	28.80	93.73	45.25
车间	14.06	11.39	9.94	25.90	6.41	2.59	0.44	13.28
室内营业场所	14.87	22.22	22.36	20.82	50.17	35.67	0.25	16.57
办公室	6.41	36.80	32.57	25.30	16.65	1.46	0.01	12.96
家里	5.97	3.27	4.04	1.91	11.56	20.31	3.84	5.42
运输工具内	1.80	3.56	2.72	2.84	0.66	4.96	0.04	2.11
其他	4.31	5.09	4.25	5.97	1.97	6.22	1.67	4.41
合计	100	100	100	100	100	100	100	100

从工作场所的分布来看,不同性别、年龄组、地区、户口性质和从业状态劳动力存在一定差异。具体来说(见表0-25),男性劳动力在户外工作的比例明显高于女性劳动力的这一比例,女性劳动力在车间、室内营业场所、办公

室工作的比例明显高于男性劳动力的相应比例。45~64岁高龄劳动力在户外工作的比例明显最高,30~44岁中龄劳动力次之,15~29岁低龄劳动力在户外工作的比例明显最低,仅为28.01%;15~29岁低龄劳动力在车间、室内营业场所、办公室工作的比例明显最高,30~44岁中龄劳动力次之,45~64岁高龄劳动力的上述比例最低。从地区差异来看,东部地区劳动力在户外工作比例远远低于中、西部地区劳动力,仅为30.87%,他们在车间、室内营业场所、办公室、运输工具内工作的比例则明显高于中、西部地区劳动力的相应比例,西部地区劳动力在家里工作的比例较高。从户口性质来看,农业户口劳动力在户外、车间、家里工作的比例明显高于非农业户口、居民户口劳动力的相应比例,而非农业户口、居民户口劳动力在室内营业场所、办公室工作的比例则远远高于农业户口劳动力的相应比例。从从业状态来看,雇员群体在车间、办公室工作的比例远远高于其他从业状态者,务农者绝大部分在户外工作,雇主在室内营业场所工作的比例远远高于其他从业状态者,自雇群体在家里工作的比例明显较高。

(五)社会保障/保险情况

1. 医疗保险/保障

2016年调查结果显示,中国劳动力拥有各种医疗保险及保障的状况仍不容乐观,除了拥有新型农村合作医疗的劳动力超过六成(为64.94%)以外,拥有其他医疗保险及保障的劳动力比例皆非常低,比如,拥有城镇职工基本医疗保险的仅为16.58%,拥有城镇居民基本医疗保险的仅为12.66%,拥有城乡居民医疗保险的比例仅为7.14%,拥有公费医疗或劳保医疗的仅为2.74%,拥有单位补充医疗保险及公务员医疗补助的仅分别为3.62%、0.62%,另外,拥有商业医疗保险的占6.72%。拥有上述医疗保险/保障至少一种的比例为90.84%,即有9.16%的劳动力没有任何医疗保险/保障。

中国劳动力拥有各种医疗保险及保障的状况存在一定的性别、年龄组、地区、户口性质和从业状态的差异。具体来说(见表0-26),男、女劳动力至少拥有一种医疗保险/保障的比例差异不大,男性劳动力拥有城镇职工基本医疗保险、公费医疗或劳保医疗、单位补充医疗保险的比例皆明显高于女性劳动力的相应比例。15~29岁低龄劳动力至少拥有一种医疗保险/保障的比例明显最低，他们拥有城镇职工基本医疗保险、城镇居民基本医疗保险的比例较低，但是拥有新型农村合作医疗的比例较高；30~44岁、45~64岁中、高龄劳动力拥有各种保险情况的差异不太大。从地区差异来看，东部地区劳动力至少拥有一种医疗保险/保障的比例低于中、西部地区劳动力的这一比例，其中，东部地区劳动力拥有城镇职工基本医疗保险、城镇居民基本医疗保险、城乡居民医疗保险、公费医疗或劳保医疗、单位补充医疗保险、商业医疗保险的比例明显高于中、西部地区劳动力的相应比例，但是，他们拥有新型农村合作医疗的比例较低。从户口性质来看，非农业户口劳动力至少拥有一种医疗保险/保障的比例相对最低，而农业户口劳动力的这一比例明显较高，他们拥有新型农村合作医疗的比例超过八成（为81.76%）；虽然非农业户口、居民户口劳动力拥有城镇职工基本医疗保险、城镇职工基本医疗保险的比例远远高于农业户口劳动力的相应比例，但是，他们对于上述两种医疗保险拥有的比例皆不足一半；另外，居民户口劳动力拥有城镇居民基本医疗保险、城乡居民医疗保险、商业医疗保险的比例相对较高。从从业状态来看，超过九成（为90.71%）的务农者拥有新型农村合作医疗，他们至少拥有一种医疗保险/保障的比例较高，雇员群体拥有城镇职工基本医疗保险、公费医疗或劳保医疗、单位补充医疗保险的比例相对较高，雇主拥有商业医疗保险、城镇居民基本医疗保险、城乡居民医疗保险的比例相对较高。

表0-26 全国及不同特征劳动力的医疗保险/保障的拥有情况

单位：%

医疗保险	性别 男	性别 女	年龄组(岁) 15~29	年龄组(岁) 30~44	年龄组(岁) 45~64	地区 东	地区 中	地区 西
城镇职工基本医疗保险	18.12	15.00	12.70	18.90	17.18	22.74	12.49	11.67
城镇居民基本医疗保险	12.92	12.39	11.27	13.30	13.05	14.37	12.97	8.44
新型农村合作医疗	65.19	64.68	65.86	63.52	65.71	55.98	69.58	74.46
城乡居民医疗保险	7.18	7.09	7.91	7.01	6.68	9.18	6.09	4.97
公费医疗或劳保医疗	3.55	1.91	2.32	2.66	3.15	3.45	2.19	2.33
单位补充医疗保险	4.63	2.59	3.28	4.29	3.20	4.61	2.81	3.15
公务员医疗补助	0.91	0.34	0.50	0.43	0.92	0.66	0.58	0.64
商业医疗保险	6.73	6.70	6.75	8.29	5.07	9.27	5.45	3.87
拥有上述至少一种	91.49	90.17	86.61	92.12	92.73	88.82	92.17	92.41

总报告：2016年中国劳动力的人口、经济、社会基本状况

续表

医疗保险	户口性质 农业	户口性质 非农业	户口性质 居民	从业状态 雇员	从业状态 雇主	从业状态 自雇	从业状态 务农	全国
城镇职工基本医疗保险	6.45	49.99	45.06	36.35	12.89	4.90	0.56	16.58
城镇居民基本医疗保险	3.31	40.20	43.27	17.82	22.04	15.51	0.96	12.66
新型农村合作医疗	81.76	10.38	16.94	47.07	58.93	68.59	90.71	64.94
城乡居民医疗保险	6.34	8.85	10.45	9.38	11.17	7.04	4.15	7.14
公费医疗或劳保医疗	1.00	8.01	8.36	5.85	1.70	0.72	0.30	2.74
单位补充医疗保险	1.81	8.83	9.96	8.85	1.43	0.76	0.10	3.62
公务员医疗补助	0.22	1.80	2.00	1.22	0.23	0.31	0.05	0.62
商业医疗保险	4.78	11.65	14.16	9.83	20.03	7.51	2.34	6.72
拥有上述至少一种	91.30	88.42	90.48	91.80	89.67	89.43	93.42	90.84

注：(1) 城镇职工基本医疗保险通过用人单位和个人缴费，建立医疗保险基金，参保人员患病就诊发生医疗费用后，由医疗保险经办机构给予一定的经济补偿，以避免或减轻劳动者因患病、治疗等所承受的经济风险。(2) 城镇居民基本医疗保险是社会医疗保险的组成部分，采取以政府为主导，以居民个人（家庭）缴费为主，政府适度补助为辅的筹资方式，按照缴费标准和待遇水平相一致的原则，为城镇居民提供医疗需求的医疗保险制度。(3) 新型农村合作医疗，简称"新农合"，是指由政府组织、引导、支持，农民自愿参加，个人、集体和政府多方筹资，以大病统筹为主的农民医疗互助共济制度。(4) 城乡居民医疗保险是合并城镇居民医疗保险和新农村合作医疗而建立起来的城乡一体的医疗保险制度，参保对象一般包括农村居民、城镇非从业居民、国家和省规定的其他人员（不含灵活就业人员）。(5) 公费医疗指国家为保障国家工作人员而实行的、通过医疗卫生部门按规定向享受人员提供免费医疗及预防服务的一项社保制度。劳保医疗即企业单位的医疗待遇办法，按公费医疗和劳保医疗规定，职工就医时除交挂号费外，其他医疗费用全部由企业负担。(6) 单位补充医疗保险是基本医疗保险的有力补充，是在单位和职工参加统一的基本医疗保险后，由单位或个人根据需求和可能原则，增加医疗保险项目，来提高保险保障水平的一种补充性保险。(7) 公务员医疗补助是在城镇职工基本医疗保险制度的基础上，对公务员实施的补充医疗保障，主要用于补助公务员在基本医疗保险用药目录、诊疗项目和医疗服务设施标准范围内的住院医疗费用中个人自付超过一定数额的部分。(8) 商业医疗保险是医疗保障体系的组成部分，单位和个人自愿参加。指由保险公司经营的、营利性的医疗保障项目。消费者依一定数额交纳保险金，遇到重大疾病时，可以从保险公司获得一定数额的医疗费用赔偿。

2. 养老保险/保障

2016年调查结果显示，中国劳动力拥有各种养老保险/保障的水平明显低于各种医疗保险/保障水平。拥有"新型农村社会养老保险"的劳动力仅多于1/3（为34.38%），拥有城镇职工基本养老保险的比例仅为12.35%，拥有城镇居民社会养老保险、单位退休金/机关事业单位养老保险的比例皆未超过1/10（分别为7.62%、8.25%），拥有城乡居民养老保险、商业性养老保险、企

业年金/企业补充养老保险的比例更低，仅分别为4.51%、2.97%、1.35%。拥有上述养老保险至少一种的比例不到六成（为57.20%），即超过四成（为42.80%）的劳动力没有任何养老保险/保障。

中国劳动力拥有各种养老保险及保障的状况在个人特征、区域、社会及从业特征方面存在一定差异。具体来说（见表0-27），男、女劳动力至少拥有一种养老保险/保障的比例差异不大，男性劳动力拥有城镇职工基本养老保险、单位退休金/机关事业单位养老保险的比例高于女性劳动力的相应比例，女性劳动力拥有新型农村社会养老保险的比例略高于男性劳动力。45~64岁高龄劳动力至少拥有一种养老保险/保障的比例超过七成（为71.11%），他们拥有新型农村合作养老、单位退休金/机关事业单位养老保险的比例明显较高；30~44岁中龄劳动力至少拥有一种养老保险/保障的比例超过六成（为61.51%），他们拥有城镇职工基本养老保险、商业性养老保险、城乡居民养老保险的比例略高；值得注意的是，15~29岁低龄劳动力只拥有一种养老保险的比例刚超过1/3（为33.44%），他们拥有各种养老保险的比例（企业年金/企业补充养老保险除外）皆明显较低。从地区差异来看，西部地区劳动力至少拥有一种养老保险/保障的比例明显高于东、中部地区劳动力的这一比例，其中，西部地区劳动力拥有新型农村社会养老保险的比例最高，中部地区次之，东部地区劳动力的这一比例最低；东部地区劳动力拥有城镇职工基本养老保险、城镇居民社会养老保险、城乡居民养老保险、单位退休金/机关事业单位养老保险、企业年金/企业补充养老保险、商业性养老保险的比例皆高于中、西部地区劳动力的相应比例。从户口性质差异来看，农业户口劳动力至少拥有一种养老保险/保障的比例明显最低，并且他们中有超过四成（为43.67%）拥有新型农村社会养老保险；非农业、居民户口劳动力拥有各种养老保险的情况差不多，居民户口劳动力拥有城乡居民养老保险、企业年金/企业补充养老保险、商业性养老保险的比例略高。从从业状态来看，务农者、雇员至少拥有一种医疗保险/保障的比例较高，雇主和自雇者的这一比例较低；务农者拥有新型农村社会养老保险的比例接近六成（为58.01%），自雇者次之，雇员和雇主的这一比例明显较低；雇员群体拥有单位退休金/机关事业单位养老保险、城镇职工基本养老保险的比例明显较高，雇主拥有城镇居民社会养老保险、商业性养老保险的比例明显较高，自雇者拥有各种养老保险/保障的比例皆较低。

表0-27 全国及不同特征劳动力的养老保险/保障的拥有情况

单位：%

养老保险	性别 男	性别 女	年龄组(岁) 15~29	年龄组(岁) 30~44	年龄组(岁) 45~64	地区 东	地区 中	地区 西
单位退休金/机关事业单位养老保险	9.32	7.15	4.15	8.41	11.26	9.70	7.22	7.23
城镇职工基本养老保险	13.92	10.72	8.85	14.96	12.34	18.04	8.91	7.08
城镇居民社会养老保险	7.71	7.53	3.57	8.88	9.45	9.41	7.26	4.59
新型农村社会养老保险	33.73	35.05	20.92	34.53	44.59	24.56	38.58	46.79
城乡居民养老保险	4.72	4.29	3.27	5.02	4.93	5.29	4.21	3.47
企业年金/企业补充养老保险	1.62	1.07	1.35	1.34	1.35	1.66	0.92	1.53
商业性养老保险	2.81	3.13	1.41	3.97	3.14	3.95	2.61	1.61
拥有上述至少一种	57.59	56.79	33.44	61.51	71.11	54.55	57.46	62.16

养老保险	户口性质 农业	户口性质 非农业	户口性质 居民	从业状态 雇员	从业状态 雇主	从业状态 自雇	从业状态 务农	全国
单位退休金/机关事业单位养老保险	2.16	28.58	24.8	16.75	5.74	1.35	0.63	8.25
城镇职工基本养老保险	5.63	32.91	32.85	27.34	14.86	4.12	0.51	12.35
城镇居民社会养老保险	2.86	20.52	24.57	10.72	18.61	8.27	1.78	7.62
新型农村社会养老保险	43.67	4.20	8.35	21.00	20.89	38.28	58.01	34.38
城乡居民养老保险	4.00	4.90	7.52	5.42	3.69	5.99	3.49	4.51
企业年金/企业补充养老保险	0.55	3.15	4.65	2.89	0.97	0.33	0.36	1.35
商业性养老保险	1.94	5.59	6.88	4.22	10.63	2.90	1.56	2.97
拥有上述至少一种	53.91	67.61	67.68	62.26	53.85	54.19	62.38	57.20

注：(1) 城镇职工基本养老保险即企业职工基本养老保险，它是国家根据法律、法规强制建立和实施的一种社会保险制度。在这一制度下，用人单位和劳动者必须依法缴纳养老保险费，在劳动者达到国家规定的退休年龄或因其他原因退出劳动岗位后，社会保险经办机构依法向其支付养老金等待遇，从而保障其基本生活。(2) 城镇居民社会养老保险：年满16周岁（不含在校学生）、不符合职工基本养老保险参保条件的城镇非从业居民，可以在户籍地自愿参加城镇居民养老保险。(3) 新型农村社会养老保险，简称"新农保"，是继取消农业税、农业直补、新型农村合作医疗等政策之后的又一项重大惠农政策。采取个人缴费、集体补助和政府补贴相结合的资金筹集方式，其中中央财政还对地方进行补助，并且直接补贴到农民头上。(4) 城乡居民养老保险是合并新型农村社会养老保险和城镇居民社会养老保险而建立起来的养老保险制度。年满16周岁（不含在校生）、非国家机关和事业单位工作人员及不属于职工基本养老保险制度覆盖范围的城乡居民，可以在户籍地参加城乡居民养老保险。(5) 企业年金/企业补充养老保险是指企业及其职工在依法参加基本养老保险的基础上，自愿建立的补充养老保险制度。(6) 商业养老保险是以获得养老金为主要目的的长期人身保险，它是年金保险的一种特殊形式，又称为退休金保险，是社会养老保险的补充。

3. 其他保险/福利

2016年调查结果显示，中国劳动力拥有住房公积金、工伤保险、生育保险、失业保险的比例并不高，仅分别占8.90%、14.54%、9.28%、12.06%。不同特征劳动力的上述保险/福利拥有情况存在一定差异。具体来说（见表0-28），除生育保险外，男性劳动力拥有各种保险/福利的比例都明显高于女性劳动力；30～44岁中龄劳动力拥有住房公积金和各种保险/福利的比例明显高于15～29岁、45～64岁低、高龄劳动力的相应比例，45～64岁劳动力拥有住房公积金和各种保险/福利的比例明显最低；东部地区劳动力拥有住房公积金和各种保险/福利的比例远远高于中、西部地区劳动力的相应比例，中、西部地区劳动力的上述保险/福利的拥有情况相差不大；农业户口劳动力拥有住房公积金和各种保险/福利的比例远远低于非农业、居民户口劳动力的相应比例；雇员群体拥有住房公积金和各种保险/福利的比例明显最高，雇主次之，自雇者再次，务农者拥有住房公积金和各种保险/福利的比例明显最低。

表0-28 全国及不同特征劳动力其他保险/福利的拥有情况

单位：%

保险类别	性别		年龄组（岁）			地区		
	男	女	15～29	30～44	45～64	东	中	西
住房公积金	11.47	6.25	7.88	11.26	7.23	12.06	6.58	6.81
工伤保险	17.86	11.12	14.87	19.24	9.38	22.71	8.87	8.49
生育保险	8.61	9.98	9.88	12.52	5.45	15.66	4.55	5.11
失业保险	13.86	10.20	11.36	16.19	8.29	18.89	6.95	7.68

保险类别	户口性质			从业状态				全国
	农业	非农业	居民	雇员	雇主	自雇	务农	
住房公积金	3.06	26.79	26.59	23.00	4.39	0.90	0.41	8.90
工伤保险	8.69	33.18	31.82	37.42	10.50	3.76	0.96	14.54
生育保险	4.69	23.78	23.18	23.96	6.28	2.28	0.22	9.28
失业保险	6.18	31.31	29.18	31.34	8.12	2.87	0.23	12.06

三 中国劳动力的家庭状况

（一）家庭规模及成员情况

2016年调查结果显示，中国劳动力大多来自中、小规模家庭，平均家庭规模为4.36人。具体来说（见表0-29），同住家庭成员人数为3人、4人的比例较高，分别为20.19%、21.54%，家庭成员人数为5人、6人、2人的比例次高，分别为17.72%、12.17%、11.12%，家庭成员人数为7人及以上的比例仅为12.12%。从地区差异来看，西部地区劳动力的平均家庭规模最小（为4.16人），他们来自3~4人小规模家庭的比例明显较高，来自7人及以上中、大家庭的比例明显较低；中部地区劳动力的平均家庭规模相对略大（为4.41人），他们来自2~3人小规模家庭的比例相对较低，来自6人及以上中、大家庭的比例相对较高。

从家庭成员外出情况来看（见表0-29），接近一半的劳动力家庭没有成员外出（为47.76%），有1个、2个家庭成员外出的劳动力家庭比例也相对较高，二者合计占35.69%，有3个、4个及以上家庭成员外出的劳动力家庭比例较低，分别为8.71%、8.84%。西部地区劳动力家庭平均外出人数最少，中部地区劳动力家庭平均外出人数最多，家庭成员外出2人及以上的比例高达36.82%，而东、西部地区劳动力家庭的这一比例仅为29.05%、27.34%。

表0-29 全国及不同地区劳动力的家庭成员及兄弟姐妹数量

单位：%，人

项目		东部	中部	西部	全国
同住家庭成员数量(人)	1	5.39	5.03	4.80	5.14
	2	11.04	10.84	12.20	11.12
	3	21.35	18.75	21.51	20.19
	4	20.36	22.19	22.73	21.54
	5	17.99	17.06	19.08	17.72
	6	10.94	13.63	10.96	12.17
	7及以上	12.93	12.50	8.72	12.12
	合计	100	100	100	100
	均值	4.38	4.41	4.16	4.36

续表

项目		东部	中部	西部	全国
非同住家庭成员数量(人)	0	52.56	41.98	52.70	47.76
	1	18.39	21.20	19.96	19.89
	2	12.17	17.07	14.97	14.80
	3	7.55	10.09	7.56	8.71
	4及以上	9.33	9.66	4.81	8.84
	合计	100	100	100	100
	均值	1.15	1.35	0.96	1.21
兄弟姐妹数量(人)	0	12.61	9.38	7.90	10.43
	1	24.96	21.76	17.40	22.23
	2	19.86	20.04	24.12	20.77
	3及以上	42.57	48.82	50.58	46.57
	合计	100	100	100	100
	均值	2.49	2.71	2.83	2.64

从兄弟姐妹的数量来看（见表0-29），中国劳动力大多拥有兄弟姐妹，平均拥有兄弟姐妹的数量为2.64人，其中，有1个、2个兄弟姐妹的比例较高，分别为22.23%、20.77%，拥有3个及以上兄弟姐妹的比例也很高，占46.57%，没有兄弟姐妹的独生子女劳动力仅占10.43%。从地区差异来看，西部地区劳动力拥有兄弟姐妹的平均数量较多，他们拥有2个、3个及以上兄弟姐妹的比例也明显较高，东部地区劳动力拥有兄弟姐妹的平均数量较少，他们中独生子女的比例明显最高。

（二）居住社区类型

从社区性质来看，2016年调查时，超过六成（为63.63%）的劳动力家庭来自村委会，来自居委会的劳动力家庭仅占36.37%。其中，中部地区劳动力家庭来自村委会的比例最高（为68.69%），来自居委会的比例最低（为31.31%）；东、西部地区劳动力家庭来自村委会和居委会的比例相差不大，分别为59.42%、59.45%和40.58%、40.55%。

在城市社区中，家庭所居住的具体社区类型差别很大。具体来说（见表0-30），居住于普通/中档商品房小区的劳动力家庭比例最高（32.04%），居住于未改造的老城区（街坊）的比例次高（为22.10%），居住于村改居住宅区和机关、事业单位住宅区，工矿企业单位住宅区的比例再次（分别为13.63%、12.53%、8.10%），居住于保障性住房小区、高档商品房/住宅/别墅区、移民社区、棚户区和其他类型小区的比例比较低（分别为2.17%、1.09%、1.02%、2.24%、5.06%）。从地区差异来看，东部地区劳动力家庭居住于未改造的老城区（街坊）、村改居住宅区的比例明显最高，中部地区劳动力家庭居住于普通/中档商品房小区，机关、事业单位住宅区的比例明显较高，西部地区劳动力家庭居住于棚户区、工矿企业单位住宅区的比例明显较高。

表0-30 全国及不同地区劳动力家庭的居住社区类型构成

单位：%

家庭所在社区的类型	东部	中部	西部	全国
未改造的老城区（街坊）	30.05	14.62	18.05	22.10
工矿企业单位住宅区	4.09	10.77	12.82	8.10
机关、事业单位住宅区	6.32	19.36	13.27	12.53
保障性住房小区	2.26	2.28	1.67	2.17
普通/中档商品房小区	30.26	34.53	31.09	32.04
高档商品房/住宅/别墅区	0.81	1.32	1.31	1.09
村改居住宅区	19.83	8.44	8.92	13.63
移民社区	0.53	1.94	0.17	1.02
棚户区	0.98	1.42	7.75	2.24
其他	4.87	5.32	4.95	5.06
合计	100	100	100	100

（三）日常生活状况（水源、电、网络、固定电话等）

在日常生活方面，2016年调查询问了劳动力家庭的饮用水、用电、上网、固定电话使用及炊事燃料等方面的情况。

从饮用水情况来看（见表0-31），在家庭做饭水源方面，约七成（为70.04%）的劳动力家庭使用自来水做饭，使用井水做饭的劳动力家庭也占有较高比例（为22.16%），使用山泉水做饭的劳动力家庭占5.23%，使用其他水源做饭的比例则非常低。从地区差异来看，中部地区劳动力家庭使用井水做饭的比例远远高于东、西部地区，西部地区劳动力家庭使用自来水做饭的比例较高，东部地区劳动力家庭使用山泉水做饭的比例较高。近八成（为79.91%）劳动力家庭的水源不易受污染，然而，仍然有20.09%的劳动力家庭水源易受污染。相比而言，西部地区劳动力家庭的水源不易受污染的比例最高，东部次之，中部地区劳动力家庭水源易受污染的比例最高。

表 0-31 全国及不同地区劳动力家庭的饮用水情况

单位：%

项目		东部	中部	西部	全国
家庭做饭的水源	江河湖水	0.52	1.05	0.75	0.79
	井水	16.88	28.70	16.22	22.16
	自来水	73.66	64.47	77.56	70.04
	矿泉水、纯净水	1.46	0.74	0.30	0.97
	雨水	0	0.08	0.11	0.05
	窖水	0	0.18	0.58	0.17
	池塘水	0.01	0.16	0	0.08
	山泉水	6.78	4.18	4.21	5.23
	其他	0.69	0.44	0.27	0.51
	合计	100	100	100	100
饮用水源是否易受污染	是	19.10	22.36	15.81	20.09
	否	80.90	77.64	84.19	79.91
	合计	100	100	100	100

从做饭的主要燃料来看（见表 0-32），全国劳动力家庭使用最多的是电，接近一半（为49.55%）的劳动力家庭用电做饭，其次是煤气（液化气）、天然气、柴草（分别为18.93%、15.93%、12.02%），使用其他燃料做饭的劳动力家庭所占比例很低。从地区差异来看，中部地区劳动力家庭使用天然气的比例明显较高，而东、西部地区劳动力家庭用电的比例明显较高；东部地区劳动力家庭使用煤气（液化气）的比例明显较高，而使用柴草的比例明显较低；西部地区劳动力家庭使用煤炭的比例明显较高。与2014年调查相比，中国劳动力家庭主要燃料的使用发生了很大变化，电的使用率急剧增加，而柴草、煤气（液化气）的使用率明显下降，天然气的使用率也略有增加。

表0-32 全国及不同地区劳动力家庭做饭的主要燃料

单位：%

家庭做饭燃料类型	2016年 东部	2016年 中部	2016年 西部	2016年 全国	2014年 全国
柴草	6.77	15.68	15.12	12.02	26.70
煤炭	0.78	2.32	9.68	2.76	2.78
煤气（液化气）	23.86	18.41	6.81	18.93	34.02
太阳能	0.02	0.08	0.10	0.06	0.03
沼气	0.13	0.65	0.43	0.41	0.99
电	55.38	42.76	54.71	49.55	20.85
天然气	12.31	20.03	13.12	15.93	13.98
其他	0.75	0.07	0.03	0.34	0.65
合计	100	100	100	100	100

从用电情况来看（见表0-33），过去一年家里偶尔断电的比例仍然较高（70.01%），从未断电的比例略高于1/4。值得注意的是，仍然有4.06%的劳动力家庭经常断电，有0.63%的劳动力家庭至今尚未通电。从地区差异来看，东部地区劳动力家庭去年从未断电的比例最高，西部地区次之，中部地区劳动力家庭的这一比例最低；而中部地区劳动力家庭去年经常断电的比例明显较高，东部地区至今尚未通电的劳动力家庭比例高于中、西部地区。另外，绝大部分（97.71%）的劳动力家庭上年没有生产用电，东部地区劳动力家庭上年有生产用电的比例略低于中、西部劳动力家庭的这一比例。与2014年调查结果相比，全国劳动力家庭的通电情况有所好转，并且，家庭生产用电的比例也略有增加。

从互联网的使用情况来看（见表0-33），上年使用了互联网的劳动力家庭已超过六成（为61.56%），其中，既使用电脑又使用手机上网的占38.71%，只使用手机上网的比例远远高于只使用电脑上网的比例，只有不到四成的劳动力家庭不使用网络。从地区差异来看，东部地区劳动力家庭上年使用互联网的比例明显最高，且既使用电脑又使用手机上网的比例也明显高于中、西部地区劳动力家庭的这一比例；西部地区劳动力家庭只使用手机上网的比例相对较高。与2014年调查结果相比，中国劳动力家庭的互联网使用率尤其是手机互联网的使用率急剧增加，这说明移动互联网在短期内得到了快速、广泛的普及。

表0-33 全国及不同地区劳动力家庭的用电、网络、电话情况

单位：%

项目		2016年				2014年
		东部	中部	西部	全国	全国
过去一年家里的通电情况	没通电	1.05	0.35	0.34	0.63	0.78
	经常断电	3.11	4.92	3.98	4.06	4.30
	偶尔断电	61.13	76.99	72.76	70.01	71.16
	从未断电	34.71	17.74	22.92	25.30	23.76
	合计	100	100	100	100	100
过去一年是否有生产用电	是	2.88	1.94	1.75	2.29	1.89
	否	97.12	98.06	98.25	97.71	98.11
	合计	100	100	100	100	100
过去一年是否使用了互联网	只使用电脑上网	2.27	1.93	0.78	1.90	6.29
	只使用手机上网	18.60	20.82	27.92	20.95	9.81
	既使用电脑又使用手机上网	50.10	32.95	25.03	38.71	32.42
	不上网	29.03	44.30	46.27	38.44	51.48
	合计	100	100	100	100	100
过去一年家里是否有电话	只有固定电话	2.29	1.52	1.21	1.78	—
	只有手机	59.21	80.15	81.53	71.94	—
	既有固定电话又有手机	36.46	15.70	14.05	23.81	—
	都没有	2.04	2.63	3.21	2.47	—
	合计	100	100	100	100	

从家庭电话的使用情况看（见表0-33），手机已成为家庭主要的通信工具，95.75%的家庭拥有手机；固定电话的拥有率仅为25.59%，没有固定电话和手机家庭非常少，仅占2.47%。从地区差异来看，东部地区劳动力家庭既有固定电话又有手机的比例明显较高。

此次调查还了解了劳动力家庭居住地的污染情况。调查结果显示（见表0-34），全国劳动力家庭认为居住地空气污染严重的比例（为21.45%）较高，认为居住地噪声、水污染严重的比例次之（分别为18.51%、17.57%），认为土壤污染严重的比例相对较低，仅为9.93%，认为居住地空气、水、噪声、土壤污染一点也不严重的比例分别为37.64%、40.11%、44.02%、49.24%。从地区差异来看，西部地区劳动力家庭认为居住地空气、水、噪声、土壤污染严重的比例最低，中部地区次之，东部地区劳动力家庭的相应比例最

高；同时，东部地区劳动力家庭认为居住地空气、水、噪声、土壤污染一点也不严重的比例最低，中部地区次之，西部地区的相应比例最高；可见，东部地区劳动力家庭居住环境污染程度最严重。与2014年调查结果相比，除土地、噪声污染外，全国劳动力家庭认为空气、水污染的程度有所加剧。

表0-34 全国及不同地区劳动力家庭居住地的污染情况

单位：%

污染类型	污染程度	2016年 东部	2016年 中部	2016年 西部	2016年 全国	2014年 全国
空气污染	非常严重	6.26	5.71	1.73	5.36	5.39
	比较严重	18.47	16.02	9.61	16.09	15.23
	不太严重	42.81	39.46	40.22	40.91	43.24
	一点也不严重	32.46	38.81	48.44	37.64	36.14
	合计	100	100	100	100	100
水污染	非常严重	4.28	3.78	2.16	3.75	3.28
	比较严重	14.82	14.01	10.41	13.82	11.54
	不太严重	44.06	41.19	41.01	42.32	45.51
	一点也不严重	36.84	41.02	46.42	40.11	39.67
	合计	100	100	100	100	100
噪声污染	非常严重	6.50	4.42	2.28	4.94	5.06
	比较严重	15.42	12.67	11.25	13.57	15.13
	不太严重	37.93	37.05	37.40	37.45	40.19
	一点也不严重	40.15	45.86	49.07	44.02	39.62
	合计	100	100	100	100	100
土壤污染	非常严重	2.21	1.72	1.22	1.85	2.13
	比较严重	9.44	7.51	6.08	8.08	6.97
	不太严重	42.06	40.33	39.00	40.83	45.27
	一点也不严重	46.29	50.44	53.70	49.24	45.63
	合计	100	100	100	100	100

在垃圾分类及定点投放方面（见表0-35），超过八成（为81.70%）及九成（为90.70%）的中国劳动力家庭愿意进行垃圾分类及定点投放，不愿意的比例不高，但是，规定必须分类及定点投放的比例都很低（仅分别为1.97%、4.10%）。从地区差异来看，东部地区认为应规定垃圾必须分类及定点投放的比例最高，但他们不愿意垃圾分类的比例略高，不愿意垃圾定点投放的比例略低。无论怎样，垃圾分类与定点投放皆得到了大多数劳动力家庭的支持。

表0-35 全国及不同地区劳动力家庭对垃圾分类和投放的意愿

单位：%

项目	意愿程度	东部	中部	西部	全国
垃圾分类	愿意	79.42	83.29	83.01	81.70
	不愿意	17.13	15.80	15.79	16.33
	规定必须分类	3.45	0.91	1.20	1.97
	合计	100	100	100	100
垃圾定点投放	愿意	89.72	91.18	91.93	90.70
	不愿意	3.89	5.79	7.01	5.20
	规定必须定点投放	6.39	3.03	1.06	4.10
	合计	100	100	100	100

（四）住房状况

从住房产权来看（见表0-36），2016年调查结果显示，接近八成（79.42%）劳动力家庭的住房属于完全自有，租住的比例为12.99%，由父母或子女提供、单位免费提供、向其他亲友借住以及和单位共有产权的比例较低，分别为3.21%、1.20%、0.97%、0.87%。从地区差异来看，东部地区劳动力家庭完全自有住房的比例相对最低，而租房、由单位免费提供、向其他亲友借住的比例相对较高；中部地区劳动力家庭完全自有住房的比例最高，其他产权类型的比例皆较低。与2014年调查结果相比，全国劳动力家庭住房产权类型构成差别不大，租房和其他产权类型比例有所增加，父母或子女提供住房的比例有所下降。

表0-36 全国及不同地区劳动力家庭现住房的产权类型构成

单位：%

家庭现住房的产权类型	2016年				2014年
	东部	中部	西部	全国	全国
完全自有	72.73	85.70	80.19	79.42	80.59
和单位共有产权	0.34	1.07	1.85	0.87	1.06
租住	18.79	7.77	11.62	12.99	10.29
政府免费提供	0.20	0.25	0.46	0.26	0.21
单位免费提供	2.07	0.38	1.13	1.20	1.21
父母或子女提供	3.33	3.05	3.33	3.21	5.35
向其他亲友借住	1.23	0.80	0.73	0.97	0.98
其他	1.31	0.98	0.69	1.08	0.31
合计	100	100	100	100	100

总报告：2016年中国劳动力的人口、经济、社会基本状况

在完全自有住房的劳动力家庭中（见表0-37），住房为单位住房的比例仅为9.03%，并且，西部地区劳动力家庭的这一比例明显较高。劳动力家庭完全自有的住房大多为自建房，其次为购买住房，仅有5.80%的劳动力家庭为继承住房。从地区差异来看，在完全自有住房的劳动力家庭中，中部地区自建房的比例最高，西部地区自购房的比例最高，东部地区继承住房的比例较高。

表0-37 全国及不同地区劳动力家庭自有房的来源

单位：%

项目		东部	中部	西部	全国
单位住房	是	8.73	8.55	11.40	9.03
	否	91.27	91.45	88.60	90.97
	合计	100	100	100	100
家庭自有住房的来源	继承	6.95	4.91	5.61	5.80
	自建	61.37	64.47	58.41	62.40
	购买	31.68	30.62	35.98	31.80
	合计	100	100	100	100

在租房的劳动力家庭中（见表0-38），租房的主要来源为向私人租房（为80.86%）。而向单位、亲友、房产公司、房管所、政府租房的比例较低，仅分别为5.55%、3.89%、3.97%、1.65%、3.21%。从地区差异来看，东部地区劳动力家庭向私人、政府租房的比例明显最高，而向单位、其他来源租房的比例相对较低；西部地区劳动力家庭向单位租房的比例较高；中部地区劳动

表0-38 全国及不同地区劳动力家庭租房的来源构成

单位：%

家庭租房的来源	2016年				2014年
	东部	中部	西部	全国	全国
政府	4.12	2.52	0.19	3.21	2.11
房产公司	3.63	5.51	2.47	3.97	2.60
单位	2.40	9.34	13.06	5.55	9.75
亲友	3.45	5.42	2.89	3.89	4.05
私人	84.29	73.85	78.62	80.86	78.83
房管所	1.52	2.33	0.90	1.65	2.01
其他	0.59	1.03	1.87	0.87	0.65
合计	100	100	100	100	100

力家庭向亲友、房管所租房的比例明显较高。与 2014 年调查结果相比，中国劳动力家庭向私人、政府、房产公司租房的比例有所增加，向单位、亲友、房管所租房的比例有所下降。

从现有住房内部设施来看（见表 0-39），2016 年，几乎所有劳动力家庭的现有住房内都已通电（为 99.22%），超过八成的劳动力家庭的现有住房内有室内厨房和自来水（分别为 83.78% 和 81.22%），超过六成的劳动力家庭的现有住房内有室内浴室和室内厕所（分别为 65.19% 和 68.74%），超过四成的劳动力家庭的现有住房内有互联网端口、阳台（分别为 42.56%、44.21%），拥有独立院落围墙的劳动力家庭占 35.39%，接近三成的劳动力家庭的现有住房内有供暖设备（为 28.26%），现有住房内有花园、管道煤气、管道天然气的劳动力家庭较少（分别为 7.35%、13.86%、17.24%）。从地区差异来看，除自来水、电、花园、管道天然气、管道煤气、供暖设备、独立院落围墙外，东部地区劳动力家庭的现有住房内有各种设施的比例都明显高于中、西部地区劳动力家庭的相应比例；中部地区劳动力家庭的现有住房内有管道天然气的比例较高；西部地区劳动力家庭的现有住房内有花园、供暖设备、独立院落围墙的比例相对较高。与2014 年调查结果相比，全国劳动力家庭现有住房的各种设施皆有所完善。

表 0-39　全国及不同地区劳动力家庭现住房内的设施情况

单位：%

现住房内所拥有的设施	2016 年				2014 年
	东部	中部	西部	全国	全国
自来水	84.75	76.62	85.86	81.22	80.53
电	99.38	99.22	98.79	99.22	99.02
自家室内厨房	88.26	81.57	78.21	83.78	77.48
花园	8.80	4.90	11.04	7.35	5.27
阳台	56.61	38.13	28.75	44.21	38.64
互联网端口	54.29	36.63	28.50	42.56	37.44
管道煤气	14.56	14.64	9.45	13.86	13.87
管道天然气	13.78	21.38	13.84	17.24	15.62
自家室内浴室	76.29	61.75	45.02	65.19	56.28
供暖设备	25.83	28.07	35.65	28.26	27.68
自家室内厕所	80.30	65.59	46.35	68.74	63.42
独立院落围墙	32.85	35.34	42.62	35.39	34.12

注：该问题为多项选择题，本表汇总了每个选项的出现情况，各选项之间不具有可加性。

（五）家庭经济状况

本报告从家庭收入、消费、金融产品的持有、借贷、重要设施及耐用消费品的拥有情况来描述劳动力家庭的家庭经济状况。

1. 家庭收入情况

2015年全年，绝大部分（为97.35%）劳动力家庭有收入，没有收入的劳动力家庭仅占2.65%，年收入在5万元以上的家庭超过1/3（为34.69%），年收入在2万元以上的家庭占65.88%，年收入在1万元以上的占79.88%。从地区差异来看（见表0-40），东部地区劳动力家庭的年收入水平最高，年收入在5万元以上的比例比中、西部地区劳动力家庭的这一比例高出20个百分点左右。其次，有农、林、牧、副、渔总体毛收入的劳动力家庭不到四成（为38.59%），且这一收入水平并不高，年农、林、牧、副、渔总体毛收入在2万元以上的劳动力家庭仅占8.49%；从地区差异来看，东部地区劳动力家庭拥有农、林、牧、副、渔总体毛收入的比例最低（为27.82%）；西部地区劳动力家庭不仅拥有农、林、牧、副、渔总体毛收入的比例高，其收入水平也相对较高，其2万元以上年收入的比例（为10.13%）明显高于东、中部地区劳动力家庭的这一比例（分别为7.59%、8.77%）。再次，从工资收入来看，超过一半（为57.78%）的劳动力家庭有工资收入，其中，年工资收入在5万元以上的比例为21.65%，年工资收入在2万元以上的比例为42.34%；从地区差异来看，东部地区劳动力家庭有工资收入的比例最高（占63.53%），且收入水平也相对较高，其2万元以上年收入的比例（为51.18%）明显高于中、西部地区劳动力家庭的这一比例（分别为37.13%、34.07%）。最后，劳动力家庭有经营收入、财产收入、汇款收入、离退休金收入、失业救济金/社会救助金/低保收入的比例皆不高，分别为13.29%、6.14%、8.79%、16.09%、9.63%；从地区差异来看，东部地区劳动力家庭拥有经营性收入、财产性收入、离退休金收入的比例明显较高，中部地区劳动力家庭拥有汇款收入的比例较高，而西部地区劳动力家庭拥有失业救济金/社会救助金/低保收入的比例皆较高。

与2014年调查结果相比，除家庭农林牧副渔总体毛收入、家庭经营收入外，全国劳动力家庭拥有总收入及其他各种收入的比例都有所有增加；除财产性收入、经营收入、农林牧副渔总体毛收入外，全国劳动力家庭总收入及各种收入为2万以上的比例皆有所增加。

表0-40 全国及不同地区劳动力家庭总收入及各种收入的构成情况

单位：%

收入类别		2016年				2014年
		东部	中部	西部	全国	全国
家庭总收入（元）	0	3.02	2.58	1.81	2.65	3.11
	1~5000	4.52	9.40	10.22	7.56	7.23
	5001~10000	6.82	11.46	13.64	9.91	9.37
	10001~20000	10.62	15.98	17.16	14.00	14.78
	20001~50000	28.75	33.65	30.27	31.19	33.44
	50001及以上	46.27	26.93	26.90	34.69	32.07
	合计	100	100	100	100	100
家庭农林牧副渔总体毛收入（元）	0	72.18	55.17	51.09	61.41	61.24
	1~5000	9.63	17.87	19.69	14.82	14.59
	5001~10000	5.86	10.76	12.03	8.98	9.42
	10001~20000	4.74	7.43	7.06	6.30	6.12
	20001~50000	3.97	6.02	6.81	5.31	5.20
	50001及以上	3.62	2.75	3.32	3.18	3.43
	合计	100	100	100	100	100
家庭工资收入（元）	0	36.47	45.28	48.61	42.22	42.82
	1~5000	2.16	2.69	3.69	2.62	2.44
	5001~10000	3.35	4.94	5.35	4.36	4.37
	10001~20000	6.84	9.96	8.28	8.46	8.66
	20001~50000	20.98	21.34	17.79	20.69	21.88
	50001及以上	30.20	15.79	16.28	21.65	19.83
	合计	100	100	100	100	100
家庭经营收入（元）	0	83.28	89.23	88.37	86.71	83.62
	1~5000	0.89	1.28	2.07	1.24	1.86
	5001~10000	1.08	1.52	1.80	1.38	1.89
	10001~20000	2.11	1.69	1.43	1.82	2.69
	20001~50000	4.93	2.77	3.04	3.68	4.33
	50001及以上	7.71	3.51	3.29	5.17	5.61
	合计	100	100	100	100	100

续表

收入类别		2016年 东部	中部	西部	全国	2014年 全国
家庭财产收入(元)	0	91.41	95.33	96.04	93.86	94.60
	1~5000	3.03	1.51	1.60	2.14	1.79
	5001~10000	1.66	0.79	0.75	1.13	0.65
	10001~20000	0.97	0.40	0.51	0.64	0.63
	20001~50000	1.05	0.95	0.51	0.93	0.84
	50001及以上	1.88	1.02	0.59	1.30	1.49
	合计	100	100	100	100	100
家庭汇款收入(元)	0	92.50	89.05	94.38	91.22	93.17
	1~5000	3.75	5.69	2.31	4.42	3.16
	5001~10000	1.40	2.21	1.23	1.74	1.40
	10001~20000	0.77	1.38	0.89	1.06	0.84
	20001~50000	0.60	0.97	0.79	0.79	0.60
	50001及以上	0.98	0.70	0.40	0.77	0.83
	合计	100	100	100	100	100
家庭离退休金收入(元)	0	79.97	86.72	86.03	83.90	85.29
	1~5000	3.09	1.67	1.50	2.22	2.41
	5001~10000	1.41	0.62	0.57	0.93	1.06
	10001~20000	3.31	2.33	2.70	2.78	3.28
	20001~50000	7.23	6.28	6.04	6.63	5.74
	50001及以上	4.99	2.38	3.16	3.54	2.22
	合计	100	100	100	100	100
家庭失业救济金/社会救助金/低保收入(元)	0	94.12	89.21	83.53	90.37	90.85
	1~5000	4.61	9.71	13.22	8.16	8.25
	5001~10000	0.60	0.75	2.04	0.88	0.65
	10001~20000	0.36	0.22	0.42	0.31	0.16
	20001~50000	0.13	0.02	0.19	0.09	0.07
	50001及以上	0.18	0.09	0.60	0.20	0.02
	合计	100	100	100	100	100

2. 家庭消费情况

在消费方面，2015年全国劳动力家庭总消费水平并不高，并且，东部地区劳动力家庭各方面的消费水平皆明显高于中、西部地区劳动力家庭的相应水平。全国劳动力家庭年总消费为2万元以上的比例接近2/3（为65.48%），并且,东部地区劳动力家庭的这一比例明显高于中、西部地区劳动力家庭的这一比例。

具体来说(见表0-41),在食品消费支出方面,超过3/4(为77.87%)的劳动力家庭年总消费在2万元以下,并且,东部地区劳动力家庭的食品消费水平明显最高,中、西部地区部地区的这一水平较低且相差不大。在医疗保健支出方面,略多于3/4(为75.14%)的全国劳动力家庭的消费水平在5000元及以下,并且,东部地区劳动力家庭的医疗保障支出呈两极分化,没有支出的比例最高,超过2万元的比例也明显较高,中、西部地区劳动力家庭的这一比例较低且相差不大。在教育支出方面,接近三成(为28.15%)全国劳动力家庭的这一消费水平在5000元以上,并且,东部地区劳动力家庭该项支出在2万元及以上的比例明显高于中、西部地区劳动力家庭的这一比例。在水、电、煤气等居住常规支出方面,超过九成(为91.07%)的劳动力家庭的消费水平在5000元及以下。在住房装修支出方面,超过九成(为91.75%)的劳动力家庭没有此项支出,但在有此项支出的劳动力家庭中,支出2万元以上的比例明显较高。在购买冰箱、空调、电视机等家电设备支出方面,八成以上(为86.03%)的劳动力家庭没有此项支出,但在有此项支出的劳动力家庭中,支出5000元及以下的比例较高。在汽车交通设备常规支出(含保险、路桥等养车费用,燃油费,修理费等)方面,接近2/3(64.28%)的劳动力家庭没有此项支出,但在有此项支出的劳动力家庭中,支出5000元及以下的比例较高。超过七成(为70.23%)的劳动力家庭有礼品或礼金支出,支出5000元及以下的比例较高。在自家婚丧嫁娶费用方面,3.53%的劳动力家庭的消费水平在2万元以上。在赡养费用方面,接近3/4(73.05%)的劳动力家庭没有此项支出,在有此项支出的劳动力家庭中,支出5000元及以下的比例较高。在旅游度假支出方面,绝大部分(94.87%)劳动力家庭没有此项支出,但在有此项支出的劳动力家庭中,支出2万元以上的比例较高。从地区差异来看,在水、电、煤气等居住常规支出,住房装修支出,购买冰箱、空调、电视机等家电设备支出,汽车交通设备常规支出,自家婚丧嫁娶费用,赡养费用,旅游度假支出等方面,东部地区劳动力家庭的上述支出水平皆明显高于中、西部地区劳动力家庭的相应水平。相比而言,中部地区劳动力家庭的这一比例略低于东、西部地区劳动力家庭的这一比例。

与2014年调查结果相比，中国劳动力家庭的总消费水平有所提高，并且在诸如食品、医疗保健、教育、居住常规（水、电、煤气费等）、赡养等日常消费方面的支出有所增加，在诸如住房装修、家电、礼品和礼金、自家婚丧嫁娶、旅游度假等非日常消费方面的支出有所下降。

表0-41 全国及不同地区劳动力家庭总消费及各种消费水平的构成

单位：%

项目		东部	中部	西部	全国	全国
家庭总消费（元）	0	0.37	0.18	0.05	0.24	0.22
	1~5000	3.37	6.16	5.10	4.89	5.19
	5001~10000	6.58	10.67	11.89	9.20	10.42
	10001~20000	16.02	23.11	22.60	20.19	21.91
	20001及以上	73.66	59.88	60.36	65.48	62.26
	合计	100	100	100	100	100
食品消费支出（元）	0	1.41	2.89	1.74	2.13	1.61
	1~5000	16.81	32.56	37.36	26.92	29.38
	5001~10000	20.26	27.63	23.78	24.12	25.64
	10001~20000	27.99	22.45	22.59	24.70	23.79
	20001及以上	33.53	14.47	14.53	22.13	19.57
	合计	100	100	100	100	100
医疗保健支出（元）	0	24.16	20.38	16.46	21.34	20.74
	1~5000	51.12	55.58	55.68	53.80	57.11
	5001~10000	11.21	13.87	14.65	12.91	10.96
	10001~20000	4.61	5.24	6.55	5.18	4.57
	20001及以上	8.90	4.93	6.64	6.77	6.62
	合计	100	100	100	100	100
教育支出（元）	0	48.25	45.31	44.66	46.40	45.77
	1~5000	21.92	27.43	29.06	25.45	26.59
	5001~10000	13.89	12.68	11.87	13.05	13.20
	10001~20000	8.03	9.19	8.58	8.63	8.28
	20001及以上	7.91	5.39	5.83	6.47	6.16
	合计	100	100	100	100	100
居住常规支出（如水、电、煤气费等）（元）	0	7.49	10.31	8.39	8.90	10.92
	1~5000	76.91	85.44	86.57	82.17	79.74
	5001~10000	8.34	2.21	2.90	4.77	4.79
	10001~20000	2.42	0.81	0.46	1.41	1.29
	20001及以上	4.84	1.23	1.68	2.75	3.26
	合计	100	100	100	100	100

续表

		东部	中部	西部	全国	全国
住房装修支出(元)	0	90.82	92.87	90.78	91.75	90.68
	1~5000	1.61	1.71	2.64	1.80	2.13
	5001~10000	0.83	0.94	1.07	0.91	1.10
	10001~20000	0.77	0.78	1.10	0.82	0.83
	20001及以上	5.97	3.70	4.41	4.72	5.26
	合计	100	100	100	100	100
家电设备支出(元)	0	82.30	88.96	87.25	86.03	84.92
	1~5000	11.87	8.43	9.04	9.91	9.94
	5001~10000	2.64	1.48	1.59	1.96	2.11
	10001~20000	0.77	0.28	0.85	0.56	0.63
	20001及以上	2.42	0.85	1.27	1.54	2.40
	合计	100	100	100	100	100
汽车交通设备常规支出(含保险、路桥等养车费用,燃油费,修理费等)(元)	0	58.72	68.19	67.43	64.28	65.61
	1~5000	21.88	21.32	23.21	21.82	22.36
	5001~10000	7.09	4.71	4.34	5.61	4.25
	10001~20000	5.07	3.07	2.28	3.76	2.88
	20001及以上	7.24	2.71	2.74	4.53	4.90
	合计	100	100	100	100	100
礼品和礼金支出总额(元)	0	35.89	25.90	24.90	29.77	33.69
	1~5000	47.80	57.23	59.43	53.76	50.44
	5001~10000	9.25	12.21	10.34	10.75	9.31
	10001~20000	2.59	2.89	3.08	2.80	2.71
	20001及以上	4.47	1.77	2.25	2.92	3.85
	合计	100	100	100	100	100
自家婚丧嫁娶费用(元)	0	83.87	84.50	84.77	84.29	85.10
	1~5000	8.90	9.46	9.88	9.30	8.38
	5001~10000	1.87	1.97	1.45	1.85	1.44
	10001~20000	0.75	1.36	0.78	1.03	1.08
	20001及以上	4.61	2.71	3.12	3.53	4.01
	合计	100	100	100	100	100

续表

		东部	中部	西部	全国	全国
赡养费用（元）	0	66.29	76.57	80.81	73.05	75.12
	1~5000	23.66	18.74	15.18	20.21	18.80
	5001~10000	4.57	2.46	2.13	3.26	2.54
	10001~20000	2.05	1.19	0.62	1.45	0.81
	20001及以上	3.43	1.04	1.26	2.03	2.71
	合计	100	100	100	100	100
旅游度假支出（元）	0	93.34	96.05	95.24	94.87	93.43
	1~5000	0.91	0.89	1.87	1.04	1.02
	5001~10000	0.40	0.51	0.61	0.48	0.39
	10001~20000	0.57	0.53	0.25	0.51	0.59
	20001及以上	4.78	2.02	2.03	3.10	4.58
	合计	100	100	100	100	100

3. 家庭金融产品及借贷情况

从劳动力家庭金融产品的持有情况来看，2015年，绝大部分（95.65%）家庭不持有任何金融产品，持有股票、基金或债券的家庭仅占4.35%。从地区差异来看，东部地区劳动力家庭持有金融产品的比例较高（为6.22%），中部地区次之（占3.26%），西部地区劳动力家庭的这一比例最低（为2.60%）。

从借贷情况来看，全国劳动力家庭借钱给别人、机构或公司的比例很低（仅为11.56%），但是借债或欠钱的比例却高达近三成（为29.64%）。从地区差异来看，东部地区劳动力家庭借钱给别人、机构或公司的比例（为14.10%）明显高于中、西部地区劳动力家庭的这一比例（分别为10.01%、9.04%），而借债或欠钱情况刚好相反，东部地区劳动力家庭的这一比例（为25.28%）明显低于中、西部地区劳动力家庭的这一比例（分别为31.26%、36.73%）。

4. 家庭重要设施及耐用消费品的拥有情况

从重要的家庭设施来看，2016年调查结果显示（见表0-42），全国劳动力家庭拥有摩托车的比例接近六成（为57.28%），拥有汽车、拖拉机的比例近分别为21.16%、13.83%，拥有大型农机具、用于生产的牲畜的比例更低（分别为2.23%、7.71%）。从地区差异来看，东部地区劳动力家庭拥有汽车的比例明显最高；西部地区劳动力家庭拥有摩托车、汽车的比例明显较低，拥有拖拉机、用于生产的牲畜的比例明显较高。与2014年调查相比，除拥有用于生产的牲畜外，全国劳动力家庭拥有汽车、摩托车、拖拉机、大型农机具等重要家庭设施的比例皆有所增加。

表0-42 全国及不同地区劳动力家庭重要设施的拥有情况

单位：%

家庭拥有的重要设施	2016年 东部	2016年 中部	2016年 西部	2016年 全国	2014年 全国
汽车	25.53	18.53	17.22	21.16	16.18
摩托车	57.94	57.88	53.57	57.28	53.80
拖拉机	13.40	13.32	16.89	13.83	12.81
大型农机具	1.63	2.61	2.50	2.23	1.90
用于生产的牲畜	3.86	8.27	16.46	7.71	9.32

从家庭耐用消费品来看（见表0-43），绝大部分（为94.11%）劳动力家庭拥有彩电，八成以上的劳动力家庭拥有冰箱（为86.94%），接近八成的劳动力家庭拥有洗衣机（为79.26%），拥有空调、台式或笔记本电脑或pad（平板电脑）的劳动力家庭接近一半，分别为49.70%、45.87%，拥有VCD/DVD、录像机或照相机的劳动力家庭相对较少，分别占24.68%、15.37%，拥

表0-43 全国及不同地区劳动力家庭拥有耐用消费品的情况

单位：%

家庭拥有的耐用消费品	2016年 东部	2016年 中部	2016年 西部	2016年 全国	2014年 全国
彩电	92.81	95.20	94.33	94.11	94.82
空调	63.09	47.95	17.81	49.70	45.34
冰箱	88.87	87.11	81.02	86.94	80.43
洗衣机	80.61	77.31	81.64	79.26	72.35
钢琴	1.27	1.09	1.16	1.18	0.88
VCD/DVD	29.74	19.11	28.16	24.68	33.52
录像机或照相机	19.78	12.81	11.73	15.37	18.40
台式或笔记本电脑或pad	57.95	39.86	31.05	45.87	43.20
以上耐用消费品全都没有	2.38	1.83	2.15	2.10	2.54

有钢琴的家庭比例非常低（1.18%），以上耐用消费品全都没有的劳动力家庭仅占2.10%。从地区差异来看，除彩电、洗衣机以外，东部地区劳动力家庭拥有上述其他各种耐用消费品的比例明显最高。与2014年调查相比，除彩电、VCD/DVD、录像机或照相机外，中国劳动力家庭拥有其他耐用消费品的比例皆有所上升，没有以上任何耐用消费品的比例有所下降。

四 总结

1. 中国劳动力的性别结构比较均衡，年龄结构已不再年轻。

2. 2012～2016年，中国劳动力的地区分布并不均匀，而且变化明显，具体表现为：中部地区劳动力规模的绝对优势不断减小，东部地区劳动力规模迅速增加，西部地区劳动力规模也有所上升。从年龄结构的地区差异来看，目前，西部地区劳动力的年龄最小，东部次之，中部地区劳动力的老龄化程度最高。

3. 中国劳动力的户口性质仍然以农业户口为主，全国七成以上的劳动力为农业户口，非农业户口的劳动力不及两成，另有11.64%的劳动力为居民户口。从地区差异来看，东部地区劳动力的居民户口比例较高，而农业户口比例较低，中部地区劳动力的非农户口比例较高，而居民户口比例较低。

4. 2016年，中国劳动力的受教育程度仍以中等教育为主，并且，女性劳动力的受教育程度低于男性劳动力，高龄劳动力的受教育程度明显低于中、低龄劳动力，农业户口劳动力的受教育程度明显低于非农业户口、居民户口劳动力，东部地区劳动力的受教育程度明显高于中、西部地区劳动力。同时，中国劳动力在过去两年参加过专业技术培训、获得过专业技术资格证书（执业资格）的比例都不高；不到两成的劳动力懂外语，且以懂得英语为主。另外，与2014年调查相比，中国劳动力阅读报刊、用手机发短信、写信、银行ATM取款、使用网上银行、网上购买火车票的能力明显提高。

5. 从社会特征来看，中国劳动力的平均初婚年龄为23.44岁，婚姻状况以初婚有配偶为主，未婚者略高于两成，再婚有配偶、离异、丧偶的比例都很低；中国劳动力的政治面貌以群众为主，中共党员的比例仅为5.98%；近九成的劳动力没有宗教信仰，有宗教信仰的劳动力仅占13.00%，并以信仰佛教（包括藏传佛教）为最多，伊斯兰教次之。中国劳动力的阶层认同不高，超过六成的劳动力认为自己属于4~6分的中间阶层，近三成的认为自己属于1~3分的底层，认为自己属于7~10分顶层的比例仅为7.32%。

6. 全国超过八成的劳动力的户口在本村/居委会，本区县以外的劳动力仅占11.63%；在全部劳动力中，发生过户口迁移的比例（为26.28%）不高，但比2014年调查时（为16.70%）有明显提高；从流入地来看，户口在本县（县级市、区）其他乡镇街道、本县区以外的劳动力中，近八成的劳动力离开户口所在地超过半年；从流出地来看。因外出打工/工作原因而不在家的成员比例高达15.64%，东、中、西部地区非同住家庭成员因外出打工/工作原因而不在家的家庭成员比例分别为12.38%、20.97%、13.36%。

7. 在已结束正规教育的劳动力中，86.89%的劳动力有工作经历，从未有过工作经历即尚未进入劳动力市场的仅占13.11%。不同特征劳动力的工作经历和就业状态存在一定差异。

8. 在有工作的劳动力中，雇员为最主要的从业状态，其次是务农状态，雇主或自雇从业状态的比例较低。低龄、东部地区以及非农业户口劳动力的雇员比例明显较高。在业劳动力的职业分布具有一定的集中性，超过1/3的在业劳动力为农、林、牧、渔业生产及辅助人员，超过三成的在业劳动力为社会生产服务和生活服务人员，超过两成的在业劳动力为生产制造及有关人员。劳动力的行业分布较为分散，只有个别行业具有一定的集中性，农、林、牧、渔业在业劳动力的比例最高（为36.34%），其次是制造业（为15.27%），再次为批发和零售贸易、餐饮业，建筑业，社会服务业（分别为11.90%、7.17%、6.65%）；同时，全国在业劳动力的职业、行业构成具有一定的性别、年龄组、地区、户口性质和受教育程度的差异。从工作（单位）类型来看，超过一半（为54.03%）的在业劳动力有工作单位，45.97%的在业劳动力无工作单位，处于务农或自由工作状态；在业劳动力最主要集中在务农领域，其次是民营、私营企业中，再次集中在个体工商户中，最后集中在国有/集体事业单位、国营企业中，上述四种类型工作单位共集中了全国有工作单位劳动力的87.28%。2016年调查结果同时显示，就职于党政机关、人民团体、军队，国有/集体事业单位，国营企业，集体企业的劳动者中，有编制（或单位编制内）的比例刚刚过半（为50.76%），49.24%的上述类型单位劳动者没有编制而属于"编外人员"。

9. 2016年调查结果显示，中国劳动力的工作时间略长，一般每周及上周的工作时间平均分别为44.73小时、44.04小时，工作时间为50小时或50小时以上的比例超过四成（分别为43.90%、42.57%）；一般每月及上月工作天数平均分别为23.93天、22.92天，工作时间为29天或29天以上的比例皆超过三成；上年工作月数平均为9.89个月，超过一半的劳动力上年工作12个月。全国劳动力的工作地点与住所相距接近，其中，工作地点在本村居的劳动力超过六成，在本乡镇街道（包括本村居）工作的劳动力超过七成，不在本乡镇但在县/区内工作的劳动力占17.17%，在本县/区以外工作的劳动力仅占11.55%。同时，全国劳动力有固定工作场所的比例为83.00%，其中，户外工作的比例超过四成，在室内营业场所、车间、办公室工作的比例合计为42.81%，在家里、运输工具内、其他场所工作的比例仅为11.94%。不同特征劳动力工作场所的固定性有一定差异。

10. 在社会保险/保障方面，2016年，中国劳动力拥有各种医疗保险及保障的状况仍不容乐观，除了拥有新型农村合作医疗的劳动力超过六成（64.94%）以外，拥有其他医疗保险及保障的劳动力比例皆非常低，没有任何医疗保险/保障的劳动力占9.16%。同时，中国劳动力拥有各种养老保险/保障的水平更低，拥有"新型农村社会养老保险"的劳动力仅多于1/3，拥有城镇职工基本养老保险的比例仅为12.35%，拥有城镇居民社会养老保险、单位退休金/机关事业单位养老保险的比例皆未超过1/10，拥有城乡居民养老保险、商业性养老保险、企业年金/企业补充养老保险的比例更低，超过四成（为42.80%）的劳动力没有任何养老保险/保障。另外，中国劳动力拥有住房公积金、工伤保险、生育保险、失业保险的比例并不高，基本在1/10左右。

11. 从家庭特征来看，中国劳动力大多来自中、小规模家庭，并且大多拥有兄弟姐妹。从社区性质来看，超过六成的劳动力家庭来自村委会，居住于普通/中档商品房小区的劳动力家庭所占比例最高，居于未改造的老城区（街坊），村改居住宅区，机关、事业单位住宅区，工矿企业单位住宅区的劳动力家庭也占有一定比例，居于其他各种类型社区的比例则非常低。

12. 在家庭日常生活方面，近八成的劳动力家庭的水源不易受污染，但仍有20.09%的劳动力家庭水源容易受污染；其中，东、中部地区劳动力家庭水源易受污染的比例较高。约七成的劳动力家庭使用自来水做饭，使用井水做饭的劳动力家庭为22.16%；从用电、互联网、电话情况来看，七成的劳动力家庭过去一年家里偶尔断电，从未断电的比例略高于1/4，仍然有4.06%的劳动力家庭经常断电，还有0.63%的劳动力家庭至今尚未通电；使用了互联网的劳动力家庭已超过六成，东部地区劳动力家庭使用互联网的比例明显最高；手机已成为家庭主要的通信工具，95.75%的家庭拥有手机；固定电话的拥有率仅为25.59%。从家庭做饭的主要燃料来看，使用最多的是电，其次是煤气（液化气）、天然气、柴草。

13. 从住房产权来看，接近八成劳动力家庭的住房属于完全自有，租住的比例将近13%，由父母或子女提供、单位免费提供、向其他亲友借住以及和单位共有产权的比例较低；其中，东部地区劳动力家庭完全自有住房的比例相对最低，而租房、由单位免费提供、向其他亲友借住的比例相对较高，中部劳动力家庭完全自有住房的比例较高。在自有住房的劳动力家庭中，自建房的比例超过六成，购买住房的略多于三成，继承住房和单位提供住房的比例很低。在租房的劳动力家庭中，超过八成劳动力家庭向私人租房，而向单位、亲友、房管所、房产公司、政府租房的比例较低。从现有住房内部设施来看，几乎所有劳动力家庭的现有住房内都已通电，绝大部分劳动力家庭的现有住房内有室内厨房和自来水，超过六成的劳动力家庭的现有住房内有室内浴室和室内厕所，超过四成的劳动力家庭的现有住房内有互联网端口、阳台，超过1/3的家庭拥有独立院落围墙，接近三成的劳动力家庭的现有住房内有供暖设备。

14. 在家庭经济方面，绝大部分劳动力家庭有收入，没有收入的劳动力家庭仅占2.65%，年收入在5万元以上的家庭超过了1/3，年收入在2万元以上的家庭接近2/3，并且东部地区劳动力家庭收入水平明显高于中、西部地区劳动力家庭；全国劳动力家庭年总消费为2万元以上的比例接近2/3，并且东部地区劳动力家庭的消费水平明显高于中、西部地区劳动力家庭；绝大部分劳动力家庭不持有任何金融产品，东部地区劳动力家庭持有金融产品的比例略高于中、西部地区劳动力家庭；劳动力家庭借钱给别人、机构或公司的比例非常低（仅为11.56%），但是借债或欠钱的比例却高达29.64%，与2014年调查相比，中国劳动力家庭的各种收入、消费、金融产品的拥有率、借贷等水平都有所提高。劳动力家庭拥有摩托车的比例相对较高，而拥有汽车、拖拉机、大型农机具、用于生产的牲畜的比例相对较低；绝大部分劳动力家庭拥有彩电冰箱、洗衣机，拥有空调、台式或笔记本电脑或 pad 的比例也较高。与 2014 年调查结果相比，除彩电、VCD/DVD、录像机或照相机外，中国劳动力家庭拥有各种消费品的比例有所上升。

参考文献

1. 梁玉成、周文：《劳动参与过程的社会学研究》，《中山大学学报》（社会科学版）2014 年第 4 期。
2. 蔡禾主编《中国劳动力动态调查：2015 年报告》，社会科学文献出版社，2015。

第一章
劳动就业

周 文

劳动参与、失业与就业稳定性等劳动就业指标是衡量经济发展状况的重要指标，特别是在我国经济发展速度趋缓、劳动年龄人口数量不断减少、就业压力增加的情况下，迅速摸清我国的劳动就业状况具有重要价值。中国劳动力动态调查（CLDS）采用国际通用的国际劳工组织（ILO）于1982年通过的劳动参与和失业测量标准，对全国的劳动就业状况进行测量。这种测量方法的可靠性通过与人口普查及国内同时期采用相同统计标准的其他调查进行对比得到了验证。[①] 在本章中，我们采用中国劳动力动态调查（CLDS）调查年份2012、2014和2016三个轮次的数据，从劳动参与率、失业率、就业稳定性三个方面分析我国劳动就业状况的现状及其变化趋势。在劳动参与率部分，本章主要关注劳动参与率的现状及其发展趋势，以及在当前劳动年龄人口不断减少的情况下，如何提高劳动参与率，有哪些突破口。本章主要从城市贫困家庭劳动参与、农村剩余劳动力的充分利用以及女性劳动参与等几个方面展开分析；在失业率部分，本章主要关注失业率的现状及其趋势，着重关注了女性及低学历劳动力的潜在失业问题；在就业稳定性方面，本章从不同就业状态转变的角度分析宏观的就业环境及其变化，并分析了就业状态转变的社会后果。

为了阅读方便，我们先对中国劳动力动态调查的测量标准进行简单说明。按照国际惯例，15~64岁被定义为劳动年龄，而全部劳动年龄人口可以分为三类：在业人口、失业人口和非经济活动人口。其中失业人口最难定义，各国之间存在较大的差异，而且学界的定义与公众的理解存在差异。1982年，国

[①] 周文：《失业现状与趋势》，载蔡禾主编《中国劳动力动态调查：2015年报告》，社会科学文献出版社，2015，第86~109页。

际劳工组织（ILO）建议的失业统计有三个标准：目前不在业、积极寻找工作、如果有工作能够到岗。按照这个标准，只有没有工作但在寻找工作且能够到岗的人，才能称为失业人口，否则将被定义为退出劳动力市场人口。这个标准虽然存在争议，但目前通行于全世界大多数国家，使劳动就业指标的国际比较成为可能。图1-1是我们的失业测量流程图，这个测量流程图遵循了国际劳工组织的标准，对失业人口、在业人口和非经济活动人口通过一些问题进行了区分。另外，这套标准存在的最大争议在于，那些想找工作但是还没有找工作行为的"边际附着群体"，是否应定义为失业人口。在一些研究中，研究者将他们定义为"潜在失业人口"（蔡昉、王美艳，2004；付晓奇，2015）。本章回应这种争议，将没有找工作，但是接下来一年会找工作的人，定义为潜在失业人口，并放入拓展劳动参与率和拓展失业率的计算中。这些人虽然按照定义不是真正的失业人口，也暂时不是经济活动人口，但是对于明确促就业的工作方向与工作任务，具有一定的政策参照意义。在随后的分析中，我们会通过这些区分来计算劳动参与率、失业率、拓展的劳动参与率和拓展的失业率等指标。

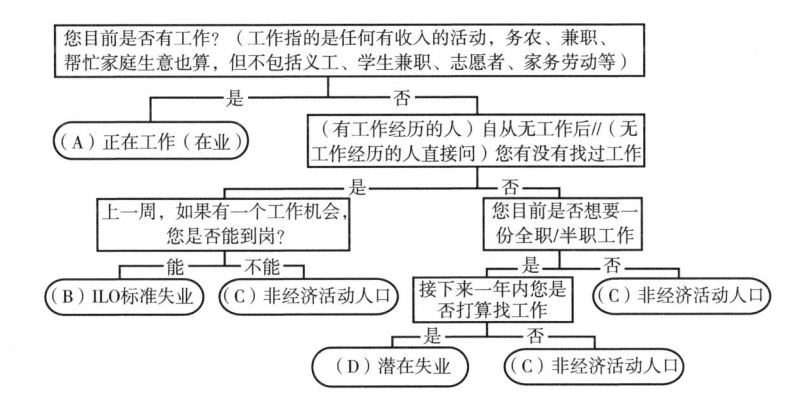

图1-1 CLDS的失业测量流程图

一 劳动参与率

（一）劳动参与率现状

劳动参与率是经济活动人口（包括失业人口与就业人口）占劳动年龄人

口的比例，即目前在劳动力市场的人口占劳动力总人口的比例。按照CLDS失业测量流程图（图1-1），我们分析了两种劳动参与率：一个指标是严格意义的劳动参与率，将图中在业人口（A）和ILO标准失业人口（B）之和作为经济活动人口，计算经济活动人口占劳动年龄人口的比例；另一个指标是较宽松的劳动参与率，在原来经济活动人口的基础上，我们将那些有找工作意愿但是目前还没有找工作行动的潜在失业人口（D）也作为经济活动人口放入分子中，计算经济活动人口占劳动年龄人口的比例，具体的结果如表1-1所示。

表1-1 我国2012~2016年分城乡劳动参与率

单位：%

	2012年		2014年		2016年	
	拓展参与率	严格参与率	拓展参与率	严格参与率	拓展参与率	严格参与率
农村	69.71	66.73	72.23	67.85	70.98	66.97
城市	63.87	60.57	65.19	61.59	64.93	60.13
全国	67.61	64.51	69.53	65.45	68.69	64.27

2016年我国劳动参与率为64.27%，而将潜在失业的人口纳入经济活动人口之后的拓展的劳动参与率为68.69%，我国当前的劳动参与率在64.27%~68.69%之间。在很多人的印象中，我国的劳动参与率一直处在世界较高水平，而64.27%的水平比世界平均水平并没有高很多，这个结果到底可不可靠呢？我们试图通过其他来源的数据结果来验证其可靠性。

目前对我国劳动参与率的估计主要出自国家人口普查数据，根据这个数据估计的结果应该是最权威的。通过已公布的年份最近的2010年第六次人口普查就业模块的数据测算，我们得到2010年的劳动参与率为70.9%，这个结果与世界银行和国际劳工组织估计的我国当年的劳动参与率一致。虽然我们2012年劳动参与率64.51%的结果与它有所差异，但我们的数据在未加权的情况下，2012~2014年分年龄组分性别的劳动参与率的分布结构与2010年的人口普查非常相似。[1] 这说明我们得到的2012年的结果与2010年的差异很可能

---

[1] 周文：《失业现状与趋势》，载蔡禾主编《中国劳动力动态调查：2015年报告》，社会科学文献出版社，2015，第86~109页。

是两年真实的差异。另外，张车伟采用《中国统计年鉴2010》与《中国人口与就业统计年鉴》（1990~2009年）的数据测算，2001~2009年城镇劳动参与率一直稳定在61%~62%（张车伟，2012），因此有比较充分的理由预测2012年城镇劳动参与率也会在这个范围内，而CLDS的调查显示，2012~2016年城镇劳动参与率稳定在60%~62%之间，与他的测算结果非常接近。通过以上数据对比判断，我们认为我国2016年劳动参与率为64.27%的结果比较可靠。

如表1-2所示，与世界主要国家和地区的劳动参与率对比，我们目前的劳动参与率高于世界平均水平，高于美国、德国、英国、法国和日本等主要发达国家，高于亚太地区平均水平，但相对低于非洲国家和南美洲国家。总的来说，随着近些年来我国劳动参与率持续走低，过往我国劳动参与率显著高于其他国家和地区的情况正在逐渐远去。

表1-2 世界主要国家和地区2016年劳动参与率

单位：%

国家/地区	劳动参与率	国家/地区	劳动参与率
世界平均	62.8	英 国	62.0
亚太地区	60.1	法 国	54.9
美 国	64.1	印 度	53.8
德 国	60.3	日 本	59.1
南美洲	66.8	非洲国家	65.5

资料来源：世界银行与国际劳工组织数据，http://data.worldbank.org/indicator/SL.TLF.CACT.ZS。

（二）劳动参与率的变化趋势

从表1-1三个年份的趋势来看，无论是严格的劳动参与率还是拓展的劳动参与率，均大致呈现下降的趋势，严格的劳动参与率从2014年的65.45%下降到2016年的64.27%，相对于2012年来说也稍有下降，农村地区和城市地区都呈现相同的趋势。实际上，很早就有学者注意到了我国劳动参与率迅速下降的现象，李丽林等人根据第四次与第五次人口普查的数据发现，10年间我国劳动参与率下降9个百分点，他们认为，那段时间劳动参与率的迅速下降与制度变迁有关。在计划经济制度下，整个社会消灭了"有产阶级"，社会主义社会也就只能实行"按劳分配"的原则,"不劳动者不得食",换言之,只有参加工作才能在这个社会生存下来,因此那个时候无论男女,劳动年龄人口都有非常高的劳动参与率。而经济制度转变为市场经济后,就业与否成为个人的选择,使劳动参与率自然下降。一些人自愿选择退出劳动力市场,例如有人因为工资太低而选择在家里享受"有闲"生活,有人因为丈夫收入高而成为"职业家庭主妇",有人因为要全力教养孩子而成为"职业妈妈";也有一些人由于寻找工作太困难而放弃,被迫成为非经济活动人口中的一部分。无论具体的原因是什么,他们的选择结果都导致了劳动参与率的回落(李丽林、李琼琳,2005)。

在市场经济条件下,劳动参与率的变化受到年龄结构变化、经济发展状况、教育入学率与社会保障水平等诸多因素的影响。2012~2014年劳动参与率的降低,一方面可能与我国15岁以上青年人口就学率不断提高以及教育年限不断提高有关,另一方面也可能与65岁以前离退休老年人口增加有关。为了排除这些因素的影响,图1-2比较了2012~2016年30~44岁年龄组人口劳动参与率的变化,可以看到即使不受入学和离退休影响的30~44岁年龄组,男性和女性劳动力2012年、2014年和2016年的劳动参与率均出现基本一致的下降。

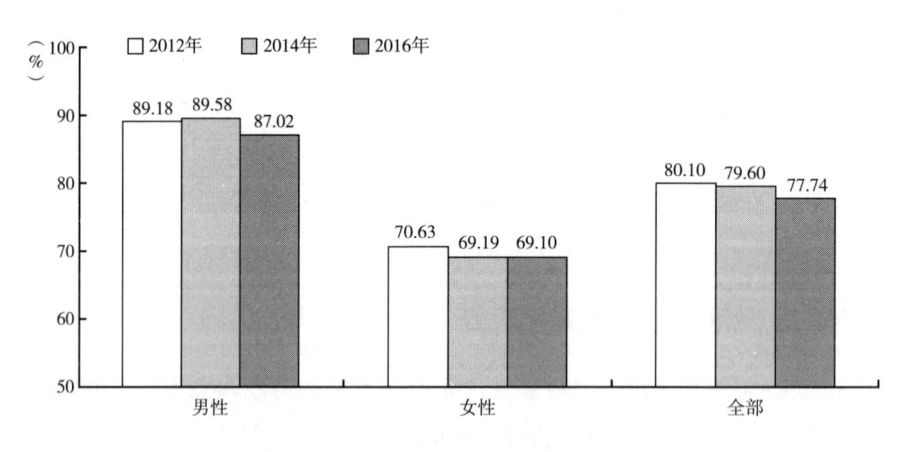

图1-2 30~44岁年龄组分性别劳动参与率

随后,我们分地区来看劳动参与率的变化趋势,如图1-3所示,首先看2016年各地区的劳动参与状况,西部地区劳动参与率最高,为65.74%,中部地区最低,为61.47%,东部地区为65.32%,稍微高于全国平均水平。其次从历年的变化来看,东部地区劳动参与率呈现不断下降的趋势,由2012年的

67.9%下降到2016年的65.32%；中部地区的劳动参与率2014年相对于2012年有所上升，但2016年相对于2014年下降幅度很大，由2014年的65.3%下降到2016年的61.47%；西部地区劳动参与率2014年相对于2012年下降幅度较大，但2016年相对于2014年有大幅度上升。

我们关注了广东地区的情况，作为东部地区的一部分，广东地区2016年的劳动参与率为70.69%，高于东部平均水平，高于全国平均水平。从变化趋势来看，广东地区的劳动参与率由2012年的64.4%迅速提升到2014年的72.6%，2016年稍有下降。

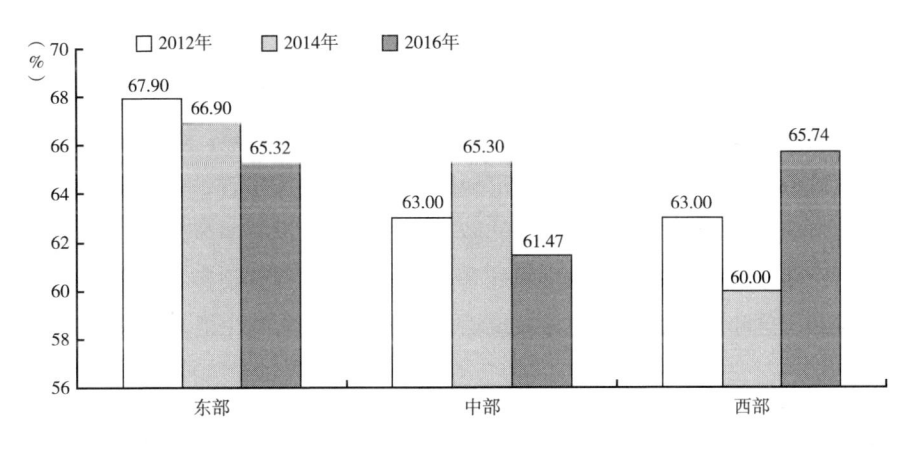

图1-3 全国各地区劳动参与率变化

（三）劳动参与率的城乡差异

农村与城市处在两种不同的社会经济环境中，就业市场不一样，生产组织方式也不一样，经济发展水平不一样，社会保障水平也不一样，这些因素均导致了两者劳动参与率的差异。从表1-1的全国情况来看，无论严格的劳动参与率还是拓展的劳动参与率，城市均显著低于农村。农村的劳动参与率比城市高6~7个百分点。然而，我们将城乡劳动参与率分年龄组来分析发现，在25~34岁年龄段，城市劳动力的劳动参与率反而高于农村，城市劳动参与率在50岁之后迅速降低（图1-4），也就是说，城市劳动参与率在16~49岁年龄段反而高于农村，50岁之后，城市劳动参与率迅速下降，显然这跟城市的退休制度有关。延长退休年龄，有利于提高城市的劳动参与率。

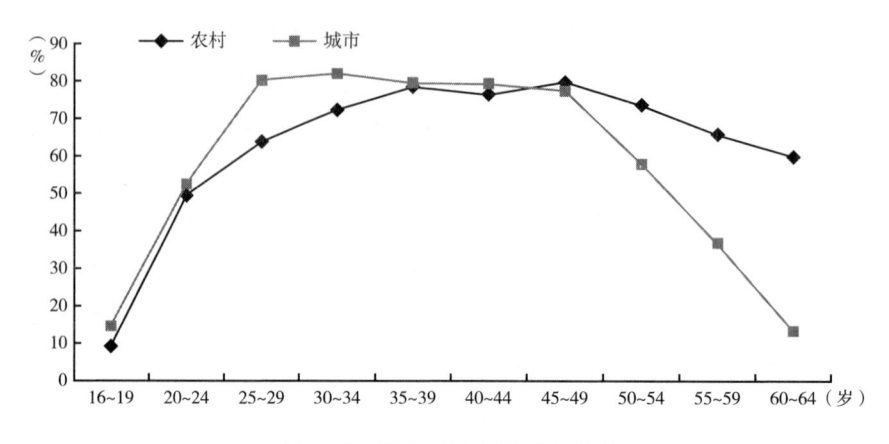

图 1-4 劳动参与率的城乡差异

而图 1-5 给出了 2016 年各地区劳动参与率的城乡差异，可以看到三个地区的农村劳动参与率均显著高于城市地区。而单从城市来看，东部地区的城市劳动参与率最高，中部和西部地区的城市劳动参与率没有明显差异。单从农村来看，西部地区的农村劳动参与率最高，而中部地区的劳动参与率明显低于东部和西部，这和当地农村劳动力大量输出，农村常住人口中老人和小孩比例较大有关。

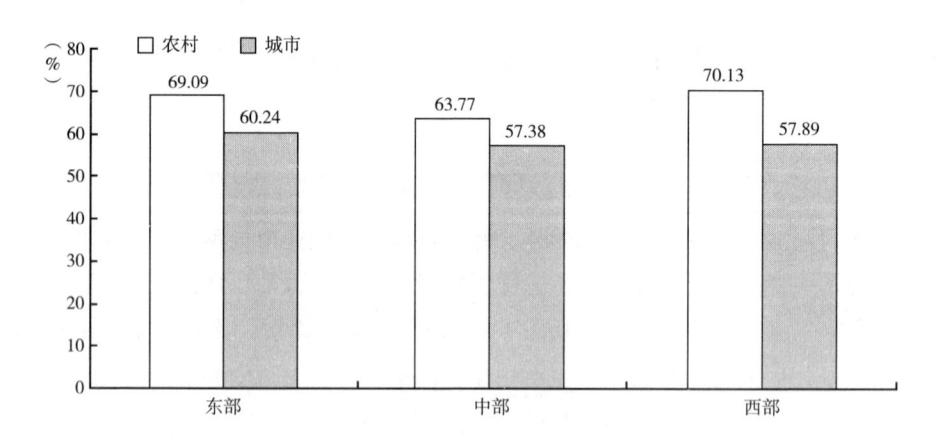

图 1-5 2016 年全国各地区劳动参与率

同时我们关注了广东地区的情况。广东地区的城市劳动参与率最高，达到 72.77%，高于全国平均水平，也明显高于东部平均水平。农村劳动参与率为

68.73%，反而低于城市地区，这可能跟广东城市地区经济发达，就业人口集中，而农村地区大量劳动力外流有关。

经济学的研究认为，劳动参与是劳动者在收入与闲暇之间根据偏好和效用的差异做选择的结果，并且家庭其他成员会对劳动者的选择产生影响。收入的增长，一方面增加了闲暇的机会成本，使劳动者退出劳动力市场的机会成本更高，诱导人们进入劳动力市场，这是替代效应；另一方面，收入增长使劳动者有能力选择不去工作而选择闲暇，诱导人们退出劳动力市场，这是收入效应。在劳动参与率的城乡差异这一部分，我们将农村和城市当成两个不同的社会，分析收入对劳动参与率的影响在城乡之间的差异。

我们在城市和农村分别对家庭收入进行等分，并分析不同收入组的家庭男女劳动力的劳动参与率情况，结果如图1-6所示。首先，从总的趋势来看，家庭收入越高，劳动者的劳动参与率越高，大致上城乡都呈现相同趋势。从总的趋势来看，收入的替代效应更加明显，即家庭收入越高，劳动者不参加劳动的机会成本越高，越可能进入劳动力市场，这种情况可能跟我国家庭人口抚养比比较高、生活压力比较大有关。

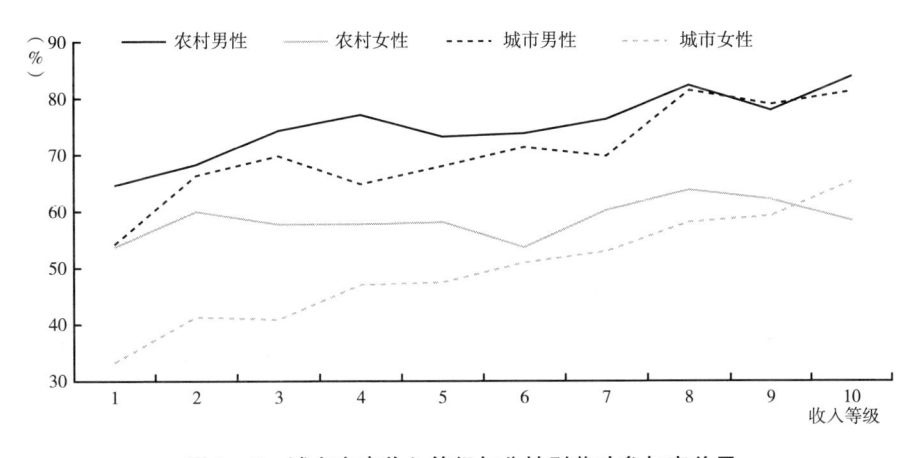

图1-6 城乡家庭收入等级与分性别劳动参与率差异

分性别和城乡的分析中，我们主要关注了城乡女性劳动参与率随着家庭收入变化的情况。从图1-6可以看到随着家庭收入的增长，女性的劳动参与率在农村和城市呈现不同的变化趋势。在城市地区，低收入家庭女性劳动参与率非常低，例如家庭收入最低的组，女性劳动参与率低于35%，而随着家庭收入的增长，城市女性劳动参与率也相应地迅速提高，在家庭收入最高的组，城市女性劳动参与率超过65%。相反，在农村，低收入家庭女性的劳动参与率超过50%。女性的劳动参与率并没有随着家庭收入的增加而提高，甚至在家庭收入最高的三个组中，农村女性劳动参与率反而不断下降。即当家庭收入足够高时，农村女性选择退出劳动力市场的比例增高，收入效应在农村女性家庭收入最高的几个组中得到了体现。

（四）劳动参与率与城市贫困

上面的分析反映出来的当然只是相关关系，但是我们从中能够看到劳动参与率对于城市低收入家庭至关重要的作用。在劳动参与率与就业环境的分析中，存在相对应的两种假说：一种是"添加工人"假说，这种假说认为在家庭主要劳动力失业的情况下，为了弥补家庭收入的减少，家里作为辅助劳动力的成员会加入寻找工作的行列中来。在这种假说下，劳动参与率下降反映了富余的劳动力不用参与到劳动力市场中来，反映的是劳动力市场的状况比较好；而另外一种是"沮丧工人"假说，在这种假说下，劳动参与率下降意味着很多人长期找不到工作，丧失了信心而退出劳动力市场。经济学家们利用各种数据尝试对两种假说进行检验，虽然结论不一致，但是经验证明，劳动力市场不利状况所产生的抑制劳动参与的效应，大于其扩大劳动参与的效应。这说明劳动参与率下降，更可能符合沮丧工人假说，反映的是劳动力市场的不利状况（雅各布·明塞尔，2001；蔡昉、王美艳，2004）。

在城市，无论男性还是女性，劳动参与率与家庭收入都存在明显的正相关关系。从图1-6可以看到，城市低收入家庭男性和女性的劳动参与率均比较低，特别是女性。关注城市低收入家庭的劳动参与情况，特别是市场环境变化对其劳动参与的影响，对于缓解城市贫困具有重要作用。图1-7a和图1-7b追踪了城市不同家庭收入等级的劳动力劳动参与率在两年间的变化情况。由于存在追踪损耗与样本轮换，我们呈现2012年的劳动力2014年的劳动参与情况，同时又呈现2014年的劳动力2016年的劳动参与情况，横坐标家庭收入等级统一为上一轮的情况。即我们可以看到上一轮处在某个家庭收入等级的劳动者上一轮劳动参与率与这一轮劳动参与率的情况，方便进行对比。

我们将关注点放在家庭收入最低的三个组上，从图1-7a中可以看到，

2012年城市家庭收入最低的三个组无论男性还是女性，2014年的劳动参与率均得到显著的提高，男性的劳动参与率由60%提高到70%左右，而女性的劳动参与率也相应地提高了10个百分点。这一方面反映出这些人有非常迫切的就业需求，会积极地寻找工作。另一方面也反映出这些劳动力并没有成为"沮丧的劳动力"而退出劳动力市场。而图1-7b反映了2014~2016年之间的变化，我们同样将关注点放在最低的三个收入组，可以看到2014~2016年城市低收入家庭的劳动参与率稍有提升，但是提升幅度并不明显。

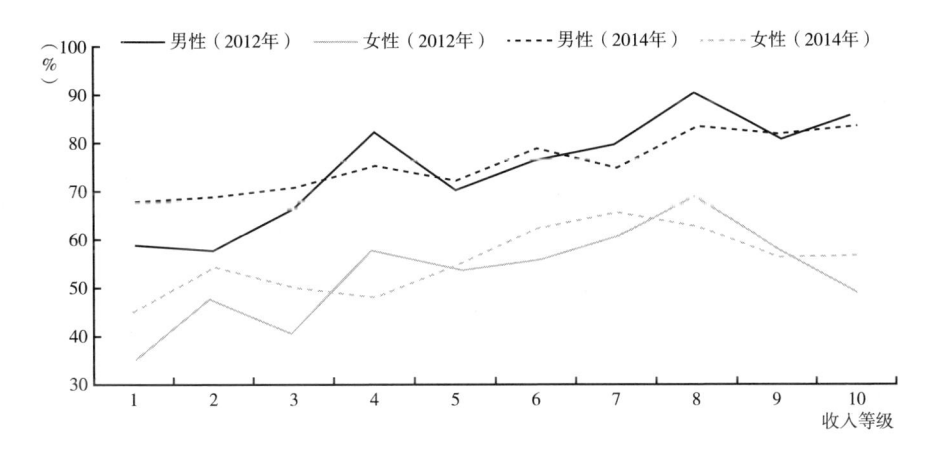

图1-7a 城市家庭收入等级与劳动参与率的变化（2012~2014年）

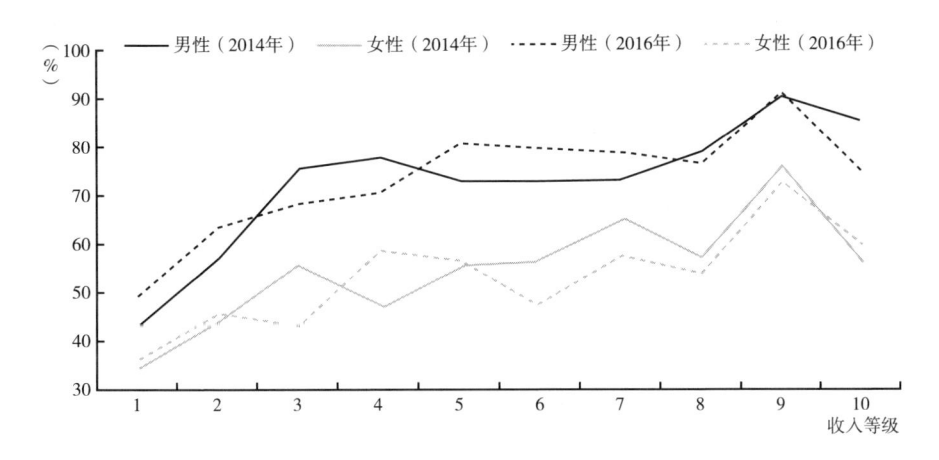

图1-7b 城市家庭收入等级与劳动参与率的变化（2014~2016年）

（五）劳动参与率与农村劳动力相对剩余

在农村，虽然存在较高的劳动参与率，但劳动力不一定能充分发挥作用，其中可能包含了非常多的闲暇时间，农村劳动力的农闲时间称为劳动力的相对剩余。CLDS 调查年份 2014 和 2016 的问卷，对农民的农闲时间安排做了调查。在我们的调查中，农村农闲时间的均值和中位值分别为 4.4 个月和 4 个月；一年中农忙时间的均值和中位值分别为 216 天和 240 天，按月份统计和按天统计均显示农民大概有 4~5 个月的农闲时间。而在这些农闲季节，超过 63% 的农民选择在家休闲，选择从事非农工作的只占 9.23%。两年的结果基本相似。在 CLDS 调查中，我们还询问了"如果从事非农工作，您的工作地点在哪儿？"结果如表 1-3 所示。从中可以看到超过半数的闲暇农民从事非农工作的务工地点在本村居，90% 左右的闲暇农民务工地点在本区县范围内。① 这与常年外出务工的情况有所不同，农民利用农闲时间从事非农工作，为了方便及时回家照看农业，非农工作主要集中在近距离范围内。而且，从最近两年的变化来看，闲暇农民务工的范围在扩大。

表 1-3　闲暇农民从事非农工作的务工地点

单位：%

外出务工地点	2014 年	2016 年	外出务工地点	2014 年	2016 年
本村居	64.53	52.20	县城	5.19	8.82
本乡镇其他村居	14.07	18.34	本区县外	10.55	12.17
本县其他乡镇	6.57	8.47			

农闲时间是否影响了劳动参与率呢？下面统计了 2016 年 CLDS 各个村劳动力的劳动参与率与平均农忙时间，并分析两者之间的关系，具体如图 1-8 所示。图 1-8 展示了全国及各地区农村劳动参与率和平均农忙时间的散点图及拟合直线。从全国的情况来看，农忙时间越长，劳动参与率越高，这种相关关系在中西部地区表现很明显，但是在东部地区不是很明显。也就是说，在中

---

① 必须看到这里指的是目前务农且没有外出的农业劳动者农闲时间的情况，存在样本的选择性问题。

西部地区，农村劳动力相对剩余越多（即农闲时间越长），劳动参与率越低，而在东部地区，农村劳动力的相对剩余和劳动参与率没有相关关系。这种情况可能与经济发展程度不同导致的就近工作机会的差异有关。例如我们看到在东部地区，农民农闲时间外出务工的比例为 10.13%，而在西部地区只有 7.35%。东部地区农村就近就业机会多，农闲时间的多少不会影响劳动参与率；而在中西部地区，就近就业机会少，农民农闲时间越长，由于找不到很好的就近就业机会，相应地不进入劳动力市场的劳动力越多。

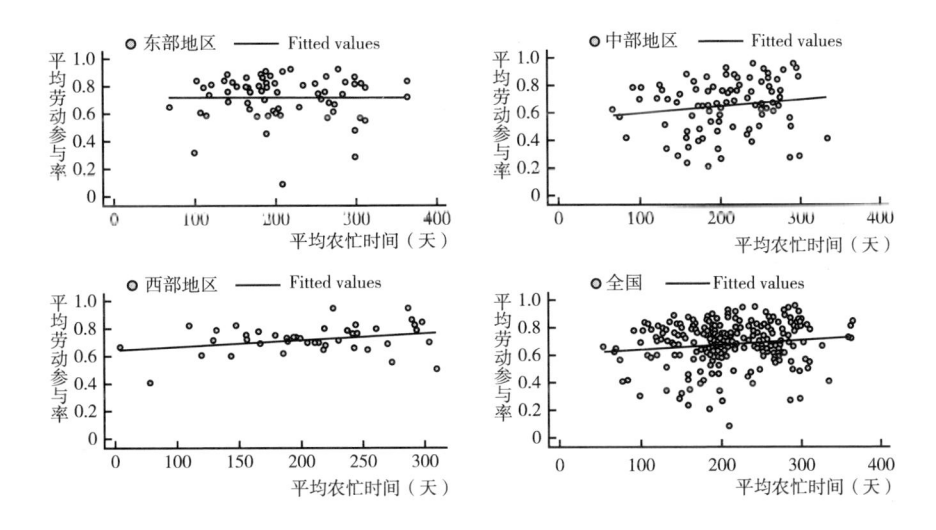

图 1-8　全国及各地区农忙时间与农村劳动参与率

（六）劳动参与率的性别差异

劳动参与率在男性和女性之间存在巨大的差异。国际劳工组织 2017 年发布了一份关于女性就业的《世界就业与社会展望》报告，报告显示男性和女性之间劳动参与率的平均差异是 27%，提高女性劳动参与水平成为世界劳动力市场面临的挑战（International Labor Organization，2017）。2016 年世界平均女性劳动参与率为 49.5%，而我国 2016 年女性劳动参与率为 54.46%，相对于 2012 年的 54.94% 稍微有所下降。劳动参与率的性别差异为 18 个百分点左右，低于世界平均水平。图 1-9 是 2016 年我国及不同地区劳动参与率的性别差异，可以看到无论哪个地区，劳动参与率的性别差异均非常明显。

我们同样关注了广东地区的情况，广东地区男性劳动参与率为77.66%，女性劳动参与率为60.96%，无论男性还是女性的劳动参与率，均高于东部平均水平，高于全国平均水平。

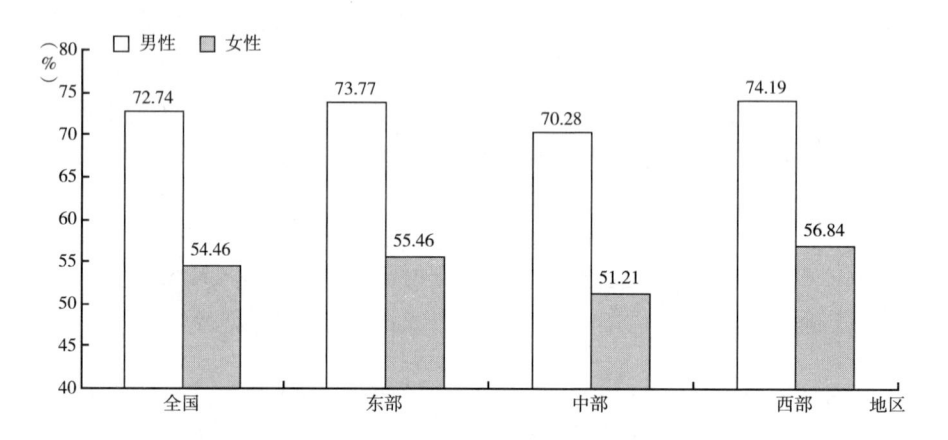

图1-9　2016年我国劳动参与率的性别差异

图1-10是我国2012~2016年分性别年龄组的劳动参与率及其变化情况，首先从年龄结构来看，我国劳动参与率的性别差异基本维持稳定。20~30岁之间，女性进入哺乳期而导致劳动参与率的性别差异迅速扩大，30~44岁之后不断缩小，而45~55岁之间女性退休年龄早于男性导致差异再次扩大。从3轮数据的变化来看，20~30岁之间女性的劳动参与率有所上升，35~64岁

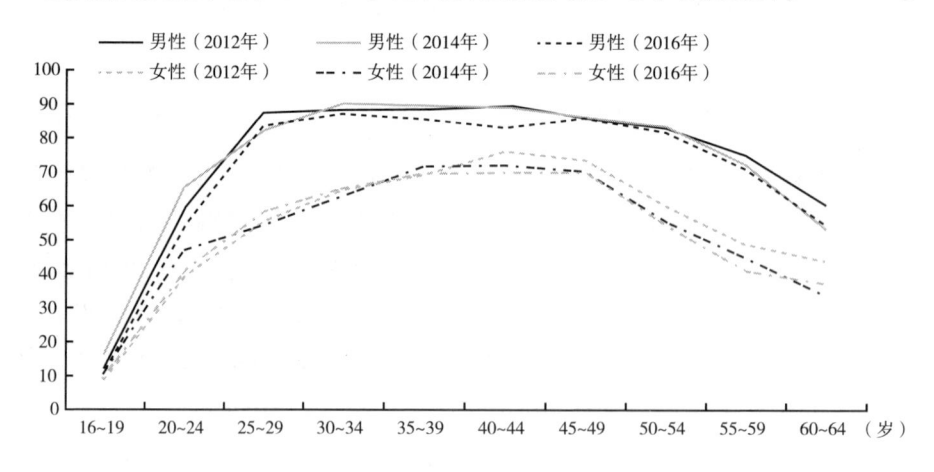

图1-10　我国分性别年龄组劳动参与率及其变化

组的劳动参与率相对于 2012 年明显下降。

表 1-4 是 2016 年世界主要国家和地区男性和女性劳动参与率的情况，数据来自世界银行与国际劳工组织。从表中可以看到我国劳动参与率的性别差异大概和美国持平，而英国、法国、德国等发达国家劳动参与率的性别差异较小，南美洲、非洲国家劳动参与率的性别差异较大，印度劳动参与率的性别差异达到 52.2 个百分点。

表 1-4 2016 年世界主要国家和地区男性和女性劳动参与率

单位：%，百分点

国家/地区	劳动参与率			国家/地区	劳动参与率		
	男性	女性	差异		男性	女性	差异
世界平均	76.1	49.5	26.6	英　　国	68.6	57.0	11.6
东亚地区	76.9	61.6	15.3	法　　国	59.7	50.5	9.2
美　　国	73.9	55.1	18.8	印　　度	79.1	26.9	52.2
德　　国	66.3	54.5	11.8	日　　本	69.9	49.0	20.9
南　美　洲	78.5	55.6	22.9	非洲国家	75.7	55.4	20.3

资料来源：世界银行与国际劳工组织的数据，http://data.worldbank.org/indicator/SL.TLF.CACT.ZS? locations = AF。

国际劳工组织的报告估计，将男性和女性之间巨大的劳动参与的差异弥补，将给世界带来 1.5 万亿美元的收益。劳动参与的性别差异既是问题与危机，反映了当前劳动力市场和社会环境存在对女性就业的诸多障碍，同时又是机遇和下一波人口红利（International Labor Organization，2017）。2016 年北京师范大学发布以性别为专题的劳动力发展报告，认为在劳动力数量达到顶峰的情况下，"性别红利"将成为下一阶段经济增长的重要推力。"性别红利"是指通过倡导性别平等，促进女性就业、提高女性劳动参与率和女性在工作中的技能、释放女性工作潜能、推动经济增长（赖德胜、孟大虎等，2017）。

如何提高女性劳动参与率呢？我们的分析发现改变传统文化观念和减少劳动力市场对女性的限制是提高女性劳动参与率的主要途径。中国劳动力动态调查询问了过往有工作经历而现在无工作的受访者结束上一份工作的原因，由于选项较多，为了分析的方便，我们将性质类似的选项归纳如下：将"家庭原因"作为单独一类，包括怀孕、结婚、带孩子、家务劳动等；将"健康原因"

"退休""选择提前退休"和"年纪大了，身体状况不好"归为"年龄、健康、退休"一类；将"季节性，阶段性工作已经完成"和"合同到期"作为"工作性质"一类，这些人的离职是由工作的临时性导致的；将"企业/单位裁员""被辞退/开除"作为"被单位辞退"一类；将"企业/单位倒闭""生意不好，放弃经营"和"土地被征收"归纳为"工作单位倒闭/消失"一类，这种类型的离职主要由工作环境的变化导致；将"自己辞职"归为"主动离职"一类，表1-5是分析结果。

表1-5 结束上一份工作的原因分析

单位：%

原因	男		女	
	农村	城市	农村	城市
家庭原因	16.43	5.94	50.08	29.37
返回学校	3.41	1.15	0.84	0.81
年龄、健康、退休	48.01	53.24	31.67	50.93
工作性质	8.77	2.98	1.77	1.10
被单位辞退	0.77	4.79	1.21	2.54
工作单位倒闭/消失	8.92	14.73	5.60	8.10
主动离职	13.69	17.17	8.83	7.15
合计	100	100	100	100

从表中可以看到，无论城市还是农村，女性有非常高的比例由于家庭的原因而离开上一份工作，在农村地区甚至超过50%，而农村的男性只有16.43%。我们后续分析了受访者不去找工作的原因，发现女性由于需要照顾小孩或照顾他人而不去找工作的比例达到40%，而男性只占11%，这说明传统的"男主内，女主外"的文化仍然影响了性别分工，女性在家庭分工上更多承担了家庭照顾的角色。Pedulla和Thébaud等人的研究发现，看似由传统文化导致的男女家庭-工作偏好的差异，可能是由劳动力市场的制度限制造成的，通过调查实验方法，他们发现减少劳动力市场中的这种限制，男女工作-家庭偏好的差异将减少（Pedulla D. S. & Thébaud S.，2015）。从表1-5中看到，女性主动离职的比例大大低于男性，一定程度上反映出劳动力市场对女性的限制条件比男性多。

（七）劳动参与率的教育差异

图1-11是我国2012~2016年分不同教育程度的劳动参与率，从整体趋势上来看，教育程度越高，劳动参与率越高。然而，从不同学历来看，高中学历的劳动者劳动参与率最低，三轮的调查均不到55%。从现实情况来看，高中学历的劳动者处于"高不成低不就"的尴尬处境，一方面，在比较早年的定义中，高中学历属于半个知识分子，他们不像初中及以下学历的劳动者可以毫不犹豫地从事务农或工厂的打工工作；另一方面，他们跟拥有技能的职高学历的劳动者相比没有一技之长，而相对于大专及以上学历的劳动群体来说，他们在相应的劳动力市场求职时又受到学历门槛的限制。从不同年份的比较来看，2016年相对于前两轮最大的变化是由职业高中、中专和技校组成的技工（职高）学历劳动力的劳动参与率明显降低。另外，大专及本科学历的劳动者劳动参与率相对于2014年稍有上升，但是相对于2012年来说降低仍非常明显。

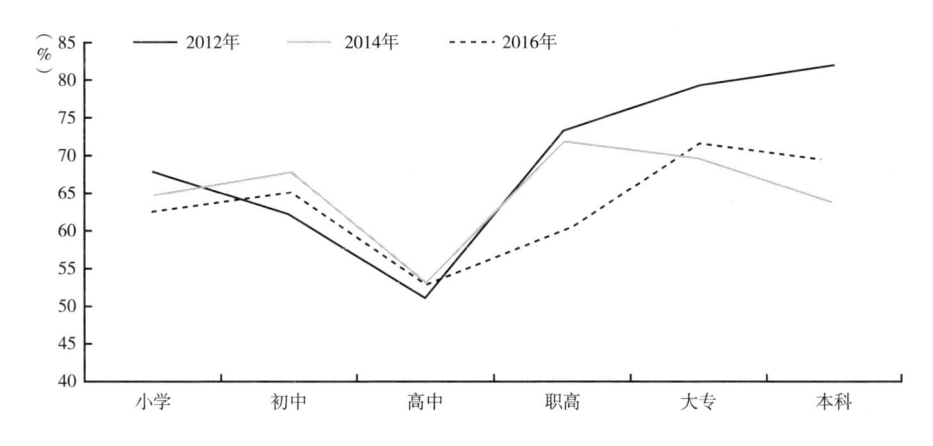

图1-11　我国2012~2016年分教育程度的劳动参与率

参照表1-5的做法，我们分析了不同教育程度的劳动者离开上一份工作的原因，表1-6是分析结果。由于"年龄、健康、退休"和"家庭原因"而离职的比例各有差异，在不同学历的劳动者中均占主要原因。因"返回学校"而离职的比例在职高、大专和本科及以上学历的劳动者中所占比例更高，这说明这些学历的劳动者获得了更多的再培训机会。"被单位辞退"的比例最高的分别是高中、大专和职高学历的劳动者,而小学和本科及以上学历的劳动者被辞退的比例非常低。教育程度越低,由于"工作单位倒闭/消失"而离职的比例越高,这个指标在一定程度上反映了工作行业的稳定性,低学历劳动者从事的职业离职风险比较高。而从主动辞职的比例来看,教育程度越高,主动辞职的比例越高。这说明教育程度越高的劳动者,在辞职的决策中,越少受到其他因素的影响,更加主动。

表1-6 不同学历劳动者离开上一份工作的原因

单位:%

原因	小学	初中	高中	职高	大专	本科
家庭原因	27.19	38.15	18.70	35.77	30.17	15.63
返回学校	0	0.26	1.87	5.61	5.69	4.73
年龄、健康、退休	55.48	35.90	56.36	28.29	33.83	40.17
工作性质	2.99	2.62	1.50	4.73	1.50	7.47
被单位辞退	0.59	2.01	4.43	3.75	4.49	0.56
工作单位倒闭/消失	9.88	8.78	8.46	7.60	5.14	4.68
主动辞退	3.87	12.27	8.68	14.24	19.18	26.77
合计	100	100	100	100	100	100

二 城镇失业率

失业率指的是失业人口在经济活动人口中所占的比例,在本章的最开始我们对失业人口和在业人口的区分进行了说明。按照CLDS失业测量的流程图(图1-1),我们测量两种失业率:一个是标准失业率,即图中ILO标准失业人口(B)作为分子,与在业人口(A)和ILO标准失业人口(B)之和的比值;另外一个是拓展的失业率,将潜在失业人口(D)与ILO标准失业人口(B)之和作为分子,将潜在失业人口(D)、ILO标准失业人口(B)和在业人口(A)三者之和作为分母,计算两者的比值。由于农村的失业情况比较难统计,而且传统上我们也不对农村的失业情况进行统计,因此本节只分析城镇失业率。

（一）城镇失业率的现状

图 1-12 是我国 2012~2016 年城镇标准失业率和拓展失业率，按照标准失业率的计算公式，2016 年我国城镇失业率为 3.16%，相对于 2012 年和 2014 年均有较大幅度的下降。这个比例甚至低于 2016 年的城镇登记失业率，但由于城镇登记失业率采用的方法与调查失业率采用的方法以及失业的标准完全不同，很难进行横向的比较（张车伟，2003）。

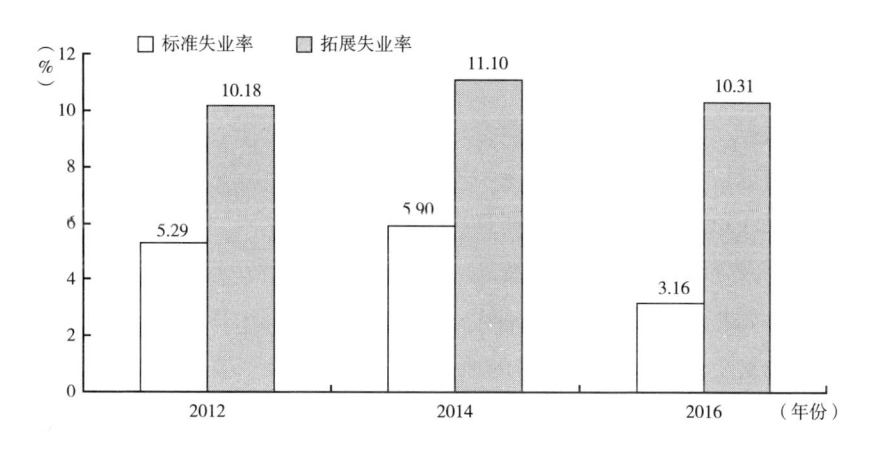

图 1-12 我国 2012~2016 年城镇标准失业率和拓展失业率

为什么 2016 年的失业率这么低呢？我们回到失业测量标准本身，从测量过程来看 2016 年失业率大幅下降的原因。对比 2014 年的结果，我们发现对于当前不在业的劳动力，我们询问无工作后是否找过工作时，2016 年回答找过工作的人所占比例较 2014 年有明显下降；而当我们再次询问接下来一年是否准备找工作时，2016 年回答会继续找工作的比例较 2014 年有明显提高，具体结果见表 1-7。正是前者的明显下降，导致我们的标准失业率显著下降，而

表 1-7 失业测量相关问题回答"是"的情况

单位：%

	2016 年	2014 年
自从无工作之后，您是否找过工作？	6.66	12.64
是否打算在接下来的一年找工作？	15.80	13.61

正是后者的上升，导致虽然2016年标准失业率显著下降了，但将潜在失业人员包括进来的拓展失业率并没有显著下降。显然，是否找工作的回答情况影响了2016年失业率的降低。

将是否积极找工作作为失业测量的定义，是目前国际失业测量的通用方法。这个失业的定义从1930年代美国人口普查时期就形成了，但是在形成之初也没有被大家接受，反而招致了大量批评。例如美国经济学家Clarence D. Long认为，基于找工作积极性的失业测量只是披着漂亮外衣的不合理的统计手段，根本就不是失业，是单纯的统计手段超越经济理论、社会哲学和政府政策的反映（Long, Clarence D., 1942；David Card, 2011）。随着后来工作搜寻理论的完善，这种测量逐渐被接受。即使这样，如何界定和测量找工作，是否要包含消极找工作，"等待群体"是否属于失业等问题同样存在，给失业测量带来争议（Riddell, 2000；张车伟，2003）。

什么原因导致劳动者不找工作呢？又是什么原因导致这两轮调查中找工作的比例发生如此显著的变化呢？表1-8是受访者不找工作的原因统计，可以看到两轮测量受访者没有找工作的原因分布基本一致。被访者主要由于"太老""照顾小孩""健康问题""照顾他人""上学/培训"等原因而没有找工作。由于"没有合适的""找不到""缺乏学历/技能/经验"等原因而没有找工作者所占比例略高于15%。从两年的对比来看，变化较大的是选择"太老"，由2014年的24.13%上升到2016年的27.08%，这一定程度上反映出劳动力年龄结构的变化对失业率的影响。

表1-8 受访者失业后没有找工作的原因

单位：%

没有找工作的原因	2016年	2014年	没有找工作的原因	2016年	2014年
没合适的	9.21	9.52	照顾小孩	18.33	17.19
找不到	3.12	3.49	照顾他人	11.36	13.34
缺乏学历/技能/经验	2.80	4.15	上学/培训	11.98	12.25
太年轻	3.53	3.03	健康问题	12.11	12.32
太老	27.08	24.13	准备创业	0.43	0.55
歧视	0.05	0.02			

劳动力年龄结构的变化对失业率测量的影响从图1-13可得到一定程度的证实。图1-13是城市劳动年龄人口的年龄结构，2016年和2014年年龄结构的分布类似于2016年的分布整体往右移了一个年龄组，而由于年龄结构的影响，2016年相对于2014年50岁以上高年龄段劳动力的比例明显上升了。

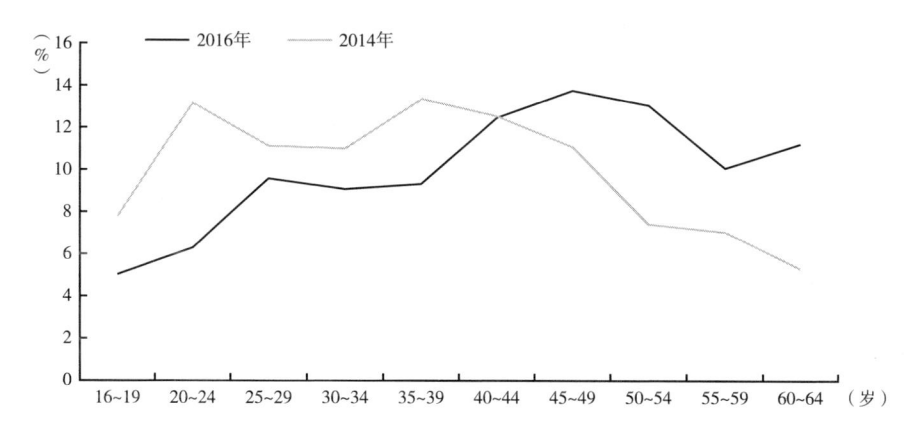

图1-13 我国城市劳动年龄人口年龄结构

通过以上分析我们看到，2016年失业的测量受到是否找工作这一选项剧烈变动的影响，而这种影响可能受到城市劳动力年龄结构变化的影响。尽管如此，我们从标准失业率和拓展失业率两者与2012年和2014年的对比来看，2016年的失业率肯定低于2014年，从拓展失业率来看，2016年的失业率介于2012~2014年之间。在2015年的报告中，我们估计2012~2014年的失业率在5%~6%之间，考虑到标准失业率受到年龄结构的影响，综合标准失业率和拓展失业率几个年份的对比，我们估计2016年的失业率在5%~6%之间，但是失业状况明显好于2014年。

2016年5%~6%的失业率估计在世界上处在什么水平呢？根据国际劳工组织的估计，世界平均的失业率水平为5.7%，我们的标准失业率明显低于世界平均水平，优于世界主要国家和地区，而根据几个指标对比估计5%~6%之间的结果则与世界平均水平接近。该失业水平高于日本、印度、英国、德国和亚太地区平均水平，但比美国、巴西、法国和南美洲、非洲国家等国家和地区低（见表1-9）。

表 1-9 2016 年世界主要国家和地区失业率水平及发展趋势

单位：%

国家/地区	失业率	相对于往年	国家/地区	失业率	相对于往年
中　　国	5~6	降低	巴　　西	11.5	升高
世界平均	5.7	持平	英　　国	4.8	降低
亚太地区	4.2	降低	法　　国	10.0	降低
美　　国	7.0	升高	印　　度	3.5	持平
德　　国	4.3	降低	日　　本	3.1	降低
南美洲	9.2	升高	非洲国家	8.0	升高

（二）城镇失业率的地区差异

图 1-14 是我国 2012~2016 年分地区的标准失业率与拓展失业率。首先从区域比较来看，除了 2016 年西部地区的标准失业率明显下降外，整体上东部地区的城镇失业率明显低于中西部地区，例如 2014 年东部地区的标准失业率约为 4.1%，而中西部地区 2014 年的标准失业率接近或超过 7%，拓展失业率也是类似的状况；2016 年东部地区的拓展失业率为 9.1%，而中部地区和西部地区约为 11.6% 和 11.4%。其次，从各年份的比较来看，与 2014 年相比，中西部地区的失业情况无论从标准失业率还是从拓展失业率来看，在 2016 年均得到改善。东部地区标准失业率相对于 2014 年有所降低，但拓展失业率相对于 2014 年有所上升。

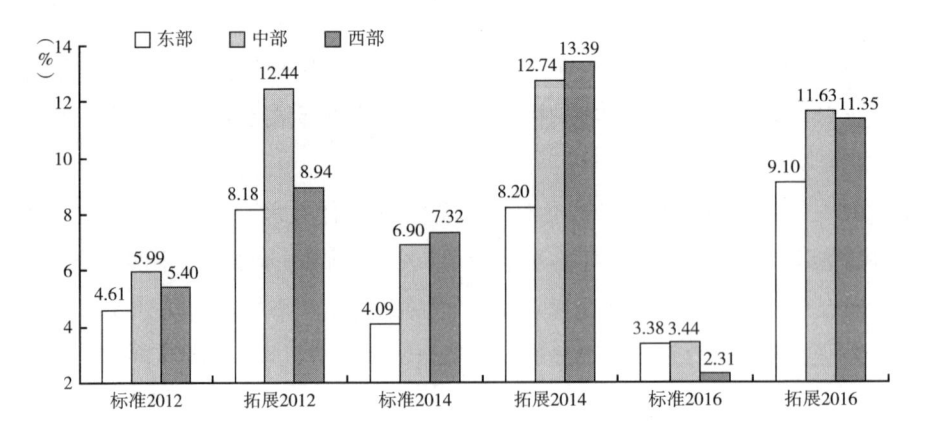

图 1-14 我国 2012~2016 年分地区的标准失业率与拓展失业率

（三）城镇失业率的性别年龄差异

国际劳工组织的报告称，女性在劳动力市场的处境差于男性，女性的失业率比男性平均高 0.75 个百分点。表 1-10 展示了 2012~2016 年我国失业率的性别差异。从标准失业率的性别差异来看，我国失业率的性别差异逐渐减小，2016 年开始低于世界平均水平。而从拓展失业率的情况来看，失业率的性别差异也在逐渐减小。这两个指标的逐年减小，说明了我国劳动力市场正在逐步往男女平等的方向发展。我们进一步分析男性和女性的潜在失业比例，这个比例是拓展失业率减去标准失业率之后得到的值。我们可以看到，女性的潜在失业比例明显高于男性，比男性潜在失业比例高一倍以上。从总体趋势来看，我国这几年男性和女性的潜在失业比例均在增长。这说明有更多的人暂时没找工作，但是想在接下来的一年继续找工作。

表 1-10 2012~2016 年我国失业率的性别差异

单位：%

年份	标准失业率 男性	标准失业率 女性	性别差异	拓展失业率 男性	拓展失业率 女性	性别差异	潜在失业比例 男性	潜在失业比例 女性
2016 年	2.87	3.5	0.63	7.65	13.27	5.62	4.78	9.77
2014 年	5.56	6.39	0.83	8.36	14.7	6.34	2.8	8.31
2012 年	3.96	7.22	3.26	6.5	15.2	8.7	2.54	7.98

图 1-15 所示为我们计算的 2016 年分性别年龄组的失业率，从年龄组失业率的差异来看，不论是标准失业率还是拓展失业率，16~24 岁以及 35~55 岁都是失业的两个高发年龄段，男性和女性都一样，但女性的表现尤其明显。女性标准失业率最高峰出现在 45~54 岁年龄段，而男性在此年龄段的标准失业率比较低。35~59 岁年龄段女性拓展失业率接近或超过 15%，女性潜在失业率比较严重，值得关注。

（四）城镇失业率的教育水平差异

表 1-11 是我国 2012~2016 年各教育程度劳动力的失业率。首先看 2016 年的失业情况，从标准失业率来看，我国 2016 年失业率最高的是初中教育程

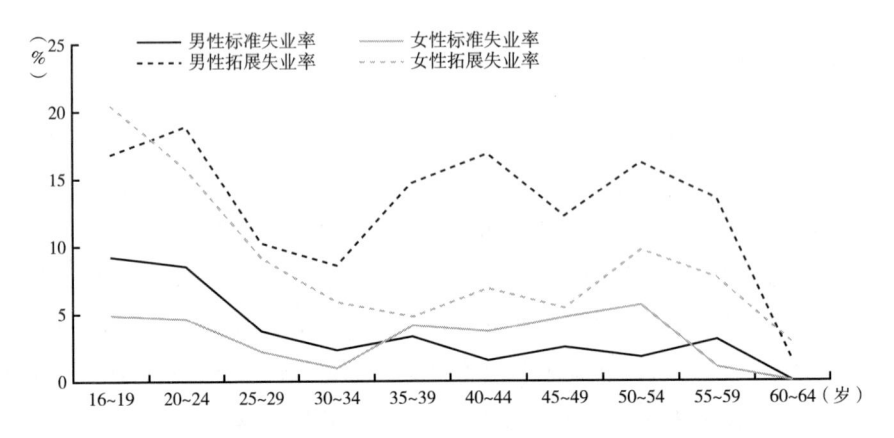

图 1-15 我国 2016 年分性别年龄组的失业率

度的劳动者，失业率为 4.52%，本科教育程度的劳动者次之，最低的是大专学历的劳动者，失业率仅为 1.5%。从拓展失业率来看，基本呈现出教育程度越低，拓展失业率越高的趋势，2016 年小学学历的拓展失业率达到 13.9%，而大专学历的劳动者拓展失业率只有 5.79%，本科也只有 7.06%。这说明学历越低，潜在失业人口所占的比例越大，最后的计算结果也显示出相同的规律，小学学历的劳动者虽然标准失业率比较低，但是潜在失业群体所占比例 2016 年达到 11.31；而本科学历的劳动者潜在标准失业率虽然比较高，但是潜在失业群体所占比例最低，2016 年只占 3.27%。除去职业结构的因素，一种可能的原

表 1-11 我国 2012~2016 年各教育程度劳动力的失业率

单位：%

项目	年份	小学	初中	高中	职高	大专	本科
标准失业率	2016 年	2.59	4.52	2.62	2.41	1.50	3.79
	2014 年	5.70	7.50	6.99	5.58	3.55	2.78
	2012 年	6.66	6.82	4.52	5.31	1.63	5.22
拓展失业率	2016 年	13.90	13.32	10.55	9.52	5.79	7.06
	2014 年	10.91	12.87	11.27	12.15	9.12	6.56
	2012 年	17.06	12.61	9.62	7.16	3.84	6.81
潜在失业比例	2016 年	11.31	8.80	7.93	7.11	4.29	3.27
	2014 年	5.21	5.37	4.28	6.57	5.57	3.78
	2012 年	10.40	5.79	5.10	1.85	2.21	1.59

因是越是高教育程度的劳动者，找工作的行动力更强，想找工作但是没找工作的比例越低。这种情况有可能原因在于低教育程度劳动者找工作途径的缺乏。我们分析了找了工作的人使用的途径，发现教育程度越高，使用的途径越多，而教育程度越低，使用的途径越少。例如大专以及以上学历的劳动者，平均使用1.55种途径找工作，而小学学历的劳动者平均使用1.15种途径找工作。

其次从各年份的发展趋势来看，除了本科学历，各个教育程度劳动者的标准失业率2016年大都较往年降低了。拓展失业率升降不一，小学学历的劳动者拓展失业率较2014年有所上升，但是较2012年下降非常明显；初中学历劳动者的拓展失业率一直在上升；高中、职高和大专学历劳动者的拓展失业率较2014年均有所下降，但是较2012年有所上升，本科学历劳动者的拓展失业率有所上升。

三 就业稳定性

CLDS轮换样本的追踪设计，将所有样本分成四份，每一份都能独立代表总体，其中三份是上一轮的追踪样本。这就使我们2012~2014年有三份追踪样本，2014~2016年有三份追踪样本，而2012~2016年有两份追踪样本。[①] 本部分的分析使用这些追踪样本，通过劳动者在不同就业状态的转变来衡量就业的稳定性。通过三年追踪数据的对比，本节分析以下几个问题：①我国就业稳定性的状况如何？不同年份是否有变化？②就业稳定性的社会后果是什么？

（一）就业稳定性的状况及其变化

表1-12a呈现了我国城镇劳动者2014~2016年就业状态的变化，表中数据为行百分比，例如第一行的数值表示2014年在业的劳动力在2016年在业、失业、潜在失业以及退出劳动力市场的比例。相应地表1-12b和表1-12c表示2012~2014年劳动者从业状态的变化和2012~2016年劳动者从业状态的变化。

---

① 见中国劳动力动态调查抽样设计（本书前言）。

表1-12a 2014~2016劳动者从业状态的变化

单位：%

2014年就业状态	2016年就业状态				合计
	在业	失业	潜在失业	非经济活动人口	
在业	82.62	1.29	2.59	13.49	100(1632)
失业	44.62	7.69	15.38	32.31	100(65)
潜在失业	45.45	7.79	12.99	33.77	100(77)
非经济活动人口	26.08	1.57	4.82	67.52	100(1016)

表1-12b 2012~2014劳动者从业状态的变化

单位：%

2012年就业状态	2014年就业状态				合计
	在业	失业	潜在失业	非经济活动人口	
在业	84.33	1.88	1.23	12.56	100(1544)
失业	45.57	10.13	3.80	40.51	100(79)
潜在失业	37.50	8.33	11.46	42.71	100(96)
非经济活动人口	22.46	3.60	3.05	70.88	100(917)

表1-12c 2012~2016劳动者从业状态的变化

单位：%

2012年就业状态	2016年就业状态				合计
	在业	失业	潜在失业	非经济活动人口	
在业	83.23	0.78	2.19	13.79	100(638)
失业	45.71	2.86	8.57	42.86	100(35)
潜在失业	44.12	2.94	17.65	35.29	100(34)
非经济活动人口	27.39	2.23	4.78	65.61	100(314)

从三个表的对比我们可以看到三个时间段内的转换有非常大的共性，显示出四年内不同时间段的转换概率矩阵基本类似，体现了这段时间城市劳动力市场的稳定性。具体地，三个时间段均显示出两年或四年内持续在业的比例为82%~85%；由上一轮次在业变为两年或四年后失业的比例为2%以下；由上一轮次在业到两年或四年后转变为非经济活动人口的比例为12%~14%。同时三个时间段均显示由上一轮次失业变为下一轮次在业的比例均在44%~46%之间，持续失业的比例不超过11%，2014~2016年为7.69%，相对于

2012~2014年的比例有所下降。由上一轮次失业到两年或四年后退出劳动力市场的比例在32%~43%之间，2014~2016年为32.31%，低于2012~2014年的40.51%；潜在失业的劳动力在接下来的年份转变为非经济活动人口的比例在33%~43%之间，2014~2016年为33.77%，相对于2012~2014年的比例明显降低。另外，这部分劳动力有很大的可能性转变为在业，概率为37%~46%，2014~2016年为45.45%，明显高于2012~2014年的37.5%。非经济活动人口同样也有22%~28%的比例再次就业，2014~2016年段再次就业的比例为26.08%，高于2012~2014年段的22.46%。

从转换矩阵来看，失业和潜在失业的数值非常接近，这说明这两类人在劳动力市场的处境非常相似。这在一定程度上说明我们将潜在失业人口纳入进来生成拓展劳动参与率和拓展失业率的做法比较合理。

四年之间不同劳动就业状态之间转换矩阵的相似性，体现了这期间城镇劳动力市场的稳定性。而2014~2016年部分指标例如持续失业的比例、由失业到再就业的比例、由失业到退出劳动力市场的比例、由潜在失业到再就业的比例等明显优于2012~2014年的比例，这说明2016年的劳动就业状况明显比2014年活跃，也从另一个方面佐证了前文2016年失业率低于2014年的判断。

（二）就业稳定性的社会后果

上面的转换矩阵只是从宏观上分析了不同从业状态之间的变化，反映了整体劳动就业的状况及其变化。接下来我们的分析进入微观部分，在2015年的报告中，我们已经分析了影响劳动者在不同状态之间转变的因素，特别是影响劳动者再就业成功、持续就业和长期失业等状态的因素。我们的分析发现，高教育程度、男性以及专业技术人员、国家企事业单位负责人、办事人员等职业有助于就业的稳定性。这次我们着重分析就业稳定性的社会后果。具体地，我们将重点放在劳动者在失业与就业两种状态之间的转换上，两年两种状态之间的转换测量了持续就业、持续失业、由就业转失业和由失业转就业四种类型。接下来，我们分析就业状态转变类型对家庭收入、主观社会地位、幸福感、满意度、公平感和信任感等主观感受的影响。

图1-16呈现了就业状态的转变对家庭收入与主观社会地位的影响。首先

看家庭收入，持续就业的家庭家庭收入最高，达到100572元，由失业变就业的劳动者家庭收入次之，再次为就业变失业的家庭，最少的为持续失业的家庭，收入为57022元。从这里不仅能看到当前的就业和失业状况对家庭收入的影响，同时也能看到历史的状况对家庭收入的影响。同样，图中折线为就业状态的转变对个人主观社会地位的影响，主观社会地位最高的为持续就业的劳动力，平均主观社会地位达到4.65分，其次为失业变就业的劳动者，再次为就业变失业的劳动者，给分最低的为持续失业的劳动者。从以上分析可以发现，持续的就业不仅能增加家庭的收入，同时还能增加巩固主观社会地位；而持续的失业则会大大降低家庭收入，对劳动者个人的社会地位评价产生非常负面的影响。

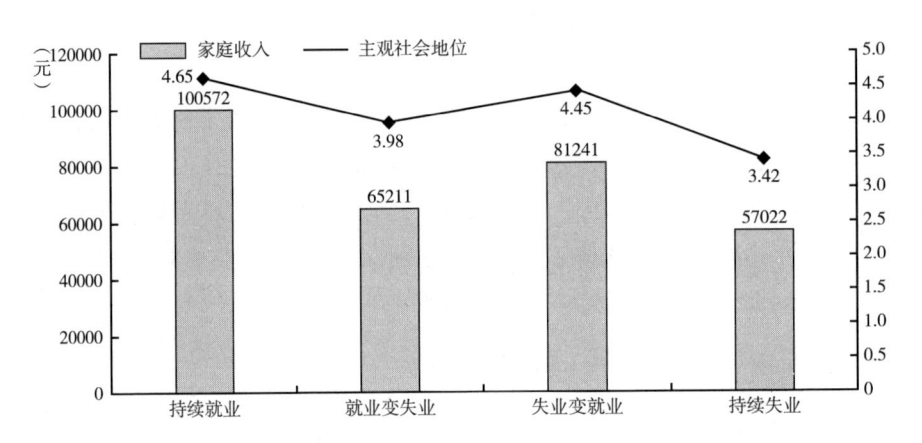

图1-16 就业状态的转变对家庭收入与主观社会地位的影响

表1-13从劳动者的主观感受出发，分析就业状态的转变对劳动者幸福感、生活满意度、公平感和社会信任感的影响。首先看主观幸福感，持续就业者的得分最高，失业变就业者的得分次之，再次为就业变失业者，得分最低的为持续失业者。生活满意度的情况与幸福感的情况一样。再看公平感，得分最高的同样为持续就业的劳动者，得分最低的同样为持续失业的劳动者，中间的次序稍有变化，就业变失业的劳动者公平感的得分高于失业变就业的劳动者。信任感的情况跟公平感的情况一样。从以上的分析看到，劳动者的就业状态不仅影响了家庭收入和主观社会地位，同时还影响了劳动者的精神面貌，影响了其生活幸福感和满意度，以及公平感和对社会的信任感。

持续的就业发挥正向的影响，再就业成功也能发挥正面的影响，持续的失业则有负面的影响。

表1-13 就业状态转变与劳动者的主观感受

就业状态 \ 主观感受	幸福感	满意度	公平感	信任感
持续就业	3.91	3.82	3.27	2.78
就业变失业	3.59	3.52	3.16	2.76
失业变就业	3.73	3.56	3.03	2.73
持续失业	3.39	3.23	2.74	2.52

四 本章小结

自从我国劳动年龄人口2011年达到顶峰以来，到2016年已经连续5年下降，5年间劳动力减少了2000万，预计接下来的几年仍然会继续减少。① 在劳动力总量不可能增加的情况下，要增加劳动力的数量，只能靠提高劳动参与率了。但我们的分析发现，2014~2016年我国劳动参与率仍处在下滑过程中，2016年的劳动参与率为64.27%，略高于世界平均水平。我们的报告从城乡差异、城市低收入家庭的劳动参与率、农村劳动力相对剩余、性别差异和教育差异几个方面分析了当前劳动参与率的状况，通过这些分析可以发现一些可以着力突破提高的点。

综合比较了标准失业率和拓展失业率，我们判断2016年我国城镇失业水平仍然在5%~6%之间，但失业情况明显好于2014年。但我们仍发现，将潜在失业考虑进来的拓展失业水平居高不下，就业压力依然很大。女性和低教育程度劳动者的潜在失业比例更大，并且近年来有增加趋势。

我们通过追踪数据中不同就业状态的转换来分析就业的稳定性。分析发现两年内长期失业的比例非常低，只占失业人口的11%以下，按照换算，占总劳动力的比例则不到0.5%。就业状况比较稳定，且2012~2016年保持比较好，而且2016年的就业状况好于2014年。对就业转换矩阵的分析还发现，潜

---

① 见《第一财经日报》报道，http://finance.qq.com/a/20161121/003321.htm。

在失业与失业的转换系数分布基本无差异。因此，我们可以判断，将潜在失业人口放入失业人口和经济活动人口中的统计有一定的合理性。最后，我们的分析发现，就业的稳定性具有重要的社会价值，增加了劳动者的家庭收入和个人信心，同时提高了劳动者的幸福感、满意度、公平感、信任感等多项心理指标。

以下为本章具体结论。

1. 采用国际通用的失业测量标准，我们构建了严格的劳动参与率与拓展的劳动参与率两个指标，2016年我国劳动参与率为64.27%，拓展劳动参与率为68.69%，我们还通过几种途径论证了结果的可靠性。与国际主要国家和地区的劳动参与率进行比较发现，我国的劳动参与率高于世界平均水平，高于世界上大多数发达国家，但是比南美洲和非洲国家的劳动参与率低。

2. 2012~2016年三轮数据对比发现，无论分城乡、分性别还是限制年龄组，劳动参与率均呈现出下降趋势。而近年来我国劳动参与率不断降低，使传统上认为的我国劳动参与率显著高于世界其他地区的现状正在消失。分地区来看，除了西部地区2016年的劳动参与率相对于2014年有所增长外，其他地区均有明显下降。

3. 城乡的劳动参与率差异巨大，无论严格的劳动参与率还是拓展的劳动参与率，城市均显著低于农村，农村的劳动参与率比城市高6~7个百分点，我们的分析发现这主要是由城市退休制度导致的，延长退休年龄，有利于提高城市劳动参与率。在全国各地区，城乡之间劳动参与率的差异均非常明显。城乡之间的制度与社会环境差异还导致女性的劳动参与率随着家庭收入的增长呈现不同的趋势，城市女性的劳动参与率随着家庭收入的提高而迅速提高，而农村女性的劳动参与率并没有随着家庭收入的增长而迅速增加，甚至在家庭收入最高的三个组中，农村女性劳动参与率反而不断下降

4. 在城市，我们关注了城市低收入家庭的劳动力参与率。城市低收入家庭男性和女性的劳动参与率都比较低，特别是女性劳动参与率，低收入家庭的女性劳动参与率不到35%。对两轮数据的追踪分析发现，两年后低收入家庭组男性和女性的劳动参与率均得到提高，但2014~2016年提高不明显。这一方面反映出这些人有非常迫切的就业需求，会积极寻找工作。同时也反映出，城市贫民并没有成为"沮丧的劳动力"而退出劳动力市场。从劳动参与率与家庭收入的关系来看，提高城市贫困家庭的劳动参与率、减少家庭抚养比是解

决城市贫困问题的重要途径。

5. 在农村,我们关注了劳动参与率与农村劳动力相对剩余的关系。分析发现,即使农村劳动参与率很高,但仍然没有被充分利用。农村劳动力每年的闲暇时间为4个月左右,但超过63%的农村劳动力在闲暇时间赋闲在家,平均只有9.23%的人从事非农工作。相关分析发现,农村劳动力的相对剩余越多(即农闲时间越长),劳动参与率越低。分地区来看,在中西部地区,农村劳动力相对剩余越多,劳动参与率越低,而在东部地区,农村劳动力的相对剩余和劳动参与率没有相关关系。我们的分析认为,这可能与农闲时间外出务工受地域范围局限有关,同时又和当地经济发展水平有关。

6. 女性劳动力2016年的劳动参与率为54.46%,相对于2014年女性的劳动参与率稍有上升。和世界主要国家和地区对比,我国女性劳动参与率高于绝大多数国家和地区,但差异并不明显。劳动参与率的性别差异为18个百分点左右,低于世界平均27个百分点的水平。通过分析离职的原因,我们认为,传统文化观念的影响和劳动力市场的制度性限制是导致女性劳动参与率低的原因。

7. 从整体趋势上看,教育程度越高,劳动参与率越高,但高中学历的劳动者劳动参与率最低,这与其在劳动力市场中的尴尬处境有关。另外,相对于前两年,由职业高中、中专和技校组成的技工(职高)学历劳动力的劳动参与率明显降低。大专及本科学历的劳动者劳动参与率相对于2014年稍有上升,但是相对于2012年来说仍有非常明显的下降。

8. 2016年,我国城镇标准失业率为3.16%,显著低于2014年,我们的分析发现这种显著下降深受是否找工作的填答情况的影响,而后者又受到城镇人口年龄结构变化的影响。考虑到这种影响,综合2012~2016年标准失业率与拓展失业率的情况,我们估计2016年的城镇失业率在5%~6%之间,但是失业状况好于2014年。该失业率与2016年世界平均失业水平相近,高于日本、印度、英国、德国和亚太地区平均水平,但比美国、巴西、法国和南美洲、非洲国家等国家和地区低。

9. 从区域差异来看,整体上东部地区的城镇失业率明显低于中西部地区。从各年份的比较来看,与2014年相比,2016年中西部地区的失业情况无论从标准失业率还是从拓展失业率来看,均得到改善;东部地区标准失业率相对于2014年有所降低,但拓展失业率相对于2014年有所上升。

10. 失业率的性别差异逐渐减小，2016年开始低于世界平均水平，说明我国劳动力市场正在逐步往男女平等的方向发展，但女性的潜在失业比例明显高于男性。

11. 从标准失业率来看，我国2016年失业率最高的是初中教育程度的劳动者，失业率为4.52%，其次是本科教育程度的劳动者，最低的是大专学历的劳动者，失业率仅为1.5%。此外，教育程度越低，拓展失业率越高，潜在失业人口所占的比例越大。

12. 对三个轮次数据以及不同劳动就业状态的转换矩阵分析发现，劳动者不同就业状态之间的转换系数存在一定的稳定性，这反映出这几年我国劳动力市场的平稳性。而2014~2016年间转换指标相对于2012~2014年间的变化，例如持续失业的比例更低，再就业的比例更高，非经济活动人口再就业的比例更高等，反映出2016年劳动就业状态相对于2014年有所好转，这也与我们对失业率的判断大致吻合。

13. 持续的就业不仅能增加劳动者的家庭收入，巩固劳动者的主观社会地位，同时还能对其主观幸福感、生活满意度、公平感和对他人的信任感产生积极影响。劳动者由失业状态转变为就业状态同样对这些指标有积极作用。在所有这些指标中得分最低的均是持续失业的劳动者，这反映出持续的失业不仅降低了失业者的家庭收入，降低了他们的主观社会地位，同时还对其幸福感、满意度、公平感和信任感产生负面的影响。

参考文献

1. David Card, "Origins of the Unemployment Rate: the Lasting Legacy of Measurement without Theory", *American Economy Review*, 2011 (3): 552 – 557.
2. International Labor Organization, "World Employment and Social Outlook: Trends for women 2017", research report.
3. Pedulla D. S., Thébaud S., "Can We Finish the Revolution? Gender, Work-family Ideals, and Institutional Constraint", *American Sociological Review*, 2015 (1): 116 – 139.
4. Riddell W. C., "Measuring Unemployment and Structural Unemployment", *Canadian Public Policy/Analyse de Politiques*, 2000: S101 – S108.

5. Long, Clarence D., "The Concept of Unemployment", *Quarterly Journal of Economics*, 1942（1）：1-30.
6. 蔡昉、王美艳：《中国城镇劳动参与率的变化及其政策含义》，《中国社会科学》2004年第4期。
7. 蔡禾主编《中国劳动力动态调查：2015年报告》，社会科学文献出版社，2015。
8. 付晓奇：《劳动力就业行为研究——基于2014中国劳动力动态调查的实证分析》，中山大学硕士学位论文，2015。
9. 赖德胜、孟大虎等：《2016中国劳动力市场发展报告：性别平等化进程中的女性就业（2016）》，北京师范大学出版社，2017。
10. 李丽林、李琼琳：《劳动参与率：一个被忽略的重要经济指标》，《中国经济时报》2005年5月27日。
11. 王飞：《我国失业率统计的现状和发展趋势分析》，《研究探索》2008年第9期。
12. 雅各布·明塞尔：《劳动供给研究》，中国经济出版社，2001。
13. 张车伟：《失业率定义的国际比较及中国城镇失业率》，《世界经济》2003年第5期。
14. 张车伟：《中国劳动供求态势变化、问题与对策》，《人口与经济》2012年第4期。

第二章
劳动收入

叶 华　闫雅琪

在市场经济日益发展、社会分工日益精细的今天，劳动者只能通过收入去购买自己不能生产的商品，以满足日常生活和工作所需，因此收入的多寡是劳动者及其家庭生活质量的重要保障。在"中国劳动力动态调查"中，我们分别以劳动者家庭和个人为单位，搜集了他们的收入及其构成的详细信息，可用于分析收入情况，从而对劳动者家庭及个人的生活水平有一定的把握。由于该调查是一项轮换样本调查，既有跟踪调查的特征，又有横截面调查的代表性，因此我们既可以研究劳动者家庭或个人收入的变化，也可以研究不同群体的收入差异，从数据中看到我国经济、社会变迁对个人和家庭收入的影响。

在以下的分析中，我们将分别以家庭和个人为分析单位，呈现我国不同地区的家庭和不同群体的收入状况，并利用中国劳动力动态调查轮换跟踪调查的特点，展现我国家庭和个人收入随时间的变化。为了用样本数据反映总体特征，以下的分析都根据家庭或个人的抽样概率进行了加权处理。

一　家庭收入

（一）2015年的家庭收入

在2016年的调查中，我们询问了被访家庭上年的各项收入。表2-1是2015年全国及分城乡的家庭收入及其构成。2015年我国家庭平均总收入为57236.7元，也即平均月收入约为4770元。家庭总收入的中位数只有35000元，这反映出收入的分布为右偏，也即有部分家庭的收入较高，因此拉高了平

第二章 劳动收入

均水平。家庭总收入中最重要的是工资性收入，其次是离退休金收入、经营性收入和农林牧副渔收入。

从表2-1我们还可以发现，我国城市居民家庭上年的总收入均值为85488.3元，是农村居民家庭上年总收入均值40603.9元的2.1倍。由于均值容易受到异常值的影响，因此我们也提供了中位数，城市居民家庭全年总收入的中位数为58000元，达到了农村居民家庭上年总收入中位数25000元的2.3倍，可见我国农村居民家庭总收入与城市居民家庭差距很大。从具体的收入构成来看，[1] 城乡居民家庭的收入中最大的一部分来自工资性收入，分别都占到家庭总收入的50%以上，说明工资收入已经成为我国居民家庭收入的重要来源。城市居民家庭另一部分比例较大的收入来自离退休金收入，而农村居民家庭的离退休金收入则很少。除了农林牧副渔收入和救助低保收入外，农村居民家庭在各项收入上都低于城市居民家庭，这个结果基本与人们的印象相符。稍有意外的是农村居民家庭上年的汇款收入也低于城市居民，这可能是因为农村外出务工人员在城市获得的收入不高，且并不是所有农村居民家庭都有家人外

表2-1 2015年我国分城乡的家庭收入及其构成

单位：元/年

类别	农村	城市	全国
家庭总收入(均值)	40603.9	85488.3	57236.7
家庭总收入(中位数)	25000.0	58000.0	35000.0
家庭农林牧副渔收入	9495.8	2908.3	7051.3
家庭工资性收入	21384.6	54013.7	33472.7
家庭经营性收入	6216.8	12618.1	8590.2
家庭财产性收入	938.8	4524.9	2267.8
家庭汇款收入	1648.7	6670.1	3510.3
家庭海外汇款收入	2422.8	8641.3	3664.9
金融产品(%)	1.3	9.2	4.3
家庭离退休金收入	1857.0	34266.6	13872.0
家庭救助低保收入	501.0	443.4	479.7

---

[1] 需要特别指出的是，在计算各收入项目时，我们只对报告了该项收入的家庭进行计算，也即不同收入项目所对应的家庭是不同的，因此各收入子项目之和并不等于家庭总收入。

出务工，所以往家里汇款的总额也不高。从投资渠道看，拥有金融产品的农村居民家庭比例只有1.3%，远远低于城市的9.2%。总的来说，从表2-1可以看出，我国城乡居民家庭的收入差距很大，农村居民家庭收入远低于城市居民家庭收入，且收入的构成也较单调。

考虑到我国城乡居民家庭的平均人口不同，家庭收入并不能完全反映出城乡差距，我们也计算了2016年家庭数据中分城乡的人均家庭收入（见表2-2）。我国农村家庭的平均人口为5人（中位数为4人），城市家庭的平均人口数为4人（中位数为3人），因此城乡居民的家庭人均收入差距比家庭收入差距更大。从表2-2可以看到，城市居民家庭人均收入是农村居民家庭人均收入的2.9倍，城市居民家庭人均收入的中位数是农村居民家庭人均收入中位数的3倍。在家庭人均总收入中最重要的是工资性收入，城市居民家庭人均工资性收入是农村家庭人均工资性收入的3.4倍，都比前述表2-1的城乡家庭收入差距更大。其他收入项目的情况与表2-1基本一致，但由于农村平均家庭人口多于城市家庭，农村居民家庭人均救助低保收入低于城市居民家庭人均救助低保收入。总而言之，家庭人均收入反映出更明显的城乡差距。

表2-2 2015年我国分城乡的家庭人均收入及其构成

单位：元/年

类别	农村	城市	全国
家庭人均总收入（均值）	9794.5	28075.7	16569.0
家庭人均总收入（中位数）	6000.0	18000.0	9200.0
家庭人均农林牧副渔收入	2541.3	746.3	1875.2
家庭人均工资性收入	4981.0	17028.8	9444.3
家庭人均经营性收入	1515.7	4143.6	2490.1
家庭人均财产性收入	229.5	1298.8	625.8
家庭人均汇款收入	415.4	1788.0	924.3
家庭人均海外汇款收入	582.3	2641.3	993.6
人均金融产品（%）	0.3	3.1	1.4
家庭人均离退休金收入	487.3	10560.1	4221.5
家庭人均救助低保收入	152.7	169.9	159.1

"中国劳动力动态调查"根据东、中、西部以及省级行政区的人口规模大小，区分了6个抽样框（见表2-3），其中东部省级行政区人口以6000万为

标准，中部省级行政区人口以 5000 万为标准，西部省级行政区人口以 3000 万为标准。同时，为了能对广东地区进行更细致的分析，调查另外增加了广东珠三角地区和广东非珠三角地区这两个抽样框，所以该调查总共有 8 个抽样框。虽然该调查中的各个省级行政区的样本并不能代表该省级行政区的情况，但 8 个抽样框的样本能够代表各自抽样框包含的省级行政区的整体。同理，虽然东部人口大省这个抽样框中包含了广东省样本，但其中的广东省样本并不能代表广东省的总体。因此，在以下分地区的分析中，我们并不把东部人口大省中的广东省样本提取出来，而是用调查中另外增加的广东珠三角地区和非珠三角地区样本来对广东省的情况进行分析。

表 2-3　6 个抽样框包括的省级行政区

	人口大省	人口小省
东部	江苏、山东、广东	北京、上海、天津、辽宁、浙江、福建
中部	黑龙江、河南、河北、四川、湖南	吉林、山西、安徽、江西、湖北、广西、重庆
西部	内蒙古、甘肃、青海、宁夏、新疆	贵州、云南、陕西

此外，虽然"中国劳动力动态调查"将东、中、西部都根据省级行政区的人口区分了人口大省和人口小省，但人们一般对"人口大省"和"人口小省"并没有明确的概念。因此在以下的分析中，我们合并同一区域内的人口大省和人口小省，仅区分东、中、西部，以及广东珠三角地区和非珠三角地区。

我国的地区差异不仅体现在城乡差异上，东、中、西部在经济发展和人们的生活水平上也有很大差异，表 2-4 呈现了不同地区的居民家庭在收入上的差异。首先，无论从均值还是从中位数看，中部和西部地区的家庭总收入差别都不大，而东部地区的家庭总收入明显高于中部和西部地区。从绝对数来看，东部地区的家庭总收入均值最高，达到 76010.8 元，是家庭收入最低的我国西部地区的居民家庭总收入 44658.9 元的 1.7 倍。从家庭收入的结构看，不同地区的家庭收入中最重要的都是工资性收入，都占家庭总收入的 50% 以上。从绝对数来看，我国东部地区家庭的工资性收入和经营性收入都高于中部和西部地区，这反映出东部地区以非农经济为主，且有较多的家庭从事经营活动。家庭农林牧副渔收入最高的是我国西部地区，东部地区次之。我国东部地区在家庭财产性收入和拥有金融产品的比例上也都高于中部和西部地区。家庭汇款收入最高的是中部地区，这可能反映了中部地区较多家庭有人外出打工，而这些汇款是外出务工人员的汇款。而家庭海外汇款收入最高的则是东部地区。让人比较意外的是，我国东部地区的家庭离退休金收入也非常高，这可能是因为东部地区家庭人口中老年人的比例相对较高。家庭救助低保收入最高的则是西部地区，这个数字反映的更多是西部许多家庭的贫困问题。

表2-4 2015年我国分地区的家庭收入及其构成

单位：元/年

类别	东部	中部	西部	广东非珠三角	广东珠三角
家庭总收入(均值)	76010.8	45779.4	44658.9	57759.2	77163.7
家庭总收入(中位数)	48000.0	30000.0	30000.0	40000.0	50100.0
家庭农林牧副渔收入	7865.9	6893.9	7948.7	3150.9	3660.2
家庭工资性收入	46927.2	25083.5	24420.6	29439.7	51877.7
家庭经营性收入	12636.3	5796.3	6316.7	8915.2	14559.6
家庭财产性收入	2811.8	2027.6	862.7	1474.0	5602.9
家庭汇款收入	1497.3	5892.2	917.6	2900.2	1726.2
家庭海外汇款收入	6111.7	2069.8	3251.3	2794.7	15091.1
金融产品(%)	6.1	3.3	2.5	3.7	6.9
家庭离退休金收入	29715.7	6245.5	7563.9	6694.0	6647.5
家庭救助低保收入	439.5	370.0	1018.0	366.2	371.4

由于调查在广东的珠三角地区和非珠三角地区有单独的抽样框，所以能够推论这两个地区的总体情况。如果将广东珠三角地区和非珠三角地区与我国东部、中部和西部地区进行比较，则可以看出广东珠三角地区家庭总收入的均值与我国东部地区整体差不多，且广东珠三角地区家庭总收入的均值高于非珠三角地区，而非珠三角地区的家庭总收入高于我国中部和西部地区。广东珠三角地区的家庭工资性收入和经营性收入都稍高于我国东部地区整体，而广东地区的家庭农林牧副渔收入则较低。相比我国东部、中部和西部地区整体，广东珠三角地区在家庭财产性收入和拥有金融产品上的比例较高，这可能反映出广东珠三角地区家庭的财富积累较多，且较积极地参与金融产品投资。广东珠三角地区在家庭海外汇款收入上达到15000多元，原因是这些地区有相当多的家庭有海外华侨亲属，因此这个结果也在意料之中。

上述结果反映出我国各地区家庭收入差异很大，东、中、西部在家庭收入上的梯队关系符合我们的一般认知，而广东省珠三角地区的家庭收入水平高于我国东部地区整体。

由于我国不同地区家庭的平均人口可能有所不同，为了比较家庭总收入和家庭人均收入的差异，在表2-5中我们计算了家庭人均收入的结构。与表2-4的家庭总收入的结果相似，无论从均值还是从中位数来看，我国东部地区的家庭人均总收入都高于中部和西部地区。与表2-4有所不同的是，西部地区家庭人均总收入的均值和中位数都稍高于中部地区，意味着就人均水平而言，西部地区居民的收入更高。从家庭人均收入的结构看，不同地区的家庭人均总收入中最重要的都是工资性收入，家庭人均工资性收入在各地的家庭人均总收入中占比都超过50%。从绝对数来看，与表2-4的结果相似，家庭人均工资性收入和人均经营性收入最高的都是我国东部地区，反映出东部地区的非农经济发达。在家庭人均农林牧副渔收入上，我国东部地区和西部地区的收入较高，而中部地区较低。在家庭人均财产性收入和人均金融产品的拥有比例上，也是我国东部地区较高。家庭人均汇款收入最高的是我国中部地区，而家庭人均海外汇款收入则是东部地区较高。与表2-4的结果一致，我国东部地区家庭的人均离退休金收入很高。家庭人均救助低保收入最高的则是我国西部地区。

表2-5　2015年我国分地区的人均家庭收入及其构成

单位：元/年

类别	东部	中部	西部	广东非珠三角	广东珠三角
家庭人均总收入（均值）	21730.2	13647.8	14144.9	13541.8	19483.3
家庭人均总收入（中位数）	12499.9	7500.0	8000.0	8000.0	14000.0
家庭人均农林牧副渔收入	2348.5	1666.5	2203.6	579.3	830.3
家庭人均工资性收入	12812.4	7401.6	7270.8	7533.0	13919.2
家庭人均经营性收入	3233.8	2001.1	2253.9	1651.1	3489.3
家庭人均财产性收入	821.2	562.8	294.9	292.2	1209.7
家庭人均汇款收入	437.8	1500.4	302.6	518.5	627.5
家庭人均海外汇款收入	1673.8	496.1	1391.5	275.8	4789.4
人均金融产品（%）	1.9	1.0	1.0	1.2	2.0
家庭人均离退休金收入	8443.0	2167.7	2945.3	2053.0	1598.2
家庭人均救助低保收入	168.8	118.1	310.3	117.1	95.4

我国东部、中部、西部居民家庭的平均人口为4人，广东珠三角地区家庭的平均人口为5人，非珠三角地区家庭的平均人口为6人。如果将广东地区和我国东部、中部及西部地区整体进行比较，我们可以预期广东地区的家庭人均收入没有家庭总收入那么大的优势。广东珠三角地区的家庭人均总收入高于我国中部和西部地区。从表2-5可以看出，与表2-4有所不同的是，广东非珠三角地区的家庭人均总收入的均值低于我国中部和西部地区，广东珠三角地区的家庭人均总收入的均值也低于我国东部地区。然而从中位数的角度，广东珠三角地区的家庭人均总收入高于我国东部地区，意味着相对于我国东部地区整体而言，广东珠三角地区的家庭人均总收入的内部差距更小。在家庭人均工资性收入和人均经营性收入上，广东珠三角地区都稍高于我国东部地区整体。无论是广东珠三角地区还是非珠三角地区，家庭人均农林牧副渔收入都很低。在家庭人均财产性收入和人均金融产品的拥有比例上，广东珠三角地区都比我国东部地区整体稍高，此外，广东珠三角地区的家庭人均海外汇款收入也高于其他地区。总的来说，计算了家庭人均收入后，广东珠三角地区的优势没有家庭收入那么明显，但仍然处于我国前列。

（二）家庭收入的变化

前述分析着重于2015年我国不同地区家庭收入项目上的差异。"中国劳动力动态调查"是一项轮换跟踪调查，相对于2014年的调查，2016年的调查随机轮换了1/4的样本，而新加入的样本也是由科学的抽样方法得到的，因此两次调查在很大程度上都可以反映我国居民家庭和个人的情况，可以用于探索我国家庭和个人的收入变化。但需要特别指出的是，即使进行了科学的抽样调查，抽样误差仍不可避免地存在，如要对历史变化趋势进行分析，不同时点的调查数据越多，则越能进行更严谨的研究。因此，以下对收入变化趋势进行的分析，仅仅是对数据结果的初步解读，更严谨的分析则需要与其他数据互相印证。由于时间跨度不长，我们这里展示的家庭收入都是名义收入，也即没有根据通货膨胀进行过调整。

表2-6利用2014年和2016年的数据，分析我国在这两年里家庭收入的变化。总的来说，我国居民家庭在2015年的总收入比2013年提高了10.7%，这在家庭工资性收入上也有体现。在家庭汇款收入、拥有金融产品的家庭比

例、家庭离退休金收入和家庭救助低保收入等收入项目上，我国居民家庭在2015年比2013年都有提高，前两者在一定程度上反映了人们收入的提高和投资积极性的增加，家庭离退休金收入的大幅度提高可能涉及离退休金标准的提高和我国近年来离退休人口的增加，而家庭救助低保收入的提高幅度较小，主要反映的是救助低保标准的提高。

表2-6 2013年、2015年家庭收入均值及其构成

单位：元/年

类别	2013年	2015年	类别	2013年	2015年
家庭总收入	51716.8	57228.0	家庭汇款收入	1346.1	3503.7
家庭农林牧副渔收入	8413.2	7048.4	家庭海外汇款收入	6123.2	3664.9
家庭工资性收入	30422.7	33466.2	金融产品（%）	2.6	4.3
家庭经营性收入	10962.4	8598.1	家庭离退休金收入	4027.5	13856.9
家庭财产性收入	2714.3	2290.9	家庭救助低保收入	408.9	480.7

由于均值容易受到异常值的影响，而且仅用均值无法反映处于不同位置的家庭的收入随时间的变化，我们在图2-1中用我国居民家庭总收入的10分位数、25分位数、中位数、75分位数和90分位数从2011年到2015年的变化来反映我国处于不同位置的家庭的收入变化。2011年我国居民家庭总收入的均值为37901.8元，中位数为25000元。从图2-1中可以看到，总的来说，从2011年到2015年，不同收入分位数都有所上升。但从2013年到2015年，我国居民家庭总收入的上升，主要是由处于中位数以上的家庭总收入的上升带来的，因为25分位数和10分位数的家庭总收入有所下降。学界经常用90分位数与10分位数的收入比值作为衡量收入不平等的简易指标。2011年我国居民家庭总收入90分位数是10分位数的20倍，2013年维持在20倍，2015年提高到25倍。2015年家庭总收入的90分位数相对于10分位数比值的提高，也是由10分位数收入的降低导致的。图2-1的结果显示，对收入水平随时间变化趋势的评估，不能仅看均值，更要看不同收入组别家庭的总收入变化，才能了解我国居民家庭收入水平变化的全貌。

从表2-1可以看到，我国城乡居民家庭的收入差异很大，那么在过去四年里，这一差异的变化趋势如何？从图2-2可以看到，从2011年到2015年，

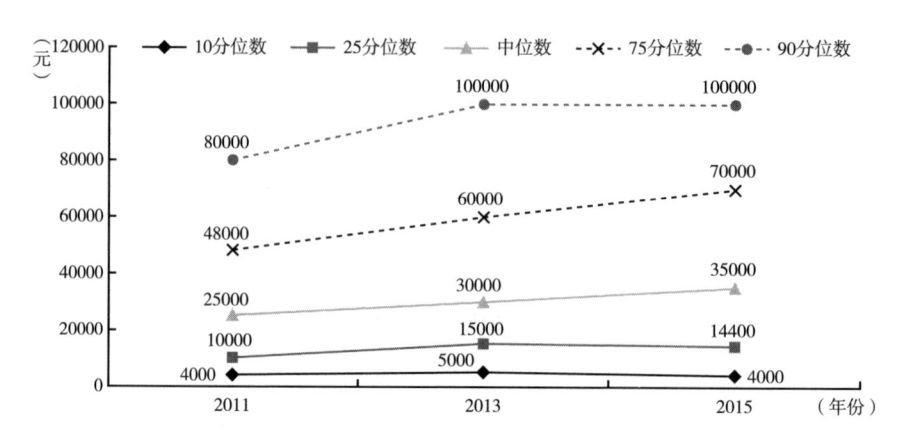

图 2-1 2011~2015 年我国家庭总收入的分位数

虽然我国城市居民家庭总收入相对于农村家庭总收入的倍数维持在 2.1 倍，但从绝对值的角度看，城乡家庭总收入的差异明显扩大。从变化趋势来说，城乡居民家庭总收入自 2013 年以来的提升速度都有放缓，但农村居民家庭总收入的放缓更明显，这也导致了城乡家庭总收入差距的扩大。

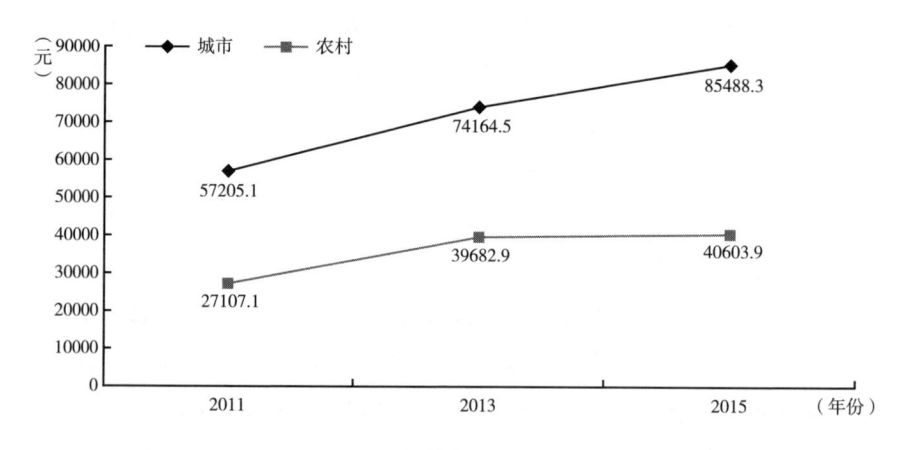

图 2-2 2011~2015 年我国分城乡家庭总收入均值的变化

将城乡居民家庭总收入划分为不同的分位数后，我们可以更细致地分析不同收入组的家庭总收入随时间的变化。图 2-3a 是我国农村居民家庭总收入不同分位数随时间的变化。总的来说，从 2011 年到 2015 年，不同收入组的我国农村居民家庭总收入都有所上升，但从 2013 年到 2015 年，只有 90 分位数收入组的家庭总收入上升了，75分位数以下收入组的家庭总收入实际上并没有上升，且最低的10分位数收入组的家庭总收入甚至从4000元下降到3000元。农村居民家庭总收入90分位数相对于10分位数的比值，从2011年的23.2，降低到2013年的20.8，然后迅速提高到33.3，农村内部的收入差距明显扩大。

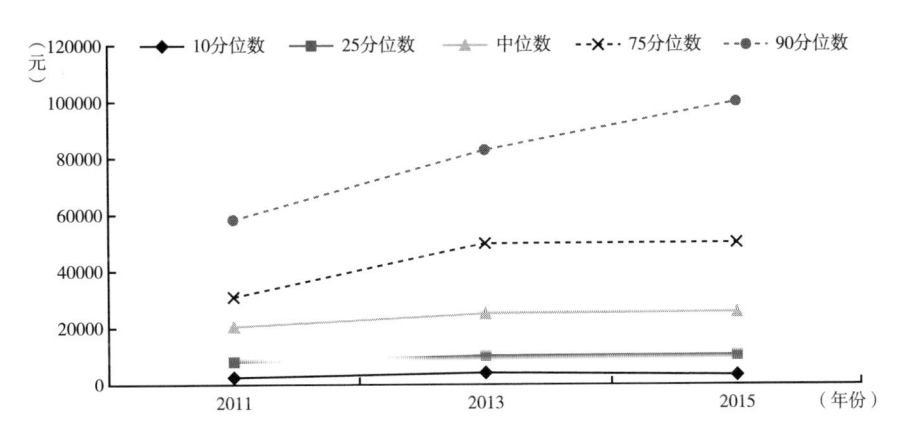

图2-3a　2011~2015年我国农村家庭总收入分位数的变化

我国城市居民家庭总收入不同分位数随时间的变化见图2-3b。总的来说，从2011年到2015年，不同收入组的我国城市居民家庭总收入都有所上升。从2013年到2015年，收入在中位数以上的收入组的家庭总收入都有上升，但25分位数及以下收入组的家庭总收入没有变化。城市居民家庭总收入90分位数相对于10分位数的比值，从2011年的8.3降低到2013年的8，然后提高到10，城市内部的收入差距也有所扩大。但总的来说，城市内部不同家庭的收入差距比农村内部小。

从图2-2、图2-3a和图2-3b的结果来看，虽然从2011年到2015年，我国城乡居民的家庭总收入上升了（图2-2），但不同收入组的收入差距也扩大了（图2-3a和图2-3b）。从2013年到2015年，家庭总收入的上升主要是由中高收入组的家庭收入上升带来的，经济发展所惠及的家庭在农村少于城市（图2-3a和图2-3b）。

图2-4展示了我国各地区家庭总收入均值随时间的变化。从图中可以看到，各地家庭总收入在2011~2015年都有提高，但总收入的增长在2013~2015年都有放缓，我国中部地区在2013~2015年的家庭总收入甚至有所下降。

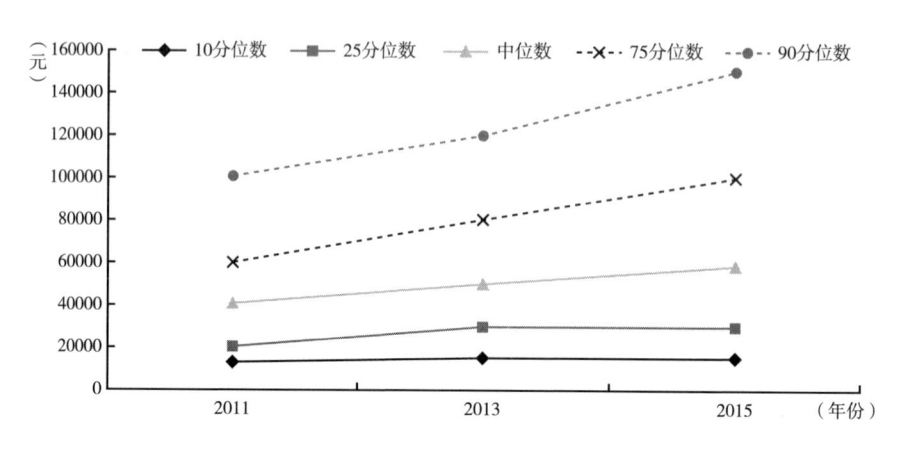

图 2-3b 2011~2015 年我国城市家庭总收入分位数的变化

从各地的收入高低看，我国东部地区的家庭总收入明显高于中部和西部地区，而中部地区的家庭总收入稍高于西部地区。

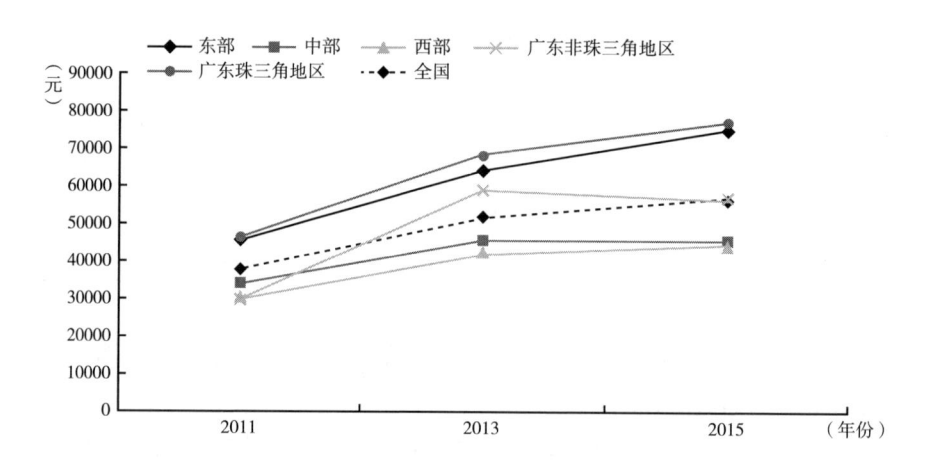

图 2-4 2011~2015 年我国各地区家庭总收入均值的变化

就趋势而言，广东珠三角地区的家庭总收入在 2011~2015 年都有提高，但广东非珠三角地区在 2013~2015 年的家庭总收入有所下降。如果将广东地区与我国东部、中部和西部地区整体进行比较，广东珠三角地区的家庭总收入稍高于我国东部地区整体，而广东非珠三角地区虽然低于东部地区总体，但高于我国中部和西部地区。总的来说，广东珠三角地区的家庭总收入明显高于我国整体水平，而广东非珠三角地区在2011~2015年家庭总收入变化幅度较大，但基本在我国整体水平上下变动。

由于均值容易受到总收入处于两端的家庭的影响，我们在图2-5中展示了我国各地区家庭总收入中位数在2011~2015年的变化。各地家庭总收入中位数的变化趋势与均值所反映的基本一致，但中位数所反映出来的各地收入差距没有均值呈现得那么大。从中位数的角度看，我国东部地区的家庭总收入仍然高于中部和西部地区，但中部和西部地区的家庭总收入在2011~2015年没有差别。

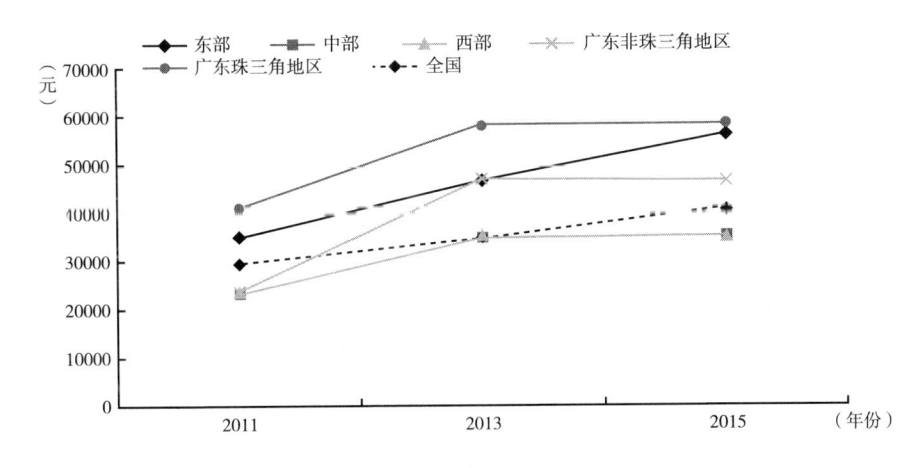

图2-5　2011~2015年我国各地区家庭总收入中位数的变化

如果将广东地区与我国东部、中部和西部地区整体进行比较，广东珠三角地区家庭总收入的中位数高于东部地区整体，而广东非珠三角地区则低于东部地区整体，但高于我国中部和西部地区。综合图2-4和图2-5，广东珠三角地区的家庭总收入高于我国东部地区整体，且内部的收入差距相对较小，而广东非珠三角地区的家庭总收入低于我国东部地区整体，但高于我国中部和西部地区。

二　个人收入

（一）劳动者个人收入

2016年"中国劳动力动态调查"也搜集了劳动者个人在过去一年的总收

入、工资收入以及经营性收入。其中，总收入包括农业收入、工资收入、经营收入等各类收入；工资收入指扣除了个人所得税、社会保险、住房公积金后的收入，包括所有的工资、奖金和补贴；经营性收入指的是农业经营、自给自足的农业生产按市场价值折算收入，店铺、工厂、生意经营的税后纯收入。

表2-7报告了2015年全国、东部、中部、西部地区，以及广东珠三角和非珠三角地区劳动者的各项收入。在统计分析中，我们剔除了各项收入小于零的样本。此外，由于部分劳动者没有工资或者不从事各种经营生产活动，因此也剔除了工资收入和经营性收入为零的样本。

表2-7 2015年劳动者个人收入

单位：元/年

地区	总收入 平均数	总收入 中位数	工资收入 平均数	工资收入 中位数	经营性收入 平均数	经营性收入 中位数
全国	31512	20000	35416	25000	30603	10000
东部	41911	30000	41737	30000	45670	20000
中部	25839	15000	30529	20000	25166	10000
西部	22957	12000	28761	20400	19251	6000
广东珠三角地区	40442	30000	38359	30000	43901	30000
广东非珠三角地区	28666	24000	30675	24000	33226	28000

从全国范围来看，2015年劳动者个人总收入平均数为31512元，中位数为20000元。分地区来看，我国东部地区的平均总收入最高，并且高于全国水平，中部地区次之，西部地区略低于中部。东部地区劳动者总收入的平均数和中位数与中西部之间差异都比较大，中西部地区的收入水平则较为接近。

全国有工资收入的劳动者平均工资收入为35416元，中位数为25000元。东部地区的工资收入平均数和中位数都远高于中西部地区，中部地区的平均数略高于西部地区，中位数则略低于西部地区。中西部地区的工资收入均低于全国平均水平。

全国经营性收入的平均数为30603元，中位数为10000元。东部地区的经营性收入平均数和中位数均高于中西部地区，中部地区略高于西部地区，西部地区的经营性收入最低，并且其均值与中位数都低于全国水平。

广东珠三角地区的各项收入都高于全国水平，总收入、工资收入和经营性收入的均值略低于东部地区，但总收入和工资收入的中位数与东部地区相同，经营性收入的中位数高于东部地区。这一结果与前述对家庭收入的分析相似，广东珠三角地区内部的收入差距要低于我国东部整体。广东非珠三角地区的总收入和工资收入低于全国平均水平，与珠三角地区差距较大，介于东部与中部地区之间，经营性收入则高于全国平均水平，反映出广东地区的经济活动比较活跃。

图2-6展示了2011年、2013年、2015年劳动者各项收入的变化。前述对家庭收入的分析中，我们提供了家庭人均名义收入的变化，这在一定程度上能够反映劳动者个人名义收入的变化。而在对劳动者个人的分析中，为了提供更多与前述家庭分析中不同的信息，同时也为了更好地反映劳动者收入变化对其生活的实际意义，我们对2013年和2015年的各项收入都以2011年为基准，扣除了通货膨胀的影响。从全国层面来看，劳动者实际总收入在2013年有所增加，2015年相对减少。2011~2015年，劳动者的实际工资收入呈现出上涨趋势，增长速度较为平稳。劳动者实际经营性收入则逐渐下降，且在2013~2015年的下降幅度较大。

2011~2015年，东部地区劳动者总收入与工资收入都表现出增长的趋势，经营性收入在2011~2013年有所增长，2013~2015年减少，但2015年劳动者的经营性收入还是高于2011年。中部地区劳动者的实际总收入与经营性收入逐年减少，并且经营性收入的减少幅度较大，工资收入则逐年增加。西部地区的各项人均收入在2011~2013年都有所增长，在2013~2015年略有减少。从

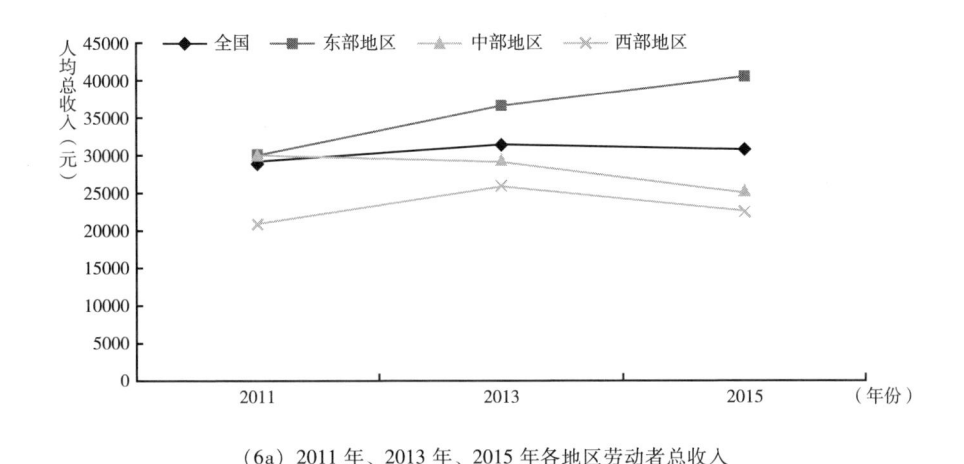

(6a) 2011年、2013年、2015年各地区劳动者总收入

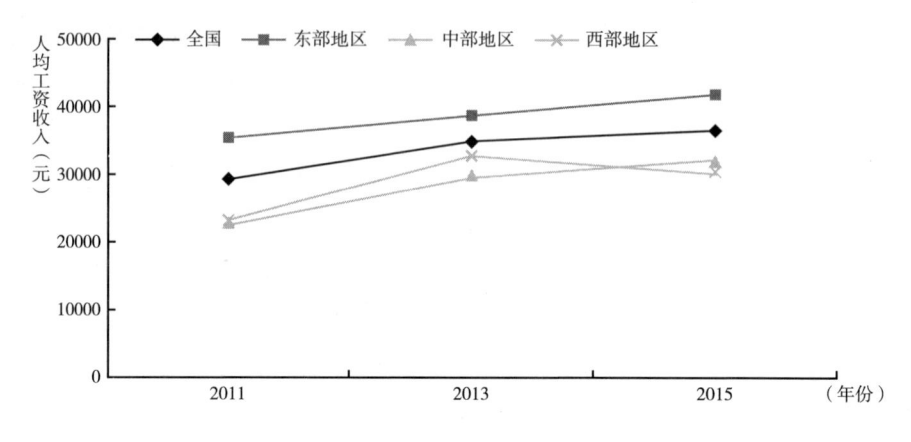

(6b) 2011年、2013年、2015年各地区劳动者工资收入

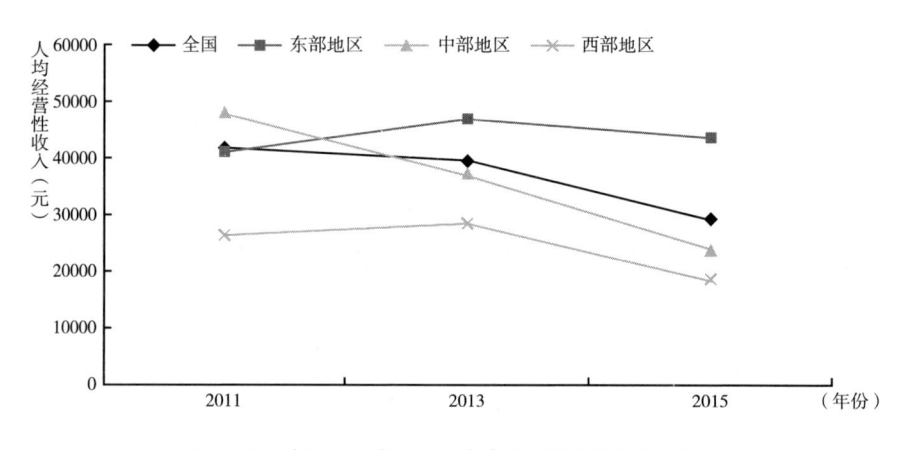

(6c) 2011年、2013年、2015年各地区劳动者经营性收入

图2-6 2011~2015年各地区劳动者各项人均实际收入

2011年至2015年，东部地区与中、西部地区之间各项收入的差距都在扩大，其中，工资收入的差距扩大的幅度较小，经营性收入的差距扩大幅度较大。

由于广东珠三角地区和非珠三角地区的变动与其他地区各有重叠，在图中不容易区分，因此在图2-6中我们没有展示这两个地区的结果。总的来说，广东珠三角和非珠三角地区的劳动者总收入都呈现出增长趋势。珠三角地区的工资收入在2013年减少，2015年增加，经营性收入则持续增长，并且2013~

2015年增长速度较快。非珠三角地区的工资收入持续增加，经营性收入在2013~2015年有所减少。与其他地区比较，广东珠三角地区的经营活动更为活跃，而广东非珠三角地区的经营活动活跃程度则与全国趋势一致。

为了研究我国各地区收入不平等的水平，我们计算了全国及各地区劳动者个人总收入的基尼系数。需要指出的是，收入的基尼系数既可以家庭为单位计算，也可以个人为单位计算，而我们以劳动者个人为单位来计算收入的基尼系数，与用其他研究对象来计算的收入的基尼系数可能有所不同，不能直接比较。由表2-8可以看到，劳动者个人总收入的基尼系数在2013年略微上升，2015年有所下降，总的来说，2015年的个人总收入差距相对于2011年有所减小。从东、中、西部分地区看，东部地区的基尼系数始终最低，中部地区在2011年和2015年最高，西部地区在2013年最高。

广东珠三角地区和非珠三角地区的基尼系数一直低于全国水平，这与前面对家庭收入的分析结果一致。广东珠三角地区的基尼系数在2013年下降，在2015年上升，广东非珠三角地区基尼系数在2013年上升，在2015年下降，但在这两年始终高于珠三角地区。

表2-8 2011~2015年劳动者个人总收入的基尼系数

年份	全国	东部	中部	西部	广东珠三角地区	广东非珠三角地区
2011	0.592	0.551	0.663	0.598	0.458	0.452
2013	0.600	0.555	0.644	0.667	0.452	0.588
2015	0.589	0.563	0.607	0.603	0.493	0.542

（二）农业户口与非农户口劳动者的个人收入

基于城乡二元分割体制的户籍制度是影响劳动者职业获得、收入水平的重要因素。根据户口性质，可以将劳动者分为两类：持有非农业户口（包括之前是非农户口的居民户口）的劳动者与持有农业户口（包括之前是农业户口的居民户口）的劳动者，并以此来分析基于户籍区分的劳动者之间的收入差距。

表2-9显示了全国以及东部、中部、西部及广东珠三角和非珠三角地区不同户籍劳动者的收入水平。全国范围内，非农户口劳动者的收入远高于农业户口劳动者：非农户口劳动者个人总收入的平均数是53315元，中位数是

40000元，而农业户口劳动者的平均收入是26387元，中位数是15000元。在不同户籍劳动者的收入差距方面，东部地区的差距较小，西部地区和中部地区较大，非农户口劳动者的总收入接近农业户口劳动者的2.3倍。广东珠三角地区不同户籍劳动者的收入差距也相对较小。

表2-9 农业户口与非农户口劳动者的个人收入

单位：元/年

地区	户籍	总收入 平均数	总收入 中位数	工资收入 平均数	工资收入 中位数	经营性收入 平均数	经营性收入 中位数
全国	非农	53315	40000	47819	36000	63415	36000
全国	农业	26387	15000	30255	20000	26946	10000
东部	非农	63330	42000	55641	40000	79959	40000
东部	农业	36632	24600	36868	30000	41522	20000
中部	非农	47842	36000	43162	36000	55480	36000
中部	农业	20615	10000	24253	18000	22014	10000
西部	非农	43348	36000	40436	35000	50336	40000
西部	农业	18749	10000	23715	16000	15780	5000
广东珠三角地区	非农	58754	36000	50188	36000	62589	40000
广东珠三角地区	农业	37338	30000	36154	30000	42531	30000
广东非珠三角地区	非农	49944	42000	48090	36000	25579	30000
广东非珠三角地区	农业	25508	20000	27413	20000	34244	20000

相对于总收入，不同户籍劳动者工资收入的差距较小。非农户口劳动者工资收入的平均数是47819元，中位数是36000元，农业户口劳动者工资收入的平均数是30255元，中位数为20000元。全国、东、中、西部非农户口劳动者的工资收入均高于农业户口劳动者。中部地区的不同户籍劳动者工资收入差距最大，非农户口劳动者的人均工资收入是农业户口劳动者的1.8倍左右。虽然广东地区非农户口劳动者的工资也都高于农业户口劳动者的工资，但这个差距在广东珠三角地区较小。

不同户籍劳动者在经营性收入上的差距则更为明显。2015年，非农户口劳动者经营性收入的平均数为63415元，中位数为36000元，农业户口劳动者经营性收入的平均数为26946元，中位数为10000元。东部、中部、西部非农户口劳动者的经营性收入也同样远高于农业户口劳动者。就经营性收入的差距来说，西部地区不同户籍劳动者的经营性收入差距最大，东部地区相对较小。

广东珠三角的非农户口劳动者的经营性收入高于农业户口劳动者，而非珠三角地区农业户口劳动者的经营性收入虽然高于非农户口劳动者，但中位数低于非农户口劳动者，这可能是因为广东非珠三角地区的一些农村有一定数量的企业或个体经营者。就经营性收入的差距来说，广东珠三角地区的内部差距较小。

图2-7描述了2011年、2013年、2015年非农户口和农业户口劳动者的各项收入。[①] 整体来看，2011~2015年，非农户口劳动者的各项收入始终高于农业户口劳动者，2013~2015年农业户口劳动者的总收入有所下降，非农户口劳动者的总收入速度增长却比较快，表明二者之间的收入差距正在扩大。非农户口和农业户口劳动者的工资收入都一直保持上升趋势，2011~2013年农业户口劳动者工资收入增长较快，而2013~2015年非农户口劳动者工资收入增长较快。在经营性收入方面，非农户口劳动者的人均收入持续下降，农业户口劳动者的人均收入在2011~2013年增加，在2013~2015年减少。

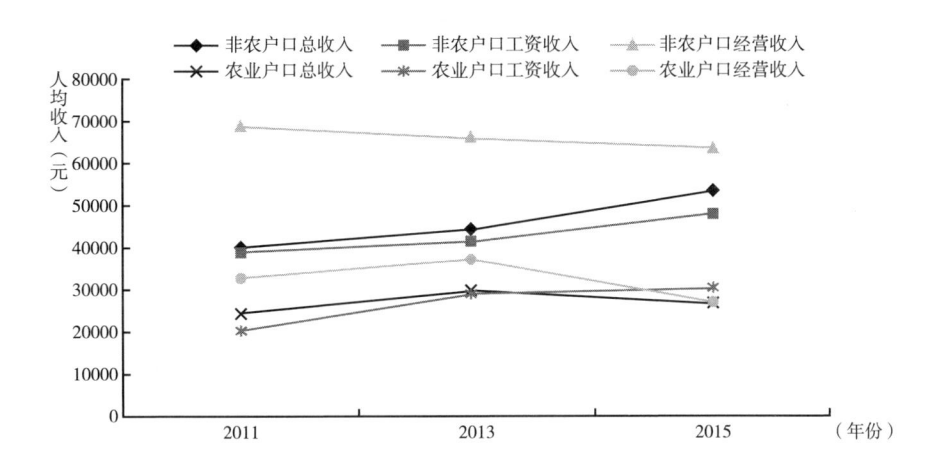

图2-7 2011~2015年非农户口、农业户口劳动者的各项收入

---

① 2013年、2015年的非农户口、农业户口劳动者各项收入都以2011年为基准，扣除了通货膨胀的影响。

表2-10展示了2011年、2013年、2015年非农户口和农业户口劳动者个人总收入的基尼系数。与全国层面的变化趋势一致，非农户口和农业户口劳动者的个人总收入基尼系数都经历了先上升再下降的过程，在2013年达到最高值。非农户口劳动者的基尼系数始终低于农业户口劳动者，即非农户口劳动者的个人总收入差距较小。

表2-10 2011~2015年不同户籍劳动者个人总收入的基尼系数

年份	全国	非农户口	农业户口
2011	0.592	0.489	0.620
2013	0.600	0.492	0.627
2015	0.589	0.481	0.604

（三）男性和女性劳动者的个人收入

劳动力市场中普遍存在明显的性别收入差距。表2-11和表2-12分别展示了城市和农村地区，以及东部、中部、西部、广东珠三角和非珠三角地区的不同性别劳动者的收入水平。

从全国层面来看，男性总收入的平均数为37132元，中位数为24400元，女性总收入的平均数为24994元，中位数为15000元。男性工资收入、经营性收入的平均数和中位数也都高于女性，其中，经营性收入上的性别差距相对更大，而工资收入的差距较小。从城乡的差异来看，城市地区劳动者各项收入的

表2-11 城乡不同性别劳动者的个人收入

单位：元/年

地区	性别	总收入 平均数	总收入 中位数	工资收入 平均数	工资收入 中位数	经营性收入 平均数	经营性收入 中位数
全国	男性	37132	24400	39588	30000	36046	15000
全国	女性	24994	15000	29910	20000	23759	10000
城市	男性	58829	40000	51600	40000	66533	36000
城市	女性	46241	33600	43105	30000	57751	35000
农村	男性	31726	20000	34762	25000	32091	12000
农村	女性	20351	10000	24188	20000	20746	10000

表2-12 全国及各地区不同性别劳动者的个人收入

单位：元/年

地区	性别	总收入 平均数	总收入 中位数	工资收入 平均数	工资收入 中位数	经营性收入 平均数	经营性收入 中位数
全国	男性	37132	24400	39588	30000	36615	15000
全国	女性	24994	15000	29910	20000	24159	10000
东部	男性	47303	33500	47304	36000	54000	30000
东部	女性	33662	22000	35194	25000	35125	20000
中部	男性	30300	20000	33364	25000	28368	12000
中部	女性	20330	10000	26295	20000	20868	10000
西部	男性	28195	20000	33958	25000	24410	8000
西部	女性	17032	10000	21532	18000	13554	5000
广东珠三角地区	男性	48399	40000	44978	38000	46466	30000
广东珠三角地区	女性	31918	26400	31117	25000	40868	24000
广东非珠三角地区	男性	33576	30000	33976	30000	34653	28000
广东非珠三角地区	女性	20820	12000	25191	20000	27523	20000

性别差距几乎都小于农村地区，城市地区男性的人均总收入约为女性的1.27倍，农村地区约为1.56倍；城市地区男性总收入的中位数约为女性的1.19倍，农村地区为2倍。从男女收入的比值来看地区差异，东部地区总收入的性别差距最小，西部地区最大；中部地区工资收入的性别差异最小，西部最大；而在经营性收入上，同样是西部地区的性别差距最大，中部地区最小。此外，广东省珠三角地区的性别差距小于非珠三角地区。

（四）不同年龄组的劳动者个人收入

表2-13描述了全国、城市和乡村不同年龄组劳动者的个人收入情况。不管是从全国范围来看，还是分城市、农村地区来看，25~44岁年龄组的各项人均收入都为最高。随着年龄的增长，城乡劳动者的各项收入呈现出先增加后减少的变化。不同的是，在城市地区最低人均收入出现在15~24岁这一最年轻的年龄组；在农村地区，最低人均收入出现在55~65岁这一最年长的年龄组。

表2-13 城乡不同年龄组劳动者的个人收入

单位：元/年

地区	年龄(岁)	总收入 平均数	总收入 中位数	工资收入 平均数	工资收入 中位数	经营性收入 平均数	经营性收入 中位数
全国	15~24	25685	20000	27407	20000	36999	25000
	25~34	42569	30000	43793	33600	48778	30000
	35~44	41522	30000	40933	30000	44215	21600
	45~54	30847	20000	32566	24000	29256	12000
	55~65	19251	10000	25849	16000	17599	6000
城市	15~24	30869	25000	29003	24000	60074	65000
	25~34	58691	45000	52811	40000	73909	60000
	35~44	57661	40000	50101	36000	57141	36000
	45~54	52768	37000	46847	33600	80677	40000
	55~65	41439	33000	39708	32000	24529	10000
农村	15~24	24502	20000	27089	20000	36114	25000
	25~34	36861	30000	39351	30000	43437	24000
	35~44	35911	24000	36075	27600	41736	20000
	45~54	25714	18000	26238	20000	24299	10000
	55~65	16773	8000	22188	12000	17124	5250

表2-14描述了我国东部、中部、西部及广东珠三角和非珠三角地区不同年龄劳动者的个人收入水平。与表2-13所体现的情形类似，劳动者的各项人均收入随着年龄的增长先上升，再下降，最高值出现在25~34岁、35~44岁两个年龄组。东部地区35~44岁劳动者的人均总收入、经营性收入最高，25~34岁劳动者的工资收入最高。中部地区25~34岁劳动者的各项人均收入，以及各项收入的中位数最高，35~44岁劳动者次之。西部地区35~44岁劳动者的人均总收入最高，25~34岁劳动者的人均工资收入和人均经营性收入最高。广东珠三角地区35~44岁年龄组的总收入和经营性收入最高，25~34岁年龄组的工资收入最高，非珠三角地区25~34岁的劳动者各项收入最高。除广东非珠三角地区外，各地区的最低收入均出现在55~65岁这一最年长的年龄组，而广东非珠三角地区的最低人均总收入和工资收入出现在15~24岁年龄组。

表 2-14 全国各地区不同年龄组劳动者的个人收入

单位：元/年

地区	年龄(岁)	总收入 平均数	总收入 中位数	工资收入 平均数	工资收入 中位数	经营性收入 平均数	经营性收入 中位数
东部	15~24	29021	25000	30514	27000	45329	40000
	25~34	51646	40000	49477	40000	61124	35000
	35~44	54821	36000	49107	36000	62952	40000
	45~54	40508	25000	36711	27000	42452	20000
	55~65	28986	15000	34725	20000	31841	10000
中部	15~24	24502	20000	23390	20000	25709	5000
	25~34	38841	30000	38302	30000	42999	23000
	35~44	34169	24000	33959	25000	39757	20000
	45~54	25896	18000	30364	20000	25232	10000
	55~65	15184	8500	20449	10000	13433	5000
西部	15~24	19006	12000	23156	20000	31702	20000
	25~34	28834	20000	37022	26000	35384	12300
	35~44	30379	20000	33873	25000	26805	20000
	45~54	23825	18000	27193	20000	18048	8000
	55~65	11564	5000	15264	9000	7449	3400
广东珠三角地区	15~24	29826	30000	30548	28800	35703	30000
	25~34	46707	40000	45678	36000	45335	30000
	35~44	52999	36000	40917	35000	61410	40000
	45~54	37309	30000	35059	27600	37831	30000
	55~65	24600	14000	30542	20500	26438	12000
广东非珠三角地区	15~24	23151	15000	24578	20000	35359	48000
	25~34	46328	35000	40313	30000	67231	80000
	35~44	31171	20000	35073	30000	34192	30000
	45~54	24040	20000	27315	20000	25199	20000
	55~65	26165	24000	29782	25000	14411	18000

（五）不同受教育程度劳动者的个人收入

受教育程度既体现了劳动者的人力资本积累，也是代表个人能力的一种信号。表 2-15 表明，不同受教育程度的劳动者有不同的收入水平，随着受教育程度的提高，劳动者的各项收入也逐渐增加。未接受过教育的劳动者各项收入均为最低,总收入为12158元,中位数为5000元。在高中阶段的四种教育类型(普通高中、职业高中、技校、中专)中,职业高中学历劳动者的平均经营性收入最高,中专毕业生的平均总收入和平均工资收入最高。本科及以上学历的劳动者各项收入都最高,总收入为81749元,中位数为60000元,与其他学历劳动者的差距也最大。

表2-15 不同受教育程度劳动者的个人收入

单位:元/年

最高学历	总收入 平均数	总收入 中位数	工资收入 平均数	工资收入 中位数	经营性收入 平均数	经营性收入 中位数
未上过学	12158	5000	18961	10000	13048	5000
小学/私塾	19281	10000	21894	16000	18967	9000
初中	29422	20000	29220	24000	31460	20000
普通高中	36327	30000	37212	30000	41943	20000
职业高中	38941	33400	33777	35000	59961	30000
技校	32104	30000	31764	30000	36399	36000
中专	41979	31200	39543	30000	46970	30000
大专	55106	40000	45837	36000	106429	40000
本科及以上	81749	60000	70844	50000	115106	73000

(六)不同行业劳动者的个人收入

劳动者的个人收入与所从事的行业有关。表2-16描述了不同行业劳动者的收入水平,其中,从事农、林、牧、渔业的劳动者各项收入最低,总收入约为15213元,中位数为8000元。从事金融保险业的劳动者总收入最高,为96126元,中位数为80000元,其次是从事科学研究和综合技术服务业的劳动者,总收入为86863元,中位数为50000元,再次是房地产业,国家机关、党政机关和社会团体的从业人员,总收入都达到了60000元以上。在工资性收入上,最高的四类行业依次是金融保险业,科学研究和综合技术服务业,房地产业,地质勘查业、水利管理业。在经营性收入上,采掘业,国家机关、党政机关和社会团体,房地产业的人均收入最高,但是国家机关、党政机关和社会团体的中位数较低,可能是存在异常值所致。

第二章 劳动收入

表 2-16 不同行业劳动者的个人收入

单位：元/年

行业类型	总收入 平均数	总收入 中位数	工资收入 平均数	工资收入 中位数	经营性收入 平均数	经营性收入 中位数
农、林、牧、渔业	15213	8000	16228	10000	14392	6000
采掘业	46029	30000	31894	30000	202710	100000
制造业	38128	30000	33926	30000	55883	30000
电力、煤气及水的生产和供给业	43944	30000	37951	30000	24233	10000
建筑业	40807	30000	40573	30000	43124	20000
地质勘查业、水利管理业	58779	35000	54768	45000	47105	48000
交通运输、仓储及邮电通信业	50350	40000	47240	40000	42636	36000
批发和零售贸易、餐饮业	45105	30000	41091	30000	52424	30000
金融保险业	96126	80000	83161	70000	72351	72000
房地产业	76155	50000	59207	45000	118877	100000
社会服务业	37569	25000	30505	24000	61968	25000
卫生、体育和社会福利业	45784	30000	39261	30000	37007	25000
教育、文化艺术和广播电影电视业	49051	40000	44065	38000	62715	50000
科学研究和综合技术服务业	86863	50000	74505	50000	39216	20000
国家机关、党政机关和社会团体	62559	43000	53538	40000	131925	20000
其他行业	39899	28000	35549	25000	45694	30000

（七）不同单位类型的劳动者个人收入

表 2-17 分单位类型描述了劳动者的个人收入。在不同单位类型中，党政机关、人民团体、军队，国营企业，国有/集体事业单位劳动者的总收入最高，都超过了 50000 元。其次是外资、合资企业，个体工商户，村居委会等自治组织和民营、私营企业。务农的劳动者总收入最低，仅为 14661 元，远远低于其他单位类型的劳动者。工资收入最高的单位依次是党政机关、人民团体、军队，外资、合资企业，国有/集体事业单位，国营企业。经营性收入最高的是村居委会等自治组织，但是其中位数较低。除此之外，经营性收入较高的单位是民营、私营企业和个体工商户。务农的劳动者工资收入和经营性收入仍然是最低的。

表 2-17 不同单位类型的劳动者个人收入

单位：元/年

单位类型	总收入 平均数	总收入 中位数	工资收入 平均数	工资收入 中位数	经营性收入 平均数	经营性收入 中位数
党政机关、人民团体、军队	56534	48000	49851	40000	17797	12000
国有/集体事业单位	51949	40000	46542	37000	40994	36000
国营企业	52711	40000	45435	36000	45670	30000
集体企业	33884	25000	31327	25000	20367	7000
村居委会等自治组织	47070	25000	38275	20000	114591	20000
民营、私营企业	44030	30000	39155	30000	74776	25000
外资、合资企业	49634	36000	48301	36000	42530	24000
民办非企业、社团等社会组织	32732	30000	33306	26400	31416	10000
个体工商户	48359	30000	41342	30000	55452	36000
务农	14661	7500	15590	10000	13580	6000
自由工作者	31433	20000	30424	20000	36701	20000

（八）不同职业类型的劳动者个人收入

表 2-18 反映了不同职业类型的劳动者的个人收入水平。在不同职业中，总收入最高的依次是党的机关、国家机关、群众团体和社会组织、企事业单位负责人，专业技术人员，办事人员和有关人员，总收入接近或者超过了 50000 元；

表 2-18 不同职业类型的劳动者个人收入

单位：元/年

职业类型	总收入 平均数	总收入 中位数	工资收入 平均数	工资收入 中位数	经营性收入 平均数	经营性收入 中位数
党的机关、国家机关、群众团体和社会组织、企事业单位负责人	133917	60000	87594	60000	194274	70000
专业技术人员	56397	42000	50822	40000	36787	20000
办事人员和有关人员	49137	40000	43289	36000	28117	13000
社会生产服务和生活服务人员	45453	30000	40765	30000	50930	30000
农林牧渔业生产及辅助人员	14848	8000	15869	10000	13716	6000
生产制造及有关人员	35982	30000	32999	30000	49405	25000
其他从业人员	33185	24000	40613	30000	50392	3300

农林牧渔业生产及辅助人员的总收入最低,仅为14848元。社会生产服务和生活服务人员,其他从业人员的经营性收入较高,仅次于党的机关、国家机关、群众团体和社会组织、企事业单位负责人。此外,其他职业类型的劳动者在工资收入和经营性收入上的差异与他们在总收入上的差异大致相同。

（九）兼职收入

2016年中国劳动力动态调查中,兼职劳动者（排除无兼职、兼职收入小于或等于0的样本）的月平均收入为3684元,中位数为1500元。从构成特征上看,大多数兼职劳动者来自我国东部、中部地区,以及农村地区,男性比例较大,并且集中在35岁及以上的年龄段,初中学历最多（见表2-19）。此外,兼职劳动者从事最多的行业是农、林、牧、渔业和建筑业,占到总人数的54.5%,接下来从事较多的行业是批发和零售贸易、餐饮业,制造业以及社会服务业。

表2-19 兼职劳动者及其收入

单位:元/月

		比例(%)	兼职收入 平均数	兼职收入 中位数
	全国	100	3684	1500
地区	东部	43.3	4027	1500
地区	中部	37.7	3791	1450
地区	西部	19.0	2565	2000
城乡	城市	8.2	7079	1760
城乡	农村	91.8	3424	1500
性别	男性	72.0	3739	1500
性别	女性	28.0	3531	1000
年龄(岁)	15~24	2.7	11115	1380
年龄(岁)	25~34	13.8	4378	2000
年龄(岁)	35~44	21.7	2653	2000
年龄(岁)	45~54	40.2	3943	1400
年龄(岁)	55~65	21.6	3489	1000
受教育程度	未上过学	6.0	3075	1200
受教育程度	小学/私塾	29.8	2781	1000
受教育程度	初中	41.8	4230	1500
受教育程度	普通高中/职业高中/技校/中专	15.2	3098	1500
受教育程度	大专/大学本科及以上	7.1	5652	2000

与总收入、工资收入的分布类似，东部地区的兼职劳动者月收入最高，中部次之，西部最低，但是西部劳动者的中位数最高。城市兼职劳动者的人均月收入远远高于农村兼职劳动者。男性的人均月收入高于女性。15～24岁年龄组的人均收入最高，但是中位数较低，此外，随着年龄的增长，兼职收入的中位数先上升后逐渐降低，但是人均收入在25～34岁、45～54岁年龄组较高，35～44岁年龄组最低。大专/大学本科及以上学历的劳动者兼职收入最高，其次是初中学历的劳动者，小学学历劳动者收入最低，甚至略低于未上过学的劳动者。

综上所述，在2011～2015年间，我国劳动者家庭和个人的收入都有提高，但城乡差异、地区差异仍然明显，不同群体在经济发展中的获益大小不同。未来经济的可持续和健康发展，需要更多地关注如何减少地区收入不平等和不同群体的收入差距问题。

第三章
劳动权益

张 东

近年来，劳动者权益问题成为学界关注的热点问题。劳动者权益（labor rights and interests）也被称为工业公民权（industrial citizenship），是指处于社会劳动关系中的劳动者在企业内部履行劳动义务的同时所享有的基本权益（常凯，1995）。然而，迄今为止的相关研究仍明显不足，且较为分散：①研究对象分散，农民工、国企改革中的工人、私营部分雇员等群体常常成为研究者的关注对象（蔡禾、李超海、冯建华，2009；姚先国，2005；夏小林，2004）；②研究领域分散，学者对诸如工会、劳动收入、社会保险、劳动纠纷、超时工作、劳动环境等方面有不同的研究兴趣（姚洋、钟宁桦，2008；杨继东、杨其静，2013）；③研究价值取向分散，较强的价值取向也弱化了结论的普适性。研究者或强调工人阶级的形成与团结斗争，强调全球化条件下的企业社会责任运动，或强调国家法制的完善和落实，强调工人个体的人力资本和劳动力供需的市场调节（佟新，2008；沈原，2006；曹凤月，2006）。

总的来说，一方面，目前研究的分散性使我们难以从整体上判断当下中国大陆劳动者的权益状况。另一方面，已有从劳动权利的视角进行的全局性研究也存在两个明显缺陷：一是由于权利具有历史性和文化相对性，对研究结果难以进行跨国比较；二是由于以往研究较少将"体面劳动"等不属于权利范畴然而对劳动者的福祉有重要意义的内容纳入研究视野，以致该视角并不全面。本章旨在提出一个意义明确、形式简洁，在理论上有章可循、在实践中易于操作，具较强普适性的权益指标体系。在此基础上，我们将运用中国劳动力调查的数据透视中国大陆劳动者权益的保障现状、变化趋势，并分析不同群体之间的差异。

本章共分为三个小节。第一节：主要讨论劳动者权益指标建构，详细介绍劳动者权益指标的建构原则与体系；第二节：描述中国雇员阶层劳动者权益现状，分析权益总体情况、不同分项情况及变动趋势；第三节：分析雇员阶层劳动者权益群体差异及变动趋势，包括不同城市之间、不同企业之间以及不同人群之间的差异。

一 劳动者权益指数建构

劳动者权益指劳动者作为劳动法律关系一方主体享有的全部权利。它以劳动权利为基础，包括劳动环境、劳动收益、劳动保障等更为宽泛的经济、政治和社会权利。[①] 在中文表达中，"劳动者权益"一词所包含的权利内涵有两种。第一种是指"宪法赋予公民的获得有偿职业劳动的基本权利，主要包括就业权和择业权"，专指"劳动权""工作权"。具有劳动能力的公民有权支配自己的劳动力，并要求国家或社会为其提供劳动机会、保障其劳动安全以及为其提供职业发展条件。[②] 第二种是指处在劳动关系中的劳动者在履行劳动义务的同时，所享有的与劳动有关的权益（常凯，1995）。国际上习惯将劳动者权益分为个体权益和集体权益两个层次，或具体分为雇佣相关权利、集体权利、社会保障权利三大方面（Botero，2004）。结合国内外对劳动者权益的相关研究和社会发展类指标体系建构的经验，笔者提出进行劳动者权益指标编制的四个原则。

（一）与国际劳工标准相接轨的原则

国际劳工组织（International Labor Organization，ILO）已经形成的一套以

[①] 这种区分在1995年12月的《中国人权事业的进展》白皮书中有明确表达："中国历来重视公民劳动权和劳动者权益的保障，并依此作为维护人权的重要内容。"白皮书还以"公民的劳动权和劳动者的权益"为标题专门将相关内容辟为第四章。

[②] 《宪法》第42条规定："中华人民共和国公民有劳动的权利和义务。国家通过各种途径，创造劳动就业条件，加强劳动保护，改善劳动条件，并在发展生产的基础上，提高劳动报酬和福利待遇。"1997年我国政府签署了《经济、社会和文化权利国际公约》及《公民权利和政治权利公约》，公民劳动权成为国际人权的重要内容之一。

国际劳工公约和建议书为核心的国际劳工制度,给各国的劳动者权益保障工作提供了指引。由于每个国家的经济、社会、政治状况不同,对各国政府而言,国际劳工标准并不是一个强制执行的制度,各国对劳工标准的接受程度并不一致。

但是随着全球化进程的加快,从20世纪90年代起,西方发达国家就提出了要将国际贸易与国际劳工标准挂钩的主张,各国对国际劳工标准的接受程度日益成为国家之间较力的砝码。虽然目前各国在这个问题上还没有达成一致认识,但在WTO框架下将劳工标准和国际贸易挂钩已经成为不可逆转的趋势。因此,我们有必要关注国际劳工标准,借鉴国际经验,这有利于加快中国自身的劳工标准建设以及保护劳动者合法权益。

国际劳工标准是西方普遍接受的劳动者权益保障指南,可分为以下三大类。

1. 核心劳工标准,包括结社自由和集体谈判权、废除一切形式的强迫和强制劳动、有效地废除童工劳动、同工同酬以及消除就业与职业歧视。[1]

2. 劳动专业类标准,包括促进就业、社会政策、劳动管理、劳资关系、工作条件、职业安全卫生、社会保障等方面的公约。

3. 针对特定人群的标准,包括关于妇女、童工和未成年工、老年工人、残疾人、移民工人、海员、渔民、码头工人、家庭工等特定人群的公约。

对企业而言,履行企业社会责任、保障劳动者合法权益一直是国际劳工组织及工会组织关注的重要目标。西方社会形成了一套规范资方(企业)行为的社会责任体系,[2] 包括SA8000企业社会责任指标体系和ISO2600社会责任

---

[1] 详见国际劳工组织《基本劳工权利原则宣言》(1998年)第二条,详见国际劳工组织《基本劳工权利原则宣言》(1998年)导言,以及1948年《结社自由与保护组织权公约》(第87号公约);1949年《组织权与集体谈判权公约》(第98号公约);1930年《强迫劳动公约》(第29号公约);1957年《废除强迫劳动公约》(第105号公约);1951年《男女工人同工同酬公约》(第100号公约);1958年《就业与职业歧视公约》(第111号公约);1973年《最低就业年龄公约》(第138号公约);1999年《禁止最恶劣形式童工劳动公约》(第182号公约)。

[2] 既包括由国际劳工组织(ILO)制定的、国际劳工大会通过的公约和建议书,以及其他达成国际协议的具有完备系统的关于处理劳动关系和与之相关的一些关系的原则、规则,也包括全球第一个可用于第三方认证的社会责任国际标准SA8000,以及诸如此类的国际劳动公约或规定。

指南。SA8000 主要包括童工、强制性劳动、健康与安全、结社自由及集体谈判权利、歧视、惩戒性措施、工作时间、薪酬和管理系统等 9 个标准要素。ISO2600 则主要倡议从就业与雇佣关系、工作条件和社会保护、社会对话、工作的健康与安全、工作场所中人的发展培训等五大方面规范企业在劳动者权益方面的社会责任。

（二）与具体国情及法律相匹配的原则

现实中，各国政府都是基于本国国情订立有关劳动者权益的法律法规。因此，只有将具体的劳动者权益法规纳入考虑，权益指标体系才能与各个国家的经济、政治、文化差异相适应。目前，我国也建立了相对完整的劳动者权益保障法律体系。这些法规包含了对已签署的国际公约条款的认可（罢工除外），大致可分为三个层次。第一层次：《中华人民共和国劳动法》，这是关于劳动者权益的最基本的原则性法规。第二层次：落实劳动法规定的一般性法规原则，例如《中华人民共和国劳动合同法》《中华人民共和国社会保险法》《国务院关于职工工作时间的规定》等。第三层次：针对专门人群的法规，例如《禁止使用童工规定》《残疾人就业条例》《女职工劳动保护特别规定》等。

总的来说，我国的法律已经对劳动者的基本权利保障做了明确规定，这些基本权利可以分成三类：（1）与劳动过程直接相关的权利；（2）劳动者享有的社会保障权利；（3）劳动者的集体权利。由此，建构劳动者权益指数必须以国内相关法律为依据，根据《劳动法》规定的基本权益设立一级指标（不包含针对专门人群的劳动者权益内容）：（1）劳动就业择业权；（2）劳动报酬权；（3）休息休假权；（4）劳动保护权；（5）职业培训权；（6）社会保障和福利权；（7）提起劳动争议处理权；（8）参加和组织工会的权利。[①] 详见表 3-1。

（三）基本权益与发展型权益兼顾的原则

在劳工权益保障运动的发展历程中，除了上文提到的企业社会责任运动，

---

① 由于本次使用的中国劳动力动态调查数据不涉及企业是否提供培训题目，故不将职业培训权纳入考虑。

表3-1　不同劳动者权益保障体系比较

国际劳工标准之一	国际劳工标准之二	SA8000	ISO26000	中华人民共和国相关法律
核心劳工标准： 1. 结社自由和集体谈判权； 2. 废除一切形式的强迫和强制劳动； 3. 有效地废除童工劳动； 4. 同工同酬以及消除就业与职业歧视	劳动管理专业类技术标准： 1. 就业； 2. 社会保障； 3. 产业关系：劳资关系； 4. 工作条件：工资、工时； 5. 职业安全与卫生； 6. 劳动行政管理：工会	1. 童工； 2. 强制性劳动； 3. 健康与安全； 4. 结社自由及集体谈判权； 5. 歧视； 6. 惩戒性措施； 7. 工作时间； 8. 薪酬； 9. 管理系统	1. 劳动与雇佣关系：雇佣关系的合法性、稳定就业、尊重人权、劳工之间的公平性； 2. 工作条件和社会保护：包括薪酬、福利、工作时间、休假与假期、惩戒性措施、孕妇保护、服务事项等； 3. 社会对话：指政府代表、雇主代表和工人代表进行双方或三方的协向； 4. 工作中的安全与健康； 5. 工作场所中人的发展培训	截至2008年5月1日，我国共批准国际劳工公约25项，且已对企业在SA8000中除了健康与安全、结社自由、管理系统外的六个方面明确了法律规范。 《劳动法》《工会法》《集体合同的规定》规定了劳动者的集体谈判权； 《劳动法》禁止雇佣16岁以下的童工，禁止雇佣16~18岁的年轻人从事有害工种的工作； 《劳动法》和《劳动部〈中华人民共和国劳动法〉若干条文的说明》禁止就业歧视； 《最低工资规定》要求各省、自治区、直辖市范围内的不同行政区域都必须制定最低工资标准

还有工作生活质量运动（Quality of Working Life，简称 QWL）[①] 和"体面劳动"（Decent Work）理念，这些运动或理念引起社会各界的普遍关注，对各国的劳工政策制定产生着深远影响。

"工作生活质量"理论涵盖了员工在生存发展、工作任务、组织环境、心理需求、工作对家庭及社交的影响等若干个维度的几十个衡量指标，能够充分覆盖员工的需求。这一理论强调从全局出发去衡量与员工工作生活有关的所有物质和精神的需求满足情况。它既包括员工主观的感受，也包括客观的组织环境的质量。它所强调的不是如何攫取员工的价值为组织牟利，而是创造一个高效率的组织和高工作、生活质量的员工并存的双赢局面。管理者与一般员工是

[①] 美国职业培训与开发委员会关于工作生活质量的定义："工作生活质量对于工作组织来讲是一个过程，它使该组织能让处在各个级别的成员积极地参与营造组织环境，塑造组织模式，产生组织成果。这个基本过程基于两个孪生的目标：提高组织效率，改善雇员工作生活质量。"

合作关系,不存在强制、监督的关系(张凯,2015)。工作生活质量运动的兴起标志着人们在工作生活中追求的目标从生存、收入、安全等低层次需要向被尊重、自我实现等高层次需要转化,使员工在工作中受重视、受尊重,产生心理和生理健康的感觉。

"体面劳动"是劳动者的价值追求。1999年,这一概念被首次提出,[①] 大大丰富了劳动者权益的人文内涵。所谓"体面劳动"是指根据就业人员自身和其所属集体的条件,保障其自由、安全、公正和有尊严地劳动。它的伦理意蕴在于给予劳动者人格上的尊重,使劳动者在劳动中确证自己的自由存在本质,感受生命的价值和意义。2008年在中国举办的"经济全球化与工会"国际论坛开幕式上,国家主席胡锦涛在大会致辞中指出,让广大劳动者实现体面劳动,是以人为本的要求,是时代精神的体现,也是尊重和保障人权的重要内容。2013年4月28日,中共中央总书记、国家主席、中央军委主席习近平在全国总工会同全国劳动模范代表的座谈会上发表重要讲话,再次强调了要坚持社会公平正义,努力让劳动者实现体面劳动、全面发展。工作质量、体面劳动所涵盖的意义,不仅是为了满足员工多方面的利益诉求,使劳资矛盾呈现缓和甚至渐趋和谐的状态,而且是一种真正以劳动者发展为导向的运动,对提升劳动者的幸福感有重要意义(蔡禾,2014;郭靖等,2014;Pierce, J. L. and D. G. Gardner, 2004)。由此,我们将与工作质量、体面劳动有关的权益定义为"发展型权益",作为劳动者权益的重要内容。

(四)最低保障与发展程度测量相结合的原则

在劳动过程中,劳动者权益的保障并不是简单的"有无保障",而是涉及权益保护程度的问题。因此,在衡量劳动者权益保护时,需要坚持最低保障与保障程度相结合的原则。具体而言,在指标设定上,以相关专门性法律规定的最低标准为基础分,在基础分之上根据保护程度给予不同的得分,从而使指标可以更准确地反映权益保护群体差异。

例如:"劳动时间"指标的设计以政府规定的法定工作日和最长加班时长

[①] 1999年6月,国际劳工组织局长索马维亚在第87届国际劳工大会上首次提出"体面劳动"的概念。

为基础，达到法定工作时间的赋值为 1 分，超过最长加班时长的为 0 分。而处于中间的情况，根据劳动者实际加班时长从 1 到 0 等比例递减。如此设计，就能较为准确地反映劳动者的劳动时间权益保障状况。

又如，"劳动报酬"中月收入指标的设计以政府最低月工资为基础，低于最低工资标准赋值为 0。等于最低月工资标准赋值 0.6。高于最低工资标准按照如下公式计算：首先，用月工资减去当地最低工资标准，得到每个人相对于最低工资标准的相对月收入 A；然后，对 A 进行排序，找到最大值，命名为 B；最后，利用公式算出权益得分 = 0.6 + 0.4 × （A/B）。

综合上述四大指标构建原则，考虑中国劳动力调查涉及的劳动者权益相关问题，我们设计出了中国雇员阶层劳动者权益指标体系（详见表 3-2）。权益指数包含基本权利和发展型权益两个维度，基本权利包括劳动时间、劳动报酬、劳动合同、工会组织、劳资纠纷、社会保障、劳动健康、环境安全等八个指标；发展型权益包括体面劳动、劳动自主两个指标。基本权利涵盖了国际上通用的劳动者个体权利（雇佣关系中的权利）、集体权利以及社会保障权三大方面。这十个指标构成了劳动者权益指数的一级指标，一级指标下包括一系列相关二级指标，由二级指标汇总得到。二级指标全面、完整地涵盖了劳动者各个方面权益（详见表 3-2）。

表 3-2 劳动者权益指数的指标体系

一级指标	一级指标赋值	二级指标	二级指标计算方法
劳动时间	（周工作时长得分 + 月工作时长得分 + 月工作天数得分）/3	周工作时间是否超过法定	每周工作 40 小时以内（含 40 小时）赋值为 1；大于 55 小时赋值为 0；40~55 小时之间（不含 40 小时）按如下公式计算：1 -（工作时间 - 40）/15
		月工作时间是否超过法定	按月 30 天 4.29 周计算，月工作 172 小时；依据《劳动法》，每月加班不超过 36 小时。月工作时长 0~172 小时（含 172 小时）赋值为 1，大于 208 小时赋值为 0；172~208 小时（含 208 小时）之间按照如下公式计算：1 -（月工作时长 - 172）/36
		月工作天数是否超过法定	按月 30 天 4.29 周，每周工作 5 天计算，月工作天数为 21.5 天；依据《劳动法》，每周至少休息 1 天。21.5 天之内（含 21.5 天）赋值为 1；26 天以上赋值为 0；21.5~26 天之间按如下公式计算：1 -（工作时间 - 21.5）/4.5

续表

一级指标	一级指标赋值	二级指标	二级指标计算方法
劳动报酬[①]	(月工资得分+小时工资得分)/2	月工资是否高于政府最低月工资标准	设月工资收入为 W,当地最低月工资标准为 L。用月工资减去最低工资标准,求得相对收入 A,即 A = W − L;对 A 进行排序,取其最大值,命名为 B。则月工资得分的计算公式如下:a. 当 W < L 时,月工资得分 = 0;b. 当 W = L 时,月工资得分 = 0.6;c. 当 W > L 时,月工资得分 = 0.6 + A/B × 0.4
		小时工资是否高于最低小时工资标准	设小时工资收入为 W,当地最低小时工资标准为 L。用小时工资减去最低工资标准,求得相对收入 A,即 A = W − L;对 A 进行排序,取其最大值,命名为 B。则小时工资得分的计算公式如下:a. 当 W < L 时,小时工资得分 = 0;b. 当 W = L 时,小时工资得分 = 0.6;c. 当 W > L 时,小时工资得分 = 0.6 + A/B × 0.4
劳动合同	有无合同 有合同,赋值为 1;没有合同,赋值为 0		
劳资纠纷	各项纠纷得分取平均值	拖欠工资纠纷处理	有纠纷未解决 = 0; 有纠纷部分解决 = 0.33; 有纠纷全部解决 = 0.67; 没有纠纷 = 1
		超时加班纠纷处理	
		工伤纠纷处理	
		工作安全保护	
		工作环境污染	
		要求加工资	
		缴纳社保	
工会组织	有无工会 有工会,则赋值为 1;没有,则赋值为 0。		
社会保障	(养老保险+失业保险+医疗保险+住房公积金)/4	养老保险有无	没有,则赋值为 0;不适用/不清楚,则赋值为 0.3; 有,则赋值为 1
		医疗保险有无	
		失业保险有无	
		住房公积金有无	
劳动健康	(职业病得分+工伤得分)/2	职业病	有职业病,则赋值为 0; 没有职业病,则赋值为 1
		工伤程度	导致残疾 = 0; 工伤住院 10 天以上,但未残疾 = 0.33; 工伤住院 1 ~ 9 天但未残疾 = 0.67; 没有工伤 = 1

续表

一级指标	一级指标赋值	二级指标	二级指标计算方法
环境安全	无污染＝1 有污染，则根据防护、体检情况赋分	工作环境污染有无 岗前体检有无 防护措施有无	有污染，但是有防护，且有体检＝0.75 有污染，有防护，但无体检＝0.5 有污染，有体检，但无防护＝0.25 有污染，既无防护，又无体检＝0
劳动自主	（工作任务得分＋工作进度得分＋工作量和强度得分）/3	工作任务内容 工作进度安排 工作量和强度	完全由自己决定＝1； 部分由自己决定＝0.5； 完全由别人决定＝0
体面劳动	（晋升机会＋工作有趣＋能力和技能使用＋他人给予工作的尊重＋表达意见的机会）/5	晋升机会 工作有趣 能力和技能使用 他人给予工作的尊重 工作中表达意见的机会	非常满意＝1 比较满意＝0.75 一般＝0.5 不太满意＝0.25 非常不满意＝0

①劳动报酬指标的赋值方法与《中国劳动力动态调查：2015年报告》不同。

在权重设置方面，鉴于各指标要素的影响和作用可能并不相同，为了保证指数测度的公平客观，本研究充分参考国内外相关成果，多次征求国内外专家的意见，对各指标的重要程度进行论证。综合多领域专家的意见，不同指标之间的重要性难以区分，因此在建构指标体系时，各项指标享有相同的权重。具体而言，对于某个一级指标，二级指标享有相同的权重，取各二级指标的均值作为一级指标的得分；然后各一级指标享有相同的权重，分别乘以10后加总得到劳动者权益指数得分。

劳动者权益指数得分由一级指标分别乘以10后加总而得，最低分为0，满分为100分。具体计算公式为：

劳动者权益指数＝10×劳动时间＋10×劳动报酬＋10×劳动合同＋10×环境安全＋10×劳资纠纷＋10×工会组织＋10×社会保障＋10×劳动健康＋10×劳动自主＋10×体面劳动

二 中国雇员阶层的劳动者权益总体情况

在第一节，笔者讨论了劳动者权益指数建构的四大原则，并立足中国劳动力动态调查所涉及的劳动者权益问卷题目，建构了劳动者权益的指标体系。本节将基于2012年、2014年、2016年中国劳动力动态调查数据，构建中国雇员阶层劳动者权益指数对雇员群体的劳动者权益保护现状及变动趋势进行描述分析。

（一）数据与样本介绍

本研究所使用的数据为2012年、2014年和2016年中国劳动力动态调查（China Labor-force Dynamics Survey，简称"CLDS"）数据库中雇员子样本数据。2012年，中山大学启动了"中国劳动力动态调查"项目，即对中国（港澳台、西藏、海南等除外）城乡15~64岁的劳动力人口进行抽样调查，该调查每两年开展一次，涉及劳动者权益的多个方面。本研究选取调查的15~64岁仍然有工作的雇员群体进行分析。表3-3所示的是本研究的样本构成情况，数据经过加权处理（本文统计结果均经过加权处理多类别加总后和100%可能有0.01的偏差）。

表3-3 中国劳动力调查雇员群体样本描述

单位：%

	类别	2012年 （N=4401）	2014年 （N=6191）	2016年 （N=5278）
教育	小学及以下	15.04	13.78	14.37
	初中	25.68	30.21	31.14
	高中	24.38	24.41	23.24
	大学及以上	23.97	31.61	31.25
	无回答	10.93	0	0
性别	女	42.67	42.93	44.52
	男	57.33	57.07	55.48
年龄	15~20岁	2.79	2.46	2.33
	21~30岁	24.54	23.37	21.96
	31~40岁	27.99	26.39	25.09
	41~50岁	30.92	30.98	31.60
	50岁以上	13.75	16.80	19.02

续表

	类别	2012 (N=4401)	2014 (N=6191)	2016 (N=5278)
行业	农、林、牧、渔业	2.82	1.83	1.87
	采掘业	1.52	1.57	1.54
	制造业	27.52	23.32	24.38
	电力、煤气及水的生产和供给业	0.57	3.81	3.10
	建筑业	11.04	8.35	8.15
	地质勘查业、水利管理业	0.23	0.50	0.44
	交通运输、仓储及邮电通信业	10.68	6.30	7.40
	批发和零售贸易、餐饮业	9.18	9.32	9.46
	金融保险业	2.52	2.71	3.35
	房地产业	0.41	1.15	1.10
	社会服务业	3.04	9.92	11.79
	卫生、体育和社会福利业	10.45	4.30	5.03
	教育、文化艺术和广播电影电视业	7.61	7.77	7.34
	科学研究和综合技术服务业	1.48	1.03	1.04
	国家机关、党政机关和社会团体	7.84	6.77	7.00
	其他行业	3.09	11.36	7.00
单位	党、政、军机关	4.68	5.35	4.91
	事业单位	15.20	16.10	15.54
	公有企业	17.93	13.02	12.16
	私有企业	62.19	65.53	67.39
户籍	农业户口	52.81	51.37	52.98
	非农户口	47.19	48.63	47.02
城市	一线城市	11.82	13.13	12.30
	二线城市	31.17	32.34	29.10
	三线城市	24.72	21.27	24.61
	四线城市	18.04	18.98	16.77
	五线城市	14.25	14.28	17.22

从统计结果来看，2012年、2014年和2016年三轮调查的劳动力样本构成非常接近，不存在显著差异，故以下基于CLDS2016数据对样本构成进行描述。

从教育程度来看，具有大学以上学历的受访者约占31.25%，具有高中学历的受访者约占23.24%，具有初中学历的受访者约占31.14%，小学及以下学历的受访者约占14.37%。从性别来看，男性约占55.48%，略多于女性。

从年龄来看，2016年以21~50岁的青壮年劳动力为主（78.65%），但与往年相比，呈现下降趋势，略低于2014年（80.74%）和2012年（83.45%）。反过来，50岁以上劳动者的比例呈现上升趋势，2012年约占13.75%，2014年约占16.8%，2016年约占19.02%。这表明我国雇员阶层劳动力供给受到人口老龄化的影响。

从行业分布来看，制造业约占样本的24.38%，占比最多；社会服务业劳动者占11.79%，居第二位。从单位类型来看，67.39%的劳动者分布在私有企业中，比2014年高1.86个百分点，比2012年高5.2个百分点。

从户籍来看，52.98%的劳动者为农业户口，与2014年（51.37%）、2012年（52.81%）十分接近。从所在城市等级来看，2016年样本中，一线城市劳动者占比为12.3%，二线城市劳动者占比为29.1%，三线城市占比为24.61%，四线城市劳动者占16.77%，五线城市劳动者占17.22%。

（二）中国雇员阶层劳动者权益指数情况

图3-1显示了中国雇员阶层劳动者权益指数三轮调查的全国平均情况。2016年，劳动者权益指数全国平均值约为61.33。表明我国雇员阶层劳动权益保障尚可，基本合格。从发展趋势来看，从2012年以来，中国雇员阶层劳动者权益指数稳定在60分左右，但存在小幅波动。相对于2012年（61.16），2014年（59.58）劳动者权益指数略有下降，但2016年（61.33）有所回升并

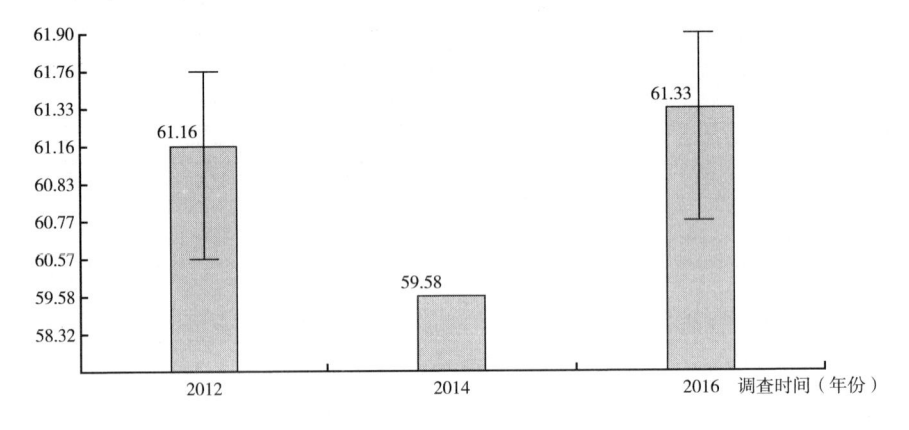

图3-1 中国雇员阶层劳动者权益指数（2012~2016年）

超过2012年的水平。这表明,就全国而言,我国雇员阶层劳动者权益状况基本合格且相对稳定,但劳动权益保障水平整体偏低。因此,我国应当继续高度重视和做好雇员阶层的劳动权益保障工作,提升中国雇员阶层的劳动者权益保障水平。

(三)劳动者权益指数各指标情况

如前文所述,劳动者权益指数由劳动时间、劳动报酬、劳动合同、环境安全、劳资纠纷、工会组织、社会保障、劳动健康、劳动自主、体面劳动等十个指标构成。图3-2所示的是劳动者权益指数单项指标得分情况,为了便于比较,每个指标的得分都乘以了100。

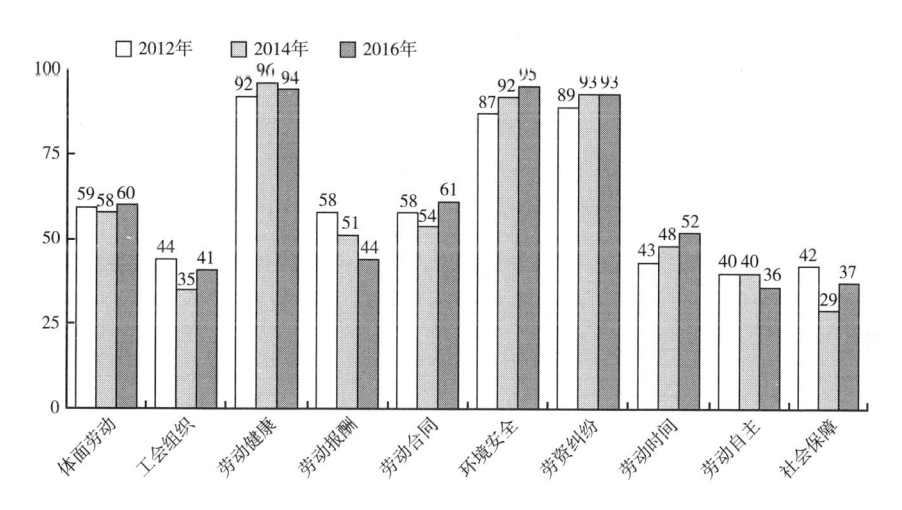

图3-2 中国雇员阶层劳动者权益指数单项得分(2012~2016年)

关于体面劳动,2016年体面劳动指数为60,相较于2012年(59)和2014年(58)略有上升,但仍然偏低。这表明,我国雇员阶层的体面劳动方面状况欠佳,上升趋势不明显。

关于工会组织权益,2016年工会组织指数为41,相较于2014年(35)有所上升,但仍低于2012年(44)。这表明,我国工会组织对雇员劳动者的覆盖率持续偏低,下降趋势明显。

关于劳动健康权益,2016年劳动健康指数为94,相较于2012年(92),

劳动健康指数有所上升。这表明，我国雇员劳动者阶层的劳动健康权益保障很好，且呈明显上升趋势。

关于劳动报酬权益，2016年劳动报酬指数为44，整体偏低。从发展趋势来看，劳动报酬权益指数下降趋势十分明显，2016年相对于2014年下降7分，相对于2012年下降14分。出现如此大幅度的下降，可以从该指标的测量过程得到一定解释。劳动报酬权益以当地最低工资标准为基础，而2012年以来，大部分地级市最低工资标准上涨幅度远高于当地职工平均工资的上涨幅度，因此在一定程度上拉低了劳动报酬指数。如广州市2012年最低工资标准为1300元，2014年为1550元，相对于2012年增长19.23%；2016年为1895，相对于2014年增长22.26%。而与此同时，广州市职工月平均工资2012年为5313元，2014年为6187元，相对于2012年，增长率为16.45%；2016年为6952，相对于2014年增长率为12.36%。因此，工资的增长幅度大大低于最低工资标准的增长幅度，可以在一定程度上解释劳动报酬权益指数的大幅度下降。

关于劳动合同，2016年权益指数为61，相较于2012年（58）和2014年（54）有所上升，基本合格，但仍然偏低。这表明，我国雇员阶层的劳动合同签订率偏低，劳动合同权益保障状况欠佳，但存在向好趋势。

关于环境安全，2016年权益指数为95，为各项权益中得分最高的。从发展趋势来看，环境安全指数持续上升，2012年为87，2014年为92。这表明，我国雇员阶层的环境安全权益保护状况较好，且上升趋势十分明显。

关于劳资纠纷，2016年权益指数为93，得分较高。从发展趋势来看，与2014年一样，相较于2012年（89）略有上升。这表明，我国雇员阶层的劳资纠纷权益保护状况较好。

关于劳动时间，2016年权益指数为52，仍然偏低。从发展趋势来看，2012年权益指数为43，2014年权益指数为48，权益指数持续提升。这表明，我国雇员阶层的劳动时间权益指数偏低，但呈持续上升趋势。

关于劳动自主，2016年权益指数为36，相较于2012年（40）和2014年（40）有所降低。这表明，我国雇员阶层的劳动自主权益保障水平仍然偏低，且存在下降的趋势。

关于社会保障，2016年权益指数为37，为各项权益保护中得分最低的。

从发展趋势来看，2012年为42，2014年为29，2016年有所上升，但仍然偏低。这表明，我国雇员阶层的社会保障权益保障水平很低，且上升趋势不明显。社会保障程度相对很低，可能是由于本研究分析的雇员阶层包括农村地区的雇员。农村地区的雇员多就职于非正式企业，因此，其工会、劳动合同、社会保障等情况相对比较差。笔者在此仅对社会保障进行城乡分析，力图找到社会保障权益指数很低的一种解释。图3-3所示的是分城乡地区社会保障权益指数的得分情况。数据显示，社会保障水平城乡差异大。2016年，全国城镇雇员社会保障权益得分的37.47分，农村雇员得分仅为33.49分。从发展趋势的角度看，农村雇员的社会保障水平存在明显的上升趋势，而城镇雇员的社会保障水平呈现下降趋势。因此，尽管社会保障水平的城乡差异在一定程度上解释了社会保障水平偏低的现象，但是社会保障水平整体仍然偏低。

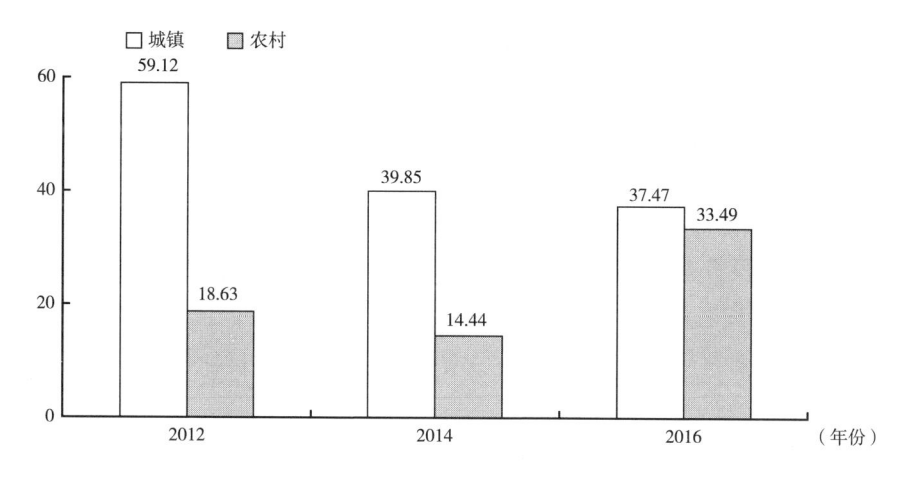

图3-3 中国雇员阶层社会保障权益的城乡差异（2012~2016年）

综上所述，我国雇员阶层劳动者权益整体达到"合格"水平，比较平稳，上升趋势不明显。具体到劳动者权益的各个方面，劳动健康、环境安全、劳资纠纷等方面的权益保障相对很好；劳动报酬、体面劳动、劳动自主、劳动合同、劳动时间、社会保障、工会组织等方面的权益保障较差，尤其是劳动报酬、社会保障、工会组织、劳动自主存在下降趋势，故需要高度重视和大力加强这些方面权益的保障。

三 劳动者权益指数的群体差异及变动趋势

劳动者权益是劳动者基本权益，是劳资关系的核心问题。劳动者权益的保障深受国家与社会（宏观）、企业（中观）和个人（微观）三方面的综合影响（万向东、刘林平、张永宏等，2006）。本节将重点分析不同地区、不同企业以及不同群体之间劳动者权益指数的差异。

（一）劳动者权益指数的地区差异

在国内劳动者权益的现有研究中，地区差异是一个尚未得到应有重视的议题，且主要集中在农民工劳动者权益的地区比较，罕有研究探讨全国的总体情况或者劳动者阶层全体的情况。关于劳动者权益的地区差异，部分研究者进行过深入研究，并得到了一些重要发现。如：万向东、刘林平、张永宏等（2006）根据对珠江三角洲和长江三角洲外来工1000多份的问卷调查资料，从工资、福利、权益保障、人身安全以及外部环境等方面，比较分析了两地外来工的基本状况。该文章的基本结论是：珠三角外来工人的状况远不如长三角，并且差异显著。究其原因，除了两地工人的人力资本差异之外，由企业结构等因素造成的制度性差异可能更为重要。珠三角企业处理劳资关系的基本模式是"市场型"，而长三角则是"人情型"和"法治型"。这是两地基本的制度安排和制度差异。本节从地区、城乡①、城市发展水平三个维度比较劳动者权益的地区差异。

1. 地区差异

我国幅员辽阔，自然、经济、社会存在较大的区域差异。大陆区域整体上可划分为东部、中部和西部三大经济地区（地带）。CLDS调查采用东、中、西分层抽样设计，对东、中、西部具有独立代表性。与传统的三大经济区域划分略有不同，在CLDS调查中，东部地区包括北京、天津、辽宁、上海、江苏、浙江、福建、山东、广东等9个省级行政区；中部地

---

① 根据样本所在调查地区所属行政单位进行划分，包括村委会和居委会。

区包括黑龙江、河南、河北、四川、湖南、吉林、山西、安徽、江西、湖北、广西、重庆等12个省级行政区；西部地区包括内蒙古、甘肃、青海、宁夏、新疆、贵州、云南、陕西等8个省级行政区。图3-4所示的是中国雇员阶层劳动者权益的地区差异及其变动趋势。分地区来看，中国雇员阶层劳动者权益指数呈由东向西递增的分布趋势。具体而言，2016年，西部地区的雇员阶层劳动者权益指数约为64.14，居第一；中部地区约为61.14，居第二；东部地区约为60.6，居第三。从发展趋势来看，劳动者权益指数一直呈现由东向西递增的分布格局；但是各地区的发展趋势略有差别，东部呈上升趋势，中部整体呈下降趋势，西部先降后升；地区之间的差异发生了一定变化，东、中部的差异在缩小，中、西部的差异在扩大。

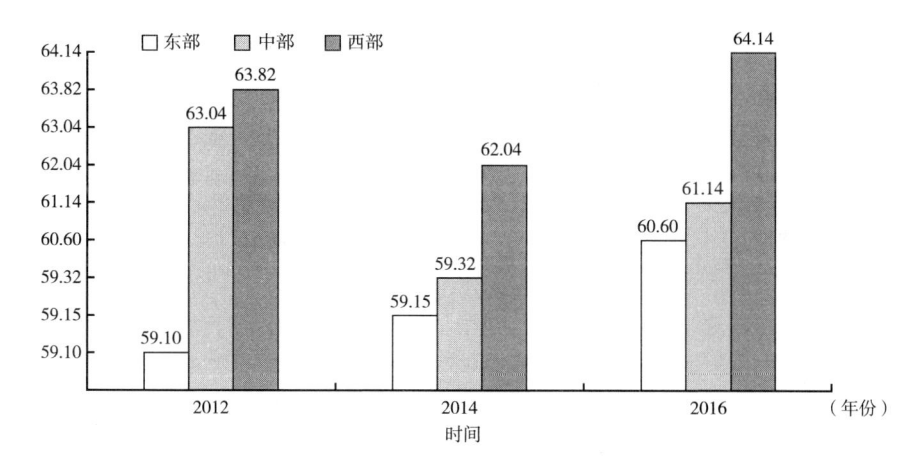

图3-4 中国雇员劳动权益的区域差异（2012~2016年）

2. 城市差异

我国社会分层体系的重大特征是城市分层，经济发展、工作机会、发展机遇、制度供给和社会资源等，都受城市地位的制约。根据我国当前通俗的城市等级划分，可将城市划分为一线、二线、三线、四线和五线城市来探究劳动者权益指数的城市差异。截至2016年，综合经济、政治、社会等多方因素，我国的城市大致可以划分为六个等级。一线城市包括北、上、广、深、天津等5个城市；二线城市包括杭州、南京、济南、重庆、厦门、成都、武汉等城市；

三线城市包括乌鲁木齐、贵阳、海口、兰州、银川、西宁、呼和浩特、泉州、包头、南通等城市；四线城市包括株洲、枣庄、许昌、通辽、湖州、新乡、咸阳、松原等城市；五线城市包括拉萨、克拉玛依、库尔勒等；其他县级市和经济强县、城市规模大县为六线城市（详见表3-4所示）。这里将五线城市和六线城市合并为五线城市进行分析。

表3-4 中国城市等级划分

城市等级	城市
一线城市	北京、上海、广州、深圳、天津
二线城市	杭州、南京、济南、重庆、青岛、大连、宁波、厦门、成都、武汉、哈尔滨、沈阳、西安、长春、长沙、福州、郑州、石家庄、苏州、佛山、东莞、无锡、烟台、太原、合肥、南昌、南宁、昆明、温州、淄博、唐山
三线城市	乌鲁木齐、贵阳、海口、兰州、银川、西宁、呼和浩特、泉州、包头、南通、大庆、徐州、潍坊、常州、鄂尔多斯、绍兴、济宁、盐城、邯郸、临沂、洛阳、东营、扬州、台州、嘉兴、沧州、榆林、泰州、镇江、昆山、江阴、张家港、义乌、金华、保定、吉林、鞍山、泰安、宜昌、襄阳、中山、惠州、南阳、威海、德州、岳阳、聊城、常德、漳州、滨州、茂名、淮安、江门、芜湖、湛江、廊坊、菏泽、柳州、宝鸡、珠海、绵阳
四线城市	株洲、枣庄、许昌、通辽、湖州、新乡、咸阳、松原、连云港、安阳、周口、焦作、赤峰、邢台、郴州、宿迁、赣州、平顶山、桂林、肇庆、曲靖、九江、商丘、汕头、信阳、驻马店、营口、揭阳、龙岩、安庆、日照、遵义、三明、呼伦贝尔、长治、湘潭、德阳、南充、乐山、达州、盘锦、延安、上饶、锦州、宜春、宜宾、张家口、马鞍山、吕梁、抚顺、临汾、渭南、开封、莆田、荆州、黄冈、四平、承德、齐齐哈尔、三门峡、秦皇岛、本溪、玉林、孝感、牡丹江、荆门、宁德、运城、绥化、永州、怀化、黄石、泸州、清远、邵阳、衡水、益阳、丹东、铁岭、晋城、朔州、吉安、娄底、玉溪、辽阳、南平、濮阳、晋中、资阳、都江堰、攀枝花、衢州、内江、滁州、阜阳、十堰、大同、朝阳、六安、宿州、通化、蚌埠、韶关、丽水、自贡、阳江、毕节
五线城市	拉萨、克拉玛依、库尔勒、昌吉、哈密、伊宁、喀什、阿克苏、石河子、晋江、增城、诸暨、丹阳、玉环、常熟、崇明、余姚、奉化、海宁、浏阳市、大理、丽江、普洱、保山、昭通、西昌、雅安、广安、广元、巴中、遂宁、天水、酒泉、嘉峪关、武威、张掖、石嘴山、吴忠、北海、百色、虎门镇、长安镇、鳌江-龙港镇
六线城市	除以上之外的所有县级市和经济强县、城市规模大县

从图3-5可见，在2016年，一线城市的劳动者权益指数约为66，二线城市约为63，三线城市为60，四线城市为58，五线城市为61，这表明劳动者权益在城市之间存在较大差异，整体上与城市等级正相关，城市等级

越高，劳动者权益保障越好。从发展趋势来看，不同等级城市间存在差异。具体而言，2012年以来，一线和三线城市劳动者权益指数逐年增加，上升趋势明显；二线、四线、五线城市劳动者权益指数先降后升，整体上呈微弱的下降趋势。

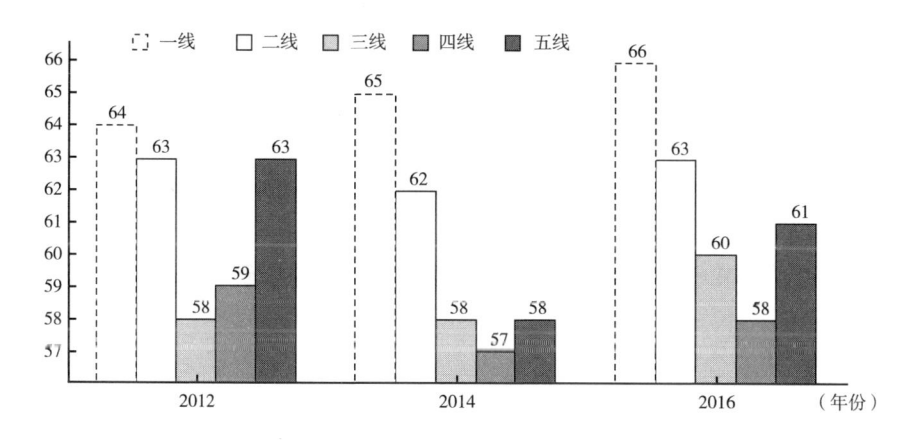

图3-5 中国雇员劳动权益的城市差异（2012~2016年）

3.城乡差异

众所周知，我国是一个城乡分割的二元社会，城乡之间社会、经济、文化都存在显著差异。在本章中，以社区是村委会还是居委会作为城乡划分的标准。图3-6所示的是中国雇员阶层劳动者权益的城乡差异情况。如图所示，2016年，城镇地区劳动者权益指数为61.87，农村地区劳动者权益指数为59.23，前者比后者高2.64分；2014年，城镇地区劳动者权益指数为63.95，农村地区劳动者权益指数为53.91，前者比后者高10.04分；2012年，城镇地区劳动者权益指数为67.01，农村地区劳动者权益指数为53.01，前者比后者高14分。这表明我国当前的劳动者权益状况存在城乡差异，城市好于农村；城镇和农村呈现不同的发展趋势，农村地区呈上升趋势，已接近合格，城镇地区呈下降趋势；中国劳动者权益保护状况的城乡差异不断缩小。

（二）不同企业的劳动者权益指数

众多关于农民工劳动者权益的研究表明，企业特征会影响劳动者权益。已有研究多集中探讨就业的行业、单位的所有制性质（谢勇，2008；聂伟，

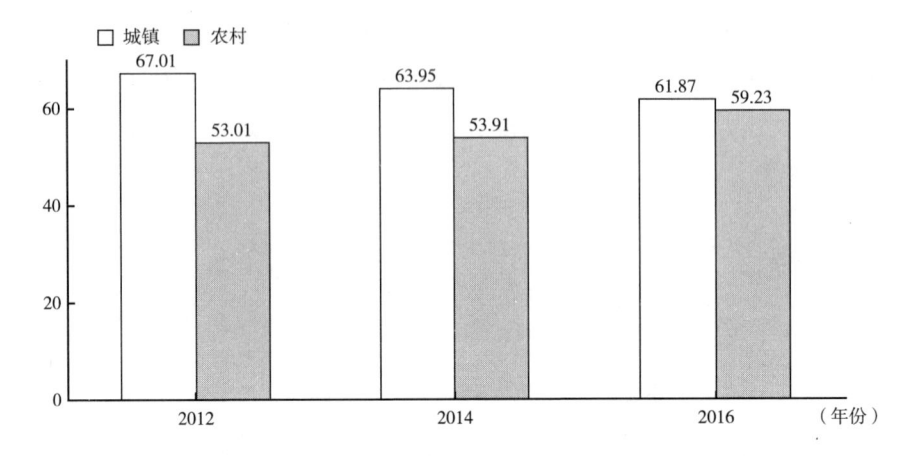

图3-6 中国雇员劳动权益的城乡差异（2012~2016年）

2011；刘林平、雍昕、舒玢玢等，2011）、工会建设（孙中伟、贺霞旭，2012）等方面对劳动者权益的影响。基于此，本研究将从产业特征、单位类型两个方面来看中国雇员阶层劳动者权益的群体差异。

1. 产业差异

图3-7所示的是三大产业①雇员阶层的劳动者权益指数情况。具体而言，2016年，第一产业雇员阶层的劳动者权益指数约为57.03，第二产业雇员阶层的劳动者权益指数约为58.41，第三产业雇员阶层劳动者权益指数约为64.06。这表明当前我国劳动者权益指数存在产业差异，即第三产业最好，第二产业居中，第一产业相对最差。从发展趋势来看，2012年以来，第一产业劳动者权益指数得分逐年降低，下降趋势明显；第二产业劳动者权益指数得分逐年升高，上升趋势明显；第三产业劳动者权益指数先降后升，呈波动下降趋势。从产业差异的变动趋势来看，第三产业劳动权益指数一直排在第一位；第二产业的劳动者权益指数逐年升高，在2016年超过第一产业，位居第二位。

2. 单位类型差异

图3-8所示的是不同单位类型的劳动者权益指数。2016年，党政机关单位劳动者权益指数为78.01，事业单位为77.16，公有企业②为67.32，私有企

---

① 第一产业为农业，第二产业为工业，第三产业为服务业。
② 公有企业包括国有企业和集体企业。

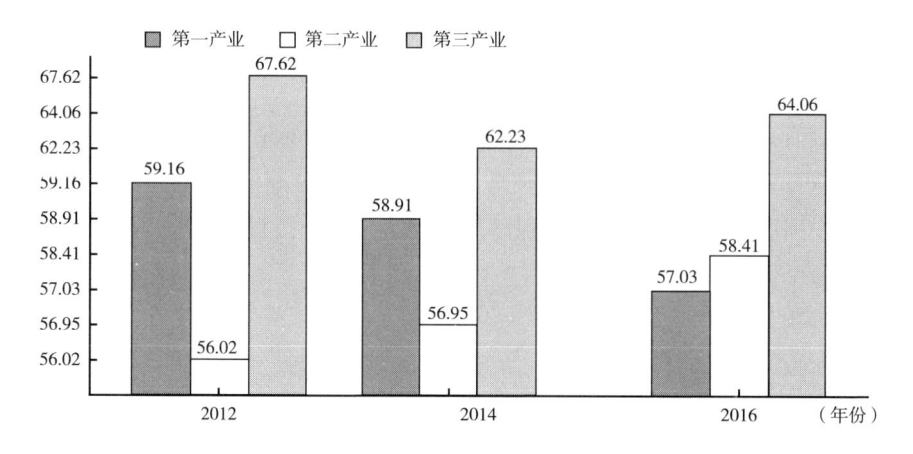

图 3-7 中国雇员劳动权益的产业差异（2012~2016 年）

业为 55.34。这表明我国劳动者权益存在较大的单位差异，党政机关单位最好，事业单位次之，公有企业第三，私有企业最差。从发展趋势来看，党政机关和事业单位雇员阶层的劳动者权益指数呈下降趋势，但仍是劳动者权益指数最高的单位类型；公有企业的劳动者权益指数先下降后又回升，存在波动；私有企业劳动者权益指数呈持续上升趋势，但是截至 2016 年，劳动权益指数仍然很低。这表明，我国私营企业的劳动者权益保障状况越来越好，但形势依然不容乐观。

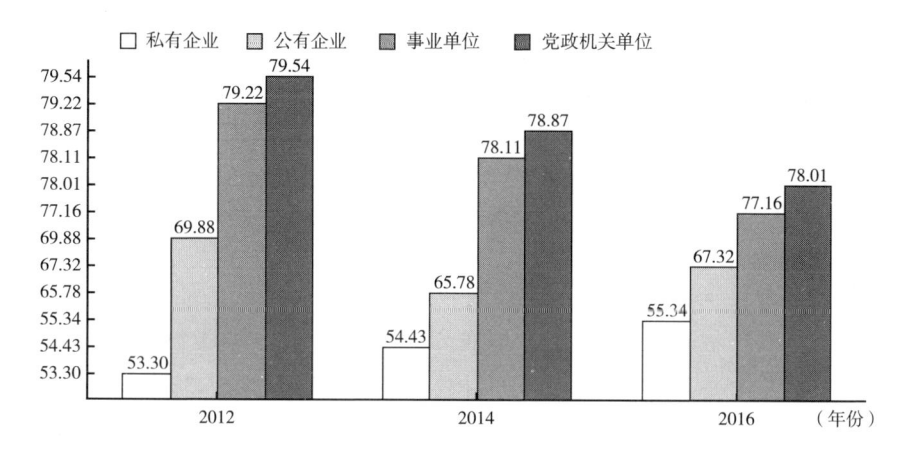

图 3-8 中国雇员劳动权益的单位差异（2012~2016 年）

（三）劳动者权益指数的人口学特征差异

已有研究指出个体特征影响劳动者权益保护，如性别（罗忠勇，2010）、年龄、教育程度、户籍差异（刘林平、雍昕、舒玢玢等，2011）。本章集中探讨当前中国雇员阶层劳动者权益保障的性别、年龄、教育程度、户籍、人口流动情况等个体特征方面的差异。

1. 性别差异

图3-9所示的是不同性别劳动者的权益指数情况。2016年，男性劳动者权益指数为62分，女性指数为61分，前者比后者高1分。这表明，当前我国劳动者权益指数男性略高于女性，但并不存在明显的性别差异。从发展趋势看，男性劳动者权益指数呈现上升趋势，女性劳动者权益指数呈现下降趋势，但趋势并不明显；劳动者权益指数的性别差异经历了由"男低女高"向"男高女低"的转变。

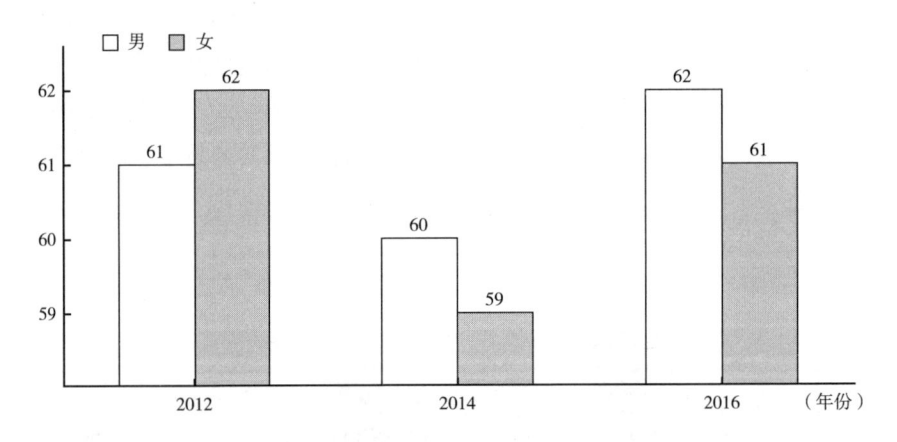

图3-9 中国雇员劳动权益的性别差异（2012~2016年）

2. 年龄差异

图3-10所示的是不同年龄中国雇员阶层劳动者的权益指数情况。数据显示，2016年，15~20岁年龄组劳动者权益指数为52分，21~30岁年龄组指数为63分，31~40岁年龄组指数为63分，41~50岁年龄组指数为61分，51~64岁年龄组指数为60分。这表明，劳动者权益存在年龄差异，与年龄呈倒U形相关关系，中年劳动力权益保障最好。值得一提的是，15~20岁年龄段劳

动力劳动权益保障状况较差，因此这个年龄段劳动力的权益保障有待加强。从发展趋势来看，2012年以来，15~20岁、21~30岁和31~40岁等年龄段的劳动者权益指数整体上呈上升趋势；41~50岁和51~64岁等年龄段劳动者权益指数呈下降趋势。综上，我国劳动权益存在年龄差异，低年龄段劳动者权益状况较差；各年龄段劳动者权益保障状况发展趋势存在一定差异，低年龄段呈现上升趋势，高年龄段劳动力则呈下降趋势。

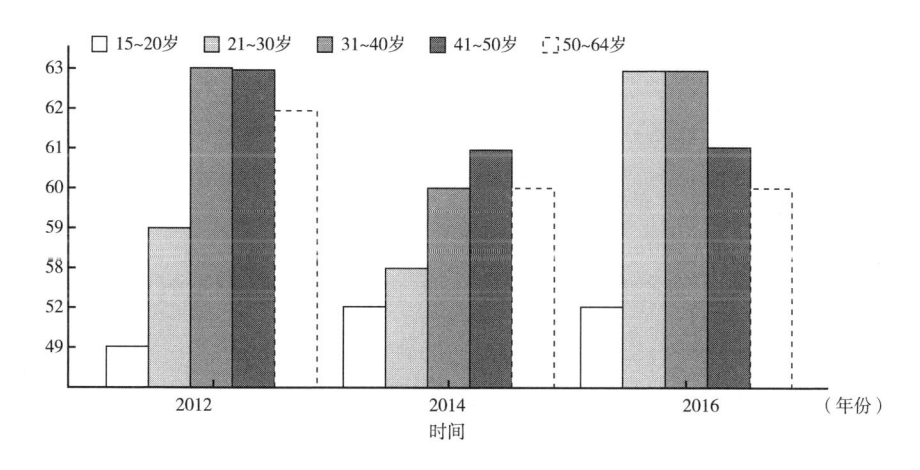

图3-10 中国雇员劳动权益的年龄差异（2012~2016年）

3. 教育程度差异

图3-11所示的是中国雇员阶层不同教育程度劳动者的权益指数情况。数据显示，2016年，小学及以下学历雇员的劳动者权益指数为49分，初中学历劳动者指数为55分，高中学历劳动者指数为63分，大学及以上学历劳动者指数为72分。这表明，劳动者权益存在较大的学历差异，学历越高，劳动者权益保障状况越好。整体而言，低学历劳动者劳动权益指数低于60，高学历劳动者劳动权益指数高于60。从发展趋势来看，2012年以来，小学及以下学历劳动者的权益指数始终处于较低水平，且有下降趋势；初中学历劳动者权益指数比较稳定；高中和大学文化的劳动者权益指数较高，但总体呈现下降趋势。

4. 户籍差异

图3-12所示的是不同户籍中国雇员阶层劳动者的权益指数情况。数据显示，2016年，农业户籍劳动者的权益指数为54分，非农业户籍者劳动者的权

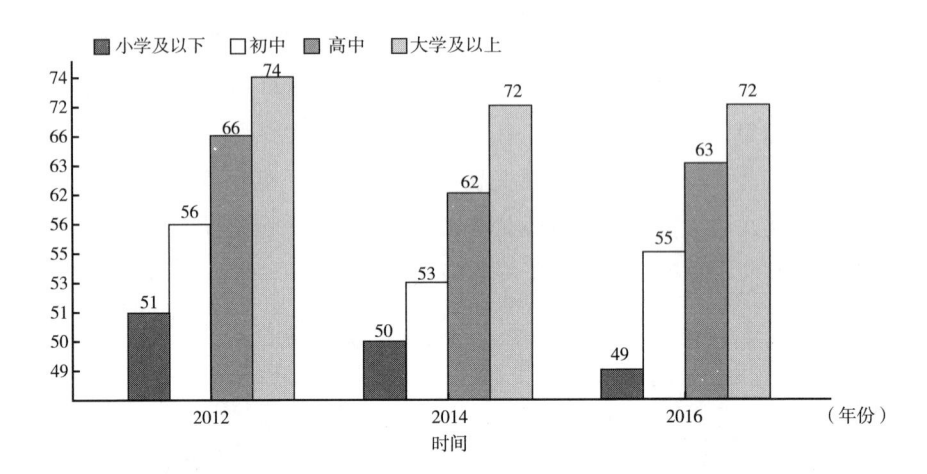

图 3-11 中国雇员劳动权益的文化差异（2012~2016 年）

益指数为 69 分，后者比前者高 15 分。这表明中国雇员阶层的劳动者权益保障情况存在较大的户籍差异，非农户籍劳动者权益保障水平更高。从发展趋势来看，2012 年以来，农业户籍劳动者的权益指数略有上升；非农户籍劳动者的权益指数略有下降，这表明劳动者权益保障的发展趋势存在差异，农业户籍劳动者的权益保障得到加强。从户籍差异的大小变动趋势来看，2012 年，非农户籍比农业户籍指数高 18 分，2014 年非农户籍比农业户籍指数高 13 分，2016 年非农户籍比农业户籍指数高 15 分，这表明户籍差距呈缩小趋势。综上所述，我国雇员阶层劳动者权益指数存在较大的户籍差异，非农户籍劳动者权益保障状况更好。但是，这种户籍差异呈缩小的趋势。

5. 人口流动差异

图 3-13 所示的是不同人口流动情况劳动者的权益指数情况。数据显示，2016 年，在中国劳动力市场中，本地农民劳动者的权益保障状况相对最差，权益指数约为 53；乡-城移民①劳动者权益保障较差，权益指数约为 57；城-

---

① 在本章中，根据城镇劳动者的户籍与户籍所在地，将劳动力分为"乡-城"移民、"城-城"移民、本地农民、本地市民四种类型。其中，乡-城移民指户籍为农业户籍，户口不在本县区的劳动力；城-城移民指户籍为非农户籍，户口不在本县区的劳动力；本地农民指户籍为农业户籍，户口在本县区的劳动力；本地市民指户籍为非农户籍，户口在本县区的劳动力。

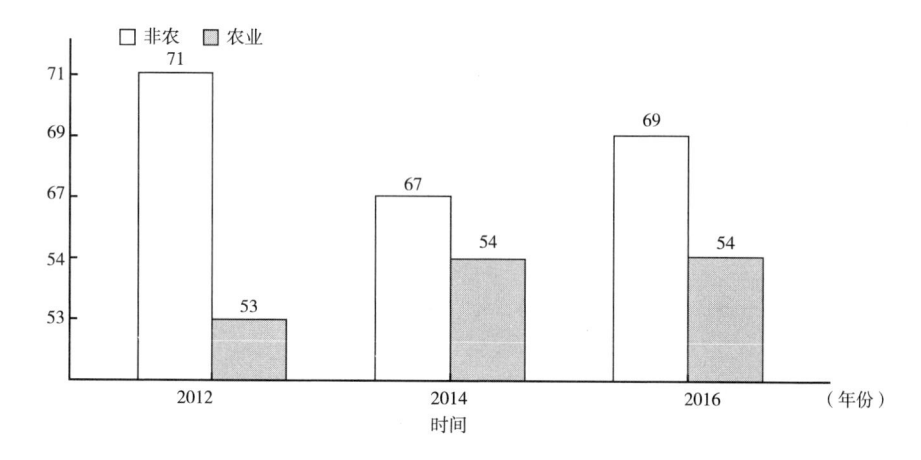

图3-12 中国雇员劳动权益的户籍差异 2012~2016

城移民劳动者权益保障最好，权益指数约为 70；本地市民劳动者权益次之，权益指数为 69。分移民和非移民看，非农户籍劳动者权益保障状况明显优于农业户籍劳动者；分户籍来看，移民与非移民的权益指数十分接近。这表明在我国城市劳动力市场中，劳动者权益保护存在明显的"户籍分割"，但并不存在明显的"内外有别"。[①] 从发展趋势来看，城-城移民和乡-城移民的权益保障都呈现明显的上升趋势；本地市民和本地农民的劳动者权益保障比较稳定，其中本地农民的权益指数稳中有升，而本地市民的权益指数稳中有降。这表明，随着近年来国家加大对流动人口劳动权益的保障，流动人口的劳动权益水平有所提高。值得注意的是，本地农村户籍劳动者尽管不会被划分为流动人口，但是他们的劳动权益保障状况远远低于本地市民，与外来农业户籍劳动力并无明显差异，其劳动权益保障水平长期处于较低水平且无改善趋势。这一现象的产生很可能是由于多年来各界主要强调保护流动人口的权益，而对本地农村劳动力的权益保障存在一定程度的忽视。基于我国雇员阶层劳动者权益保障存在"户籍差异"，而"内外有别"相对不明显，在进行相关研究和政策制定的时候，应当重视户籍差异，同时考虑外来农民工和本地农民工的权益保障。

---

① 在本章中，"户籍分割"是指由于户籍身份差异（农业与非农）而形成的劳动力市场中城乡户籍分割现象；内外有别是指相对于本地户籍人口而言的外来人，与本地户籍人口所形成"内外有别"现象。

与此同时，2016年本地市民劳动者权益指数比本地农民约高16分，城-城移民劳动者权益指数比乡-城移民约高13分。这表明，劳动者权益的"户籍分割"并没有因为劳动力的空间流动而消失，而是被"移植"到了流入地的城市社会中（详见图3-13）。从发展趋势而言，这一现象始终存在。

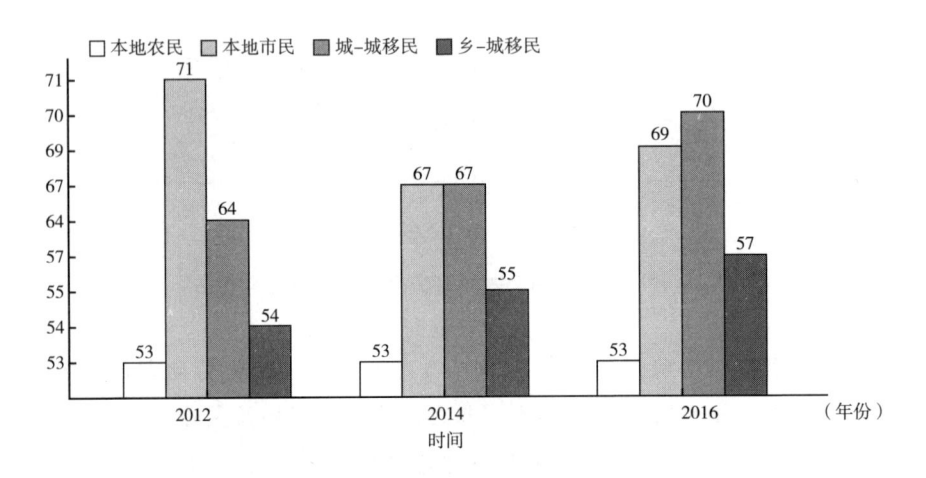

图3-13 人口流动与中国雇员劳动权益（2012~2016年）

综上所述，我国当前劳动者权益保障状况存在明显的"户籍分割"，农村户籍劳动者劳动权益保障水平明显低于非农户籍劳动者；人口流动难以改变这种分割现状，流动人口中也存在明显的"户籍分割"现象。

（四）劳动者权益指数获得模型

为了进一步研究中国雇员阶层劳动者权益保障水平的影响因素，笔者以劳动者权益指数为因变量，以地区变量、职业变量和人口学变量为自变量，构建了线性回归模型进行实证分析，并且对回归分析模型均进行了加权处理。表3-5为回归分析结果，笔者共建构了3个嵌套模型，模型1只放入了人口学变量，模型2在模型1的基础上加入了职业变量，模型3在模型2的基础上加入了地区变量。

从教育程度来看，在模型3中，在控制了其他因素后，初中学历劳动者的权益指数比小学学历劳动者高4.329分，且这种差异非常显著（$p<0.001$）；高中学历劳动者的权益指数比小学学历劳动者高8.540分，且这种差异非常显

著（p<0.001）；大学学历劳动者的权益指数比小学学历劳动者高 13.819 分，且这种差异非常显著（p<0.001）。这表明，教育程度对劳动者权益保障存在十分显著的正向影响，教育程度越高，劳动者权益保障越好。也即，劳动者的人力资本越高，其权益保障越好。

从性别来看，在模型 3 中，在控制了其他因素后，男性劳动者的权益指数比女性劳动者低 0.264 分，但这种差异并不显著。这表明，劳动者权益保障水平并不存在显著的性别差异。

从年龄来看，在模型 3 中，在控制了其他因素后，年龄的回归系数为 0.373，且十分显著（p<0.01）；年龄平方的回归系数为 -0.004，且显著（p<0.05）。这表明年龄显著影响劳动者的权益获得，年龄与劳动权益指数呈倒 U 形关系，抛物线的顶点约为 47 岁。在 47 岁以前，劳动者权益指数随着年龄的增大而上升，在 47 岁（拐点）以后，劳动者权益指数随着年龄的增大而降低，47 岁左右的劳动者劳动权益指数最高。

从户籍与人口流动来看，在模型 3 中，控制了其他因素后，非农户籍与权益指数显著（p<0.001）正相关；移民与权益指数正相关，且显著（p<0.05）。户籍与移民的交互项为负，但是影响不显著。这表明，在控制了其他因素后，当前我国雇员劳动者的劳动权益保障存在显著的"户籍分割"，"内外有别"则相对不明显。

从产业来看，在模型 3 中，控制了其他因素后，从事工业的劳动者的权益指数比从事农业的劳动者高 0.541 分，但不显著；从事服务业的劳动者的权益指数比从事农业的劳动者高 0.327 分，但不显著。这表明，在控制了其他因素后，劳动者权益保障水平并不存在显著的产业差异。

从单位类型来看，在模型 3 中，控制了其他因素后，事业单位劳动者和党政机关劳动者的劳动权益指数并不存在显著差异；公有企业劳动者的权益指数比党政机关劳动者低 7.712 分，且这种差异非常显著（p<0.001）；私有企业劳动者的权益指数比党政机关劳动者低 15.671 分，且这种差异非常显著（p<0.001）。这表明，劳动者权益保障水平存在显著的单位差异，党政机关、事业单位的劳动者权益保障显著优于企业，体制内单位劳动者权益保障显著优于体制外劳动者。尤为重要的是，私有企业单位劳动者权益保障水平最低。

从城市来看，在模型3中，控制了其他因素后，二线城市劳动者的权益指数比一线城市劳动者低2.361分，且非常显著（p＜0.001）；三线城市劳动者的权益指数比一线城市劳动者低2.347分，且非常显著（p＜0.001）；四线城市劳动者的权益指数比一线城市劳动者低4.126分，且非常显著（p＜0.001）；五线城市劳动者的权益指数比一线城市劳动者低4.091分，且非常显著（p＜0.001）。这表明，我国劳动者权益保护情况与城市发展程度显著相关，城市发展等级越高，劳动者权益保障水平越高。

从地区来看，在模型3中，控制了其他因素后，中部地区劳动者的权益指数比东部地区劳动者低1.595分，且非常显著（p＜0.01）；西部地区劳动者的权益指数比东部地区劳动者低0.874分，但是不显著。这表明，劳动者权益保障水平存在显著的地区差异。与前文单纯地比较东中西的均值不同，在控制了其他因素后，我国劳动者权益指数呈"东西高，中部低"的分布特点。

表3-5　劳动者权益指数获得模型

	模型1	模型2	模型3
教育程度(参照:小学及以下)			
初中	5.074 *** (0.733)	4.418 *** (0.654)	4.329 *** (0.644)
高中	10.738 *** (0.871)	8.884 *** (0.774)	8.540 *** (0.769)
大学	18.446 *** (0.888)	14.306 *** (0.820)	13.819 *** (0.818)
男性(参照:女性)	0.508 (0.444)	－0.401 (0.401)	－0.264 (0.396)
年龄	0.566 *** (0.144)	0.335 * (0.130)	0.373 ** (0.129)
年龄平方	－0.005 ** (0.002)	－0.003 * (0.002)	－0.004 ** (0.002)
非农户口(参照:农业户口)	8.579 *** (0.613)	5.071 *** (0.547)	4.786 *** (0.543)
移民(参照:非移民)	3.007 *** (0.696)	3.195 *** (0.662)	1.534 * (0.710)

续表

	模型1	模型2	模型3
非农户口×移民	-2.684*	-1.641	-0.770
	(1.126)	(1.026)	(1.038)
产业(参照:农业)			
工业		1.095	0.541
		(1.531)	(1.539)
服务业		0.890	0.327
		(1.531)	(1.540)
单位类型(参照:党政机关)			
事业单位		-0.246	0.336
		(0.731)	(0.715)
公有企业		-7.932***	-7.712***
		(0.893)	(0.857)
私营企业		-15.514***	-15.671***
		(0.747)	(0.731)
城市等级(参照:一线城市)			
二线			-2.361***
			(0.640)
三线			-2.347***
			(0.712)
四线			-4.126***
			(0.789)
五线			-4.091***
			(0.837)
地区(参照:东部)			
中部			-1.595**
			(0.503)
西部			-0.874
			(0.596)
常数	33.647***	53.708***	57.446***
	(2.793)	(3.133)	(3.190)
N	5276	5276	5276
R^2	0.394	0.529	0.540

注:1.括号内数字为标准误差;
2. * $p<0.05$, ** $p<0.01$, *** $p<0.001$。

四 小结与讨论

改革开放以来，中国长期实行的低劳工标准导致劳动者权益保障缺失、劳资纠纷不断，长远来看不利于中国经济的转型升级和长远发展。劳动者权益保障是当前我国重要的研究议题，以往的研究较多关注我国的劳动关系变化，或从劳动政策执行的角度去剖析我国劳动者权益保障的情况，或从典型的劳动者权益案例出发，去剖析我国劳动者权益保障现状，也不乏从劳动者个体数据出发去分析劳动者权益保障状况的研究。但总的来看，国内劳动者权益保障综合研究尚不足，关于测量工具的研究尚属于空白，也缺乏一个简明易行、操作性强的指标体系对国内的权益保障状况做整体测量。

本研究基于中国劳动力动态调查数据，在现有国际通行的劳工标准和企业社会责任体系基础上，结合我国的相关法律、法规构建了一个包含10个权重均等指标的劳动者权益指数，指数全面囊括劳动者权益的四个方面：（1）雇佣关系中的权利，（2）集体权利，（3）社会保障权利，（4）发展型权益。

数据结果表明，我国雇员阶层劳动者权益保障整体达到"合格"水平，且比较稳定。具体到劳动者权益指数的各个方面，劳动健康、环境安全、劳资纠纷等方面权益保障相对很好；体面劳动、劳动报酬、劳动合同、劳动时间、社会保障、工会组织和劳动自主等方面权益保障较差，且不断恶化，需要大力加强这些方面权益的保障。

进一步分析发现，中国雇员阶层劳动者权益的保障受到地区特征、职业类型和个体特征的影响。在地区层面上，我国当前劳动者权益存在地区、城乡和城市差异。就地区而言，劳动权益指数呈现"东西高，中部低"的分布特点，且东部和西部呈上升趋势，中部呈下降趋势。就城乡而言，城镇地区优于农村，但这种城乡差异呈缩小趋势。就城市发展而言，城市发展越好，劳动者权益保障状况也相对更好，不同等级城市间的发展趋势存在差异。

在职业类型层面上，劳动者权益存在显著的单位差异。党政机关最好，事业单位次之，公有企业第三，私有企业最差。纵向看，我国私有企业的劳动者权益保障状况越来越好，但形势依然不容乐观。

在劳动者个体层面上，劳动者权益并不存在明显的性别差异，但存在明显的年龄、学历、户籍和人口流动差异。就学历而言，学历越高，劳动者权益保障状况越好；纵向来看，这种差异一直存在。就年龄而言，年龄与劳动者权益保障水平呈倒 U 形关系；纵向来看，低年龄段劳动力呈现上升趋势，高年龄段劳动力则呈下降趋势。就户籍和人口流动而言，劳动力市场中存在显著的"户籍分割"现象，"内外有别"则不明显。

参考文献

1. Botero, J. C. S. D., "The Regulation of Labor", *Quarterly Journal of Economics*, 2004.4 (119): p. 1339 – 1382.
2. 蔡禾、李超海、冯建华：《利益受损农民工的利益抗争行为研究——基于珠三角企业的调查》，《社会学研究》2009 年第 1 期。
3. 蔡禾：《从"底线型"利益到"增长型"利益——农民工利益诉求的转变与劳资关系秩序》，《开放时代》2010 年第 9 期。
4. 蔡禾：《劳动自评、自主性与劳动者的幸福感——基于 2012 年中国劳动力动态调查的分析》，《社会学评论》2014 年第 4 期。
5. 曹凤月：《企业道德责任论》，社会科学文献出版社，2006。
6. 常凯：《WTO、劳工标准与劳工权益保障》，《中国社会科学》2002 年第 1 期。
7. 常凯：《劳动关系·劳动者·劳权——当代中国的劳动问题》，中国劳动出版社，1995。
8. Caraway, T. L., "Labor Rights in East Asia: Progress or Regress?" *Journal of East Asian Studies*, 2009.9 (2): p. 153 – 186.
9. 陈静：《体面劳动视角下城镇非正规就业群体的劳动者权益保障研究》，西南财经大学博士学位论文，2014。
10. 程平源、潘毅、沈承、孔伟：《因在富士康——富士康准军事化工厂体制调查报告》，《青年研究》2011 年第 5 期。
11. 郭靖、周晓华、林国雯、方杰、张金桥、顾文静：《工作要求-控制模型在中国产业工人的应用：响应面分析与曲线关系》，《管理世界》2014 年第 11 期。
12. 李煜玘、郭春华：《我国农民工群体性事件成因的研究现状与前瞻》，《劳动保障世界》（理论版）2010 年第 9 期。
13. 刘林平、郑广怀、孙中伟：《劳动者权益与精神健康——基于对长三角和珠三角外来工的问卷调查》，《社会学研究》2011 年第 4 期。
14. 刘林平、雍昕、舒玢玢：《劳动者权益的地区差异——基于对珠三角和长三角地区外来工的问卷调查》,《中国社会科学》2011 年第 2 期。
15. 罗忠勇:《农民工劳动者权益的性别差异研究——基于珠三角 3000 多位农民工的调查》,《中国软科学》2010 年第 2 期。
16. Pierce, J. L. and D. G. Gardner, "Self-Esteem within the Work and Organizational Context: A Review of the Organization-Based Self-Esteem Literature", *Journal of Management*, 2004. 30 (5): p. 591 – 622.
17. 乔健:《略论我国劳动关系的转型及当前特征》,《中国劳动关系学院学报》2007 年第 2 期。
18. 聂伟:《农民工劳动者权益及其影响因素研究——基于珠三角地区农民工的调查》,《湖南农业大学学报》(社会科学版) 2011 年第 2 期。
19. 申剑敏、朱春奎:《社会转型与劳动政治变迁:评〈转型期的中国劳动问题与劳动政策〉》,《公共行政评论》2012 年第 2 期。
20. 沈原:《社会转型与工人阶级的再形成》,《社会学研究》2006 年第 2 期。
21. 孙中伟、贺霞旭:《工会建设与外来工劳动者权益保护——兼论一种"稻草人机制"》,《管理世界》2012 年第 12 期。
22. 佟新:《劳工政策和劳工研究的四种理论视角》,《云南民族大学学报》(哲学社会科学版) 2008 年第 5 期。
23. 万向东、刘林平、张永宏:《工资福利、权益保障与外部环境——珠三角与长三角外来工的比较研究》,《管理世界》2006 年第 6 期。
24. 吴忠民:《中国劳动政策问题分析》,《当代世界与社会主义》2009 年第 2 期。
25. 吴忠民:《中国现阶段劳动政策的主要特征》,《中国人民大学学报》2009 年第 4 期。
26. 吴清军、刘宇:《劳动关系市场化与劳工权益保护——中国劳动关系政策的发展路径与策略》,《中国人民大学学报》2013 年第 1 期。
27. 谢勇:《农民工劳动者权益影响因素的实证研究——以南京市为例》,《中国人口科学》2008 年第 4 期。
28. 夏小林:《私营部门:劳资关系及协调机制》,《管理世界》2004 年第 6 期。
29. 姚先国:《民营经济发展与劳资关系调整》,《浙江社会科学》2005 年第 2 期。
30. 姚洋、钟宁桦:《工会是否提高了工人的福利?——来自 12 个城市的证据》,《世界经济文汇》2008 年第 5 期。
31. 杨继东、杨其静:《工会、政治关联与工资决定——基于中国企业调查数据的分析》,《世界经济文汇》2013 年第 2 期。
32. 岳经纶:《转型期的中国劳动问题与劳动政策》,东方出版中心,2011,第 386 页。
33. 余晓敏:《经济全球化背景下的劳工运动:现象、问题与理论》,《社会学研究》2006 年第 3 期。

34. 张凯：《就业质量的概念内涵及其理论基础》，《社会发展研究》2015年第1期。
35. 张原：《从权益损害到集体行动——中国劳动者权益及维权行动的影响因素实证研究》，《贵州财经学院学报》2012年第4期。
36. 周春梅：《论国有企业改制中劳动关系的调适》，《江苏社会科学》2010年第6期。

第四章
工作价值观

王进　周怡

一　工作价值观概述

　　劳动力的工作价值观是个体如何看待工作、如何理解工作活动的意义、如何安排工作活动等问题的观念，是个体价值观的重要组成部分。Mills（1957）是最早关注工作价值观概念的学者之一，他在《白领工人》一书中提到，"无论劳动者自身是否知道，工作外还有很多延伸品，包括他赋予工作的意义以及其他人对此的观点"。随着职业分工体系、科层制的完善，人们开始意识到，在工作中所形成的主观经验是重要的价值观念，是劳动者对于所做工作的特征、工作的社会价值赋予意义的产物。也有学者认为工作价值观是个体在工作抉择上愿意考虑的工作类型和工作环境的偏好（Super，1970），是个体关于工作的原则、伦理、信念的认知，是一种直接影响行为的内在思想体系（Elizur，1984）。关于工作价值观的定义，学界并未形成统一的意见，工作价值观的内涵也随着工业发展、职业分化而越发丰富立体。总体上，各类概念都认可工作价值观是个体关于工作的态度、思想，能够影响个体的工作活动，也受工作本身的影响。

　　对工作价值观的分析是劳动力研究必不可少的一环。从个体层面来看，工作价值观反映了当前工作的性质、内容对劳动力态度和观念的塑造，是职业生涯对个体影响的一面镜子。在反映日常工作体验的同时，工作价值观也影响劳动力的求职与职业流动，进而影响他们的整个职业发展过程。比如，注重物质激励的人更倾向于选择薪酬福利高的工作而不那么关注工作的内容，注重自我实现的人则更可能选择匹配自己能力、兴趣的工作。个体劳动力的职业选择又会影响到组织的运作与发展。员工的工作态度与观念直接反映了他们对工作的需求与期待。通过了解员工的工作价值观，能够把握员工对当前工作的看法，了解他们对工作的满意程度及对未来工作、组织的期待，从而明确不同员工发展的道路及应采取的激励方式，及时调整组织发展战略和员工培养方法，促进组织高效运转。

正因员工的工作价值观与组织发展息息相关，组织管理是工作价值观研究比较活跃的主要领域之一，讨论的问题集中于工作价值观的定义及工作价值观的影响因素等方面，主要探求工作价值观与职业行为之间的联系，帮助组织更好地激励员工，提高绩效水平，提升经济效益。心理学上也积累了大量关于工作价值观的研究，主要关心的是如何更科学、更有效地测量工作价值观，侧重分析工作价值观的结构，大多采用量表进行测量、总结。

社会学对工作价值观的分析是价值观研究的子模块之一。不同于其他学科，社会学视角下的工作价值观更多是从群体角度进行分析的，关注的不是某个具体的员工如何思考他的工作，而是不同群体的工作价值观的特征及差异、社会工作价值观的变化及其中呈现的社会结构性特征等问题。工作价值观的趋势能够反映出家庭、经济、文化和社会结构的变迁（Katzell，1979），从而帮助理解职业的本质、社会化过程以及社会分化形式。社会学对于理解工作价值观存在结构、文化和心理三种不同的理论视角（Ashlock，2014）。在结构主义的理论视角下，工作价值观受客观社会地位、社会结构的制约，反映的是拥有不同社会机会与资源的人的观念差异，着重体现的是社会分层与社会分化。只有当机会与资源结构改变了，工作价值观才会变化。而从文化的角度去分析工作价值观，则认为价值观念源于社会角色，与社会组织制度、社会秩序紧密相关。这种解释不同于结构主义对客观条件的强调，而是关注客观条件与主观态度间的互动过程。从社会心理视角来理解工作价值观则相对微观，与心理学的解释有些类似，主要注重个人体验，认为工作价值观的形成源自个体的需求。当人们的需求被满足或是剥夺时，情感状态会发生变化，使工作价值观发生改变，个体所做出的行动就是价值观指导下对自我需求的满足。

无论是何种学科视角，工作价值观的结构特征都是许多学者关心、研究的重点。早期，Ginzberg等（1951）将工作价值观划分为三种类别，包括工作报酬、工作伙伴和工作活动。而影响最为深远的分类方法由 Super（1970）提出，他在 Herzberg（1966）"内在 - 外在"二分类价值观念的基础上，将工作价值观扩展为内在价值、外在价值和附带价值三个方面，并给出了一套由十五个因子组成的价值观问卷。外在价值主要是指与工作内容无关的价值，包括人际关系、工作安全感等（Kohn et al.，1983；Kalleberg，1977；Kalleberg and Loscocco，1983），内在价值是指工作者对于从工作过程中获得的东西重要程度的认识，包括是否有意义，是否具有挑战性，是否能够自我实现等，附带价值则是指工作的物质报酬。Rokeach 于1973年提出，工作价值观应该包含工具性价值和终极性价值两方面的内容，每一个类别下存在18种子类别。"工具性价值观指的是行为模式的偏好，而终极性价值观指的是对终极状态的偏好。"① 后来大多数学者都在 Super 的"内在价值 - 外在价值 - 附带价值"三分类上不断拓展，提出了利他主义、企业家精神等其他考察维度（Halaby，2003；Johnson et al.，2007）。当前比较受认可的工作价值观构成包括内在性、外在性、利他性、地位性、自由性和社会性六种类型（刘凤香，2011）。

我国较早对工作价值观的结构进行研究的是宁维卫（1996），同样基于 Super 的三分类十五因子工作价值观量表，他制作了一份中文版问卷并进行了信度、效度检验，进而提出我国城市青年的职业价值观最重视四个方面：生活方式、成就、独立性和同事关系。此后，其他学者也进行了一系列的探索，大多都在量表设计和内容分析中强调要重视工作价值观结构的本土性，结合传统文化来理解中国劳动力的工作态度与理念。另外，由于市场经济改革的不断深化，科技创新带来的产业升级，以及地区差异导致的劳动力流动速率加快等社会现象，我国劳动力市场内部分化不断加剧。一批学者对不同劳动力人群进行了测量，提出了各个劳动力群体独特的工作价值观构成。在诸多现代化因素的推动下，当代大学生更重视工作的经济回报和精神回报，工作价值观结构涵盖了经济报酬与工作环境、个人成长与发展、组织文化与管理方式、社会地位与企业发展四个维度（王垒等，2003）。李燕萍和侯烜方通过广泛搜集网络媒体对"80后、90后"工作价值观的多主体评价信息，基于扎根理论分析提出了

---

① 刘凤香：《员工工作价值观代际差异研究》，南开大学博士学位论文，2011。

第四章 工作价值观

我国新生代劳动力四分类的工作价值观结构，包括物质环境、自我情感、人际关系和变革特征。

本研究采用CLDS2012、CLDS2014、CLDS2016的数据对工作价值观进行分析。在CLDS三年追踪调查中，都有一套由6个指标构成的工作价值观测量量表，该量表对受访者提出的基本问题是"目前工作对你的意义或价值是什么"，具体指标包括"谋生""让自己心安""认识更多的人""获得尊重""兴趣"以及"充分发挥自己能力"，问题的答案以五分类李克特量表形式呈现，回答从1分到5分分别对应"非常符合""比较符合""无所谓""比较不符合""非常不符合"五个分值。基于前人的研究成果，本研究对与工作价值观相关的问题做了两种处理。首先，考虑到国内外研究都提出了工作内在价值与外在价值的区分，研究将"让自己心安""认识更多的人""获得尊重""兴趣""充分发挥自己能力"五个维度看作内在价值指标，分别命名为"心理舒适""人际关系""尊重""兴趣""自我实现"五个维度，并对得分进行反向赋值，"谋生"维度则看作外在价值，保留原赋值类型，从而统一六个维度的分值指向。最后将六个指标得分进行加总，算出工作价值观总分，得分越高代表越重视工作的内在价值，工作精神导向更明显，得分越低则表示劳动力更重视工作的外在价值，工作物质导向更突出。第二种处理方法同样对后五个测量指标进行反向赋值，但不进行得分加总，而是分别看各个维度的分布情况。

表4-1为CLDS2016数据中性别、代际、受教育程度、政治面貌、户籍、婚姻状况、收入等基本人口特征分类下工作价值观六个子维度得分和总得分的均值，样本进行了加权计算。由于题目询问的是"目前/最近工作"的意义，研究对象只针对调查时有工作的劳动力，年龄范围上选择了1950~1999年出生人群，并将其划分为50后、60后、70后、80后和90后五代人，在剔除了当前无工作以及其他人口变量有缺失的样本后，最终保留个案13161个，从50后到90后各个世代占比依次为17.87%，29.76%，25.45%，18.38%以及8.54%，60后、70后、80后是劳动力市场的主力军，符合实际情况。样本中男性占53.14%，性别比约为1.13∶1。政治面貌区分了党员和群众两类，党员占8.52%，大多数人为群众身份。城市人口占比为19.45%，农村劳动力所占比例较高。已婚人士和未婚人士占比分别为88.23%和11.77%。

表 4-1 样本工作价值观描述统计（N=13161）

	谋生	心理舒适	人际关系	尊重	兴趣	自我实现	总分	样本量(%)
代际								
50后	1.49	3.78	3.15	3.32	3.30	3.49	18.53	17.87
60后	1.51	3.77	3.29	3.43	3.30	3.48	18.78	29.76
70后	1.57	3.72	3.38	3.45	3.31	3.50	18.93	25.45
80后	1.68	3.72	3.56	3.58	3.37	3.54	19.45	18.38
90后	1.95	3.65	3.61	3.59	3.41	3.55	19.76	8.54
性别								
男性	1.57	3.73	3.40	3.49	3.37	3.55	19.11	53.14
女性	1.61	3.75	3.33	3.43	3.28	3.45	18.85	46.86
户口								
城市	1.72	3.74	3.53	3.60	3.42	3.62	19.63	19.45
农村	1.56	3.74	3.33	3.42	3.30	3.48	18.83	80.55
婚姻状况								
已婚	1.55	3.75	3.34	3.44	3.31	3.50	18.89	88.23
未婚	1.87	3.70	3.58	3.59	3.42	3.57	19.73	11.77
教育程度								
大学及以上	1.78	3.83	3.69	3.74	3.56	3.80	20.40	6.86
高中及以下	1.58	3.73	3.34	3.44	3.31	3.48	18.88	93.14
收入								
高等收入	1.58	3.84	3.66	3.74	3.61	3.83	20.26	0.83
中等收入	1.58	3.74	3.40	3.48	3.35	3.52	19.07	87.58
低等收入	1.66	3.68	3.10	3.24	3.14	3.34	18.16	11.59
政治面貌								
党员	1.73	3.81	3.57	3.68	3.49	3.71	19.99	8.52
群众	1.58	3.73	3.35	3.44	3.31	3.48	18.89	91.48
工作类型								
雇员	1.70	3.72	3.54	3.60	3.38	3.56	19.50	43.76
雇主	1.62	3.81	3.67	3.76	3.61	3.89	20.36	2.23
自雇	1.54	3.71	3.49	3.49	3.40	3.59	19.22	12.27
务农	1.49	3.77	3.13	3.29	3.23	3.40	18.31	41.74
单位类型								
体制内	1.78	3.77	3.54	3.66	3.44	3.65	19.84	15.51
体制外	1.56	3.73	3.33	3.42	3.30	3.48	18.82	84.49

在教育程度上，以是否上过大学为标准区分了大学及以上学历、高中及以下学历两类人群。收入使用的是个体自评的年总收入，并分为高等收入、中等收入和低收入三个类别，高等收入者是样本中收入占前1%的人，低等收入者采取我国2011年颁布的扶贫标准，将年收入2300元及以下者划为低收入者。问卷区分了四种不同的工作类型，雇员和务农者占绝大部分，比例分别为43.76%和41.74%，雇主比例最低，仅为2.23%。在单位类型上，原题询问的是"您当前这份工作的单位是属于哪种"，答案包括11类，分别是党政机关、人民团体、军队、国有/集体事业单位、国营企业、集体企业，村居委会等自治组织、民营、私营企业、外资、合资企业、民办非企业、社团等社会组织，个体工商户（包括登记过的个体工商户或未登记的各类店主），务农：农林牧副渔业生产（如种地、养殖鸡鸭水产等）和自由工作者（自由职业者、零散工、摊贩、无派遣单位的保姆、自营运司机、手工工匠等）。研究将前五种归为体制内单位，后六种归为体制外单位，生成新的单位类型变量。

工作价值观总分在不同变量分类下都存在明显差异。在代际分类中，90后的工作价值观总分最高，随后是80后、70后、60后和50后，越年轻的世代，工作的精神导向性越强。当细分各个维度进行比较时，不同世代在谋生、人际关系维度上的差异最大，而在心理舒适、尊重、兴趣和自我实现四个维度上差距不大。在对待物质报酬的态度上，90后分值最高，最不重视工作的谋生意义，随着世代的年长化，人们越来越重视工作的物质价值，认为工作就是为了谋生。人际关系则相反，得分顺序依次为90后＞80后＞70后＞60后＞50后，表明越年轻越重视工作中的人际关系。工作价值观的性别差异相对较小，男性工作价值观总分略高于女性，更重视工作的精神导向。而当细分为各个子维度来看时，男性更重视工作的谋生、人际关系、尊重、兴趣和自我实现价值，女性工作则更注重自己的心理舒适度，让自己心安，即不同性别对工作的理解角度有差异。不同受教育程度的人工作价值观差异显著，受过大学及以上高等教育的人群相较于学历为高中及以下的人工作价值观得分更高，工作的精神导向性更强。在各个子维度上也体现了一致的态度，大学及以上的高学历群体更重视工作的心理舒适度、人际关系、他人的尊重、兴趣和自我实现，而不那么重视谋生价值。

不同收入群体在工作价值观总分上也存在显著差异，收入最高的1%群体，其工作的精神导向性最强，随后是中等收入者，最后是低收入者即贫困线以下的人。政治面貌为党员的人工作精神导向性也远高于普通群众，在各个子维度上，党员更注重工作的心理舒适、人际关系、尊重、兴趣和自我实现，更不重视谋生价值。职业群体间的工作价值观也有着明显的分化。总体来说，雇主的工作精神导向性最强，其次是雇员，随后是自雇者，最后才是务农者。雇主群体在人际关系、尊重、兴趣和自我实现四个子维度上远高于其他三个职业群体，体现了创业者内在的价值诉求。不同单位类型工作者的工作取向也很不同。在体制内工作的人，相较于在体制外工作的人整体工作价值观的精神导向性更强，各个子维度的得分也更高。城市户籍的人相对农村户籍的人也是如此。不同婚姻状况的人同样存在显著差异，已婚人士相较于未婚人士工作价值观得分更低，在谋生维度上的得分更高，整体上更重视工作的物质价值。

二 工作价值观的代际差异

"代际"是社会学研究中重要的理论概念。在诸多关于代的研究中，曼海姆的分析影响最为深远。而后也有不同学科的学者提出了各自的代/代际界定，概括来说包括四种：第一种是家庭代，它将代际当作亲属后代的标准，代表着"父亲→孩子"的代际传承（Needham，1974），此类用法常出现于人类学中；第二种是将代际当作出生队列，通常以出生年份为划分标准，每隔10～15年为一个队列，强调年龄层的延续；第三种为年龄代，是将代际视为生命阶段，不同代意味着处在不同生命周期的人之间的差异；最后一种则是将代际看作历史时期，分析同一历史事件对不同出生队列的人的影响，通常认为相同历史事件对年轻一代影响最深（Kertzer，1983）。从代际视角分析工作价值观差异，能够看到社会经济结构与社会变迁留下的痕迹，对各类特征组成的高度异质性的劳动力市场有更为全面的把握。

一系列的实证研究都说明不同世代的人有着明显相异的工作态度。"Sinisalo于1977年、1989年和1995年分别考察了年轻人的工作价值观。最后发现自我实现价值观的被重视程度随时间的推移逐渐提高；1989年的人群相对于其他两组人群更看重内在价值观；女孩越来越重视工作保健价值观，男孩却相反;另外女孩的外在工作价值观的重要性有稳定下降。"[1] 根据进入劳动力市场时间的差异,Zemke 等人划分出退伍军人一代、婴儿潮一代、X 世代和下一代人四类不同的美国劳动力群体,并发现四代人的工作价值观差异显著:退伍军人一代整体的工作价值观更加保守,也更重视对组织的忠诚度;婴儿潮一代则比较藐视权威,越到年轻的一代越强调自我关系,重视自我实现。我国代际的工作价值观研究也得出了类似的结果。随着年龄的不断增长,员工的工作价值观越来越趋于成熟(李万县等,2008)。社会经济文化环境的不断变迁使不同代人对于工作的中心度、价值定位、特征偏好和择业观都有显著的差异,年长的人更愿意选择稳定的机关事业单位,年轻人则更愿意挑战,选择企业的工作(刘凤香,2011)。

本研究将采用世代的概念,以每十年的出生年份为一代,区分出 50 后、60 后、70 后、80 后以及 90 后五个世代,分析各代工作价值观总分的差异。此外,根据表 4-1 的描述统计分析结果可知,谋生维度和人际关系维度的代际差异较其他四个维度更明显,而谋生代表着对工作物质因素的考虑,是对个体社会地位与宏观经济形势的侧面反映,对人际关系的重视度则与经济现代化、职业分化等社会变迁因素息息相关。因此,本研究除了对工作价值观总分进行分析,还将对上述两个维度分别进行研究。此外,本研究还将结合CLDS2012、CLDS2014 的数据从不同时期分析各代工作价值观的变迁。

(一)"代际-教育"分类下工作价值观的总体差异

教育水平是劳动力人力资本的重要组成部分,也是个体文化资本的核心体现。我国的教育政策自中华人民共和国成立以来经历了多次重大改变,其间高考制度一度被废止,而后又被重新建立,不同代人的教育环境存在巨大差异,其价值观念由此受到很大影响。与此同时,教育与个体社会经济地位的获得息息相关,在不同的宏观环境下教育与职业地位之间的联系也可能存在不同,从而带来代际差异和不同的代内分化模式。因此,本研究将代际变量和教育变量结合,以是否接受过高等教育(即上大学)为标准,区分了大学及以上、高中及以下两类群体,与五代人进行交叉分类产生了十类人群,分析他们的工作价值观。

---

[1] 霍娜、李超平:《工作价值观的研究进展与展望》,《心理科学进展》2009 年第 4 期。

图 4-1 为"代际-教育"分类下工作价值观总分的群体差异。横坐标代表不同代，纵坐标是工作价值观总得分，分数越高说明工作的精神导向性越强。图中两条线分别代表每代不同的教育水平。不难发现，无论是哪一代，受过大学教育的人工作价值观总分都更高，工作的精神导向性更强。工作价值观得分最高的群体是 50 后接受过高等教育的人，这类群体正好是经历过"文革"，在"文革"后又经历了复学的一批人。他们亲身体验了前后政策的巨大改变，也因政策转向而在当时积累了较高的文化资本，获得了相对高的社会经济地位，物质生活较为优越，对工作的需求不仅仅停留在生存层次。而同代人中未接受过高等教育的那批人工作的物质导向性最强。单看各个教育水平的代际差异，高中及以下群体的工作价值观得分随着世代的不断年轻化而逐渐升高，大学及以上群体的工作价值观得分则是先下降后上升。再结合两类群体之间的得分差异可以看到，尽管 90 后不同受教育群体间的差距有小幅上升，但总体来看，不同文化水平间工作价值观的得分差值随着世代的年轻化越来越小，进而推测教育给个体带来的人力资本回报可能随教育扩招、经济形势变化在减少。

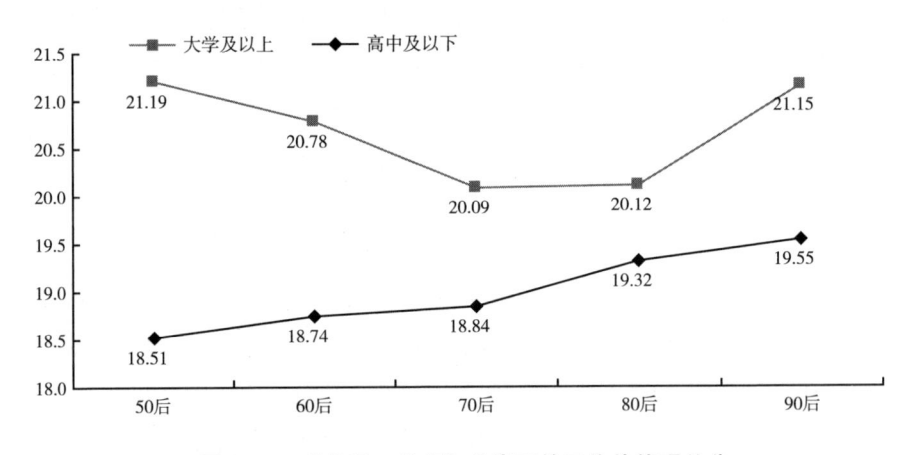

图 4-1 "代际-教育"分类下的工作价值观总分

（二）"代际-教育"分类下谋生的重要性差异

同样在"代际-教育"的十分类框架下分析工作价值观中谋生维度的群体差异，题目的陈述是"目前工作对你的意义或价值是：谋生"，回答从 1 到 5 是越来越不符合，因此在谋生维度上，得分越高说明劳动者越不认为工作只是为了满足基本生存需求、获得物质报酬。不同群体的谋生得分折线图如图 4-2 所示。

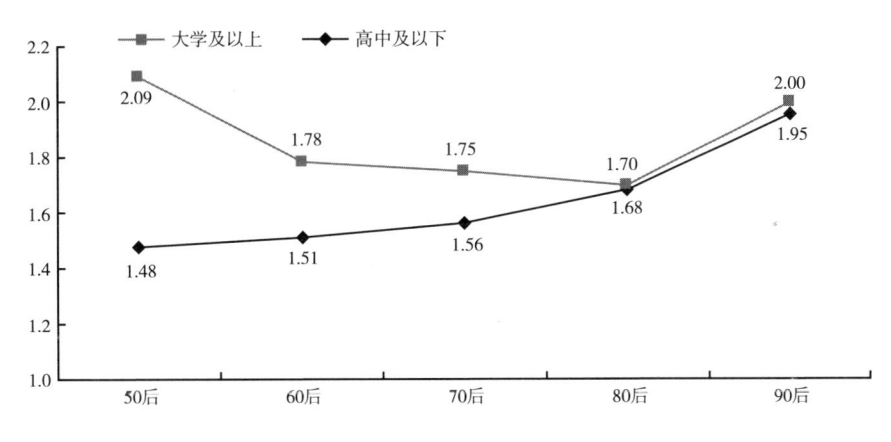

图 4-2 "代际-教育"分类下工作的谋生重要性

不同受教育程度之间的差值随着世代的年轻化有明显的缩小，50 后中受过大学教育的人和没有受过大学教育的人的得分差值达 0.61，而到了 80 后、90 后，不同受教育程度的得分差值缩短到仅为 0.02 和 0.05。也就是说，随着世代的不断年轻化，不同受教育程度的人对于工作的物质导向差异是缩小的，而且总体分值差距除了 90 后之外，趋势在降低，对工作实用性的认可在上升，个体更迫切地需要把握手头工作以缓解生存压力。这一数据辅证了上述关于教育回报降低和劳动力市场竞争环境、经济社会压力加大对个体工作价值观影响的推测。与工作价值观总分趋势一致的是，50 后中受过大学教育的人得分总体最高，达 2.09，最不重视工作的谋生价值，而 50 后高中及以下学历的人得分在总体中最低，仅为 1.48，最重视工作的谋生价值。

（三）"代际-教育"分类下人际关系的重要性差异

在人际关系维度上，数据和图表的处理方法与工作价值观总分一致，由于进行了反向赋值，得分越高表示越认可工作人际关系的价值。

图 4-3 为"代际-教育"分类下工作的人际关系重要性。总体上看，工作的人际关系重要性得分都是上升趋势，即随着世代的年轻化人们越来越重视工作的人际关系，认为在工作中要认识更多的人。这一趋势在高中及以下学历劳动者中体现

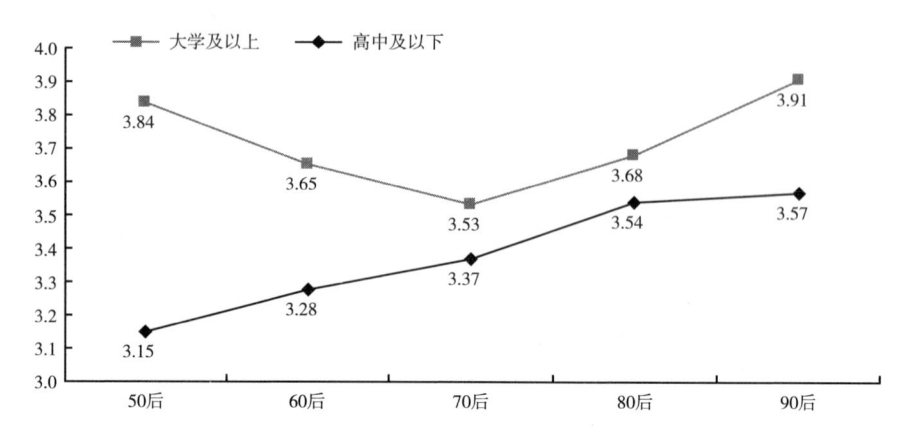

图 4-3 "代际-教育"分类下工作的人际关系重要性

得最为明显,从50后到90后得分几乎是直线上升。90后中高中及以下学历的人人际关系得分比50后中同等教育水平的人高出0.42分。大学及以上学历中的不同代人的得分差异则呈现一个V字形,70后受过高等教育的人人际关系得分最低,而90后、50后大学及以上学历的人都很高,60后、80后相似,处于中等水平。

(四)不同世代工作价值观差异的时期变化

前述三张折线图较为清晰地阐释了"代际-教育"分类下劳动者在工作价值观及部分子维度上的差异。在此基础上,我们综合利用CLDS目前积累的三期数据分析了工作价值观的动态变化。研究对5个代际划分每一次调查数据工作价值观的总体得分、谋生得分和人际关系得分进行了均值计算。为展示时期变化,所使用的样本是当年的总体样本,对于追踪样本的价值观变化在后一部分有进一步阐释。

图4-4是不同世代工作价值观总分的时期变化情况趋势图,横坐标是不同的年份,纵坐标是工作价值观总得分,不同的折线代表不同代人。从总体时期变动来看,劳动力的工作价值观总分经历了先下降后上升的过程,各代人的时期变化模式大致相符,但变化的程度差异很大,2014年工作价值观得分有明显的下滑,2016年都有所回升,但回升幅度不同,且各代之间的得分差异随着时间推移不断加大。从各个世代来看,90后是波动最大的一代,但尽管变动很大,总的来说90后工作价值观的精神导向性在每个时期都是最强,说明新生代劳动力的价值观念尚不稳定,受时代影响最强,但是总体上都反映了

第四章 工作价值观

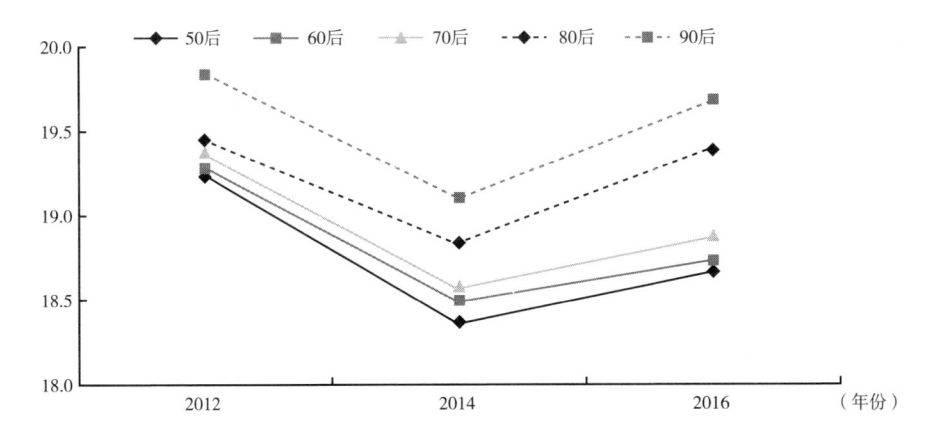

图4-4 不同世代劳动者工作价值观总分的变化趋势

新的劳动力市场环境下的工作取向。80后的变动模式与90后一致，变化幅度相对较小。50后在经历了2014年得分的显著下滑后，在16年虽有回升，但基本与14年的分值持平。

再单独分析工作价值观谋生维度代际的时期差异，数据结果见图4-5。所有世代从2012年到2014年再到2016年的谋生得分都趋于直线下降，对工作谋生意义的认可度不断提高。不同世代间在每个时期的差值也都相对稳定，90后得分最高，随后是80后，50后、60后和70后得分近似。也就是说，80后、90后虽然相对于其他世代而言更看重工作的多元价值，但也感受到了生

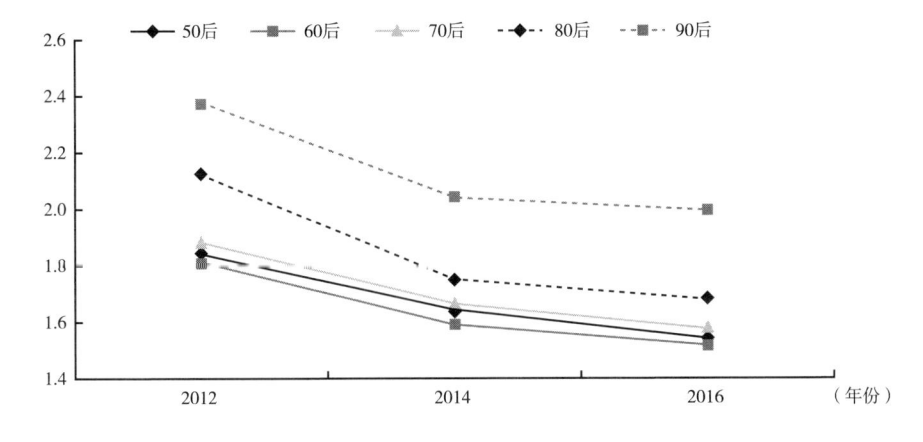

图4-5 不同世代谋生价值的变化趋势

169

活的物质压力，慢慢重视工作的物质维度、谋生价值。

最后分析的是不同世代劳动者在工作中人际关系得分的时期趋势变化。图4-6说明，随着时间推进，不同世代之间的人际关系得分差异越来越大，趋势呈喇叭状。其中，90后和80后呈增长态势，在2014年有小幅波动，到了2016年得分有显著提高。与此相反，50后和60后逐渐降低，且50后对人际关系的认可程度下降幅度最大。而单看每个时期，不同世代之间的得分顺序都是90后＞80后＞70后＞60后＞50后。总体说明，随着世代的不断年轻化，人们越来越重视工作中人际关系的价值，世代间差距也随时间不断拉大。

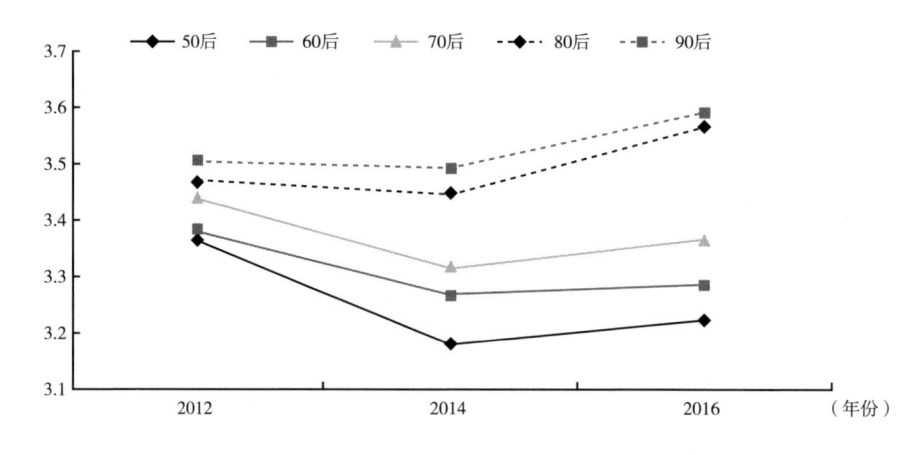

图4-6 不同世代人际关系价值的变化趋势

三 工作价值观的影响因素分析

价值观的塑造与改变是不同的社会机制综合作用的结果。宏观社会结构通过影响个体的资源与机会条件塑造其对社会和世界的认识。社会结构中处于优势地位的人拥有大量社会资源，能够利用优势地位为自身需求服务。而处于劣势地位的人，往往缺乏必要的社会资源来实现个人期望，这类人在价值观中可能更加注重基本的生活需求，而不那么追求物质之外的心理富足与成就需求。不同的文化环境会培养出差异化的态度与信念体系，如中国人具有关系文化。这些宏观社会文化因素又会因个体特征的差异而产生不同影响，即使是同文化、同等阶层的人群也可能拥有不同的价值观念，造成群体内部的价值异质性。在这一系列的社会机制中，社会化过程是个体认识、理解社会的核心方式之一。个体从出生起就开始接受社会化，对各种社会规则、规范的理解，对事物的认识都是通过社会化而逐渐形成的。本研究将重点分析影响工作价值观的社会化机制，从家庭社会化、学校社会化和组织社会化三个方面来分析社会化过程对工作价值观的建构。

家庭社会化是个体所在家庭环境对其进行的培养与塑造。父母的教育程度、所崇尚的信仰理念直接影响了父母培育孩子的方式。父母如何教育孩子，在子女的社会参与中如何进行选择，如早教选择、中小学择校、对孩子同伴群体的干预等，都有着深刻的家庭烙印，可以说是对孩子从婴儿到成年甚至一生最基础性的影响。家庭的结构、经济水平、社会地位，父母的职业类型、教育程度等家庭因素也都对个体价值观念的形成有不同程度的影响。家庭社会经济地位水平较高的人，在相对优越的环境下成长，基本物质需求能得到充分保障，在职业选择和对待工作的态度上，可能更不注重工作的物质报酬，而更追求工作的内在价值，如工作内容是否有意义，是否符合自己的兴趣，是否能实现自我价值，等等。父母的职业是孩子建立对于工作的认识的最直接路径之一。孩子通过了解父母的工作内容，观察父母的日常工作模式，能形成自己对职业、行业、劳动力市场的基本认识。父母职位的高低也是子女了解科层结构的重要依据。

学校社会化是另一个参与建构个体价值观念的重要过程。通常认为，孩子的价值观念在成年前已经基本形成。当孩子到了学龄阶段时，绝大部分时间都会在学校度过，孩子的日常生活基本就是学校生活。学校的层次、教育水平代表着教师的教学水平，以及所提供的学习环境与学习资源的优劣。在农村地区学校就读的孩子，相对于在城市学校念书的孩子，缺乏途径去了解更大的世界，长期缺乏多元化的技能培养，对于未来职业是什么、如何进行职业规划等问题都缺少认知。同辈群体也是学校社会化的重要子因素。经常交往的朋友群体常常会形成相似的观念，影响个体选择。

个体离开学校正式步入社会就意味着组织社会化的开始。劳动力当前的工作性质、工作内容，所处组织整体的文化价值取向、组织内部的结构体系，所在工作小团体的结构，与领导、同事的关系等都直接影响个体的工作价值观，成为其日常工作的准则。长期在科层制分明的单位工作的人,容易形成上下级意识,工作处事也更注重层级,而处在相对扁平化单位的人可能更容易形成朋友化的同事关系,职业选择上也更愿意往工作环境轻松的单位流动。

以上这些社会化过程并不是单独起作用的,在生命周期的不同阶段,不同机制的影响程度可能存在差异,每个社会化过程中具体因素的影响也会不同。此外,社会结构在持续的变动之中,社会变迁所导致的宏观环境的变化也可能调节不同社会化方式的影响路径。因此,本研究先对2016年CLDS劳动力总体的社会化影响因素进行分析,之后以世代为基准将样本分为五个子样本,分析不同社会化方式对各代的影响差异。

(一)从社会化角度分析劳动力工作价值观的影响因素

本研究首先对影响劳动力工作价值观总体倾向的社会化过程进行分析。以CLDS2016工作价值观总分作为因变量,运用多元线性回归模型进行统计分析,对样本进行了频数加权处理。家庭社会化因素包括父亲受教育年数、父亲政治面貌、母亲受教育年数和母亲政治面貌四个因素,学校社会化对应个体受教育年数,组织社会化因素包括现职单位类型、现职职业类型和收入三个因素。现职单位类型按上文所述将原题中十一个单位类型划分为体制内单位和体制外单位两类。现职职业类型包括雇员、雇主、自雇、务农四个类别,以务农为参照组,将其他三类转换为虚拟变量。对收入进行了对数处理使之服从正态分布。此外,自变量还包括代际变量,本研究将五个代际类别转化为二分类虚拟变量,以50后为参照组。基本人口特征如性别、户口、婚姻、政治面貌等因素作为控制变量,模型分析结果如表4-2所示,模型1是只有基本控制变量和代际因素的基准模型,模型2、3、4逐渐加入社会化变量。

表4-2 工作价值观总分影响因素分析

变量	模型1	模型2	模型3	模型4
男性	0.241***	0.242***	0.086	-0.007
城市户口	0.578***	0.314***	-0.002	-0.228
已婚	-1.022***	-0.956***	-0.955***	-0.945***
党员	1.014***	0.952***	0.678***	0.582***

续表

变量	模型1	模型2	模型3	模型4
代际(参照组=50后)				
60后	0.279**	0.225*	0.079	-0.018
70后	0.343***	0.216	0.060	-0.177
80后	0.923***	0.660***	0.334*	0.163
90后	1.096***	0.838***	0.468*	0.316
家庭社会化因素				
父亲教育程度	0.055***	0.037***	0.035**	0.035**
父亲党员		-0.163	-0.180*	-0.219**
母亲教育程度	0.032**	0.015	0.012	0.012
母亲党员		-0.101	-0.116	-0.111
学校社会化因素				
受教育年数			0.103***	0.081***
组织社会化因素				
单位类型				
体制内				0.201
职业类型(参照组=务农)				
雇员				0.425***
雇主				0.869***
自雇				0.388***
收入对数				0.057***
常数项	19.268***	19.081***	18.681***	18.329***
样本量	8499	8499	8499	8499

注：*** $p<0.01$，** $p<0.05$，* $p<0.1$。

从表4-2可知，家庭、学校和组织三个社会化过程对劳动力的工作价值观都存在显著影响，在加入了不同社会化变量后，不同社会化过程的影响强度在减弱，说明各个社会化路径之间也存在相关关系。在家庭社会化因素中，父亲的受教育程度影响最为显著，即使加入了其他社会化变量后，相关关系依旧存在，只是影响程度有所降低。模型4中，在控制其他因素不变的情况下，父亲受教育年数每增加1年，个体工作价值观得分提高0.035分，工作的精神导向性越强。考虑了学校社会化与组织社会化后，父亲的党员身份对个体的工作价值观有了显著影响，父亲是党员的劳动力相对于父亲是非党员的劳动力工作价值观得分低 0.219 分，工作的物质导向性更强。学校社会化与工作价值观之间存在显著的正相关关系。劳动力受教育年数每增加 1 年，工作价值观总得分提高 0.081 分，精神导向性更强。在组织社会化中，个体所处的单位类型并没有显著影响。不同职业间差异显著，在控制其他因素不变的情况下，雇主、自雇和雇员平均比务农者工作价值观得分分别高 0.869 分、0.388 分和 0.425 分，务农者最重视工作的物质性，而雇主则更重视工作的精神导向，关注多元化的工作内涵。收入与工作价值观同样存在显著正相关关系，收入越高的人越重视工作的精神意义。

根据前面各个子维度的分析可知，谋生维度和人际关系维度是不同代人工作价值观差异最明显的两个部分。因此，本研究分别以谋生得分和人际关系得分为因变量，同样以家庭社会化、学校社会化和组织社会化为自变量，以性别、户口、婚姻、政治面貌等基本人口特征为控制变量进行多元回归分析，数据结果如表 4-3、表 4-4 所示。

表 4-3 谋生得分影响因素分析

变量	模型 1	模型 2	模型 3	模型 4
男性	-0.077 ***	-0.077 ***	-0.088 ***	-0.077 ***
城市户口	0.117 ***	0.069 ***	0.047 *	0.005
已婚	-0.014	-0.011	-0.145 ***	-0.149 ***
党员	0.152 ***	0.141 ***	0.122 ***	0.086 ***
代际(参照组 = 50 后)				
60 后	-0.012	-0.016	-0.026	-0.026
70 后	0.020	0.011	-0.000	0.002
80 后	0.108 ***	0.077 **	0.054	0.053
90 后	0.314 ***	0.281 ***	0.256 ***	0.249 ***
家庭社会化因素				
父亲教育程度	0.005 *	0.003	0.003	0.003
父亲党员		-0.048 **	-0.049 **	-0.050 **
母亲教育程度	0.010 ***	0.009 ***	0.009 ***	0.009 ***
母亲党员		0.045	0.044	0.047
学校社会化因素				
受教育年数			0.007 **	0.006 **
组织社会化因素				
单位类型				
体制内				0.119 ***

续表

变量	模型1	模型2	模型3	模型4
职业类型(参照组=务农)				
雇员				0.044**
雇主				0.018
自雇				0.033
收入对数				-0.012***
常数项	1.686***	1.667***	1.639***	1.728***
样本量	8499	8499	8499	8499

注：*** $p<0.01$，** $p<0.05$，* $p<0.1$。

为了使不同维度能够加总，对谋生维度并未进行反向赋值，维持与原题一致，得分范围在1到5之间，得分越高代表越不重视工作的谋生价值。根据表4-3可知，不同世代对工作是否意味着谋生的态度差异显著。如模型4所示，在控制其他变量不变的情况下，90后的谋生得分显著高于50后0.249分，更不认为工作是为了谋生，总体上呈现随着世代的年轻化，对工作的谋生价值越来越不看重的趋势。在未考虑学校社会化、组织社会化因素，且控制其他变量不变的情况下，母亲的受教育程度对劳动力的工作谋生价值取向有显著正影响，母亲受教育程度每提高1年，子女谋生维度得分提高0.009分（参见模型2），这种影响即使在加入了其他社会化因素后仍旧存在，体现出母亲教育水平的强影响。个体自身的受教育水平也呈现出显著影响，受教育程度越高的人越不重视工作的谋生价值。

在组织社会化方面，现职单位为体制内的人员得分更高，更不重视工作的物质因素，反映出体制内单位在物质方面更有保障。现职不同职业类型间的差异不再如表4-2中的工作价值观总分那么明显。在控制其他变量不变的情况下，雇员与务农的价值差异显著，雇员平均比务农人士在谋生维度上的得分显著高0.044分，更不重视工作的谋生意义。雇主虽然平均得分比务农要高，但差异并不显著，自雇者与务农群体在谋生的态度上也不存在显著差异。无论是雇主、自雇者还是务农，都属于自负盈亏型的职业，使他们在对待物质方面有一定的相似性。收入的影响也依旧很显著，收入越高的人越不重视工作的谋生价值。

表4-4呈现的是人际关系得分的模型分析结果。

表4-4 人际关系得分影响因素分析

变量	模型1	模型2	模型3	模型4
男性	0.059**	0.062***	0.024	0.002
城市户口	0.113***	0.050	-0.027	-0.084**
已婚	-0.162***	-0.146***	-0.146***	-0.137***
党员	0.203***	0.188***	0.121***	0.124***
代际(参照组=50后)				
60后	0.142***	0.114***	0.078***	0.043
70后	0.212***	0.148***	0.111***	0.043
80后	0.371***	0.264***	0.185***	0.110**
90后	0.385***	0.276***	0.186***	0.096
家庭社会化因素				
父亲教育程度	0.012	0.007**	0.006*	0.006*
父亲党员		0.027	0.022	0.007
母亲教育程度	0.009**	0.005	0.004	0.004
母亲党员		-0.091	-0.095	-0.086
学校社会化因素				
受教育年数			0.025***	0.018***
组织社会化因素				
单位类型				
体制内				-0.075*
职业类型(参照组=务农)				
雇员				0.238***
雇主				0.205**
自雇				0.199***
收入对数				0.013***
常数项	3.259***	3.203***	3.106***	3.011***
样本量	8499	8499	8499	8499

注：*** $p<0.01$，** $p<0.05$，* $p<0.1$。

在考虑组织社会化因素之前，各个世代对于是否认为工作是为了认识更多的人这一问题有明显的态度差异。在加入组织社会化因素前，代际差异非常明显，90后、80后、70后、60后的人际关系得分平均高出50后0.186分、0.185分、0.111分和0.078分，呈现出明显的梯次关系。世代越年轻，就越重视工作的人际关系意义，而越年长则越不认为工作是为了结识更多的人。但当考虑组织因素后，差异仅显著存在于 80 后和 50 后之间，说明代际差异很可能源于不同时期经济环境差异的影响。经济变革会影响组织变迁，进而作用于个体，影响人们的工作价值理念。

在家庭社会化的影响方面，父亲的受教育程度一直存在显著影响，父亲受教育程度越高，个体就越重视工作的人际关系。而在未考虑学校社会化和组织社会化时，母亲的受教育程度也与人际关系得分存在显著正相关关系，但加入了个体受教育程度、工作单位、职业类型和收入变量后，母亲教育水平的影响消失了。这可能暗含着母亲身份地位与子女职业获得之间的联系。劳动力自身的教育水平依旧起着重要作用，受教育程度越高，越重视工作中的人际关系。在组织社会化方面，职业类型和收入有着显著影响。在控制其他条件不变的情况下，雇员、雇主和自雇者的人际关系得分都显著高于务农群体，雇员得分最高，随后是雇主和自雇者。收入水平较高的人相对于收入水平低的人更强调工作中人际关系的价值。

结合上述三个表格不难发现，不同世代的人虽然在总体工作价值观得分上差异并不那么显著，但当区分了子维度后，代际差异就凸显出来，越年轻的一代越关注工作中的人际关系而较不重视工作的谋生意义。对于年轻一代来说，工作不仅是一个饭碗，还是自己的兴趣、能力的体现，而老一辈人则更倾向于认为工作是满足生活需求的方式，注重工作的实用性。此外，从对待人际关系重要性的态度可以看出，工作氛围、员工关系越来越成为日常经济生活需要重视的部分，这一态度的代际差异与物质维度的代际差异相呼应，也是经济、市场分工细化，组织职能转变的一个侧面体现。不同的社会化过程对劳动力的工作价值观总分、子维度得分都有着显著影响。家庭社会化中父亲的受教育程度以及政治面貌对子女的工作价值观影响更大。学校社会化和组织社会化的影响持续存在：受教育程度越高，精神导向性越强，也越关注人际关系；务农群体最重视工作的物质价值而不太关心是否通过工作认识更多的人；收入越高的人，越关注工作中的人际关系，不认为工作只是谋生，整体精神导向性更强。

（二）工作价值观影响因素的代际差异

基于前述分析，本研究将进一步探索不同世代之间工作价值观影响因素的差异,将样本根据各个世代分为五个子样本,分别进行多元回归分析,控制变量在原本的性别、户口、婚姻状况以及政治面貌的基础上增加了年龄和年龄的平方,一方面可以比较不同世代是否受不同的社会化因素的影响,另一方面也能看到代内年龄效应导致的态度分化。

首先,对不同世代工作价值观总分的影响因素进行分析,模型分析结果如表4-5所示。根据表4-5可知,家庭社会化因素对各个世代都有显著影响。其中,父亲的受教育水平每提高一年,50后、80后的工作价值观总分平均提高

表4-5 不同世代工作价值观总分影响因素分析

变量	50后	60后	70后	80后	90后
男性	0.007	0.077	-0.112	0.155	0.294
年龄	-2.683	-1.378	-1.763*	-3.126***	0.023
年龄的平方	0.022	0.013	0.021*	0.050***	0.002
城市户口	-0.347	-0.595**	0.075	-0.263	0.836
已婚	-0.552	-2.229***	-0.588	0.040	-1.145**
党员	0.912***	0.323	0.834**	0.628	-1.368
家庭社会化因素					
父亲教育程度	0.100**	-0.006	-0.002	0.073**	0.070
父亲党员	-0.257	-0.484***	0.362*	-0.613	-1.377
母亲教育程度	0.003	0.048*	0.052*	-0.024	-0.180**
母亲党员	-1.962**	-0.302	0.535	0.445	-0.472
学校社会化因素					
受教育程度	0.068**	0.127***	0.009	0.044	0.300***
组织社会化因素					
单位类型					
体制内	0.660	0.421	0.032	-0.034	-0.291
职业类型(参照组=务农)					
雇员	0.297	0.496**	0.580**	0.645**	-0.721
雇主	0.918	1.260*	1.019**	1.496**	-3.786**
自雇	-0.133	0.417	0.447*	1.157***	0.010
收入对数	0.053*	0.047*	0.099***	0.049**	-0.022
常数项	99.027*	55.243*	54.344***	66.695***	17.522
样本量	1854	2812	2205	1311	317

注:*** $p<0.01$,** $p<0.05$,* $p<0.1$。

0.1 分和 0.073 分，工作的精神导向性更强。父亲是党员的 60 后工作价值观得分显著低于父亲为非党员的 60 后，工作的物质导向性更强，而 70 后父亲的党员身份则与其工作价值观显著正相关。母亲的受教育程度对 60 后、70 后和 90 后都有显著影响，母亲教育水平每提高一年，60 后、70 后的工作价值总分分别提高 0.048 分和 0.052 分，但 90 后的工作价值观总分则是显著降低 0.18 分。50 后中母亲为党员的人相较于母亲为非党员的人工作价值观的物质导向性更强。个体的受教育水平对 50 后、60 后和 90 后有显著正影响，劳动力教育程度越高，工作的精神导向性越强，并且 90 后代内教育分化程度最大。组织社会化因素对 70 后和 80 后的影响最为强烈。职业类型以及收入都与工作价值观有显著相关关系。相较于务农群体而言，70 后中是雇主的人工作价值观得分显著高 1.019 分，更注重工作的精神价值。同样的差异也体现在 60 后和 80 后的雇主、务农群体间，但 90 后中雇主的物质导向反而显著高于务农群体。70 后、80 后的雇员和自雇者也比务农人士有更高的工作价值观得分，但其他世代中，上述群体间的差异不那么明显。在控制其他条件不变的情况下，除 90 后外，其他世代中收入越高的人工作价值观的精神导向性越强。

接着，对谋生维度上不同世代的影响因素进行分析。表 4-6 是五个世代的多元回归分析结果。家庭社会化对于各个世代内如何理解工作中谋生的价值有不同程度的影响，母亲受教育程度对 60 后、80 后有显著影响，父亲受教育程度则是对 50 后和 70 后有显著影响。学校社会化因素只使 50 后代内产生了显著分化，受教育水平越高的 50 后，谋生得分越高，说明越不重视工作的谋生意义。不同的单位类型对 50 后、60 后、70 后都有显著影响，这几代人中属于体制内单位的人工作价值观谋生得分都更高，即更不重视工作是不是为了谋生。收入因素对 50 后、70 后和 80 后都有显著影响，但影响的方向有所差异。70 后中，收入越高的人群谋生的得分也越高，即越不重视工作的谋生价值。而其他两个世代，收入与谋生得分是显著负相关，即收入越高的人反而更认为谋生是工作的意义。此外，一个比较特别的发现是，人口特征、家庭社会化、学校社会化、组织社会化几乎都没有对 90 后代内产生显著的影响，也就意味着 90 后对于工作与谋生之间的关系有着高度的代内一致性，这究竟是不是社会变迁、新劳动力市场的特征体现可以在未来的研究中继续探索。

表4-6 不同世代谋生得分影响因素分析

变量	50后	60后	70后	80后	90后
男性	-0.086**	-0.081***	0.118***	-0.042	0.067
年龄	0.449	0.216	-0.179	-0.073	0.376
年龄的平方	-0.004	-0.002	0.002	0.001	-0.010
城市户口	0.066	0.002	0.079	-0.083	0.148
已婚	0.258***	-0.485***	0.088	-0.215**	0.019
党员	0.058	0.082	0.056	0.150*	0.063
家庭社会化因素					
父亲教育程度	0.010*	0.006	-0.006*	0.005	-0.025
父亲党员	-0.010	-0.038	-0.089**	-0.202**	0.214
母亲教育程度	-0.001	0.016***	0.002	0.015**	0.003
母亲党员	-0.067	0.142*	-0.046	0.027	0.241
学校社会化因素					
受教育年数	0.012**	0.004	0.005	0.007	-0.008
组织社会化因素					
单位类型					
体制内	0.383***	0.087*	0.225***	-0.009	-0.210
职业类型(参照组=务农)					
雇员	0.142**	-0.020	-0.028	0.098	0.409**
雇主	0.037	0.141	0.081	-0.072	-0.101
自雇	0.034	0.034	0.024	0.001	0.115
收入对数	-0.008*	-0.004	0.014**	-0.031***	-0.003
常数项	-12.838	-3.618	5.668	3.109	-1.721
样本量	1854	2812	2205	1311	317

注:*** $p<0.01$,** $p<0.05$,* $p<0.1$。

最后对人际关系维度上不同世代得分的影响因素进行分析(表4-7)。在控制其他条件不变的情况下,50后中父亲受教育年数每增长一年,个体的人际关系得分提高0.026分。80后父亲不是党员的人相较于父亲是党员的人人际关系得分高0.286分,对人际关系的重视度远高于党员。母亲的受教育程度仅对70后和90后的人际关系得分有显著影响。除80后外,其他各个世代都受到个体受教育程度的显著影响,自身的受教育水平越高,越重视工作中的人际关系,认为工作是为了结识更多的人。组织社会化对各个世代的影响主要体现在职业类型上。以务农者为参照群体,60后、70后和80后的雇员和自雇者在人际关系得分上都显著高于农业劳动者。80后不同职业类型的得分差异最大,自雇者、雇员、雇主人际关系得分显著高于务农群体0.433分、0.373分、0.274分,更重视工作的人际关系。

表4-7 不同世代人际关系得分影响因素分析

变量	50后	60后	70后	80后	90后
男性	-0.060	0.035	-0.002	0.060	0.043
年龄	-0.597	-0.285	-0.731***	-0.747***	-0.154
年龄的平方	0.005	0.003	0.009***	0.012***	0.004
城市户口	-0.123	-0.134*	-0.015	-0.108	0.0001
已婚	-0.038	-0.401***	0.032	0.047	-0.177
党员	0.177*	0.124	0.135	0.112	-0.136
家庭社会化因素					
父亲教育程度	0.026**	-0.002	-0.004	0.003	0.025
父亲党员	-0.019	-0.066	0.164***	-0.286***	0.694*
母亲教育程度	0.003	0.005	0.016**	0.005	-0.048**
母亲党员	-0.143	-0.168	0.050	-0.110	-0.083
学校社会化因素					
受教育年数	0.017*	0.023**	0.015*	-0.003	0.064**
组织社会化因素					
单位类型					
体制内	0.008	0.019	-0.191***	-0.075	-0.044
职业类型(参照组=务农)					
雇员	0.171**	0.233***	0.264***	0.373***	-0.139
雇主	0.260	0.288	0.196	0.274***	-0.417
自雇	-0.004	0.231***	0.189***	0.433***	-0.117
收入对数	0.012*	0.010*	0.018**	0.022**	-0.0005
常数项	21.438	11.051	17.846**	14.967**	4.116
样本量	1854	2812	2205	1311	317

注:*** $p<0.01$,** $p<0.05$,* $p<0.1$。

将不同代子样本的回归结果与总样本工作价值观的数据结果对比可以看到，家庭、学校和组织三大不同社会化过程都对各个世代代内、代际产生了不同程度的影响。其中，60后、70后受家庭社会化的影响最为显著，并集中体现在父亲的政治资本和母亲的文化资本上；50后、80后和90后受家庭影响较小。学校社会化对各代人的工作价值观总分、谋生维度和人际关系维度都有不同程度的显著影响，整体来说，受教育程度越高，越重视工作的精神导向。但是，单看谋生维度时，80后、90后不同受教育程度的人并没有显著差异，可能意味着教育回报下降、劳动力市场竞争越发激烈。而组织社会化主要是影响60后、70后和80后，从各代内看，雇主的工作精神导向性最强，也最重视工作中的人际关系，务农群体则是最不重视的。以上综合说明总体呈现的工作价值观差异在很大程度上是代际差异，即不同世代内具有相异的人口特征的人受到了差异化的社会机制的影响，从而形成了不同的劳动价值观。从这个角度出发有助于理解劳动力市场的职业选择以及行业劳动力构成的异质性。

（三）工作价值观影响因素的时期变化

工作价值观并非一成不变，为了更好地捕捉劳动力价值观念的变化，分析其影响因素，本研究整合了CLDS 2012、CLDS 2014和CLDS 2016三年的追踪数据，期望进行更细致、更深入的分析。CLDS连续三年用同一套量表对劳动力的工作价值观进行了测量，三年总体追踪样本为4216个。对追踪数据的处理与对之前样本的处理方式基本保持一致，剔除了各个所需变量上的缺失值，只保留了每年调查时有工作且在1950~1999年间出生的劳动力。此外，对收入变量上的缺失值进行了均值填补，最终保留有效个案1684个。由于每年样本的频数权重不同，未对数据进行加权处理。在统计方法上采用一阶差分模型处理个体的异质性效应，对每两轮之间个体工作价值观的总分、谋生得分以及人际关系得分进行差分处理，分析不同社会化因素对分值变化的影响，数据结果如表4-8所示。

从表4-8可知，总体来说，组织社会化对劳动力价值观变动的影响持续存在。不同单位类型主要影响的是个体对于工作谋生意义的认识，对工作价值观总分、人际关系维度并未呈现显著影响。在控制其他条件不变的情况下，单位属于体制内的人比单位为体制外的人在工作谋生维度上的得分高出0.296分，更不重视工作的物质因素。雇员群体与务农群体相比，在工作价值观总分

表4-8 工作价值观一阶差分模型

	工作价值观总分	谋生得分	人际关系得分
城市户口	-0.311	-0.053	-0.026
已婚	-0.020	-0.005	-0.124
党员	-1.188	-0.020	-0.181
学校社会化因素			
受教育年数	0.044	0.001	0.002
组织社会化因素			
单位类型			
体制内	0.343	0.296***	-0.079
职业类型(参照组:务农)			
雇员	0.541*	-0.045	0.197**
雇主	0.734	-0.233**	0.181
自雇	0.559*	-0.159**	0.117
收入对数	0.041*	-0.007	-0.0003
常数项	-0.235**	-0.139***	-0.059**
样本量(人-年)	3368	3368	3368

注: *** $p<0.01$, ** $p<0.05$, * $p<0.1$。

和人际关系得分上有显著差异。在控制其他条件不变的情况下,雇员比务农群体工作价值观总分显著高0.541分,在人际关系得分上显著高0.197分,说明雇员更重视工作的精神导向,更为认可工作是为了认识更多的人。雇主、自雇者两个职业群体则出现了与之前不一样的情况。在未排除个体异质性因素时,雇主、自雇者和务农者并没有显著差异,当剔除了这些因素的影响后,雇主、自雇者的谋生维度得分比务农者分别显著低0.233和0.159分,说明他们反而更重视工作的物质因素。这些因素之间更为细致的因果联系是未来研究可以进一步拓展的方向。

四 结语

本研究综合利用了CLDS 2012、CLDS 2014和CLDS 2016的调查数据,对中国劳动力的工作价值观进行了全貌分析。首先对工作价值观的定义及前人的理论、实证研究进行了梳理与总结。在此基础上,结合调查问卷采用了两种方法处理工作价值观量表,一种是统一六个指标的分值方向进行加总,区分出工作价值观的"物质—精神"两极,另一种则是保留原始维度单独进行分析。CLDS 2016 数据显示,具有不同人口特征的人工作价值观异质性显著,总体上男性、城市户口、未婚人士、受过大学及以上教育的人、收入为前1%、党员、雇主以及体制内的员工相对于同类别下的其他群体工作价值观总分更高,工作的精神导向性更强。

从代际视角切入,结合教育程度进一步分析工作价值观的群体差异发现,工作价值观总分随着世代的年长化不断下降,同样的趋势也体现在高中及以下学历的子群体中,且大学及以上学历群体无论哪个世代总分都高于高中及以下学历的人,但受过大学教育的群体内部的世代差异存在一个拐点,50后、90后的工作价值观得分都很高,70后最低。各个世代内不同受教育程度者的工作价值观差异在不断缩小,在谋生维度和人际关系维度上尤为明显,侧面体现了教育回报的下降以及当代劳动力市场越发激烈的竞争环境。结合 CLDS 三期数据可以发现,劳动力的工作价值观总分经历了先下降后上升的过程,随着时间的推进,代际工作价值观的差异不断扩大,整体上依旧保持90后>80后>70后>60后>50后的模式,世代越年轻,越重视工作价值的多元性,关注人际关系、自我实现等内在价值。值得注意的是,虽然工作价值观呈现越发多元的趋势,但在谋生子维度上的得分都随着时间直线下降,各个世代都加深了对工作谋生意义的认可。

社会化过程持续参与了劳动力工作价值观的塑造。家庭社会化中父母的受教育程度与工作价值观基本呈正相关,父母受教育程度越高,子女的工作价值观得分就越高,即使加入了学校社会化、组织社会化等因素,母亲的受教育水平也显著影响子女的总体工作观念和对待人际关系的态度。各个世代受到家庭社会化影响的差异较大,父亲受教育程度主要影响50后、70后的工作总体价值观,母亲受教育程度则主要影响60后和80后。学校社会化对总体及各个世代都存在显著正影响,个体受教育程度越高,越重视工作的精神导向,越不认为工作只是为了谋生。

组织社会化对个体工作价值观的形成与变动都有重要作用。单位类型主要影响50后、60后和70后对于谋生的态度,体制内的人相较于体制外的人更不重视工作的谋生意义。不同职业群体间差异显著，且职业对各个世代有着不同程度的影响。总体上，雇主的精神导向性最强，而后依次是自雇者、雇员和务农者。在收入方面，基本是收入水平越高，个体劳动力工作价值观的精神导向性越强。

在关于世代的研究中，年龄效应、代际效应和时期效应的混合容易干扰对研究结果的判断。由于技术所限，本研究并不能完全将"年龄－代际－时期"效应三者进行严格区分，仅是相关分析，三者之间究竟存在怎样的因果效应是未来研究可以探索的方向。

参考文献

1. 侯烜方、李燕萍、涂乙冬：《新生代工作价值观结构、测量及对绩效影响》，《心理学报》2014年第6期。
2. 霍娜、李超平：《工作价值观的研究进展与展望》，《心理科学进展》2009年第4期。
3. 李万县、李淑卿、李丹：《工作价值观代际差异实证研究》，《河北农业大学学报》（农林教育版）2008年第1期。
4. 刘凤香：《员工工作价值观代际差异研究》，南开大学博士学位论文，2011。
5. 宁维卫：《中国城市青年职业价值观研究》，《成都大学学报》1996年第4期。
6. 王垒、马洪波、姚翔：《当代北京大学生工作价值观结构研究》，《心理与行为研究》2003年第1期。
7. Ashlock Jennifer Marie 2014，*Work Values and Control：A Longitudinal Analysis of the Structural，Cultural and Psychological Predictors of Work Values in the High School Class of 1972*．Ann Arbor：ProQuest Dissertations Publishing．
8. Elizur D. 1984，"Facets of Work Values：a Structural Analysis of Work Outcomes."*Journal of Applied Psychology* 69（3）．
9. Fox，G. L.，Inazu，J. K. 1982，"The Influence of Mother's Marital History on the Mother-daughter Relationship in Black and White Households."*Journal of Marriage and Family* 44（1）．
10. Ginzberg，E.，Ginsburg，S. W.，Axelrad，S.，et al. 1951，*Occupational Choice*，New York：Columbia University Press．
11. Halaby，Charles N. 2003．"Where Job Values Come from：Family and Schooling Background，Cognitive Ability，and Gender."*American Sociological Review* 68（2）．
12. Herzberg，Frederick I. 1966，*Work and the Nature of Man*，Oxford：World Publishing

Company.

13. Johnson, Monica K., Jeylan T. Mortimer, Jennifer C. Lee and Michael J. Stern. 2007, "Judgments about Work: Dimensionality Revisited." *Work and Occupations* 34 (3).

14. Kalleberg, Arne L. 1977, "Work Values and Job Rewards: A Theory of Job Satisfaction." *American Sociological Review* 42 (1).

15. Kalleberg, Arne L. and Karyn A. Loscocco. 1983, "Aging, Values, and Rewards: Explaining Age Differences in Job Satisfaction." *American Sociological Review* 48 (1).

16. Katzell, Raymond A. 1979, "Changing Attitudes toward Work." C. Kerr and J. M. Rosow (ed.), *Work in America: The Decade Ahead. Work in America Institute Series.* New York: Van Nostrand Reinhold Company.

17. Kertzer, D. I. 1983, "Generation as a Sociological Problem." *Annual Review of Sociology* 9 (1).

18. Kohn, Melvin L., Carmi Schooler, Joanne Miller, Karen A. Miller, Carrie Schoenbach and Ronald Schoenberg. 1983, *Work and Personality: An Inquiry into the Impact of Social Stratification.* Norwood, N. J.: Ablex Publishing Corporation.

19. Mills, C. W. 1957, *White Collar.* New York: Oxford University Press.

20. Needham, R. 1974, "Age, category, and descent." In *Remarks and Inventions-Skeptical Essays about Kinship*, London: Tavistock Pbulications.

21. Rokeach, M. 1973, *The Nature of Human Values.* New York: Tthe Free Press.

22. ——1984, *The Great American Values Test: Influencing Behavior and Belief through Television.* New York: The Free Press.

23. Super D. E. 1970, *Manual for the Work Value Inventory.* Chicago: Riverside Publishing Company.

第五章
工作满意度和生活幸福感

曹薇娜

2011年,"幸福"成为"两会"的热词和经济社会发展规划的具体指标,"满意度""幸福感""幸福指数"被置于十分重要的位置,受到很多学者的关注和重视(邢占军,2011;斤海雄、李敢,2012;刘军强等,2012)。目前,国内对于生活幸福感的研究主要集中于社会比较理论,从相对的视角出发,认为受访者的幸福感指数主要是经过与自己的参照群体进行比较而得到的结果,比参照群体状况好的幸福感得分就高,比较内容集中于收入和经济状况(官皓,2010;王鹏,2011;黄嘉文,2016),而其中的参照群体主要是依据血缘、地缘等,按照费孝通的同心圆理论也可以如此理解;另一种思路则倾向于认为社会规范会导致幸福感差异,其中主要是社会的公平程度、贫富差距等。总体而言,劳动力的生活幸福感总是与自己的绝对收入、工作状态以及所处环境的公平程度、相对收入差距等密切相关的。

生活幸福感与工作收入密切相关,那么与劳动力对工作的满意度关系又是怎样呢?目前对生活幸福感的研究大部分也都仅仅限于关注工作收入,而较少关注劳动力的工作满意度。工作满意度即个人对自己所从事的工作在心理上和生理上产生积极情感的程度,个人的工作满意度高意味着此人对自己的工作持有积极的态度和较多的正面评价。工作的满意度可能是影响和衡量生活幸福感的一个重要指标,而目前关于工作满意度的研究多集中于人力资源管理,主要是为了降低职工的离职率,并没有与生活幸福感联系起来。生活在社会中的个体,对于工作的满意度自然会影响到生活的幸福感,那么到底是如何影响的呢?劳动力的工作满意度和生活幸福感与整个社会的发展息息相关。本章将从工作状况的各个维度着手看生活幸福感的影响因素。

借鉴国内外关于居民幸福感的研究文献，本章利用2016年中国劳动力动态调查数据[①]（CLDS）进行分析。该数据库包含个人工作满意度、个人基本信息、个人工作情况、个人单位和家庭等多方面的丰富信息，很好地满足了本研究的需要。本章将从经济、社会等层面分析我国劳动力群体的生活幸福感。该数据包含与劳动力工作状况相关的满意度情况，同时也包括性别、年龄、出生地、居住地、户口、教育程度、工作情况等基本信息。本数据最大的优势就是劳动力的工作情况和劳动者状态题目细致，因而在分析劳动力的工作满意度、生活幸福感之时，数据更加丰满。本章通过从数据中提取有价值的变量指标，获取调查对象生活幸福感的整体状态，以及户口类型、教育程度等指标对幸福感的影响，来观察性别、年龄、户口、教育程度等人力资本和工作满意程度的不同情况、工作保障情况等指标对劳动力生活幸福感的影响。为了更好地测量工作满意度和生活幸福感，本章将研究对象限于15~64岁的劳动力，经过整理后的有效样本数量为20071人，其中男性9380人，女性10691人。

一 幸福感相关情况描述

表5-1是2016年15~64岁劳动力幸福感的基本情况及其社会人口特征，根据对个体问卷"总的来说，您认为您的生活过得是否幸福？""总体来说，您对您的生活状况感到满意吗？""总体来说，您对您的家庭经济状况感到满意吗？"这一系列问题的回答，本研究对居民生活幸福感、生活状况满意度和家庭经济状况满意度的取值为1到5，分别对应非常不幸福（满意）、不幸福（满意）、一般、幸福（满意）、非常幸福（满意）。为了方便后续数据的操作化，

[①] "中山大学社会科学特色数据库——中国劳动力动态调查"是中山大学三期"985"项目，调查涉及除港澳台、西藏、海南之外的29个省、自治区、直辖市（文中简称为"全国"）。该调查采用分层抽样的方式收集社区、家庭、个人三个层次的样本，并分别采用社区问卷、家庭问卷、个人问卷对不同类型的样本进行问卷调查。2012年调查成功获得303个社区样本、10612个家庭样本、16253个个体样本的调查数据；2014年调查成功获得404个社区样本、14226个家庭样本、23594个个体样本的调查数据，其中有296个社区、8052个家庭、10053个个体为追访样本；2016年调查成功获得401个社区样本、14226个家庭样本、21086个个体样本的调查数据，其中有250个社区、8445个家庭、10063个个体为追访样本。

表5-1 统计变量的描述分析

单位：人，%

类别变量	百分比	样本量	类别变量	百分比	样本量
生活幸福感			家庭经济状况满意度		
幸福	63.37	12945	满意	59.72	11677
不幸福	36.63	7114	不满意	40.28	8394
生活状况满意度			健康状况		
满意	38.51	7481	健康	58.35	11885
不满意	61.49	12590	不健康	41.65	8166
性别			党员身份		
男	46.52	9380	党员	7.05	1457
女	53.48	10691	非党员	92.95	18614
婚姻状况			教育程度		
未婚（含同居）	15.55	3122	小学及以下	34.00	6640
已婚（初婚、再婚）	80.89	16237	初中	34.54	7040
独居（离异、丧偶）	3.56	704	高中到大专	25.11	5044
出生户口			本科及以上	6.35	1318
非农户口	13.62	2618	工作状况		
农业户口	86.38	16262	雇员	44.41	6016
目前户口			雇主	2.24	300
非农户口	18.50	3240	自雇	12.45	1725
农业户口	81.50	14290	务农	40.90	5634

数值型变量	均值	标准差	最小值	最大值	样本量
年龄	44.23	0.10	14	65	20071
年龄的平方	2096.37	8.75	196	4225	20071
收入水平	8.96	0.03	-6.91	14.93	13676

注：百分比数据全部依据加权数据处理所得。

本章将幸福感（满意度）区分为幸福（满意）和不幸福（不满意），其中得分1~3为不幸福（不满意），得分4~5为幸福（满意）。

从表5-1变量的统计性描述结果中可以看出，关于生活幸福感的评价，63.37%的人都认为自己幸福，只有36.63%的人评分低于或等于3分；而对比生活状况满意度，可以发现，61.49%的调查对象表示并不满足当前生活，也就是说虽然目前劳动力大部分幸福但对于生活状况的满足感不足；家庭经济状况满意度方面，有将近一半的劳动者表示不满意，可以想见，目前我国居民幸福感的各维度都处于一般水平。对于居民身体健康状况的调查数据显示：58.35%的居民身体健康状况很好，41.65%的居民身体健康状况一般或比较差。观察受访对象的政治面貌可以发现，7.05%的劳动者为党员。在劳动力群体中，已婚者占80.89%，仅有少部分为未婚和独居。教育程度方面，我国劳动力依然是初中及以下占绝大多数，本科及以上的仅有6.35%。工作状况方面，有44.41%为雇员，其次是务农，占比为40.90%，雇主和自雇者约15%。

图5-1显示，随着出生年份的推移，无论男女，调查对象的生活幸福感、生活状况满意度和家庭经济状况满意度都有较为显著的提高，其中出生年份越晚，幸福感越高。由图5-1的1a可以发现，随着出生年份的推移，无论男女，调查对象的生活幸福感有较为显著的提高。具体来看，1950~1978年出生的调查对象的幸福感得分变动幅度不大，男女也没有很大差距，均在3.7上下波动，但是，1978年及之后出生的女性的生活幸福感指数大大提升，而男性的幸福感指数却明显持续低于女性。图5-1的1b显示，生活状况满意度的性别差异并不明显，都是相随涨落的，1990年之后出生的群体幸福感总体上明显高涨。图5-1的1c显示，家庭经济状况满意度的性别差异也不明显，同时1950~1990年出生的群体的满意度得分相差不大，反而是90后对于家庭经济状况满意度更高。

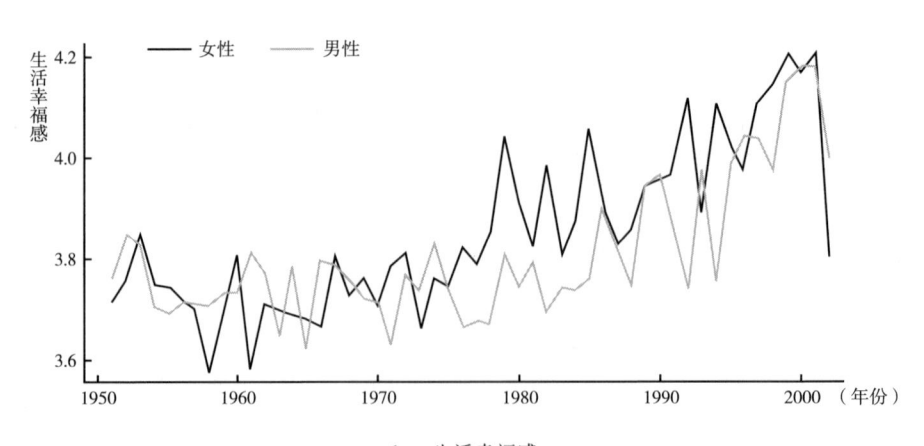

1a：生活幸福感

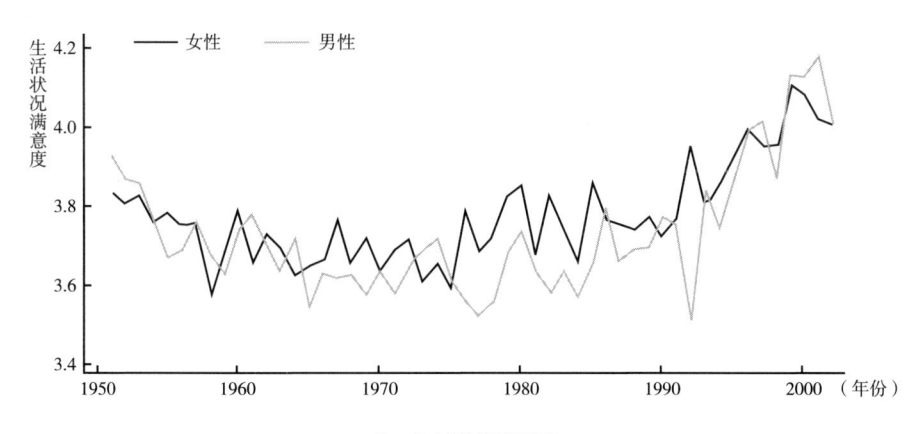

1b：生活状况满意度

1c：家庭经济状况满意度

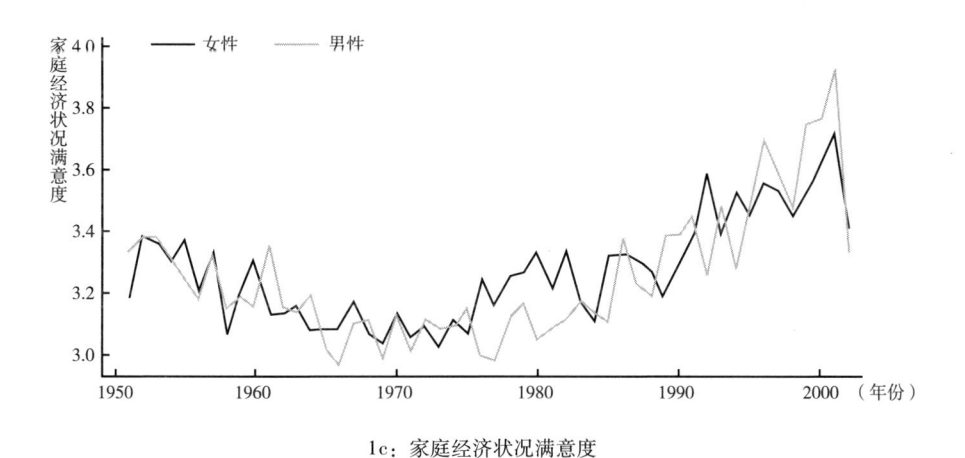

图 5-1 性别差异

图 5-2 是幸福感的城乡差异比较，城乡差异根据出生户口进行定义，出生时户口为农村户口的定义为农村户口，非农户口的则划分为非农户口。可以发现，调查对象的生活幸福感、生活状况满意度和家庭经济状况满意度都有提高，但明显的是，非农户口劳动力的幸福感一直低于农业户口，不管是生活幸福感、生活状况满意度还是家庭经济状况满意度。具体来说，图 5-2 的 2a 显示，不同出生年份劳动力的生活幸福感持续上升但幅度不大，非农户口劳动力总体呈平稳态势，农业户口劳动力群体

的生活幸福感波动较大；图5-2的2b和2c显示，不同出生年份劳动力的生活状况满意度和家庭经济状况满意度都呈U形，1970年前后出生的人群对生活状况满意度较低，1965年前后出生的人群对家庭经济状况的满意度相对较低，这可能与当前1970年前后出生的群体在承担着"上有老下有小"的家庭压力相关，但农业户口群体的满意度一直保持在非农户口之上。有可能这就是学者们所讨论的相对剥夺感作用的结果（黄嘉文，2016；Mcbride，2001），也有可能是需求不同所导致的差异化，有待继续探究。

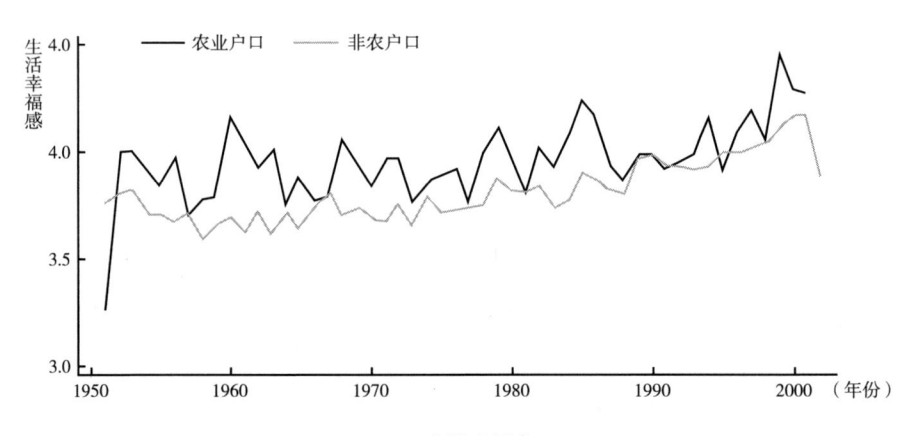

2a：生活幸福感

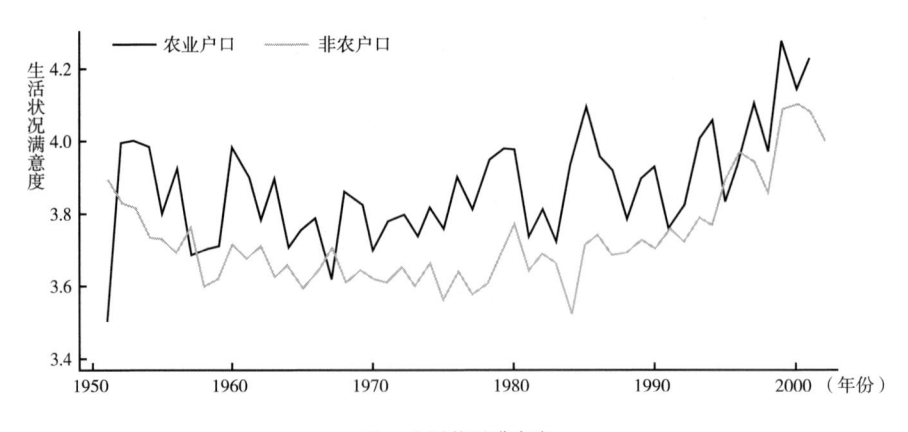

2b：生活状况满意度

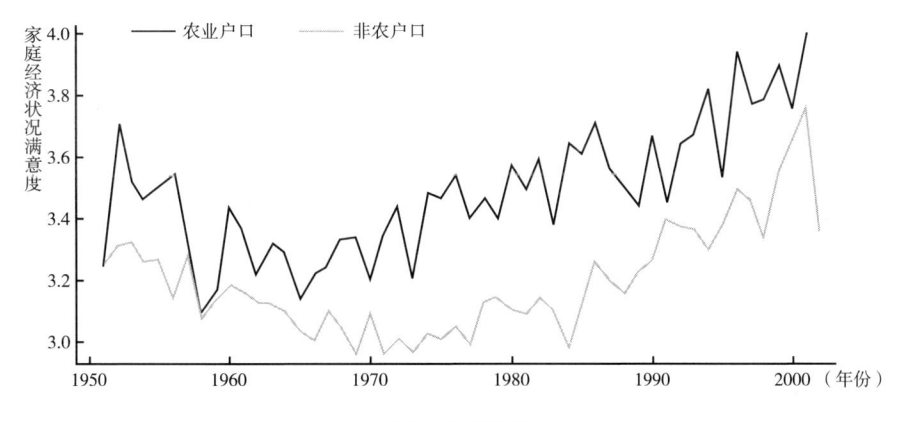

2c：家庭经济状况满意度

图 5-2　城乡差异

图 5-3 是不同教育程度对幸福感的影响示意图，可以发现不同教育程度的人的生活幸福感也有一定差异，不管是哪年出生，教育程度越高的群体，无论是生活幸福感、生活状况满意度还是家庭经济状况满意度，都更高。虽然出生年份不同，但是本科及以上的人的生活幸福感要高于高中到大专的人，初中及以下的人的生活幸福感得分相对更低，如图 5-3 的 3a、3b、3c 所示。同时也发现，随着出生年份的变化，幸福感的各个维度都相对较平稳，没有很大的波动。

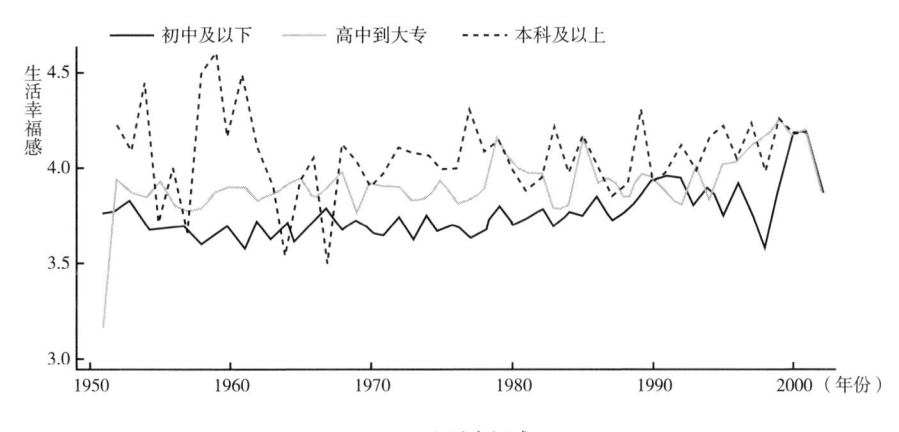

3a：生活幸福感

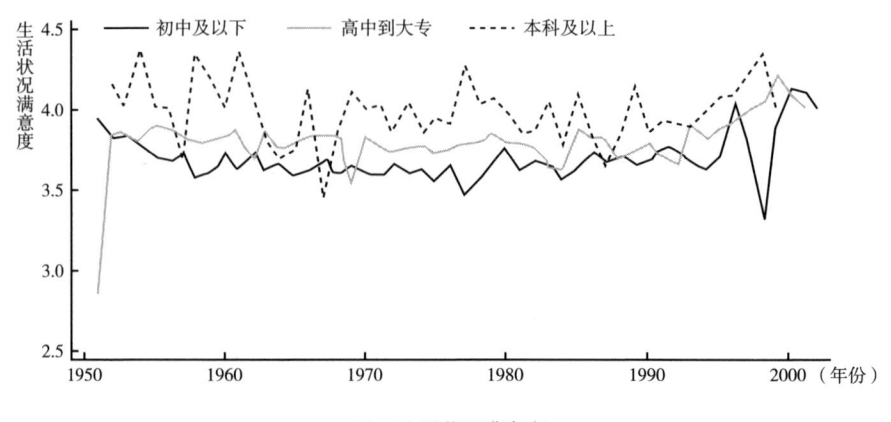

3b：生活状况满意度

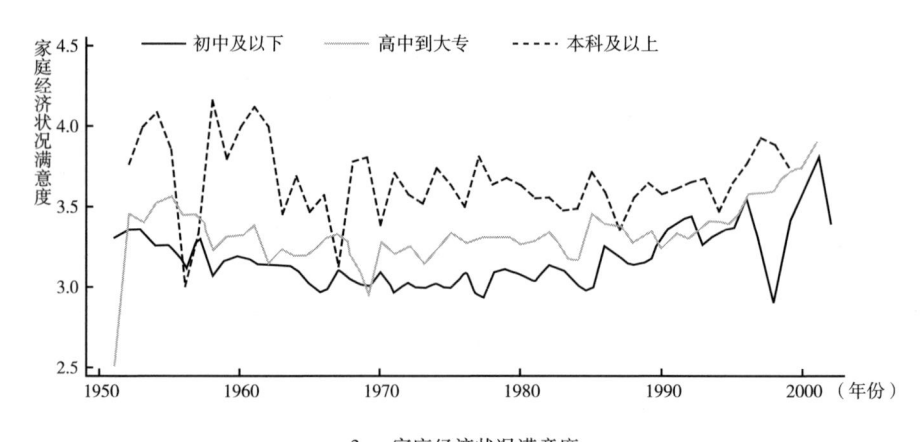

3c：家庭经济状况满意度

图 5-3 教育程度差异

图 5-4 显示，不同的婚姻状况也会导致一定的生活幸福感差异，同时考虑到样本的数量问题，如表 5-2 所示，分年龄段的统计显示，14~25 岁的年龄组中未婚的居多，一小部分是初婚，再婚、离异非常少，26 岁以上的四个年龄组中均是初婚的占绝大部分，同居和未婚的比例非常小，如果将婚姻类型划分得比较具体则会由于样本量过小而影响结果，因而本章将婚姻状态划分为两种：有伴侣和无伴侣，其中有伴侣主要是初婚、再婚和同居，无伴侣包括未婚、离异和丧偶。

第五章 工作满意度和生活幸福感

4a：生活幸福感

4b：生活状况满意度

4c：家庭经济状况满意度

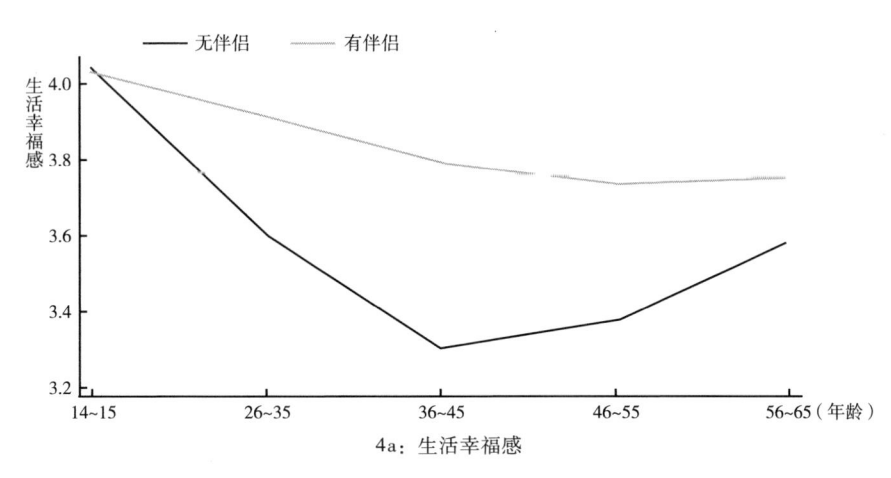

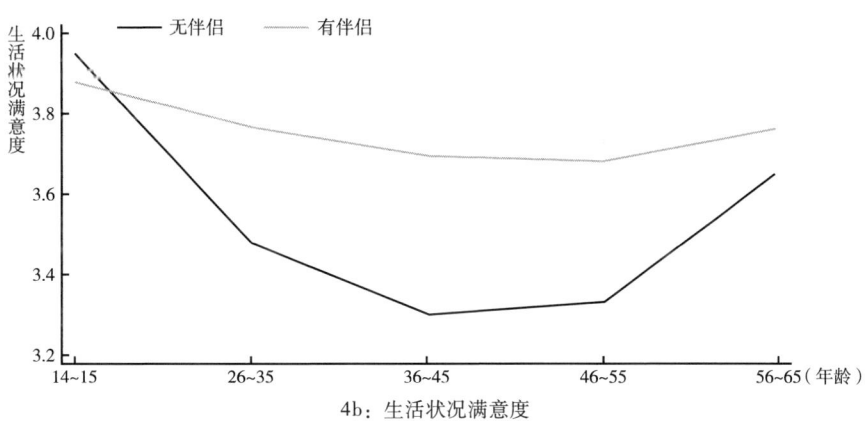

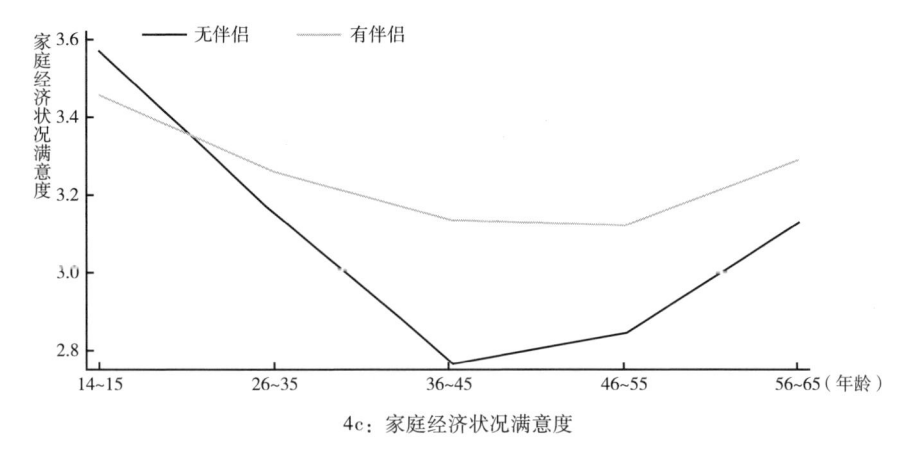

图 5-4 婚姻状况差异

表5-2 被访者婚姻状况不同年龄段样本量

单位：人

年龄段	未婚	初婚	再婚	离异	丧偶	同居	总计
14~25岁	2240	421	7	2	0	15	2685
26~35岁	531	2503	63	49	5	21	3172
36~45岁	97	3585	107	110	23	25	3947
46~55岁	74	5191	155	106	111	42	5679
56~65岁	38	4079	126	48	250	39	4580
总计	2980	15779	458	315	389	142	20063

图5-4是不同婚姻状况对幸福感的影响示意图，可以发现有伴侣群体与无伴侣群体的幸福感有着显著差异。具体来说，图5-4的4a显示，有伴侣群体的生活幸福感完全在无伴侣之上，有伴侣群体的生活幸福感随着年龄段的提高缓慢降低，而无伴侣群体在14~35岁中直线下降，而在36岁之后缓慢上升，也就是说当一个人的无伴侣状态发生在36岁前后时，生活幸福感最低。同样地，生活状况满意度如图5-4的4b所示，有伴侣群体的生活状况满意度完全在无伴侣之上，有伴侣群体的生活状况满意度随着年龄段的提高缓慢降低，而无伴侣群体在14~35岁中直线下降，而在36岁之后缓慢上升。家庭经济状况满意度也如此，有伴侣群体在无伴侣之上，在36~45年龄组为最低，可能是由于此年龄组面临着上有老下有小的各种经济压力。

二 工作满意度的指标构建

工作满意度是工作者在心理和生理上对于工作情境的主观反应，影响工作满意度的要素主要包括工作条件、工作保障和工作内容等客观因素。工作满意度同时受到工作感受、自我价值的实现等心理感受的影响。工作满意度的多数评价指标可以直接从CLDS个人问卷中获得。CLDS个人问卷的相关内容主要有"基本情况""教育经历""工作状况""工作史"及"劳动者状态"等项目，其中涉及劳动力的工作满意度的问题也都涵盖其中。关于劳动力的工作满意度，本章选取了问题"请您对您目前/最后一份工作状况进行评价"，评价主要从两个方面进行：工作所带来的收益方面（收入、晋升机会、他人给予的尊重、工作中表达意见的机会等）、工作带来的体验方面（工作安全性、工作环境、工作时间、工作有趣、工作合作者、能力和技能使用以及对工作的整体满意度等）。

从图5-5可以发现，具体到工作满意度的各个维度，得分都是不同的，其中调查对象最为满意的是他人给予的尊重和工作合作者、工作安全性，其次是工作环境、能力和技能使用以及工作中表达意见的机会，得分最低的是收入、晋升机会和工作有趣，可以想见大部分人的满意度并不高，也就是说目前工作虽然保障了劳动力的身心安全和一定的权利，但是给予劳动力的物质回馈并不能满足其需求，同时也没有给予劳动力对于未来工作前景的展望。

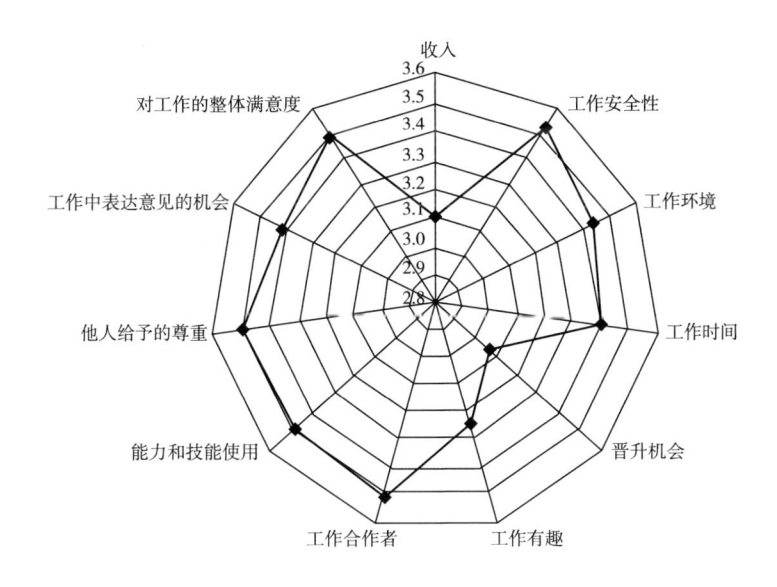

图5-5 工作满意度雷达图

为了更好地构建工作满意度的指标体系，本章在上述工作满意度维度的基础上，补充了与工作相关的合同签订以及五险一金的购买方面的保障情况，对相关变量的有效回答数目如表5-3所示。

表5-3 工作满意度因子分析选取的变量

单位：人

变量	对各变量有效的回答数量	变量	对各变量有效的回答数量
对收入的满意程度	16455	对表达意见的满意程度	13207
对工作安全性的满意程度	16223	对整体的满意度	16389
对工作环境的满意程度	16270	合同签订	20071
对工作时间的满意程度	16214	医疗保险	20071
对晋升机会的满意程度	9193	养老保险	20071
对工作有趣的满意程度	14848	工伤保险	20071
对工作合作者的满意程度	13988	生育保险	20071
对能力和技能使用的满意程度	15010	失业保险	20071
对尊重的满意程度	15188	公积金	20071

为了深入地了解变量间的关系，本章使用主成分分析法对测量工作满意度的18个指标进行因子分析，经过斜交旋转，得出特征值大于1的两个工作满意度因子（如图5-6所示，特征值等于1处的水平线标示了保留主成分的常用分界点，因子个数为两个时，特征值均大于1，因此选择两个因子）。

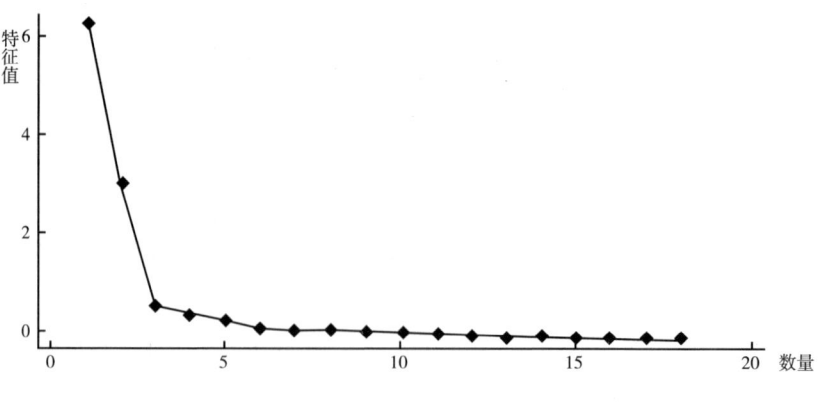

图5-6 因子分析碎石图

根据表 5-4 的因子分析结果，总结出表 5-5 的高载荷指标，可以发现第一个因子与工作所带来的收益方面（收入、晋升机会、他人给予的尊重、工作中表达意见的机会等）、工作带来的体验方面（工作安全性、工作环境、工作时间、工作有趣、工作合作者、能力和技能使用以及对工作的整体满意度等）密切相关，因而命名为"价值体现和自主程度因子"；第二个因子与合同签订、五险一金情况密切相关（因子负载分别为 0.4459、0.1501、0.3121、0.8811、0.8472、0.9169、0.6686），本章将其命名为"基本保障和稳定需求因子"。

表 5-4 因子分析结果

变量	因子一（价值体现和自主程度）	因子二（基本保障和稳定需求）	变量	因子一（价值体现和自主程度）	因子二（基本保障和稳定需求）
收入	0.6046	0.0116	对工作的整体满意度	0.8375	0.0072
工作安全性	0.7395	0.0371	合同签订	0.0118	0.4459
工作环境	0.7714	0.0254	医疗保险	0.0289	0.1501
工作时间	0.7238	0.0201	养老保险	0.0346	0.3121
晋升机会	0.6569	-0.0388	工伤保险	0.0000	0.8811
工作有趣	0.7528	-0.0718	生育保险	-0.0014	0.8472
工作合作者	0.7458	0.0200	失业保险	-0.0065	0.9169
能力和技能使用	0.7580	0.0410	公积金	0.0219	0.6686
他人给予的尊重	0.7871	0.0257	特征值	6.14811	3.23656
工作中表达意见的机会	0.7710	0.0111	变异比(%)	0.6559	0.3453

表 5-5 高载荷指标

	高载荷指标	因子命名
因子 1	收入、晋升机会、他人给予的尊重、工作中表达意见的机会、工作安全性、工作环境、工作时间、工作有趣、工作合作者、能力和技能使用、对工作整体满意度	价值体现和自主程度因子
因子 2	合同签订、养老保险、工伤保险、生育保险、失业保险、公积金	基本保障和稳定需求因子

三 幸福感与工作满意度

劳动力的幸福感与工作满意度之间是否存在一定的关系，工作满意度是否会影响劳动力幸福感的评价呢？表 5-6 为相关关系的展现，可以发现，无论

表5-6 相关系数表

	幸福感	生活状况	经济状况	年龄	性别	政治面貌	婚姻状况	从军经历	出生户口	外貌	健康程度	教育程度	价值体现	基本保障
幸福感	1.00													
生活状况	0.78	1.00												
经济状况	0.54	0.63	1.00											
年　龄	-0.06	0.00	0.00	1.00										
性　别	-0.03	-0.03	0.00	0.03	1.00									
政治面貌	0.08	0.09	0.10	0.06	0.13	1.00								
婚姻状况	-0.01	0.01	-0.01	0.30	-0.06	-0.01	1.00							
从军经历	0.03	0.03	0.04	0.07	0.17	0.29	0.02	1.00						
出生户口	-0.06	-0.06	-0.08	-0.07	0.03	-0.13	0.00	-0.03	1.00					
外貌	0.17	0.16	0.14	-0.15	-0.05	0.07	0.00	0.02	-0.12	1.00				
健康程度	0.21	0.20	0.22	-0.25	0.03	0.04	-0.09	0.02	-0.03	0.13	1.00			
教育程度	0.14	0.11	0.12	-0.36	0.05	0.32	-0.16	0.06	-0.35	0.21	0.16	1.00		
价值体现	0.31	0.34	0.33	0.01	0.01	0.14	0.01	0.03	-0.06	0.12	0.13	0.16	1.00	
基本保障	0.11	0.08	0.08	-0.23	0.03	0.21	-0.09	0.04	-0.26	0.12	0.12	0.55	0.15	1.00

第五章　工作满意度和生活幸福感

是劳动力的幸福感、生活状况满意度还是家庭经济状况满意度，与工作满意度的两个公因子"价值体现和自主程度"（相关值分别是 0.31、0.34、0.33）、"基本保障和稳定需求"（相关值分别是 0.11、0.08、0.08）都有一定的相关关系，因而二者之间有一定关系。本章的前面部分已通过双变量或者三变量的图表表述了我国不同群体劳动力的幸福感分布。从表 5-6 可以发现，这些变量之间都有相关的关系。由于在没有控制其他变量的情况下，不能清晰地展现幸福感的分布，因而本章需要在既有文献的基础上，控制一些基本变量，用回归的方法展现幸福感的分布。本章的幸福感主要区分为生活幸福感、生活状况满意度、家庭经济状况满意度三部分，而这三个变量均为二分变量，即幸福/不幸福、满意/不满意，因而本章选择逻辑模型（Logit Model）进行分析，数据结果详见表 5-7。

（一）变量介绍

1. 因变量

本章将幸福感理解成包括生活幸福感、生活状况满意度、家庭经济状况满意度在内的三个维度，因而因变量有生活幸福感、生活状况满意度、家庭经济状况满意度，全部为二分变量，其中 1 为幸福/满意，0 为不幸福/不满意。

2. 自变量

（1）工作满意度　根据上一部分的因子分析，总结出了工作满意度的两个公因子，分别是价值体现和自主程度因子、基本保障和稳定需求因子，在模型中作为两个变量放入其中，代表工作满意度与生活幸福感的关系，其中公因子得分越高，代表工作满意度分值也越高。

（2）收入　模型中采用被调查者年收入以及收入的自然对数，即个体问卷中对"您 2015 年各类收入总计是_____元"问题的回答，由于这部分仅针对"过去一年有工作者"进行调查，因而缺失了部分 2015 年没有工作的人群。

（3）单位性质　本研究按单位性质分类，共区分了 11 种不同性质的单位：党政机关、人民团体、军队，国有/集体事业单位，国营企业，集体企业，村居委会等自治组织，民营、私营企业，外资、合资企业，民办非企业、社团等社会组织，个体工商户，农林牧副渔生产和自由工作者。其中前四个单位的类型同时存在有编制和没有编制的情况，因而在进行生活幸福感影响因素的回归分析时，分析了12个虚拟变量，即在党政机关有编制，在党政机关没编制，在国有/集体事业单位有编制，在国有/集体事业单位没编制……，依此类推，其中选取了农林牧副渔业为参照组。

3. 人力资本变量

（1）性别　随着近些年女权主义的兴起，女性的地位在逐步变化，那么女性的幸福感是否也会随着地位的变化而有一定程度的变化呢？随着女性地位的变化和日益多元的生活压力，男性的生活幸福感又是否受到影响呢？该变量是定类变量，笔者设定男为1，女为0。

（2）年龄　鉴于不同时代的人群对于幸福感理解的不同和对生活品质要求的差异性，年龄变量是不是会直接影响劳动力的生活幸福感呢？同时年龄对生活幸福感的影响会不会有某个最高点呢？因而加入年龄的平方变量进行分析。该变量为连续性变量。

（3）户口　有出生户口和现在户口两个变量，均加入模型，按照之前的研究，劳动力出生时的户口影响着劳动力成长的方方面面。同样地，现在的户口类型也影响着其生活的方方面面，非农户口劳动力拥有着较农业户口劳动力更多的社会保障和保险，也有着更多的社会资源，因此，本章既将出生户口，也将现在户口作为控制变量置于模型之中。户口变量在本章中主要分为农业户口与非农业户口两种，以非农业户口为参照组，笔者设定农业户口为1，非农业户口为0。

（4）教育程度　教育是衡量人力资本的一个关键性变量，人力资本是决定业绩回报的重要因素，因此假设同等条件下，高学历者在收入上具有明显优势。本章将教育程度分为四类，作为定序变量，分别是小学及以下、初中、高中与大学及以上，在模型中将教育程度转化为虚拟变量进行操作，将小学及以下作为参照组进行分析。

（5）婚姻状况　婚姻情况会影响生活幸福感毋庸置疑。本章中的婚姻状况将依据个人问卷中的婚姻状况，主要有未婚、初婚、再婚、离异、丧偶和同居几种类型，笔者将该变量设置为虚拟变量，分为两类，其中初婚、再婚、同居作为有伴侣群体，未婚、离异、丧偶同属于无伴侣群体作为参照组进行分析。

（6）长相状况　外貌一般会影响一个人的自我评价，同时影响生活幸福感，长相姣好的人群受到的赞美较多，从而会感觉更幸福。在本数据中，使用访问员自填部分"您觉得被访者的长相怎样"，漂亮程度得分从低到高（满分10分），得分越高越好看，本章将长相状况变量视为连续变量。

（7）健康状况　身体健康情况不仅影响工作选择，同样还会影响生活幸福感。本章使用个体问卷中的问题"您认为自己现在的健康状况如何"，选项依次为非常健康、比较健康、一般、有慢性病、有传染病，本章将健康情况变量视为定序变量。为了方便对结果进行说明，我们将健康程度由不健康到非常健康依次进行了排序，1为有传染病，2为有慢性病，3为一般，4为比较健康，5为非常健康。

（8）党员身份　指被调查者是不是党员，使用个体问卷中的问题"您的政治面貌是？"其编码是：党员=1，非党员=0，其中民主党派也被划归为党员。

（二）结果讨论

在控制了其他变量后，我们发现，大多数变量仍然对生活幸福感、生活状况满意度、家庭经济状况满意度有显著影响（表5-7）。具体来说，女性的生活幸福感和生活状况满意度都要显著高于男性，而家庭经济状况满意度在性别上并没有显著差异。同时我们发现，随年龄增大，生活幸福感、生活状况满意度和家庭经济状况满意度都呈降低趋势，而年龄平方的系数为正值且显著，因而当到达一定年龄后，幸福感和满意度达到最谷底，之后便有上升趋势。教育程度方面，可以发现，教育程度为初中的劳动力与小学及以下的劳动力之间的幸福感评价并没有显著差别，反而是本科及以上的群体的生活幸福感更高，而高中群体与参照组相对比，生活幸福感更高，但是家庭经济状况满意度更低。

劳动力的婚姻状况对于其幸福感有着显著影响，可以看到有伴侣的群体的生活幸福感、生活状况满意度和家庭经济状况满意度都显著高于无伴侣群体。从军经历对于生活幸福感和生活状况满意度没有显著影响，但是对于家庭经济状况满意度却有着显著的正向影响，也就意味着从军经历会增加劳动力对家庭经济状况的满意度。图5-2所反映出的城乡差异在模型中并不显著，无论是出生时户口划分还是按照现在户口进行比较，劳动力的幸福感均没有显著差异，因而可以表明在控制了其他变量的情况下，劳动力的幸福感并不会因为户口的不同而有差异，这也就再次验证了之前学者们的讨论，即参照群体的不同会导致幸福感评分的主观性（黄嘉文，2016）。政治面貌对于幸福感也没有显著影响。

随着人们对身体健康的关注，健康程度也成为劳动力幸福感评价的重要影响因素，如表所示健康状况越好的劳动力，生活幸福感和生活状况满意度、家庭经济状况满意度都越高。与此同时，我们可以发现，在不以貌取人的现代，长相无论是对于劳动力的生活幸福感还是生活状况满意度，抑或是对家庭经济状况满意度，都有着显著的正向影响，也就是说，越是漂亮的人，幸福感越高。

从表5-7中笔者还发现，关于劳动力的工作状态，无论是雇主还是雇员，都仅仅对家庭经济状况满意度有显著影响。不同的是，与务农群体对比，雇员群体对于家庭经济状况满意度有显著的负向影响，而雇主群体则为显著的正向影响，表明雇主群体对家庭经济状况的满意度显著高于务农群体，务农群体同时又显著高于雇员群体。同时，笔者将劳动力的单位类型细致划分之后，可以看到，党政机关（含人民团体、军队）、（国有、集体）事业单位、国营企业、集体企业中有编制的劳动力的生活幸福感或生活状况满意度或家庭经济状况满意度至少有一项是显著高于参照组的，而外资、合资企业的工作人员无论是生活幸福感还是生活状况满意度，又或是家庭经济状况满意度都（显著）低于参照群体。

表5-7 幸福感影响因素的 logit 分析

变量名	模型一 生活幸福感	模型二 生活状况满意度	模型三 家庭经济状况满意度
年龄	-0.0774 *** (0.0170)	-0.0836 *** (0.0168)	-0.0772 *** (0.0163)
年龄的平方	0.000891 *** (0.000193)	0.00105 *** (0.000192)	0.000991 *** (0.000186)
性别(男性=1)	-0.100 * (0.0558)	-0.113 ** (0.0549)	-0.0547 (0.0534)
政治面貌(党员=1)	0.0877 (0.112)	0.0751 (0.108)	0.125 (0.0983)
婚姻状况(有伴侣=1)	0.624 *** (0.0880)	0.449 *** (0.0866)	0.156 * (0.0860)

续表

变量名	模型一 生活幸福感	模型二 生活状况满意度	模型三 家庭经济状况满意度
从军经历	0.115 (0.178)	0.209 (0.176)	0.410** (0.160)
出生户口(农业户口=1)	0.146 (0.113)	0.102 (0.110)	-0.165 (0.103)
现在户口(农业户口=1)	0.00433 (0.110)	-0.148 (0.107)	0.0243 (0.102)
外貌评价	0.151*** (0.0182)	0.166*** (0.0180)	0.143*** (0.0174)
健康情况	0.747*** (0.0569)	0.686*** (0.0567)	0.829*** (0.0577)
教育程度(参照组:小学及以下)			
初中	0.111 (0.0714)	0.0269 (0.0713)	-0.105 (0.0708)
高中	0.193** (0.0886)	-0.0514 (0.0875)	-0.151* (0.0858)
本科及以上	0.383*** (0.148)	0.0790 (0.143)	0.153 (0.134)
工作状态(参照组:务农)			
雇员	-0.123 (0.138)	-0.146 (0.137)	-0.256* (0.137)
雇主	-0.0336 (0.117)	0.0966 (0.116)	0.202* (0.114)
自雇	-0.299 (0.269)	0.0158 (0.255)	0.253 (0.230)
单位类型(参照组:农林牧副渔业)			
党政机关等(有编制)	0.273 (0.315)	0.395 (0.302)	0.572** (0.273)
党政机关等(无编制)	-0.334 (0.324)	-0.0121 (0.324)	0.127 (0.314)
事业单位(有编制)	0.375* (0.212)	0.387* (0.203)	0.140 (0.192)
事业单位(无编制)	0.277 (0.224)	0.368* (0.217)	0.282 (0.205)
国营企业(有编制)	0.423* (0.254)	0.526** (0.246)	0.287 (0.226)

续表

变量名	模型一 生活幸福感	模型二 生活状况满意度	模型三 家庭经济状况满意度
国营企业（无编制）	0.0300 (0.229)	-0.0614 (0.222)	-0.198 (0.222)
集体企业（有编制）	1.142** (0.533)	1.022** (0.482)	0.699* (0.424)
集体企业（无编制）	0.167 (0.314)	0.290 (0.309)	0.302 (0.298)
村居委会等自治组织	0.0937 (0.243)	0.217 (0.239)	0.208 (0.224)
民/私企	-0.0987 (0.141)	0.0591 (0.139)	-0.0518 (0.139)
外/合企	-0.472** (0.232)	-0.518** (0.228)	-0.229 (0.231)
社会组织	0.352 (0.431)	0.814* (0.446)	0.248 (0.395)
个体工商户	0.201 (0.141)	0.0788 (0.138)	0.113 (0.135)
自由工作者	0.924* (0.498)	0.610 (0.483)	0.743 (0.488)
工作满意度			
价值体现和自主程度因子	0.547*** (0.0296)	0.639*** (0.0300)	0.607*** (0.0294)
基本保障和稳定需求因子	0.0855** (0.0404)	0.0126 (0.0390)	0.0114 (0.0370)
常数项	0.156 (0.380)	0.270 (0.374)	-0.287 (0.361)
观察值	7349	7349	7349

注：*** $p<0.01$，** $p<0.05$，* $p<0.1$。

表5-7显示，代表着工作满意度的"价值体现和自主程度因子"无论是对于生活幸福感还是生活状况满意度、家庭经济状况满意度都有着显著的正向影响，也就意味着对于工作越满意的劳动力，其生活幸福感指数越高，对于生活状况和家庭经济状况也越满意；"基本保障和稳定需求因子"对于生活幸福感有着显著的正向影响，而对于生活状况满意度和家庭经济状况满意度则没有显著的影响，表明五险一金和工作的稳定带给劳动力的保障和安全感虽然对于

生活状况和家庭经济没有显著的影响，但会直接影响到对幸福感的评估。这也就验证了之前的假设：工作满意度直接影响着劳动力的幸福感。

四　总结与讨论

本章从工作满意度和生活幸福感的视角出发，通过 CLDS 2016 调查数据，描述了不同群体（主要根据人力资本进行区分，如户口、性别、教育程度等）的幸福感差异。研究发现，在我国现有劳动力中，女性的幸福感有了显著提升，且高于男性，尤其是在最年轻的一代人中更为明显。同时，非农户口劳动力的幸福感得分在各个年龄段都低于农业户口劳动力，虽然这看似不合逻辑，实际上可能意味着幸福感会由于参照群体的不同影响得分，农业户口劳动力可能根据地缘、血缘等，与自己的同乡同族劳动力进行比较，因而导致幸福感指数总体较高，至于具体机制还需要更深入的讨论。随着教育水平的提高，劳动力的幸福感也逐渐提升，本科及以上群体的幸福感得分最高，其次是高中到大专，最后是初中及以下。婚姻状况中有伴侣群体的幸福感显著高于没有伴侣的群体，其中有伴侣群体的幸福感相对比较平稳，随着年龄的增大有一定程度的下降，没有伴侣群体的幸福感得分呈 U 形，即 36 岁之前没有伴侣群体的幸福感指数一路下滑，而跨过 36 岁这个界限之后便逐步上升，但得分一直处于有伴侣群体之下。

与此同时，为了更加详尽地探究工作满意度与幸福感之间的联系，本章又构建了工作满意度评价指标，来进行后续分析。具体来说，先通过提取"价值体现和自主程度因子""基本保障和稳定需求因子"两个公因子作为评判工作满意度的基本指标，作为影响幸福感的因素，进行回归分析，来看工作满意度对幸福感是否有显著影响。研究发现，性别、年龄、户口、教育程度、健康状况、婚姻状况、外貌状况对于幸福感有显著的影响，同时劳动力的工作状态和单位类型也对其幸福感有一定影响，并且工作满意度的两个公因子也对幸福感有显著影响。

综上所述，本章通过数据初步描绘了不同性别、户口类型、教育程度等劳动力幸福感的基本情况，以及工作状态、单位类型、工作满意度等对幸福感的影响，至于工作流动情况、劳动力迁移状况等更具体的原因所引起的幸福感差异则需要更深入的研究。

参考文献

1. 边燕杰、肖阳:《中英居民主观幸福感比较研究》,《社会学研究》2014年第3期。
2. 官皓:《收入对幸福感的影响研究:绝对水平和相对地位》,《南开经济研究》2010年第5期。
3. 黄嘉文:《收入不平等对中国居民幸福感的影响及其机制研究》,《社会》2016年第4期。
4. 李路路、石磊:《经济增长与幸福感——解析伊斯特林悖论的形成机制》,《社会学研究》2017年第3期。
5. 刘军强、熊谋林、苏阳:《经济增长时期的国民幸福感——基于CGSS数据的追踪研究》,《中国社会科学》2012年第12期。
6. 丘海雄、李敢:《国外多元视野"幸福"观研析》,《社会学研究》2012年第2期。
7. 王鹏:《收入差距对中国居民主观幸福感的影响分析——基于中国综合社会调查数据的实证研究》,《中国人口科学》2011年第3期。
8. 吴菲:《更富裕是否意味着更幸福?——基于横截面时间序列数据的分析(2003~2013)》,《社会》2016年第4期。
9. 吴菲、王俊秀:《相对收入与主观幸福感:检验农民工的多重参照群体》,《社会》2017年第3期。
10. 邢占军:《我国居民收入与幸福感关系的研究》,《社会学研究》2011年第1期。
11. Mcbride, Michael. 2001. "Relative-income Effects on Subjective Well-being in the Cross-section." *Journal of Economic Behavior and Organization* 45 (3): 251–278.

第六章
劳动力健康

吴少龙　蔡　畅

一　健康及医疗概况

（一）健康自评

表6-1结果显示，有将近六成（57.31%）的劳动力认为自己目前是健康的（包括健康和非常健康），2012年的数据中该比例为62.08%，健康自评中健康的比例有所下降。健康状况一般的比例为27.23%，2012年数据中该比例为28.83%。15.46%的劳动力认为自己目前不健康（包括比较不健康和非常不健康），2012年数据中该比例为9.09%，不健康的自评比例上升。

个人特征上，13.79%的男性劳动力认为自己不健康，16.97%的女性劳动力认为自己不健康。2012年数据中7.5%的男性劳动力认为自己不健康，10.74%的女性劳动力认为自己不健康。男性的自评不健康状况比例增加，女性自评不健康比例减小。15~29岁低龄劳动力认为自己目前健康的比例最高，为81.35%。30~44岁中龄劳动力这一比例次之，为65.22%。45岁及以上高龄劳动力认为自己目前健康的比例最低，为45.91%。2012年数据中三者占比分别为79.20%、63.06%、43.71%。各年龄组自评健康的比例均有上升。

总体来看，女性的自评状况差于男性：女性自认为比较不健康的比例为14.58%，自认为非常不健康的比例为2.39%。男性自认为比较不健康的比例为11.92%，自认为非常不健康的比例为1.87%。2014年数据中，女性自认为比较不健康的比例为12.27%，自认为非常不健康的比例为1.96%。男性自认为比较不健康的比例为9.39%，自认为非常不健康的比例1.73%。对比可见，男性和女性自评健康状况均有所下降。

表6-1 全国及不同性别、年龄组劳动力的健康状况

单位:%

健康状况	全国	性别		年龄组		
		男	女	15~29岁	30~44岁	45岁及以上
非常健康	18.87	20.67	17.25	34.38	22.50	12.18
健康	38.44	39.20	37.76	46.97	42.72	33.73
一般	27.23	26.35	28.02	16.15	26.05	31.36
比较不健康	13.32	11.92	14.58	1.92	7.61	19.61
非常不健康	2.14	1.87	2.39	0.58	1.12	3.12
合计	100	100	100	100	100	100

从户口及地区差异来看（见表6-2），非农户口劳动力认为自己目前健康的比例（64.71%）高于农业户口劳动力的这一比例（55.16%）。东部地区劳动力认为自己目前健康的比例最高（61.48%），西部地区次之，中部地区最低（分别为58.50%和53.13%）。2012年数据中东部、中部、西部的比例分别为66.83%、59.11%、60.42%。相比之下，西部地区的自评健康状况排名上升，但是各地区的自评健康比例均下降。

表6-2 全国及不同户口性质、地区劳动力的健康状况

单位：%

健康状况	全国	户口性质		地区		
		农业	非农业	东部	中部	西部
非常健康	18.87	18.62	22.14	19.42	17.39	21.02
健康	38.44	36.54	42.57	42.06	35.74	37.48
一般	27.23	26.83	26.63	26.68	28.67	25.13
比较不健康	13.32	15.53	7.53	10.43	15.56	13.92
非常不健康	2.14	2.48	1.12	1.41	2.64	2.45
合计	100	100	100	100	100	100

从受教育程度来看，随着受教育程度的提高，劳动力的健康自评状况越来越好。大学本科及以上、大专受教育程度劳动力认为自己目前健康的比例分别为78.07%、71.28%。2012年数据中这一比例在两类人群中的值分别为

76.33%、76.25%。本科及以上受教育程度劳动者的健康自评状况下降，大专受教育程度劳动力的自评健康状况较之前有所改善。小学未毕业、小学受教育程度劳动力的这一比例分别为39.41%、44.45%。2012年数据中这一比例分别为37.65%、55.10%。小学未毕业受教育程度劳动力自评健康状况好转，小学受教育程度劳动力自评健康状况变差。

表6-3 不同受教育程度劳动力的健康状况

单位：%

健康状况	小学未毕业	小学	初中	高中	职高、技校、中专	大专	本科及以上	合计
非常健康	10.04	12.73	21.03	23.88	25.01	25.60	25.87	18.88
健康	29.37	31.72	39.83	42.84	45.57	45.68	52.20	38.44
一般	27.41	30.88	28.32	23.67	24.12	23.76	19.37	27.21
比较不健康	28.25	21.16	9.33	8.63	4.41	4.44	2.36	13.33
非常不健康	4.93	3.50	1.49	0.99	0.89	0.52	0.19	2.15
合计	100	100	100	100	100	100	100	100

从劳动力的从业状态看，雇主认为自己目前健康的比例最高，为88.33%。其次为自雇者和务农者，自雇者为71.5%，务农者为58.99%，雇员认为自己目前健康的比例最低，为58.72%。2012年数据中，务农者认为自己目前健康的比例最低，为47.68%，雇主、雇员、自雇劳动者的自评健康比例分别为75.78%、70.74%、65.76%。

表6-4 不同从业状态劳动力的健康状况

单位：%

健康状况	雇员	雇主	自雇	务农	合计
非常健康	21.17	7.79	17.38	24.95	20.45
健康	37.55	80.54	54.12	34.04	40.79
一般	33.85	11.67	13.98	28.61	30.61
比较不健康	7.27	0.00	10.75	11.44	7.58
非常不健康	0.15	0.00	3.77	0.97	0.58
合计	100	100	100	100	100

（二）健康的影响

表 6-5 的结果显示，身体健康问题没有影响到工作或日常活动的比例为 30.43%，很少影响的占到 24.44%，合计 54.87%，经常及总是有影响的占 16.81%。2012 年数据中，没有影响及很少影响的合计占比为 80.28%。经常及总是有影响的占 6.30%。身体健康问题对工作或日常活动的影响有所增加。女性近期内身体健康问题对工作或日常活动的影响重于男性。15.21% 的女性近期内经常受身体健康问题的影响，2.96% 的女性近期内总是受身体健康问题的影响。12.35% 的男性近期内经常受身体健康问题的影响，2.74% 的男性近期内总是受身体健康问题的影响。2014 年数据中，上述的四种比例分别为 6.77%、1.30%、4.74%、1.38%。对比可见，男性和女性近期内身体健康问题对工作或日常活动的影响均有所加重。

情绪健康问题没有影响到工作或日常活动的比例为 36.72%，很少影响的占到 32.40%，合计 69.12%，经常及总是有影响的占 6.6%。2012 年数据中，没有影响及很少影响的合计占比为 80.47%，经常及总是有影响的占 3.71%。情绪健康问题对工作或日常活动的影响也有所增加。女性近期内情绪健康问题对工作或日常活动的影响重于男性。5.90% 的女性近期内经常受情绪健康问题的影响，1.09% 的女性近期内总是受情绪健康问题的影响。5.48% 的男性近期内经常受情绪健康问题的影响，0.60% 的男性近期内总是受情绪健康问题的影响。2014 年数据中，上述的四种比例分别为 2.91%、0.43%、1.95%、0.37%。对比可见，男性和女性近期内情绪健康问题对工作或日常活动的影响均有所加重。

从地区差异来看，与 2012 年的数据情况类似。东部地区劳动力身体或情绪问题对工作及日常活动没有影响的比例最高，分别为 38.29%、45.43%，其工作及日常活动经常及总是受健康或情绪影响的比例也相对最低，分别为 14.02%、5.23%。身体健康问题很少影响到工作或其他日常生活的劳动力在中部地区和西部地区的比例较为接近，比例分别为 26.61%、26.66%。但是西部地区工作及日常活动经常及总是受身体健康问题影响的比例大于中部地区，比例分别为 19.36%、17.81%。中部地区劳动力情绪健康问题对工作及日常活动很少有影响的比例最高，为 36.69%。相对而言，西部地区劳动力的工作及日常活动受身体或情绪健康问题影响的程度更大。

第六章 劳动力健康

表6-5 全国及不同地区劳动力过去一个月身体及情绪健康问题的影响

单位：%

项目		东部	中部	西部	全国
身体健康问题影响到工作或其他日常生活	没有	38.29	26.53	25.91	30.43
	很少	20.24	26.61	26.66	24.44
	有时	27.45	29.06	28.07	28.31
	经常	10.97	15.22	16.17	13.95
	总是	3.05	2.59	3.19	2.86
	合计	100	100	100	100
情绪健康问题影响到工作或其他日常生活	没有	45.43	31.12	34.24	36.72
	很少	25.64	36.69	34.48	32.40
	有时	23.70	24.99	23.65	24.27
	经常	4.25	6.44	6.66	5.72
	总是	0.98	0.77	0.97	0.88
	合计	100	100	100	100

（三）就医情况

表6-6显示，过去两周病伤的劳动力比例为10.59%，病伤后去就诊的比例为60.65%。2012年数据中两周生病的劳动力比例为17.89%，生病后去就诊的比例为71.84%。生病及病后就医的比例与2012年的数据相比均有所下降。住院的原因主要是疾病（79.16%），其他原因居其次，占比为8.53%，分娩占比4.31%。2012年数据中因分娩入院的占比20.38%，因疾病入院的占比62.89%。与2012年数据相比，因疾病住院的比例上升，而因分娩住院的比例有了较大的下降。

从地区差异来看，东部地区过去两周生病的比例最高，为10.67%。西部这一比例最低，为10.32%。2012年数据中，西部两周生病比例最高，为20.36%，东部这一比例最低，为16.19%。西部地区过去两周病伤后去就诊的比例较高，为64.21%。其次是中部及东部，比例分别为60.59%、58.88%。2012年数据中西部、中部、东部这三者的比例分别为75.42%、72.63%、68.62%，比较发现病后去就医的比例在三个地区均下降。过去一年住过院的劳动者东部比例最高，为85.06%，中部比例最低，为78.10%。2012年数据中，西部过去一年住过院的比例最高，为12.26%，东部住过院的比例最小，为6.86%。在住院原因中，同另外两个地区相比，东部地区因损

213

伤/中毒、分娩住院的比例明显最高，分别为8.30%，6.72%，因疾病住院的比例相对最低，为73.07%。在2012年数据中，东部地区在因损伤/中毒、分娩住院的比例上也明显较高，比例分别为14.92%、24.12%，因疾病住院的比例为56.69%。比较得知，东部地区因这三种原因住院的比例之和减小了。

表6-6 全国及不同地区劳动力的生病及就医情况

项目		东部	中部	西部	全国
过去两周是否有病伤	是	10.67	10.64	10.32	10.59
	否	89.33	89.36	89.68	89.41
	合计	100	100	100	100
病伤后是否去就诊	是	58.88	60.59	64.21	60.65
	否	41.12	39.41	35.79	39.35
	合计	100	100	100	100
过去一年有医生诊断需住院,病人是否住院	是	85.06	78.10	84.37	81.81
	否	14.94	21.90	15.63	18.19
	合计	100	100	100	100
住院的原因	疾病	73.07	82.86	81.30	79.16
	损伤/中毒	8.30	3.47	6.45	5.81
	康复	0.70	1.29	3.35	1.58
	计划生育	0.97	0.35	0.52	0.60
	分娩	6.72	3.32	2.63	4.31
	其他	10.24	8.71	5.75	8.53
	合计	100	100	100	100

二 健康习惯

表6-7结果显示，19.88%的劳动力平时喝酒，26.67%的劳动力有吸烟史。2012年数据中，平时饮酒的劳动力超过1/4（25.55%），超过三成（30.94%）的劳动力有吸烟史。2016年劳动力中饮酒和吸烟人数所占的比例均有所减少。

从地区差异来看，相对而言，中部地区劳动力平时饮酒的比例略高，占20.96%。而2012年数据显示，东部地区占比略高，占26.26%。西部地区劳动力有吸烟历史的比例略高，为27.97%。2012年数据中，中部地区这一比例最高，为31.19%。

表6-7 全国及不同地区劳动力的健康习惯

单位：%

项目		东部	中部	西部	全国
是否有饮酒历史	是	19.53	20.96	18.23	19.88
	否	80.47	79.04	81.77	80.12
	合计	100	100	100	100
是否有吸烟史	是	26.56	26.18	27.97	26.67
	否	73.44	73.82	72.03	73.33
	合计	100	100	100	100
目前是否戒烟	是	13.97	12.04	7.80	11.87
	否	86.03	87.96	92.20	88.13
	合计	100	100	100	100

三 职业危害及体检

（一）职业危害

对劳动力目前或最近工作接触的职业危害调查显示（见表6-8），25.11%的劳动力要接触诸如粉尘，放射性物质类，化学类有毒或有腐蚀性的金属、气体、液体，及物理类、生物类或其他类的职业危害，74.89%的劳动力不接触上述职业危害。接触到粉尘危害的劳动力最多，占12.21%。接触到化学类有毒或有腐蚀性的金属、气体、液体的也占到一定比例（7.64%）。2012年数据指出64.45%的劳动力不接触上述职业危害，接触到粉尘职业危害的人数比例最高，为22.32%。对比可见，有更少比例的劳动力在目前或最近工作中接触职业危害物质。同时接触粉尘危害的人数比例也有大幅下降。从地区差异看，中部地区劳动力工作环境接触职业危害的比例最高，为27.89%。东部、西部比例为24.97%、20.03%。2012年数据中，东部、中部、西部地区接触职业危害人数的比例分别为31.36%、40.43%、36.37%。对比可见，三个地区接触职业危害的人数比例有了很大幅度的下降，其中西部地区下降得最多。

表6-8　全国及不同地区劳动力工作环境接触的职业有害因素

单位：%

	有害因素	东部	中部	西部	全国
目前或最近工作	粉尘,如煤尘、石墨尘、石棉尘、水泥尘、陶瓷尘、电焊烟尘、铸造粉尘等	13.38	13.08	8.42	12.21
	放射性物质类(电离辐射)如X线、放射性同位素、放射线矿物、中子发生器	1.41	0.67	0.33	0.88
	化学类有毒或有腐蚀性的金属、气体、液体(包括农药、化肥等)	6.08	9.58	6.71	7.64
	物理类职业危害,如高温、高气压、低气压、局部振动、紫外线、噪声、激光、电磁辐射	3.02	3.24	3.73	3.26
	生物类职业危害,如炭疽杆菌、森林脑炎、布氏杆菌	0.40	0.38	0.24	0.35
	其他职业危害	0.68	0.94	0.60	0.77
	以上均没	75.03	72.11	79.97	74.89
	合计	100	100	100	100

对劳动力上一份工作所接触的职业危害调查显示（见表6-9），24.77%的劳动力要接触到上述的职业危害。具体来说，接触到粉尘的劳动力最多，占12.84%。其次是化学类有毒或有腐蚀性的金属、气体、液体（7.61%）。接触到放射性物质类、物理类职业危害、生物类职业危害、其他职业危害的劳动力占比分别为0.99%、2.56%、0.29%、0.48%。从地区差异来看，东部地区劳动力工作环境接触职业危害的比例最高，为25.82%。中部、西部的比例分别为24.50%、20.80%。

表6-9　全国及不同地区劳动力上一份工作环境接触的职业有害因素

单位：%

	有害因素	东部	中部	西部	全国
上一份工作	粉尘,如煤尘、石墨尘、石棉尘、水泥尘、陶瓷尘、电焊烟尘、铸造粉尘等	12.72	14.22	10.66	12.84
	放射性物质类(电离辐射),如X线、放射性同位素、放射线矿物、中子发生器	1.32	0.30	0.93	0.99
	化学类有毒或有腐蚀性的金属、气体、液体(包括农药、化肥等)	7.92	6.77	7.92	7.61
	物理类职业危害,如高温、高气压、低气压、局部振动、紫外线、噪声、激光、电磁辐射	2.82	2.70	1.19	2.56
	生物类职业危害,如炭疽杆菌、森林脑炎、布氏杆菌	0.29	0.38	0.10	0.29
	其他职业危害	0.75	0.13	0.00	0.48
	以上均没	74.18	75.51	79.21	75.24
	合计	100	100	100	100

对劳动力第一份工作所接触的职业危害调查显示（见表6-10），23.60%的劳动力接触到以上的职业危害物质。同样是接触到粉尘的劳动力人数比例最高（12.98%）。接触到放射性物质类，化学类有毒或有腐蚀性的金属、气体、液体，物理类职业危害，生物类职业危害，其他职业危害的比例分别为0.91%、6.77%、1.73%、0.16%、1.05%。从地区差异来看，中部地区劳动力工作环境接触职业危害的比例最高，为26.19%。东部、西部的比例分别为23.03%、22.74%。西部地区接触粉尘的劳动力比例较高，为18.11%。

表6-10　全国及不同地区劳动力第一份工作环境接触的职业有害因素

单位：%

	有害因素	东部	中部	西部	全国
第一份工作	粉尘,如煤尘、石墨尘、石棉尘、水泥尘、陶瓷尘、电焊烟尘、铸造粉尘等	11.68	15.53	18.11	12.98
	放射性物质类(电离辐射),如X线、放射性同位素、放射线矿物、中子发生器	0.79	1.59	0.37	0.91
	化学类有毒或有腐蚀性的金属、气体、液体(包括农药、化肥等)	7.26	6.57	3.21	6.77
	物理类职业危害,如高温、高气压、低气压、局部振动、紫外线、噪声、激光、电磁辐射	1.75	2.34	0.27	1.73
	生物类职业危害,如炭疽杆菌、森林脑炎、布氏杆菌	0.13	0.00	0.78	0.16
	其他职业危害	1.42	0.16	0.00	1.05
	以上均没	76.98	73.82	77.25	76.39
	合计	100	100	100	100

（二）体检情况

对劳动力体检的调查结果显示（见表6-11），目前或最近工作的劳动力体检的比例为25.99%，上一份工作劳动力体检的比例为25.15%，第一份工作劳动力体检的比例为28.41%。从地区差异看，东部地区的劳动力在目前或最近工作、上一份工作、第一份工作中体检的比例均高于其他地区。西部地区的劳动力在目前或最近工作、第一份工作中体检的比例高于中部地区。而在上一份工作中该比例低于中部地区。

表6-11 全国及不同地区劳动力的体检情况

单位：%

项目			东部	中部	西部	全国
目前或最近工作	是否进行体检	是	32.95	21.50	22.36	25.99
		否	67.05	78.50	77.64	74.01
		合计	100	100	100	100
上一份工作	是否进行体检	是	30.29	19.46	11.19	25.15
		否	69.71	80.54	88.81	74.85
		合计	100	100	100	100
第一份工作	是否进行体检	是	32.11	18.74	22.09	28.41
		否	67.89	81.26	77.91	71.59
		合计	100	100	100	100

在目前或最近一份工作中劳动力定期体检的调查数据显示（见表6-12），44.41%的劳动力进行了定期岗前体检。2012年数据中，在排除对该问题不适用的个体后，定期体检的比例为26.59%。与之相比定期体检的人数比例有所提高。从地区差异看，东部地区劳动力在目前或最近一份工作中进行定期体检的比例最高，为52.36%，中部、西部这一比例分别为40.27%、37.61%。2012年数据表明，排除对该问题不适用的个体后，东部地区、中部地区、西部地区定期体检的比例分别为29.24%、27.56%、24.78%。与之相比定期体检的比例在各地区均有所增加。

在上一份工作中，有41.11%的劳动力进行了定期体检。其中，东部地区定期体检的比例最高，为42.40%，西部、中部的比例分别为42.20%、37.69%。

在第一份工作中，有45.75%的劳动力进行了定期体检。其中，东部地区定期体检的比例最高，为46.75%，中部、西部的比例分别为44.77%、39.89%。

表6-12 全国及不同地区劳动力的定期体检情况

单位：%

项目			东部	中部	西部	全国
目前或最近工作	是否进行定期体检	是	52.36	40.27	37.61	44.41
		否	47.64	59.73	62.39	55.59
		合计	100	100	100	100
上一份工作	是否进行定期体检	是	42.40	37.69	42.20	41.11
		否	57.60	62.31	57.80	58.89
		合计	100	100	100	100
第一份工作	是否进行定期体检	是	46.75	44.77	39.89	45.75
		否	53.25	55.23	60.11	54.25
		合计	100	100	100	100

四 工伤和职业病

全部劳动力中,曾有过工伤的比例为3.68%。这一比例低于2012年数据中的7.27%。从受伤的严重程度看,就诊或休息一天的劳动力占比为37.77%,住院10天及以上、未残疾的占比为25.62%,住院1~9天、未残疾的占比为12.79%,导致残疾的占比为7.09%。2012年数据中,上述各种情况占比分别为56.93%、23%、15.35%、4.72%。因伤致残的比例有较大提升。73.34%的工伤未经工伤保险部门认定为工伤,进行了劳动能力鉴定的比例为9.01%。2012年数据中两者比例分别为79.72%、7.78%。工伤鉴定及劳动能力鉴定的情况有所好转。

分地区看,东部、中部、西部地区劳动力曾有过工伤的比例分别为4.82%、3.05%、2.72%。2012年数据中三者比例分别为8.87%、6.10%、6.93%。同2012年数据相比,劳动者有工伤的情况有所减少。在工伤劳动力中,西部地区劳动力受伤程度更加严重,导致残疾的比例为11.63%,住院10天及以上、未残疾的比例为30.51%,住院1~9天、未残疾的比例为19.68%,这三者的比例均大于东部及中部的比例。2012年数据中,西部地区劳动力导致残疾的比例为5.03%,住院10天及以上、未残疾的比例为26.24%,住院1~9天、未残疾的比例为14.44%。由此可见,西部地区劳动力的受伤严重程度有所加重。在经工伤保险部门认定为工伤方面,东部地区进行认定的比例(30.53%)明显高于中部及西部的比例(分别为22.49%、22.77%)。2012年数据表明三个地区工伤劳动力经工伤保险部门认定的比例大体相当,东部、中部、西部的认定比例分别为20.49%、19.96%、20.50%。相对于2012年数据,工伤劳动力经工伤保险部门认定的比例都有一定增加,其中东部地区的增幅最大,增幅为10.04个百分点。在进行劳动能力鉴定上,西部地区劳动力进行劳动能力鉴定的比例(16.16%)明显高于东部、中部地区工伤劳动力这一比例(分别为9.02%、6.05%)(见表6-13)。

表 6-13 全国及不同地区劳动力的工伤情况

单位：%

项目		东部	中部	西部	全国
是否曾有工伤	是	4.82	3.05	2.72	3.68
	否	95.18	96.95	97.28	96.32
	合计	100	100	100	100
受伤的严重程度	导致残疾	4.40	9.22	11.63	7.09
	住院10天及以上，未残疾	27.08	21.43	30.51	25.62
	住院1~9天，未残疾	9.64	14.65	19.68	12.79
	就诊或休息一天	41.00	39.36	22.26	37.77
	其他	17.88	15.33	15.91	16.72
	合计	100	100	100	100
是否经工伤保险部门认定为工伤	是	30.53	22.49	22.77	26.66
	否	69.47	77.51	77.23	73.34
	合计	100	100	100	100
是否进行了劳动能力鉴定	是	9.02	6.05	16.16	9.01
	否	90.98	93.95	83.84	90.99
	合计	100	100	100	100

从职业病的情况来看，全国6.84%的劳动力有职业导致的疾病，申请过职业病鉴定的占比为3.07%。2012年数据之中两者分别为9.91%、2.1%。由职业导致的疾病者占比减少，申请鉴定的人数占比有所增加。分地区来看，东部地区劳动力由职业导致疾病的比例最高，中部次之，西部最低，分别为8.13%、6.28%、5.42%。2012年数据中西部占比最高，东部次之，中部最少，比例分别为11.26%、10.50%、8.99%。在职业病鉴定的情况中，西部、中部、东部占比分别为5.67%，4.65%，0.91%。2012年数据中三者比例为2.27%、1.66%、2.50%。西部和中部的职业病鉴定比例明显上升，东部的鉴定比例下降较多（见表6-14）。

表 6-14 全国及不同地区劳动力的职业病情况

单位：%

项目		东部	中部	西部	全国
是否有职业导致的疾病	有	8.13	6.28	5.42	6.84
	没有	91.87	93.72	94.58	93.16
	合计	100	100	100	100
是否申请过职业病鉴定	是	0.91	4.65	5.67	3.07
	否	99.09	95.35	94.33	96.93
	合计	100	100	100	100

五 性别与近一个月内的身体疼痛情况

总体来看，女性的身体疼痛情况比男性更严重：女性近期内身体经常疼痛的比例为15.16%，女性近期内身体总是疼痛的比例为1.92%。男性近期内身体经常疼痛的比例为9.55%，男性近期内身体总是疼痛的比例1.38%。2014年数据中，女性近期内身体经常疼痛的比例为12.56%，近期内身体总是疼痛的比例为1.55%。男性近期内身体经常疼痛的比例为8.43%，近期内身体总是疼痛的比例1.27%。对比可见，男性与女性的身体疼痛人数所占比例均有所增加。

六 工作经历与健康状况

（一）工作经历与健康状况自评情况

有工作经历者自认为非常健康、健康和非常不健康的比例（分别为17.53%、37.85%、2.05%）低于无工作经历者（分别为26.15%、41.65%、2.64%），而认为健康状况一般和比较不健康的比例（分别为28.61%、13.95%）高于无工作经历者（分别为19.70%、9.86%）。

（二）工作经历与近一个月内的身体疼痛情况

有工作经历者有时疼痛、经常疼痛和总是疼痛的比例（分别为20.86%、13.29%、1.78%）高于无工作经历者（分别为13.99%、8.20%、1.08%），而无疼痛、很少出现疼痛的比例（分别为47.53%、16.54%）低于无工作经历者（分别为55.79%、20.95%）。

（三）工作经历与近一个月内身体健康问题的影响程度

有工作经历者有时受影响、经常受影响和总是受影响的比例（分别为29.13%、14.20%、2.92%）高于无工作经历者（分别为23.06%、12.37%、2.50%），没有受影响和很少受影响的比例（分别为30.07%、23.67%）低于无工作经历者（分别为32.69%、29.38%）。

（四）工作经历与近一个月内情绪健康问题的影响程度

有工作经历者没有受影响、有时受影响及经常受影响的比例（分别为37.12%、24.62%、5.76%）高于无工作经历者（分别为34.62%、22.38%、5.52%），很少受影响及总是受影响的比例（分别为31.65%、0.84%）低于无工作经历者（分别为36.38%、1.10%）。

七 抑郁状况

调查表中的CES-D项共20个条目，根据最近一周内症状出现的频度进行0"没有/基本没有（少于1天）"~3"几乎一直有（5~7天）"级计分，低于16分为无抑郁症状，16~19分为可能有抑郁症状，20分及以上为肯定有抑郁症状。各个条目选项的频率分布如表6-15~表6-34所示。

表6-15 "因一些小事而烦恼"频率分布

单位：%

因一些小事而烦恼	频率	累计频率	因一些小事而烦恼	频率	累计频率
没有/基本没有	57.94	57.94	几乎一直有	2.09	100
少有	33.45	91.39	合计	100	
常有	6.52	97.91			

过去一周里，被调查者没有或基本没有、少有因一些小事而烦恼的占比为57.94%、33.45%，常因小事烦恼的比例为6.52%，几乎一直因小事烦恼的占比为2.09%。

第六章　劳动力健康

表6-16　"不想吃东西，胃口不好"频率分布

单位：%

不想吃东西,胃口不好	频率	累计频率	不想吃东西,胃口不好	频率	累计频率
没有/基本没有	61.12	61.12	几乎一直有	2.07	100
少有	29.41	90.52	合计	100	
常有	7.41	97.93			

61.12%的被调查者在过去一周里没有或基本没有出现不想吃东西，胃口不好的现象。29.41%的被调查者少有不想吃东西，胃口不好的现象。常有、几乎一直有不想吃东西，胃口不好的现象的人数占比分别为7.41%、2.07%。

表6-17　"无法摆脱心中苦闷"频率分布

单位：%

无法摆脱心中苦闷	频率	累计频率	无法摆脱心中苦闷	频率	累计频率
没有/基本没有	71.76	71.76	几乎一直有	1.25	100
少有	23.35	95.11	合计	100	
常有	3.64	98.75			

在即使有家人和朋友帮助仍然无法摆脱心中苦闷方面，常有、几乎一直有该现象的人数占比分别为3.64%、1.25%。没有或基本没有、少有该现象的人数占比分别为71.76%、23.35%

表6-18　"觉得不如多数人好"频率分布

单位：%

觉得不如多数人好	频率	累计频率	觉得不如多数人好	频率	累计频率
没有/基本没有	66.23	66.23	几乎一直有	2.33	100
少有	25.32	91.55	合计	100	
常有	6.12	97.67			

66.23%的劳动力没有或基本没有觉得自己不如多数人好，少有的比例为25.32%。常觉得自己不如多数人好的劳动力占比为6.12%，几乎一直觉得自己不如多数人好的劳动力占比为2.33%

表6-19 "做事时无法集中注意力"频率分布

单位：%

做事时无法集中注意力	频率	累计频率	做事时无法集中注意力	频率	累计频率
没有/基本没有	67.32	67.32	几乎一直有	1.28	100
少有	26.17	93.48	合计	100	
常有	5.24	98.72			

在对做事无法集中注意力的调查中，没有或基本没有该现象的人数占比为67.32%，少有该现象的占比为26.17%。常有的占比为5.24%，几乎一直有该现象的占比为1.28%。

表6-20 "感到情绪低落"频率分布

单位：%

感到情绪低落	频率	累计频率	感到情绪低落	频率	累计频率
没有/基本没有	61.99	61.99	几乎一直有	1.46	100
少有	30.61	92.61	合计	100	
常有	5.93	98.54			

61.99%的劳动力在过去一周里没有或基本没有感到情绪低落，少有感到情绪低落的比例为30.61%，常感到情绪低落的占5.93%，几乎一直感到低落的比例为1.46%。

表6-21 "感到做任何事都很费力"频率分布

单位：%

感到做任何事都很费力	频率	累计频率	感到做任何事都很费力	频率	累计频率
没有/基本没有	64.41	64.41	几乎一直有	2.34	100
少有	25.68	90.10	合计	100	
常有	7.56	97.66			

64.41%的劳动力在过去一周内没有或基本没有感到做任何事都很费力，少有该感觉的占比为25.68%，常感到做任何事都很费力的人数占比为7.56%，2.34%的劳动力几乎一直都感到做任何事都很费力。

第六章　劳动力健康

表 6-22　"感到前途没有希望"频率分布

单位：%

感到前途没有希望	频率	累计频率	感到前途没有希望	频率	累计频率
没有/基本没有	73.49	73.49	几乎一直有	2.36	100
少有	19.45	92.94	合计	100	
常有	4.70	97.64			

过去一周内，没有或基本没有感到前途没有希望的劳动力占比为73.49%，少有感到前途没有希望的占比为19.45%，常感到前途没有希望的人数占4.70%，几乎一直感到前途没有希望的占比为2.36%。

表 6-23　"觉得自己的生活是失败的"频率分布

单位：%

觉得自己的生活是失败的	频率	累计频率	觉得自己的生活是失败的	频率	累计频率
没有/基本没有	75.46	75.46	几乎一直有	1.80	100
少有	18.33	93.79	合计	100	
常有	4.41	98.20			

75.46%的劳动力在过去一周内没有或基本没有觉得自己的生活是失败的，少有觉得自己的生活是失败的人数占18.33%，4.41%的劳动力经常觉得自己的生活是失败的，几乎一直觉得自己的生活是失败的人数占比最少，为1.80%。

表 6-24　"感到害怕"频率分布

单位：%

感到害怕	频率	累计频率	感到害怕	频率	累计频率
没有/基本没有	79.68	79.68	几乎一直有	0.92	100
少有	16.18	95.86	合计	100	
常有	3.22	99.08			

79.68%的劳动力在过去一周内没有或基本没有感到害怕，少有感到害怕的比例为16.18%，常感到害怕的人数占比为3.22%，几乎一直感到害怕的比例为0.92%。

表 6-25　"睡眠不好"频率分布

单位：%

睡眠不好	频率	累计频率	睡眠不好	频率	累计频率
没有/基本没有	58.28	58.28	几乎一直有	4.54	100
少有	26.08	84.36	合计	100	
常有	11.10	95.46			

过去一周内，没有或基本没有睡眠不好的劳动力占比为58.28%，少有感到睡眠不好的人数占比为26.08%，常感到睡眠不好的人数占比为11.10%，几乎一直睡眠不好的人数占比为4.54%。

表 6-26　"感到不高兴"频率分布

单位：%

感到不高兴	频率	累计频率	感到不高兴	频率	累计频率
没有/基本没有	62.13	62.13	几乎一直有	1.53	100
少有	30.47	92.60	合计	100	
常有	5.87	98.47			

62.13%的劳动力过去一周内没有或基本没有感到不高兴，少有感到不高兴的比例为30.47%，常感到不高兴的占比为5.87%，几乎一直感到不高兴的比例为1.53%。

表 6-27　"比平时说话要少"频率分布

单位：%

比平时说话要少	频率	累计频率	比平时说话要少	频率	累计频率
没有/基本没有	70.33	70.33	几乎一直有	1.28	100
少有	23.91	94.24	合计	100	
常有	4.47	98.72			

过去一周内，没有或基本没有比平时说话要少的劳动力占比70.33%，少有比平时说话少的比例为23.91%，常比平时说话要少的比例为4.47%，几乎一直比平时说话要少的人数占比为1.28%。

表 6-28 "感到孤单"频率分布

单位：%

感到孤单	频率	累计频率	感到孤单	频率	累计频率
没有/基本没有	76.01	76.01	几乎一直有	1.49	100
少有	18.27	94.28	合计	100	
常有	4.23	98.51			

76.01%的劳动力在过去的一周内没有或基本没有感到孤单，少有感到孤单的比例为18.27%，常感到孤单、几乎一直感到孤单的占比分别为4.23%、1.49%。

表 6-29 "觉得人们对自己不太友好"频率分布

单位：%

觉得人们对自己不太友好	频率	累计频率	觉得人们对自己不太友好	频率	累计频率
没有/基本没有	78.89	78.89	几乎一直有	0.70	100
少有	17.58	96.47	合计	100	
常有	2.82	99.30			

78.89%的劳动力在过去一周内没有或基本没有觉得人们对自己不太友好，少有觉得人们对自己不友好的比例为17.58%，常有、几乎一直觉得人们对自己不友好的比例分别为2.82%、0.70%。

表 6-30 "觉得生活没有意思"频率分布

单位：%

觉得生活没有意思	频率	累计频率	觉得生活没有意思	频率	累计频率
没有/基本没有	79.80	79.80	几乎一直有	1.17	100
少有	15.72	95.52	合计	100	
常有	3.31	98.83			

79.80%的劳动力在过去一周内没有或基本没有觉得生活没有意思，少有觉得生活没有意思的人数占比为15.72%，常觉得生活没有意思及几乎一直觉得生活没有意思的占比分别为3.31%、1.17%。

表6-31 "曾哭泣"频率分布

单位：%

曾哭泣	频率	累计频率	曾哭泣	频率	累计频率
没有/基本没有	82.56	82.56	几乎一直有	0.53	100
少有	14.53	97.09	合计	100	
常有	2.38	99.47			

82.56%的劳动力在过去一周内没有或基本没有哭泣，哭泣1~2天（少有）的占比为14.53%，常哭泣的占比为2.38%，几乎一直有哭泣经历的占比为0.53%。

表6-32 "感到忧愁"频率分布

单位：%

感到忧愁	频率	累计频率	感到忧愁	频率	累计频率
没有/基本没有	69.69	69.69	几乎一直有	1.49	100
少有	23.79	93.49	合计	100	
常有	5.02	98.51			

69.69%的劳动力在过去一周内没有或基本没有感到忧愁，23.79%的劳动力有1~2天（少有）感到忧愁，常感到忧愁的比例为5.02%，几乎一直感到忧愁的比例为1.49%。

表6-33 "感到人们不喜欢自己"频率分布

单位：%

感到人们不喜欢自己	频率	累计频率	感到人们不喜欢自己	频率	累计频率
没有/基本没有	81.49	81.49	几乎一直有	0.62	100
少有	15.52	97.01	合计	100	
常有	2.36	99.38			

81.49%的劳动力在过去一周内没有或基本没有感到人们不喜欢自己，少有感到人们不喜欢自己的占比为15.52%，常感到人们不喜欢自己的比例为2.36%，几乎一直感到人们不喜欢自己的比例为0.62%。

表6-34 "觉得生活无法继续下去"频率分布

单位：%

觉得生活无法继续下去	频率	累计频率	觉得生活无法继续下去	频率	累计频率
没有/基本没有	85.39	85.39	几乎一直有	0.70	100
少有	11.70	97.09	合计	100	
常有	2.21	99.30			

在过去一周内，85.39%的劳动力没有或基本没有觉得生活无法继续下去，11.70%的劳动力少有觉得生活无法继续下去，常有、几乎一直觉得生活无法继续下去的人数占比分别为2.21%、0.70%。

CES-D量表总得分显示，5.78%的劳动力可能有抑郁症状，11.80%的劳动力肯定有抑郁症状，82.42%的劳动力无抑郁症状。不同特征劳动力抑郁状况存在差异。

个人特征上看（见表6-35），男性劳动力的抑郁状况好于女性劳动力，无抑郁症状的占比为84.88%，比女性劳动力的这一比例高4.67个百分点。同时男性劳动力可能有抑郁症状、肯定有抑郁症状的比例（分别为4.88%、10.24%）均低于女性劳动力的比例（分别为6.58%、13.21%）。

表6-35 全国及不同性别劳动力的抑郁状况

单位：%

计分	全国	性别 男	性别 女
<16	82.42	84.88	80.21
16~19	5.78	4.88	6.58
≥20	11.80	10.24	13.21
合计	100.00	100.00	100.00

抑郁状况在不同年龄组之间也有差异（见表6-36），15~29岁年龄组的劳动力无抑郁症状的比例最高，为85.52%，30~44岁年龄组的劳动力这一比例次之，为84.78%，45岁及以上的劳动力无抑郁症状的比例最低，为80.40%。

表 6-36　不同年龄组的抑郁状况

单位：%

计分	年龄组			全国
	15~29 岁	30~44 岁	45 岁及以上	
<16	85.52	84.78	80.40	82.45
16~19	5.68	5.72	5.83	5.77
≥20	8.80	9.50	13.77	11.78
合计	100.00	100.00	100.00	100.00

从户口差异来看，非农业户口劳动力的无抑郁症状比例（86.31%）高于农业户口的这一比例（81.19%）。非农业户口劳动力可能有抑郁症状、肯定有抑郁症状的比例（分别为3.93%、9.76%）小于农业户口的比例（分别为6.26%、12.56%）。

表 6-37　全国及不同户口性质劳动力的抑郁状况

单位：%

计分	户口性质		全国
	农业	非农业	
<16	81.19	86.31	82.42
16~19	6.26	3.93	5.78
≥20	12.56	9.76	11.80
合计	100.00	100.00	100.00

从地区差异来看，东部地区劳动力无抑郁症状的比例最高，为85.89%，西部地区次之，为81.34%，中部地区最低，为79.90%。同时，东部地区可能有抑郁状况、肯定有抑郁状况的比例（分别为5.06%、9.05%）均低于西部地区（分别为5.54%、13.12%）和中部地区（分别为6.51%、13.59%）的比例。

表 6-38　全国及不同地区劳动力的抑郁状况

单位：%

计分	地区			全国
	东部	中部	西部	
<16	85.89	79.90	81.34	82.42
16~19	5.06	6.51	5.54	5.78
≥20	9.05	13.59	13.12	11.80
合计	100.00	100.00	100.00	100.00

从受教育程度看，职高、技校、中专教育程度劳动力的无抑郁状况所占比例最高，为88.08%，肯定有抑郁症状的占比最低，为7.35%。大专受教育程度劳动力在无抑郁状况和肯定有抑郁状况上的所占比例（分别为87.16%、7.89%）与本科及以上受教育程度劳动力的这两者所占比例相近（分别为85.56%、7.83%）。小学未毕业教育程度劳动力无抑郁状况占比最低，为73.72%，肯定有抑郁状况占比最高，为18.79%。

表6-39 不同受教育程度劳动力的抑郁状况

单位：%

计分	小学未毕业	小学	初中	高中	职高、技校、中专	大专	本科及以上	全国
<16	73.72	77.76	85.05	86.44	88.08	87.16	85.56	82.46
16~19	7.49	6.68	5.33	4.21	4.57	4.95	6.61	5.78
≥20	18.79	15.55	9.63	9.35	7.35	7.89	7.83	11.76
合计	100.00	100.00	100.00	100.00	100.00	100.00	100.00	100.00

从劳动力的从业状态来看，雇员无抑郁状况的比例最高，为85.48%，肯定有抑郁状况的比例最低，为8.46%。务农、自雇者的无抑郁比例次之（分别为79.63%、79.11%）。雇主无抑郁的比例最低，为70.77%。雇主肯定有抑郁状况的比例最高，为22.94%，务农、自雇者这一比例次之（分别为17.57%、17.49%）。雇员的这一比例最低，为8.46%。

表6-40 不同从业状态劳动力的抑郁状况

单位：%

计分	雇员	雇主	自雇	务农	全国
<16	85.48	70.77	79.11	79.63	83.94
16~19	6.06	6.28	3.40	2.79	5.62
≥20	8.46	22.94	17.49	17.57	10.44
合计	100.00	100.00	100.00	100.00	100.00

八 追踪样本劳动力的健康状况

（一）健康自评

从三年追踪数据的对比可以看出，在自评健康状况上，2014年的劳动力认为自己目前是健康的（包括健康和非常健康）比例最高，为57.66%。2016年次之，为52.59%。2012年最低，为50.57%（见表6-41）。

表6-41 不同年份劳动力的健康状况

单位：%

健康状况	2012年	2014年	2016年
非常健康	16.70	17.98	17.18
健康	33.87	39.68	35.41
一般	33.97	27.89	29.19
比较不健康	13.19	12.55	15.80
非常不健康	2.28	1.90	2.42
合计	100	100	100

三年追踪数据中，各年份男性劳动力健康的比例均大于女性劳动力，同时男性劳动力不健康（包括比较不健康和非常不健康）的比例均小于女性劳动力。2012年数据中，男性劳动力健康的比例为56.15%，不健康的比例为12.40%，女性劳动力健康的比例为46.08%，不健康的比例为17.93%。2014年数据中，男性劳动力健康的比例为60.78%，不健康的比例为12.45%，女性劳动力健康的比例为55.16%，不健康的比例为16.05%。2016年数据中，男性劳动力健康的比例为56.14%，不健康的比例为16.07%，女性劳动力健康的比例为49.73%，不健康的比例为19.96%。2012年和2016年男性劳动力健康的比例相近，2014年男性劳动力健康的比例最高。女性劳动力健康的比例2014年和2016年相对于2012年均有所提升，其中2014年增加的比例最大，增加了9.08个百分点，2016年的比例比2012年增加了3.65个百分点（见表6-42）。

第六章　劳动力健康

表6-42　不同性别劳动力的健康状况

单位：%

健康状况	2012年 男	2012年 女	2014年 男	2014年 女	2016年 男	2016年 女
非常健康	19.16	14.72	19.43	16.82	19.58	15.25
健康	36.99	31.36	41.35	38.34	36.56	34.48
一般	31.45	35.99	26.77	28.80	27.78	30.32
比较不健康	10.70	15.19	10.80	13.95	13.94	17.30
非常不健康	1.70	2.74	1.65	2.10	2.13	2.66
合计	100	100	100	100	100	100

三年追踪数据中，随着年龄的增加，劳动力健康的比例逐渐减小，同时不健康的比例随之增大。2012年数据中，15~29岁劳动力健康的比例为74.21%，不健康的比例为2.94%。30~44岁劳动力健康的比例为58.01%，不健康的比例为9.23%。45岁及以上的劳动力健康的比例为41.61%，不健康的比例为21.52%。2014年数据中，15~29岁劳动力健康的比例为82.65%，不健康的比例为2.33%。30~44岁劳动力健康的比例为65.61%，不健康的比例为8.32%。45岁及以上的劳动力健康的比例为50.56%，不健康的比例为18.89%。2016年数据中，15~29岁劳动力健康的比例为79.61%，不健康的比例为2.91%。30~44岁劳动力健康的比例为61.87%，不健康的比例为8.02%。45岁及以上的劳动力健康的比例为46.66%，不健康的比例为23.23%。2014年和2016年数据中15~29岁年龄组劳动力的健康的比例同2012年相比均有增加，其中2014年增加了8.44个百分点，2016年增加了5.4个百分点。2014年和2016年数据中30~44岁年龄组劳动力的健康的比例同2012年相比也有所增加，其中2014年增加了7.6个百分点，2016年增加了3.86个百分点。2014年和2016年数据中45岁及以上年龄组劳动力的健康的比例同2012年相比均有增加，其中2014年增加了8.95个百分点，2016年增加了5.05个百分点（见表6-43）。

表6-43　不同年龄组劳动力的健康状况

单位：%

健康状况	2012年 15~29岁	2012年 30~44岁	2012年 45岁及以上	2014年 15~29岁	2014年 30~44岁	2014年 45岁及以上	2016年 15~29岁	2016年 30~44岁	2016年 45岁及以上
非常健康	28.09	20.81	12.08	31.61	22.90	13.85	34.95	20.04	14.36
健康	46.12	37.20	29.53	51.04	42.71	36.71	44.66	41.83	32.30
一般	22.85	32.77	36.87	15.03	26.07	30.56	17.48	30.11	30.12

续表

健康状况	2012 年			2014 年			2016 年		
	15~29 岁	30~44 岁	45 岁及以上	15~29 岁	30~44 岁	45 岁及以上	15~29 岁	30~44 岁	45 岁及以上
比较不健康	2.31	7.68	18.50	1.81	7.38	16.37	2.59	7.30	20.02
非常不健康	0.63	1.55	3.02	0.52	0.94	2.52	0.32	0.72	3.21
合计	100	100	100	100	100	100	100	100	100

2012 年数据中，农业户口劳动力中健康的比例为 49.10%，不健康的比例为 17.17%，非农业户口健康和不健康的比例分别为 56.11%、9.05%。2014 年数据中，农业户口中健康的比例为 55.50%，不健康的比例为 16.02%，非农业户口健康和不健康的比例分别为 66.35%、8.22%。2016 年数据中，农业户口中健康的比例为 51.59%，不健康的比例为 20.23%，非农业户口健康和不健康的比例分别为 55.40%、10.40%。2014 年、2016 年农业户口劳动力健康的比例相对于 2012 年有所提升，其中 2014 年的提升比例较大，增加了 6.4 个百分点。同 2012 年相比，2014 年非农业户口劳动力健康的比例增加，2016 年非农业户口劳动力健康的比例减小（见表 6-44）。

表 6-44 不同户口性质劳动力的健康状况

单位：%

健康状况	2012 年		2014 年		2016 年	
	农业	非农业	农业	非农业	农业	非农业
非常健康	16.93	15.84	16.83	23.06	17.24	18.40
健康	32.17	40.27	38.67	43.29	34.35	37.00
一般	33.73	34.84	28.49	25.43	28.19	34.20
比较不健康	14.80	7.13	13.84	7.90	17.54	9.20
非常不健康	2.37	1.92	2.18	0.32	2.69	1.20
合计	100	100	100	100	100	100

三年的追踪数据显示，随着受教育程度的增加，劳动力的健康自评状况也越来越好。2012 年、2014 年、2016 年的数据如表 6-45~表 6-47 所示。

表6-45 不同受教育程度劳动力的健康状况（2012年）

单位：%

健康状况	未上过学	小学	初中	高中	职高、技校、中专	大专	本科及以上	合计
非常健康	10.98	17.86	19.45	19.51	21.77	24.65	16.98	19.22
健康	24.39	29.62	40.88	38.78	48.98	42.25	54.72	37.89
一般	33.33	37.61	30.72	33.90	27.21	28.17	23.58	32.85
比较不健康	26.83	12.82	7.83	7.07	1.36	4.23	4.72	8.74
非常不健康	4.47	2.10	1.12	0.73	0.68	0.70	0.00	1.30
合计	100	100	100	100	100	100	100	100

表6-46 不同受教育程度劳动力的健康状况（2014年）

单位：%

健康状况	未上过学	小学	初中	高中	职高、技校、中专	大专	本科及以上	合计
非常健康	10.97	13.01	21.02	19.96	24.14	27.78	30.30	17.97
健康	31.65	36.39	41.35	43.02	45.40	50.00	49.70	39.63
一般	29.32	30.17	27.40	30.16	25.86	18.33	16.97	27.91
比较不健康	24.10	18.04	8.62	5.76	4.60	3.89	3.03	12.58
非常不健康	3.96	2.39	1.61	1.11	0.00	0.00	0.00	1.90
合计	100	100	100	100	100	100	100	100

表6-47 不同受教育程度劳动力的健康状况（2016年）

单位：%

健康状况	未上过学	小学	初中	高中	职高、技校、中专	大专	本科及以上	合计
非常健康	9.95	13.78	21.69	18.18	20.93	18.04	21.74	17.16
健康	26.76	30.69	36.29	42.19	44.19	48.97	49.46	35.39
一般	27.44	30.21	29.42	30.77	29.07	27.32	24.46	29.19
比较不健康	31.39	21.71	10.95	7.69	4.65	5.67	3.80	15.83
非常不健康	4.46	3.61	1.65	1.17	1.16	0.00	0.54	2.42
合计	100	100	100	100	100	100	100	100

（二）健康的影响

2012年数据中，身体健康问题没有影响到工作或其他日常活动的比例为52.89%，很少影响的比例为19.92%，合计72.81%，经常及总是有影响的比例为 10.20%。2014 年数据显示身体健康问题没有影响到工作或其他日常活动的比例为 56.40%，很少影响的比例为 18.52%，合计 74.92%，经常及总是有影响的比例为 8.09%。2016 年数据中，身体健康问题没有影响到工作或其他日常活动的比例为 30.30%，很少影响的比例为 20.94%，合计 51.24%，经常及总是有影响的比例为 19.37%。2016 年劳动力工作或日常活动受身体健康问题影响较大，2012 年影响较小（见表 6-48）。

表 6-48 不同年份劳动力过去一个月身体健康问题的影响

单位：%

项目		2012 年	2014 年	2016 年
身体健康问题影响到工作或其他日常活动	没有	52.89	56.40	30.30
	很少	19.92	18.52	20.94
	有时	16.98	16.98	29.38
	经常	7.99	6.74	16.22
	总是	2.21	1.35	3.15
	合计	100	100	100

不同年份中，女性劳动力身体健康问题经常及总是影响到工作或其他日常活动的比例均大于男性，同时男性劳动力身体健康问题没有影响到工作或日常活动的比例均大于女性。2012 年中，男性劳动力身体健康问题没有及很少影响到工作或日常活动的比例为 77.00%，经常及总是影响到工作或其他日常活动的比例为 8.35%。女性劳动力身体健康问题没有及很少影响到工作或日常活动的比例为 69.45%，经常及总是影响到工作或其他日常活动的比例为 11.68%。2014 年中，男性劳动力身体健康问题没有及很少影响到工作或日常活动的比例为 77.65%，经常及总是影响到工作或其他日常活动的比例为 6.92%。女性劳动力身体健康问题没有及很少影响到工作或日常活动的比例为 72.74%，经常及总是影响到工作或其他日常活动的比例为 9.03%。2016 年中，男性劳动力身体健康问题没有及很少影响到工作或日常活动的比例为 54.97%，经常及总是影响到工作或其他日常活动的比例为 18.14%。女性劳动力身体健康问题没有及很少影响到工作或日常活动的比例为 48.76%，经常及总是影响到工作或其他日常活动的比例为 20.19%。2016 年男性、女性劳动力身体健康问题对工作或其他日常活动的影响较大（见表 6-49）。

表6-49 不同性别劳动力过去一个月身体健康问题的影响

单位：%

项目		2012年		2014年		2016年	
		男	女	男	女	男	女
身体健康问题影响到工作或其他日常活动	没有	57.26	49.38	60.14	53.40	30.82	29.96
	很少	19.74	20.07	17.51	19.34	24.15	18.80
	有时	14.64	18.87	15.43	18.23	26.89	31.05
	经常	6.33	9.33	5.64	7.62	15.41	16.76
	总是	2.02	2.35	1.28	1.41	2.73	3.43
	合计	100	100	100	100	100	100

2012年数据中，情绪健康问题没有影响到工作或其他日常活动的比例为57.07%，很少影响的比例为22.32%，合计79.39%，经常及总是有影响的比例为5.53%。2014年，情绪健康问题没有影响到工作或其他日常活动的比例为62.31%，很少影响的比例为21.80%，合计84.11%，经常及总是有影响的比例为2.92%。2016年数据显示，情绪健康问题没有影响到工作或其他日常活动的比例为36.95%，很少影响的比例为30.07%，合计67.02%，经常及总是有影响的比例为7.81%。2014年，劳动力情绪健康问题对工作或其他日常活动的影响较小，2016年劳动力受情绪健康问题的影响较大（见表6-50）。

表6-50 不同年份劳动力过去一个月情绪健康问题的影响

单位：%

项目		2012年	2014年	2016年
情绪健康问题影响到工作或其他日常活动	没有	57.07	62.31	36.95
	很少	22.32	21.80	30.07
	有时	15.09	12.97	25.17
	经常	4.98	2.61	6.77
	总是	0.55	0.31	1.04
	合计	100	100	100

不同年份中，女性劳动力情绪健康问题经常及总是影响到工作或其他日常活动的比例均大于男性，同时男性劳动力情绪健康问题没有影响到工

作或日常活动的比例均大于女性。2012年中，男性劳动力情绪健康问题没有及很少影响到工作或日常活动的比例为83.13%，经常及总是影响到工作或其他日常活动的比例为4.37%。女性劳动力情绪健康问题没有及很少影响到工作或日常活动的比例为76.38%，经常及总是影响到工作或其他日常活动的比例为6.46%。2014年中，男性劳动力情绪健康问题没有及很少影响到工作或日常活动的比例为86.70%，经常及总是影响到工作或其他日常活动的比例为2.35%。女性劳动力情绪健康问题没有及很少影响到工作或日常活动的比例为82.03%，经常及总是影响到工作或其他日常活动的比例为3.38%。2016年中，男性劳动力情绪健康问题没有及很少影响到工作或日常活动的比例为70.59%，经常及总是影响到工作或其他日常活动的比例为6.80%。女性劳动力情绪健康问题没有及很少影响到工作或日常活动的比例为64.64%，经常及总是影响到工作或其他日常活动的比例为8.49%。2016年男性、女性劳动力情绪健康问题对工作或日常活动的影响较大（见表6-51）。

表6-51 不同性别劳动力过去一个月情绪健康问题的影响

单位：%

项目		2012年		2014年		2016年	
		男	女	男	女	男	女
情绪健康问题影响到工作或其他日常活动	没有	61.68	53.36	64.93	60.21	37.65	36.48
	很少	21.45	23.02	21.77	21.82	32.94	28.16
	有时	12.51	17.16	10.96	14.59	22.61	26.86
	经常	3.89	5.86	2.08	3.04	6.41	7.02
	总是	0.48	0.60	0.27	0.34	0.39	1.47
	合计	100	100	100	100	100	100

（三）病伤及就医

2012年劳动力过去两周内生病的比例为22.53%。2014年、2016年数据中这一比例分别为8.49%、11.18%。劳动力两周病伤的比例较2012年有所减少（见表6-52）。

第六章 劳动力健康

表6-52 不同年份劳动力两周病伤情况

单位：%

项目		2012年	2014年	2016年
过去两周是否有病伤	是	22.53	8.49	11.18
	否	77.47	91.51	88.82
	合计	100	100	100

2012年数据中，病伤后就诊的比例为74.00%，2014年、2016年的这一比例分别为64.80%、62.00%。病伤后就诊的比例逐渐减少（见表6-53）。

表6-53 不同年份劳动力病伤后就诊情况

单位：%

项目		2012年	2014年	2016年
病伤后是否去就诊	是	74.00	64.80	62.00
	否	26.00	35.20	38.00
	合计	100	100	100

2012年数据中，劳动力过去一年住院的比例为10.89%，2014年为6.75%，2016年为8.77%（见表6-54）。

表6-54 不同年份劳动力住院情况

单位：%

项目		2012年	2014年	2016年
过去一年是否住院	是	10.89	6.75	8.77
	否	89.11	93.25	91.23
	合计	100	100	100

住院的原因中，因疾病住院的比例在各个年份中均为最高。随着年份的推移，因疾病、康复和其他原因而住院的比例增加，因损伤/中毒、分娩而住院的比例减小（见表6-55）。

表 6-55　不同年份劳动力住院的原因情况

单位：%

项目		2012 年	2014 年	2016 年
住院的原因	疾病	74.18	79.02	82.45
	损伤/中毒	10.50	9.09	6.65
	康复	1.09	1.40	2.66
	计划生育	0.66	0.70	0
	分娩	12.69	3.50	2.39
	其他	0.88	6.29	5.85
	合计	100	100	100

（四）健康习惯

在对饮酒情况的调查中，2012 年劳动力饮酒比例较高，为 23.22%，2014 年和 2016 年比例相近，分别为 19.19%、19.55%（见表 6-56）。

表 6-56　不同年份劳动力饮酒情况

单位：%

项目		2012 年	2014 年	2016 年
是否有饮酒历史	是	23.22	19.19	19.55
	否	76.78	80.81	80.45
	合计	100	100	100

2012 年数据中，有吸烟史的劳动力比例最高，为 30.19%，其次是 2016 年，为 28.33%，2014 年比例最低，为 27.11%（见表 6-57）。

表 6-57　不同年份劳动力吸烟情况

单位：%

项目		2012 年	2014 年	2016 年
是否有吸烟史	是	30.19	27.11	28.33
	否	69.81	72.89	71.67
	合计	100	100	100

数据显示大部分的劳动力未戒烟，2012年劳动力戒烟的比例最高，为14.45%，在2014年，该比例减少到12.51%，2016年又上升到13.74%（见表6-58）。

表6-58 不同年份劳动力戒烟情况

单位：%

项目		2012年	2014年	2016年
目前是否戒烟	是	14.45	12.51	13.74
	否	85.55	87.49	86.26
	合计	100	100	100

（五）工伤和职业病

2012年劳动力曾有过工伤的比例为5.65%，之后的工伤比例有所下降。2014年下降了3.85个百分点，2016年下降了4.31个百分点（见表6-59）。

表6-59 不同年份劳动力工伤情况

单位：%

项目		2012年	2014年	2016年
是否曾有工伤	是	5.65	1.80	1.34
	否	94.35	98.20	98.66
	合计	100	100	100

从受伤的严重程度看，各个年份中，就诊或休息一天的比例最高，其次是住院10天及以上，未残疾，之后是住院1~9天，未残疾，导致残疾的比例在各年份中都为最低。工伤导致残疾的比例在2016年最高，为7.84%，其次是2012年，为5.17%，2014年该比例最低，为4.35%。2012年和2016年劳动力因工伤住院10天及以上，未残疾的比例相近，分别为25.29%、25.49%，2014年该比例最高，为30.43%。住院1~9天，未残疾的比例在2016年最高，为15.69%，其次是2012年，为14.94%，2014年该比例最低，为14.49%。随着年份的推移，就诊或休息一天的比例逐渐减少（见表6-60）。

表 6-60 不同年份劳动力受伤严重情况

单位：%

项目		2012 年	2014 年	2016 年
受伤的严重程度	导致残疾	5.17	4.35	7.84
	住院 10 天及以上,未残疾	25.29	30.43	25.49
	住院 1~9 天,未残疾	14.94	14.49	15.69
	就诊或休息一天	54.60	50.72	31.37
	其他	0	0	19.61
	合计	100	100	100

在工伤劳动力经过工伤保险部门认定的比例上，2014 年该比例最高，为 24.64%，其次是 2016 年，为 21.57%，2012 年最低，为 17.24%（见表 6-61）。

表 6-61 不同年份劳动力工伤认定情况

单位：%

项目		2012 年	2014 年	2016 年
是否经工伤保险部门认定为工伤	是	17.24	24.64	21.57
	否	82.76	75.36	78.43
	合计	100	100	100

2016 年工伤劳动力进行劳动能力鉴定的比例最高，为 7.84%，其次是 2012 年，为 5.75%，2014 年最低，为 2.90%（见表 6-62）。

表 6-62 不同年份工伤劳动力的劳动能力鉴定情况

单位：%

项目		2012 年	2014 年	2016 年
是否进行了劳动能力鉴定	是	5.75	2.90	7.84
	否	94.25	97.10	92.16
	合计	100	100	100

在是否有职业导致的疾病上，2012 年劳动力有职业导致的疾病的比例最高，为 9.29%，2016 年该比例次之，为 5.16%，2014 年该比例最低，为 4.25%（见表 6-63）。

表 6-63　不同年份劳动力职业所致疾病情况

单位：%

项目		2012 年	2014 年	2016 年
是否有职业导致的疾病	有	9.29	4.25	5.16
	没有	90.71	95.75	94.84
	合计	100	100	100

2012 年劳动力申请职业病鉴定的比例最高，为 3.50%，2014 年该比例为 3.07%，2016 年该比例最低，为 1.53%。

表 6-64　不同年份劳动力职业病鉴定情况

单位：%

项目		2012 年	2014 年	2016 年
是否申请过职业病鉴定	是	3.50	3.07	1.53
	否	96.50	96.93	98.47
	合计	100	100	100

专题一 农村问题

第七章
农村留守儿童及其家庭

王 军 蔡正广 杜婷婷

随着中国的经济和社会转型，人们趋向于到经济更为发达的地区谋取经济利益，个人和家庭的生存空间随之呈现出高度流动性的特点。与人口的大规模城乡流动相伴随，由于制度上的阻隔以及进城务工农民在经济承受能力等方面的障碍，农村留守儿童群体在我国工业化、城镇化过程中与农民工流动相伴而生（辜胜阻等，2011）。正是由于生存成本及社会福利等多方面因素的制约，进城务工的家庭不得不将自己的孩子留在农村户籍所在地，由此形成了大规模的留守儿童群体并引发了诸多社会问题。

学术界对留守儿童的研究以段成荣等学者（2005，2013）为典型代表，其将留守儿童定义为"父母双方或一方流动到其他地区，孩子留在户籍所在地并因此而不能和父母双方共同生活在一起的儿童"，并分别根据2000年和2010年人口普查抽样数据，估算得出农村留守儿童规模从2000年的1981万上升到2010年的6972.75万，其在全体儿童中的占比也从2000年的8.05%上升到2010年的25%。

我国政府部门也极其关注农村留守儿童的基本状况。2016年，民政部、教育部和公安部联合在全国范围内开展了一次农村留守儿童摸底排查工作，并将农村留守儿童规模界定为902万人。

通过以上分析可以看出，由于数据来源、统计方法等方面的差异，最新的官方统计数据与学者对农村留守儿童的规模和结构的估计结果存在较大差异。这也进一步突显出利用最新的全国调查数据对我国农村留守儿童的规模和结构及其家庭状况进行估计和分析的重要性和必要性。

一 研究概况及评述

（一）研究概况

关于留守儿童的研究虽然最早出现在1994年，但是其对于留守儿童的定义为"因为父母在海外而留守在国内的孩子们"，这与现在对于留守儿童的通常定义相差甚远。在此后的十年间，关于留守儿童的文章依旧寥寥无几，直到2004年才开始（图7-1）有了爆发式增长，这也直接说明了近十几年中学术界对留守儿童研究的日益重视。

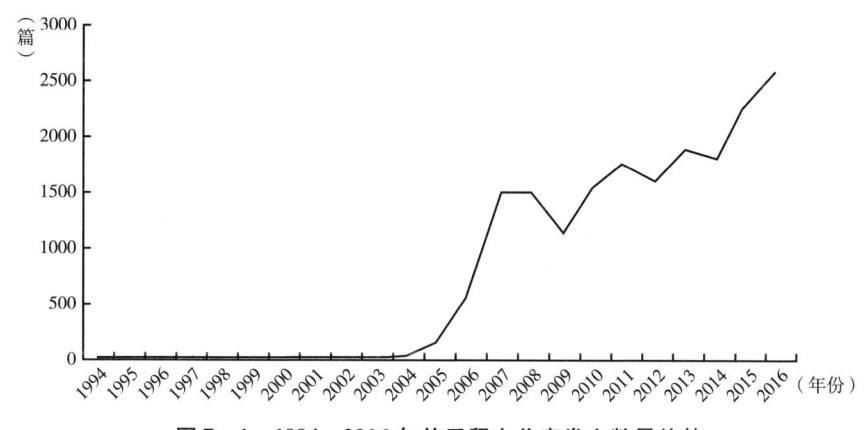

图7-1　1994~2016年关于留守儿童发文数量趋势

具体而言，国内学者对我国留守儿童的研究主要集中在心理健康状况、营养与健康状况以及教育状况这三个方面。比如，在心理健康状况方面，有研究发现留守所导致的亲子分离现象对儿童行为适应及情绪发展都存在不利的影响（凌辉等，2012）；在营养与健康状况方面，宋月萍等（2009）发现不同的留守儿童之间存在巨大差异，母亲外出的留守儿童患病风险最高、就诊率最低，处于最为不利的境地；在教育状况方面，陶然等（2012）研究发现，父母双方同时外出时间较长，会对孩子的学习成绩产生较显著负面影响。

除了研究主题的多样性外，学者们对留守儿童的研究也并不仅仅局限于单方面阐述留守儿童的各项状况，出现了许多有关留守儿童与其他类型儿童（主要指流动儿童以及普通儿童）的比较研究。学者所得出的一般性结论为普通儿童的各项状态指标最好，留守儿童的最差，流动儿童则介于两者之间。

比如，马向真等（2015）发现留守儿童、流动儿童的社会支持状况要差于普通儿童，其中留守儿童群体的社会支持状况最不理想，社会支持得分要显著低于流动儿童和普通儿童。范兴华等（2009）发现在社会适应方面，一般儿童最好，流动儿童次之，留守儿童最差。与一般儿童相比，留守对儿童的社会适应有不利影响，流动对儿童的社会适应无明显不利影响。

（二）研究评述

通过以上分析可以看出，学术界对留守儿童的研究已经取得了众多成果，不仅对留守儿童这一研究主题自身进行了不断的细化，而且研究视角也从对留守儿童本身的关注转向为对留守儿童与流动儿童还有普通儿童的对比研究，从多方面掌握留守儿童的现实情况。

但是现有研究仍存在许多不足。比如，多数研究认为父母双方只要有一方外出孩子即可算作留守儿童，但是因为父母中一方仍在家里而获得照顾的留守儿童与那些父母双方外出而完全无法获得父母照顾的留守儿童相比，两者的生活状态是存在一定差距的，然而这些研究在实际的调查中忽视了对这两种儿童的区别研究，在分析过程中也忽视了对他们的对比呈现，只是展示了留守儿童的整体面貌。

再比如，从研究所使用的数据来说，现有研究的数据大多来源于人口普查数据或是地方性调查数据，然而这两种数据来源都存在一定的局限性。全国人口普查每十年进行一次，而且人口普查数据中关于留守儿童的项目比较少，所能提供的信息并不完整，这些因素都不利于对留守儿童展开全

第七章 农村留守儿童及其家庭

面细致的研究。而针对地方性调查数据，多数研究通常只会选取某个省份的个别地方进行调查，调查的规模较小，收集到的问卷数量较少，在这种情况下，其研究成果对全国其他地区的留守儿童现状可能并不具备足够的代表性。

基于对已有研究的回顾与反思，本报告尝试通过2016年中国劳动力动态调查这一对全国具有较好代表性的原始数据，重新估计中国农村留守儿童的规模和结构，并对农村留守儿童家庭的基本状况（家庭经济收入、住房状况、日常生活等）进行深入分析。

二 农村留守儿童基本状况

（一）基本规模

本部分通过家庭数据库识别出家庭留守状况，并基于这些家庭户逐一筛选出0~17岁之间的儿童样本。根据8855个有效儿童样本计算，68.70%的儿童来自农村地区。从整体统计来看，首先把儿童留守性质区分为四种类型，即非留守儿童（来自完整家庭）、准留守儿童（父母一方外出）、留守儿童（父母双方外出）、随父母共同外出的儿童，这四类群体的比例分别为48.77%、14.83%、12.97%和23.43%（见表7-1）。

从城乡分布来看，留守儿童主要集中在农村地区。农村地区留守儿童比例为16.40%，准留守儿童比例为16.17%，二者合计为32.57%。从宽泛意义（将准留守儿童和留守儿童均视为处于留守状态的儿童）上来说，农村留守儿童占比达到了32.57%，从狭义（仅将父母双方均外出的儿童视为处于留守状态的儿童）上来说，农村留守比例为16.40%。与此同时，随父母共同外出的儿童比例也高达26.86%，在一定程度上反映了农村劳动力迁移日趋家庭化的趋势。

（二）性别及年龄分布

通过年龄分组（图7-2），可见农村留守儿童年龄分布主要集中在3~8岁之间，呈中间宽、顶底收窄的特点。

表7-1 留守儿童的城乡分布

单位：%

儿童类型	父母外出背景	农村	城市	全国
随父母外出儿童	一方或双方外出	26.86	15.90	23.43
非留守儿童	无外出（完整家庭）	40.56	66.79	48.77
准留守儿童	一方外出	16.17	11.89	14.83
留守儿童	双方外出	16.40	5.42	12.97
合计		100	100	100

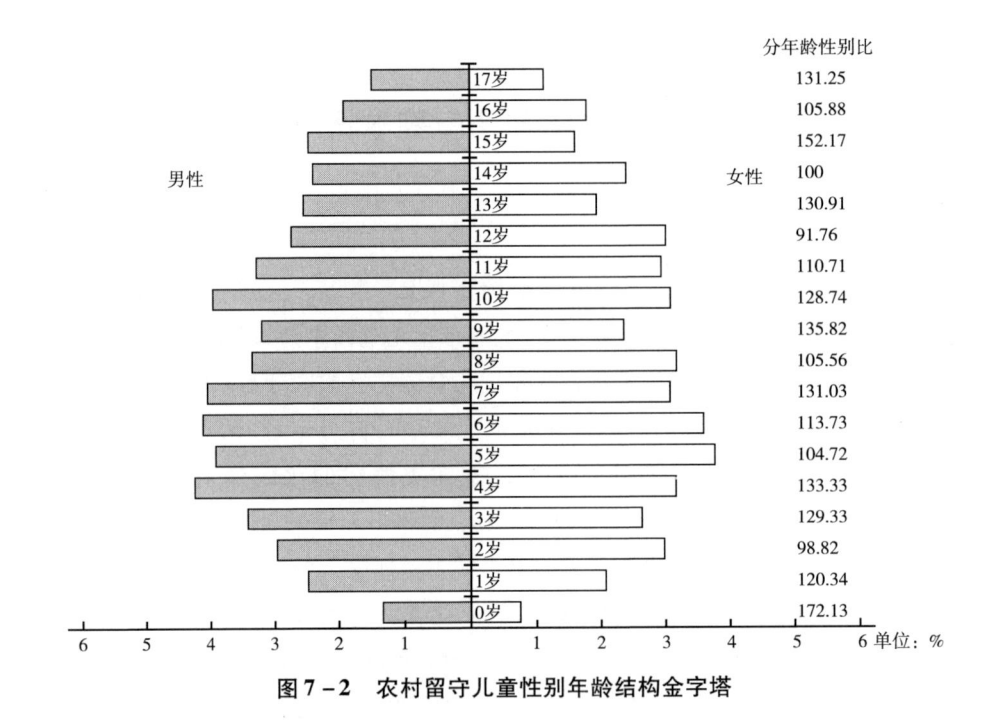

年龄	分年龄性别比
17岁	131.25
16岁	105.88
15岁	152.17
14岁	100
13岁	130.91
12岁	91.76
11岁	110.71
10岁	128.74
9岁	135.82
8岁	105.56
7岁	131.03
6岁	113.73
5岁	104.72
4岁	133.33
3岁	129.33
2岁	98.82
1岁	120.34
0岁	172.13

图7-2 农村留守儿童性别年龄结构金字塔

其中，农村地区留守男童占比为54.17%，女童占比为45.83%，男女的性别比例为118.20。农村留守儿童总体性别比与农村外出儿童（118.53）（见图7-4）并无显著差异，均显著高于城市留守儿童（101.05）和农村非留守儿童（见图7-3）。

将农村儿童按照年龄划分为四种类型：（1）学前儿童（0岁至5岁）；（2）小学适龄阶段儿童（6岁至11岁）；（3）初中适龄阶段儿童（12岁至14岁）；（4）高中适龄阶段儿童（15岁至17岁）。学前和小学适龄阶段的农村

第七章　农村留守儿童及其家庭

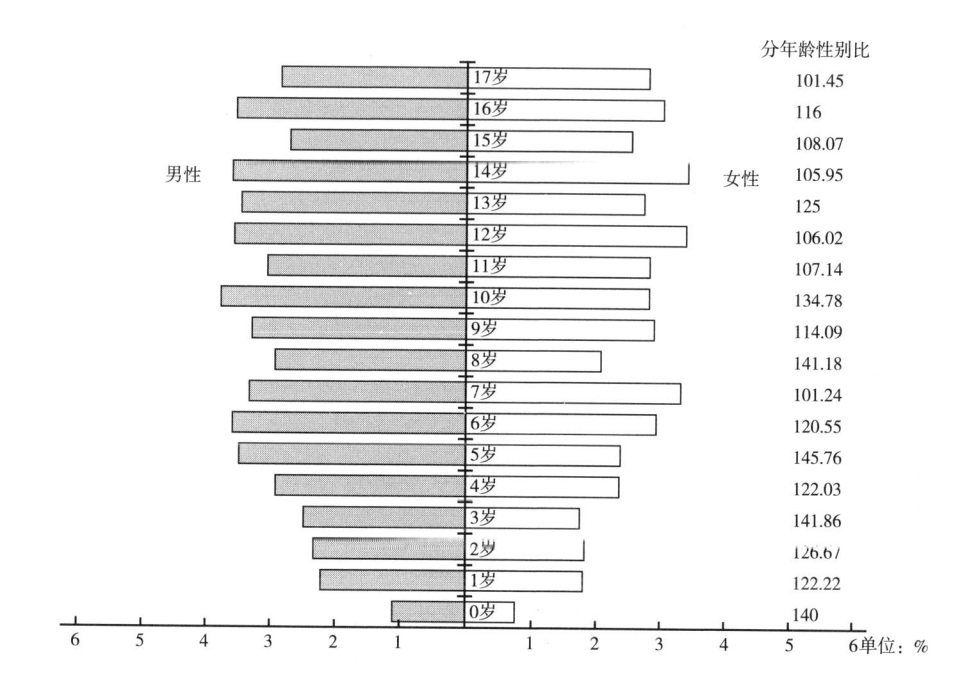

年龄	分年龄性别比
17岁	101.45
16岁	116
15岁	108.07
14岁	105.95
13岁	125
12岁	106.02
11岁	107.14
10岁	134.78
9岁	114.09
8岁	141.18
7岁	101.24
6岁	120.55
5岁	145.76
4岁	122.03
3岁	141.86
2岁	126.67
1岁	122.22
0岁	140

图 7-3　农村非留守儿童性别年龄结构金字塔

留守儿童占农村留守儿童的 74.41%，与 2010 年的 70.38%（段成荣等，2013）相比，提高了 4.03%，可见农村留守儿童依然以低龄为主。相对而言，城市地区 11 岁或以下留守儿童占比为 62.83%，比农村少 11.58 个百分点。

（三）生活与照料

农村留守儿童的家庭平均同住人数为 3.20 人（不计儿童本身），比城市留守儿童的家庭略高 0.16 人。具体来说，可以将同住照料人情况划分为四种类型：（1）家中只有同辈，儿童与同辈单独留守，家中没有其他同住长辈；（2）有父辈家人照料，家里同住的最高长辈是父母一方或父辈家人；（3）有祖父辈和父辈家人共同照料，家里最高长辈是祖父一辈的家人，另外还有父辈家人同住，因而不属隔代照料；（4）只有祖父辈家人照料，不与其他父辈家人同住，属于隔代照料。表 7-2 展示了分留守状况的家庭照料者结构。

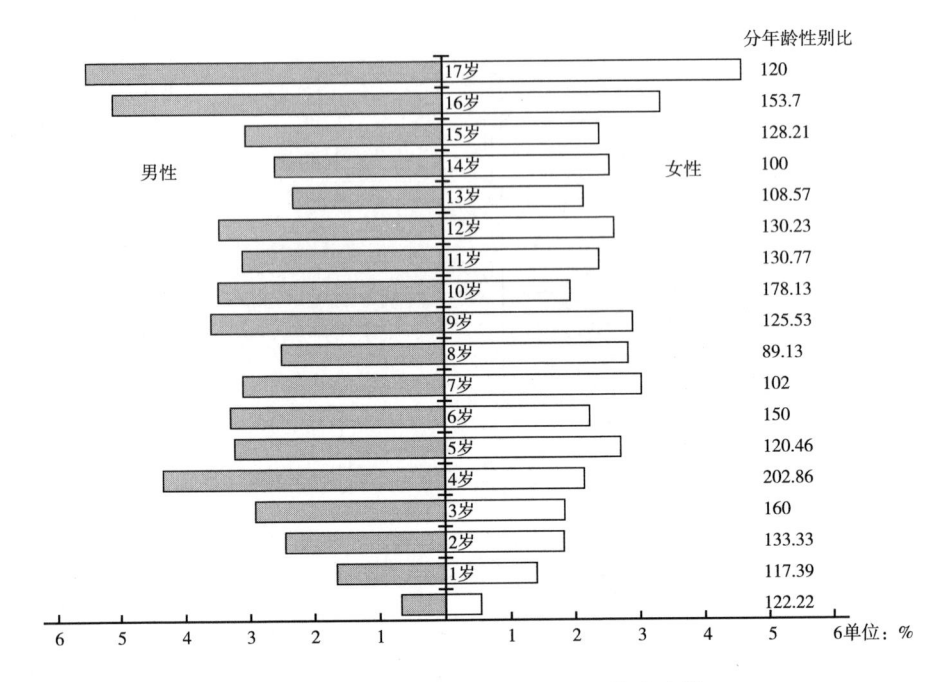

中国劳动力动态调查：2017年报告

	分年龄性别比
17岁	120
16岁	153.7
15岁	128.21
14岁	100
13岁	108.57
12岁	130.23
11岁	130.77
10岁	178.13
9岁	125.53
8岁	89.13
7岁	102
6岁	150
5岁	120.46
4岁	202.86
3岁	160
2岁	133.33
1岁	117.39
	122.22

图7-4 农村外出儿童性别年龄结构金字塔

表7-2 家庭照料者分布

单位：%

区域	家庭照料状况	父母一方外出	父母双方外出	合计
全国	家中只有同辈（单独留守）	0.00	3.39	1.58
	只有父辈家人照料	46.96	0.52	25.29
	有祖父辈和父辈家人照料	52.51	10.79	33.05
	只有祖父辈家人照料（隔代）	0.53	85.29	40.07
农村	家中只有同辈（单独留守）	0.00	2.61	1.31
	只有父辈家人照料	44.09	0.60	22.19
	有祖父辈和父辈家人照料	55.19	10.14	32.51
	只有祖父辈家人照料（隔代）	0.71	86.65	43.98
城市	家中只有同辈（单独留守）	0.00	8.00	2.51
	只有父辈家人照料	55.02	0.00	37.79
	有祖父辈和父辈家人照料	44.98	15.33	35.70
	只有祖父辈家人照料（隔代）	0.00	76.67	24.01

总体而言，全国留守儿童大多由祖父辈亲人照顾，占比为73.12%，其中超过一半的留守儿童属于隔代照料。只由祖父辈亲戚照料的儿童在农村地区更为普遍，为43.98%，其次为由祖父辈和父辈家人共同照料（32.51%），再次为只由父辈家人照料（22.19%），最后只有极少一部分儿童属于同辈群体照料（1.31%）。

（四）健康评价

表7-3展示了家人对儿童健康状况的评价分布。在中国农村，超过一半（52.55%）的家庭认为儿童非常健康，33.93%的家庭认为儿童健康，11.60%的家庭认为儿童健康状况一般，另有1.64%的家庭认为儿童目前比较不健康，仅有0.28%的家庭认为儿童非常不健康。

表7-3 健康状况评价分布

单位：%

区域	健康状况	儿童随父母外出	完整家庭	父母一方外出	父母双方外出	合计
全国	非常健康	55.31	56.37	53.62	48.87	54.74
	健康	33.48	33.69	34.81	34.23	33.88
	一般	9.17	9.01	9.60	14.11	9.80
	比较不健康	1.75	0.81	1.60	2.53	1.37
	非常不健康	0.29	0.12	0.38	0.26	0.22
农村	非常健康	54.04	53.32	52.80	47.99	52.55
	健康	34.07	33.71	33.64	34.54	33.93
	一般	9.61	11.66	11.42	14.86	11.60
	比较不健康	1.97	1.10	1.73	2.31	1.64
	非常不健康	0.31	0.20	0.41	0.30	0.28
城市	非常健康	60.05	60.41	55.62	55.03	59.49
	健康	31.28	33.62	38.60	31.54	33.73
	一般	7.53	5.53	4.26	9.40	5.91
	比较不健康	0.91	0.43	1.22	4.03	0.80
	非常不健康	0.23	0.00	0.30	0.00	0.07

在四种家庭留守状况分类中，在完整家庭生活的儿童的健康状况最为乐观，认为儿童非常健康的在全国和农村的占比分别为56.37%和53.32%。外出流动

儿童的健康状况也较好,在全国和农村的占比分别为55.31%和54.04%。

其中,儿童健康状况属于一般或更差的,主要集中在农村留守家庭中。在中国农村,父母一方外出的儿童(即准留守儿童)健康状况为一般或不健康的比例为13.56%,父母双方外出的儿童(即留守儿童)健康状况为一般或不健康的比例则高达17.47%。

(五)受教育状况

调查表明(见表7-4),小学适龄阶段农村留守儿童能及时接受义务教育的比例要略低于非留守儿童。其中,在小学适龄阶段,农村留守儿童接受小学义务教育的比例达90.04%,而非留守儿童则为92.94%;在初中适龄阶段,儿童就学率或初中学历的儿童迅速上升到一个高位,留守儿童和非留守儿童分别是95.19%和96.15%。

从时间变化趋势来看,农村留守儿童小学至初中适龄阶段的就学率呈上升趋势,到高中阶段则大幅下降。其中,留守儿童与非留守儿童就学率的差距不断收窄,在高中适龄阶段留守儿童就学率更是略微超过非留守儿童。

表7-4 不同适龄阶段的农村儿童受教育状况

单位:%

留守分类	就业就学状态	受教育程度	小学适龄 6~11岁	初中适龄 12~14岁	高中适龄 15~17岁
留守儿童	上学且无工作	包括全部受教育程度(就学)	84.00	92.38	80.13
	从未工作过	等同或高于适龄受教育程度(就学)	6.04	2.81	3.06
	从未工作过	低于适龄受教育程度(辍学/肄业)	8.89	2.20	5.90
	其他就业状态	包括全部受教育程度	1.07	2.61	10.91
非留守儿童	上学且无工作	包括全部受教育程度(就学)	87.92	94.07	80.88
	从未工作过	等同或高于适龄受教育程度(就学)	5.02	2.08	0.74

第七章　农村留守儿童及其家庭

续表

留守分类	就业就学状态	受教育程度	小学适龄 6~11岁	初中适龄 12~14岁	高中适龄 15~17岁
非留守儿童	从未工作过	低于适龄受教育程度（辍学/肄业）	6.94	2.37	7.00
	其他就业状态	包括全部受教育程度	0.12	1.48	11.38

注：本部分从儿童就业就学状态和受教育程度综合分析农村留守儿童的受教育状态。由于在统计就业就学时，"从未工作过"占比较大，而"上学且无工作"占比较少，与过往的数据有明显的差异。经分析发现，从未工作过的选项涵盖了部分正在上学且无工作的儿童，因此通过儿童适龄阶段与实际受教育程度来调整儿童是否就学或辍学、肄业状态。首先，就业状态为"上学且无工作过"的儿童均归纳到"就学"；其次，就业就学状态为"从未工作过"且受教育程度为等同于或高于适龄受教育程度的儿童归纳到"就学"；第三，就业就学状态为"从未工作过"且受教育程度为低于适龄受教育程度的儿童归纳到"辍学/肄业"。

三　农村留守儿童的家庭状况

（一）留守家庭规模与结构

本部分的家庭类型主要通过上部分鉴别的儿童留守状况来判定家庭留守状况。若该家庭存在一个或一个以上留守儿童，则判别为留守家庭；若全部儿童为非留守儿童，则判别为非留守的完整家庭；全部儿童为外出状态的家庭不在本研究范围内。本样本数据中，家庭成员主要包括儿童本身、儿童父母以及其他家人，共计得到4600个家庭户样本。其中，农村地区占全部样本的61.77%，且占留守家庭的72.20%，家庭类型分布情况见表7-5。

表7-5　分父母外出情况的家庭类型分布

单位：%

父母外出情况	农村	城市	合计
无外出（完整家庭）	56.14	80.33	65.39
父母一方外出	22.05	13.74	18.88
双方外出	21.81	5.93	15.74
合计	100	100	100

通过进一步剔除外出人员，就可获得该家庭留守成员的基本信息。估计结果表明，全国家庭的平均规模为5.09人，留守家庭的平均留守人员数量为4.03人。占比最大的留守人员数分别是3人、4人和5人，分别为32.63%、27.96%和18.20%（参见表7-6）。

从家庭留守状况的分布来看，儿童父母均外出（即留守儿童家庭）或一方外出（即准留守儿童家庭）的家庭规模（分别是3.49人和3.60人）明显小于完整家庭（4.27人）。3人留守在完整家庭、准留守儿童家庭和留守儿童家庭中的占比均为最高，分别是32.68%、27.88%以及38.12%。

值得注意的是，一半以上（54.97%）的留守儿童家庭拥有2名及以上的留守儿童，准留守儿童家庭拥有的留守儿童为2个及以上的比例也较高，达到了45.05%（见表7-6）。

表7-6 家庭留守成员数量及留守儿童数量分布

单位：%

项目		完整家庭	准留守儿童家庭	留守儿童家庭	合计
家庭留守成员数量	1人	0	0	2.35	0.37
	2人	1.20	24.88	13.81	7.65
	3人	32.68	27.88	38.12	32.63
	4人	28.29	24.77	30.39	27.96
	5人或以上	37.83	22.47	15.33	31.39
	均值(人)	4.27	3.60	3.49	4.03
家庭留守儿童数量	1人	64.43	54.95	45.03	59.59
	2人	29.85	35.37	37.57	32.11
	3人或以上	5.72	9.68	17.40	8.30
	均值(人)	1.43	1.58	1.81	1.52

（二）留守家庭经济状况

1. 收入与消费状况

调查显示，完整家庭的年收入最高，年收入在5万元以上的占比为30.56%，比准留守儿童家庭和留守儿童家庭分别高出6.93个百分点和5.44个百分点。不过，准留守儿童家庭与完整家庭的年收入在0~1万元区间范围内的比例比较相近，但在1万~5万元收入水平上要高于完整家庭（见表7-7）。

有汇款收入的留守儿童家庭收入明显较高，其中准留守儿童家庭和留守儿童家庭分别要比完整家庭高出11.38%和22.33%。

表7-7 家庭总收入与汇款性收入分布

单位：%

项目		完整家庭	准留守儿童家庭	留守儿童家庭	合计
家庭总收入（元）	0	1.26	1.29	3.57	1.77
	1~5000	6.24	7.40	11.35	7.61
	5001~10000	11.41	10.61	16.37	12.31
	10001~20000	15.75	18.17	17.18	16.60
	20001~50000	34.78	38.91	26.42	33.86
	50000以上	30.56	23.63	25.12	27.85
家庭汇款收入（元）	0	95.66	88.62	77.67	90.18
	1~5000	2.01	4.01	10.68	4.34
	5001~10000	1.13	1.92	6.15	2.40
	10001~20000	0.25	2.08	3.24	1.31
	20001~50000	0.50	2.72	0.81	1.06
	50000以上	0.44	0.64	1.46	0.71

在家庭消费方面，留守儿童家庭的年总消费要少于完整家庭。留守儿童家庭消费大多处于1万~5万元之间，其中准留守儿童家庭支出在5万元以上的略高于留守儿童家庭，分别为20.26%和18.91%。与之相比，有71.38%的完整家庭总消费超过2万元，26.16%达到5万元以上。

在家庭教育支出方面，留守儿童家庭教育支出明显低于完整家庭。在留守儿童家庭中，双方父母外出家庭的教育支出低于5000的占76.02%，略高于准留守儿童家庭，而完整家庭对孩子的教育投入最多，约四成的家庭教育支出超过5000元（见表7-8）。

2. 家庭贫困户比例

农村人口外出的主要经济诱因就在于增加收入和脱贫。调查显示，中国农村地区两类留守家庭贫困户的占比较高，准留守儿童家庭和留守儿童家庭的贫困户比例分别为18.60%和16.86%，而完整家庭贫困户的占比最低（14.57%）。

表 7-8 家庭总消费与教育支出分布

单位：%

项目		完整家庭	准留守儿童家庭	留守儿童家庭	合计
家庭总消费（元）	5000 元及以下	1.58	3.22	6.74	3.06
	5001~10000	7.92	10.61	14.31	9.90
	10001~20000	19.13	25.08	27.96	22.36
	20001~50000	45.22	40.84	32.07	41.40
	50000 以上	26.16	20.26	18.91	23.28
家庭教育支出（元）	0	15.83	20.48	32.63	20.52
	1~5000	45.92	52.00	43.39	46.72
	5001~10000	20.58	14.40	13.87	17.75
	10001~20000	11.21	8.64	5.55	9.41
	20001~50000	4.88	3.52	1.79	3.90
	50000 以上	1.58	0.96	2.77	1.70

（三）留守家庭日常生活

1. 饮用水情况

农村留守儿童家庭比完整家庭更容易面临饮用水源污染。准留守儿童家庭和留守儿童家庭日常用水受到污染的比例分别为 21.16% 和 19.11%。分区域来看，中部留守儿童家庭面临污染情况的占比（29.20%）要远高于中部完整家庭（20.92%）。

从做饭水源来看，留守儿童家庭做饭时用上自来水的比例（51.89%）要明显低于完整家庭（61.41%）。与此对应，留守儿童家庭使用井水的比例比完整家庭高出近 10 个百分点。

2. 用电及网络使用

首先看用电情况。完整家庭从上年开始从未发生过断电情况的占比（20.50%）最高，准留守儿童家庭（17.92%）次之，留守儿童家庭（16.02%）最低。此外，两类留守儿童家庭偶尔断电、经常断电或没通电的比例分别为 76%、6.08% 和 76.7%、7.28%，也要略高于完整家庭（74.15% 和 5.35%）。

其次看网络使用情况。完整家庭去年连接互联网的占比（70.55%）最高，其次为准留守儿童家庭（56.80%），留守儿童家庭（31.88%）最低（见表7-9）。

表7-9 家庭用电及网络情况分布

单位：%

项目		完整家庭	准留守儿童家庭	留守儿童家庭	合计
过去一年家里的通电情况	没通电	1.32	0.80	0.16	0.95
	经常断电	4.03	5.28	7.12	4.98
	偶尔断电	74.15	76.00	76.70	75.11
	从未断电	20.50	17.92	16.02	18.96
过去一年是否使用过互联网	只使用电脑上网	1.01	1.12	2.27	1.31
	只使用手机上网	28.95	32.00	18.61	27.37
	既使用电脑上网，也使用手机上网	40.59	23.68	11.00	30.40
	不上网	29.45	43.20	68.12	40.93

（四）留守家庭住房条件

农村留守儿童家庭的住房条件要比完整家庭差。其中，留守儿童家庭的厨房拥有比例（70.85%）要远低于完整家庭（80.08%）。此外，留守儿童家庭的互联网接口拥有率不足两成，比完整家庭少了24.42个百分点。留守儿童家庭的阳台、供暖设备、室内浴室、室内厕所、花园和管道天然气的拥有率较完整家庭也分别少了12.84个百分点、9.80个百分点、6.39个百分点、5.24个百分点、5.89个百分点和2.28个百分点（见表7-10）。

表7-10 家庭住房条件分布

单位：%

项目	完整家庭	留守儿童家庭	合计
室内厨房	80.08	70.85	77.92
花园	9.68	3.79	8.98
阳台	33.69	20.85	26.62
互联网端口	41.48	17.06	24.57
管道煤气	7.73	11.37	8.66

续表

项目	完整家庭	留守儿童家庭	合计
管道天然气	4.65	2.37	3.56
室内浴室	59.71	53.32	51.43
供暖设备	22.12	12.32	20.61
室内厕所	56.19	50.95	53.53
独立院落围墙	52.23	53.32	51.79

四 主要结论

由于数据来源和估计标准及方法的差异等原因，现有官方统计数据与不同学者对农村留守儿童的规模和结构的估计结果之间存在较大差异，这也突显了利用 2016 年中国劳动力动态调查数据对我国农村留守儿童的规模和结构及其家庭状况进行估计和分析的重要意义。本报告尝试利用 2016 年中国劳动力动态调查这一对全国具有较好代表性的原始数据，重新估计中国农村留守儿童的规模和结构，并对农村留守儿童家庭的家庭经济收入、日常生活、住房条件等方面的基本状况进行了深入分析。

本章主要有以下发现。

第一，2016 年全国留守儿童绝大部分来自农村地区。农村地区留守儿童（父母双方外出）比例为 16.40%，准留守儿童（父母一方外出）比例为 16.17%，二者合计为 32.57%。从宽泛意义（只要父母一方外出即视为留守儿童）上来说，农村留守儿童占比已经接近所有农村户籍儿童的 1/3。与此同时，农村户籍随父母共同外出的儿童比例也高达 26.86%，在一定程度上反映了农村劳动力迁移日趋家庭化的趋势。

第二，农村留守儿童大多正处于学前至小学适龄阶段，高年龄段留守儿童占比较少。农村留守儿童家庭平均同住家人有 3.20 人，留守儿童的日常照料工作主要由祖父辈负责。其中，由隔代家人照料的留守儿童的父母大多双方均外出工作。此外，超过一半的留守儿童有同住的兄弟姐妹。

第三，农村留守儿童的健康状况和义务教育就学率均略低于全国平均水平,且低于完整家庭的儿童。其中,城市完整家庭的儿童健康状况最佳并且义务教育就学率最高,而农村留守儿童健康状况最差并且义务教育就学率最低。

第四,农村儿童留守家庭的经济状况不如完整家庭。完整家庭的年收入在5万元以上的占比为30.56%,分别比准留守儿童家庭和留守儿童家庭高出6.93个百分点和5.44个百分点。完整家庭的年总消费也要高于留守儿童家庭,其中完整家庭的教育支出要明显高于留守儿童家庭。此外,完整家庭为贫困户的比例仅为14.57%,而两类留守儿童家庭贫困户的比例较高,准留守儿童家庭和留守儿童家庭的贫困户比例分别为18.60%和16.86%。

第五,农村留守儿童家庭的日常生活状况也要比完整家庭差。首先看用水情况,完整家庭做饭时用上自来水的比例(61.41%)要明显高于留守儿童家庭(51.89%),农村留守儿童家庭也比完整家庭更容易面临饮用水源污染。其次看用电情况,完整家庭从上年开始从未发生过断电情况的占比(20.50%)最高,准留守儿童家庭(17.92%)次之,留守儿童家庭(16.02%)最低。最后看网络使用情况,完整家庭上年连接互联网的占比(70.55%)最高,其次为准留守儿童家庭(56.80%),留守儿童家庭(31.88%)最低。

第六,农村留守儿童家庭的住房条件同样不如完整家庭。其中,留守儿童家庭的厨房拥有比例(70.85%)要远低于完整家庭(80.08%),留守儿童家庭的室内厕所、室内浴室、阳台和供暖设备等的拥有率也明显不如完整家庭。

参考文献

1. 段成荣、周福林:《我国留守儿童状况研究》,《人口研究》2005年第1期。
2. 段成荣、吕利丹、郭静:《我国农村留守儿童生存和发展基本状况——基于第六次人口普查数据的分析》,《人口学刊》2013年第3期。
3. 范兴华、方晓义、刘勤学:《流动儿童、留守儿童与一般儿童社会适应比较》,《北京师范大学学报》(社会科学版)2009年第5期。
4. 辛胜阻、易善策、李华:《城镇化进程中农村留守儿童问题及对策》,《教育研究》2011年第5期。
5. 凌辉、张建人、易艳:《分离年龄和留守时间对留守儿童行为和情绪问题的影响》,《中国临床心理学杂志》2012年第5期。

6. 马向真、刘瑞京、王漫漫：《留守儿童、流动儿童自我发展与社会支持的比较研究》，《教育研究与实验》2015 年第 3 期。
7. 宋月萍、张耀光：《农村留守儿童的健康以及卫生服务利用状况的影响因素分析》，《人口研究》2009 年第 6 期。
8. 陶然、周敏慧：《父母外出务工与农村留守儿童学习成绩——基于安徽、江西两省调查实证分析的新发现与政策含义》，《管理世界》2012 年第 4 期。

第八章
农村土地与农业发展

李蔓莉

随着我国工业化、城镇化和农业现代化的发展，一方面，传统农业向现代农业转变，农业生产机械化程度不断提升，适度规模化经营成为必然趋势；另一方面，农村劳动力处于从第一产业向第二、第三产业过渡阶段，剩余劳动力大量向城镇转移。《中国环境状况公报（2015）》指出：截至2014年底，全国农用地有64574.11万公顷，其中耕地13505.73万公顷，人均耕地面积不足世界人均耕地面积的一半，且耕地平均质量等别为9.97等，总体质量偏低，优等地只有386.5万公顷。这意味着我国面临严峻的土地形势。土地不仅仅是一种物质生产要素，还发挥着重要的经济、社会组织和制度载体的作用。

这样的国情和时代背景均宣告着家庭经营时期"小块分割"土地管理模式的逐渐式微。作为"家庭联产承包责任制"后农村改革的又一重要创举，同样是农民群体自发形成的产物，以形成规模经营为目标的"土地流转制度"应运而生。土地流转的重点在于"三权分置"：即从前者的"两权"分离（土地所有权归集体，农户承包经营），到所有权、承包权、经营权三权分离，农民保留土地承包权，可对土地经营权实行流转。

作为农村管理制度的自我完善，土地流转制度经历了从无到有的三个阶段。首先，在十一届三中全会后，家庭联产承包制开展实施，极大地调动了农户的劳动积极性，但法律严格禁止转让土地使用权。然后，随着对农村实际情况的深入调研，中共中央在1983年发布的《当前农村经济政策的若干问题》鼓励土地逐步向种田能手集中；1988年颁布的《土地管理法》规定土地的使用权可依法转让。最后，2002年颁布的《农村土地承包法》正式确立了土地使用权的流通性质，允许"农村集体经营性建设用地出让、租赁、入股"，实行与国有土地同等入市、同权同价,以法律形式最终保障了长期稳定的土地承包关系。

土地政策的调整是对土地管理实践的回应。大量政府和科研机构的调查均显示,土地流转有利于农业资源配置,提高劳动生产率,有助于农业技术推广和农民增收。土地流转作为制度设置,既是城乡统筹的结果,也是农业现代化的实现手段。综合而言,现有研究主要关注两个方面:土地流转的驱动因素和土地流转的社会经济效应。

首先,对土地流转驱动因素的研究集中在农户的流转意愿方面。现有研究从农户个体、家庭特征,农户对生活、社会保障和政策制度等(钟晓兰等,2013)的主观认知方面进行剖析,包括兼业程度(张忠明、钱文荣,2014)、风险意识(李景刚等,2014)、养老保险(赵光、李放,2014)等个体家庭特征对土地流转意愿有显著影响;而村级流转管制(郜亮亮等,2014)、农业补贴对象错位(吕悦风、陈会广,2015)等政策失调对土地流转有显著抑制作用。同时,相关文献还对土地流转的区域差异(包宗顺等,2009)、代际差异(许恒周等,2012)、内部收入差异(柴志贤等,2016)等进行了研究。

其次,对其社会经济效应的研究集中在农户个体和农村发展两方面。在个体层面,土地流转有利于提高农户的人均纯收入(李中,2013),解放农村劳动力、促进农民非农就业(闫小欢、霍学喜,2013)。在城乡统筹发展方面,土地承包流转与农村剩余劳动力转移相辅相成,有利于人地合理配置,提高农地生产效率,均能加快农村现代化。

2012年、2014年和2016年的三期"中国劳动力动态调查"均收集了土地流转和农业生产的相关问题,包括家庭问卷中的土地面积、承包土地面积、弃耕土地面积,以及村级问卷中的农业生产相关变量。本章主要研究三个问题:第一,我国土地流转的基本情况,影响土地承包和弃耕的诸多原因;第二,土地流转对于家庭收入和非农就业的影响;第三,我国农业现代化发展现状。

一　土地基本状况与影响因素

本节对我国土地的基本状况进行分析。三期调查收集了家庭当年的耕地、林地、果园、草场、池塘的面积,以及承包他人土地的面积和弃耕土地的面积。① 所有土地变量均设置在家庭问卷中,对土地进行的耕种及流转等行为被视为家庭集体行为,而非个体行为。土地流转行为包括土地流出行为与土地流入行为,即:承包他人土地和转让给他人土地。问卷中包含了土地承包面积,可以视为土地流入行为的操作变量。因此本节主要讨论土地流转中的流入行为,辅以分析农户土地面积和弃耕状况。

(一)土地流转的基本状况

1. 土地面积、土地承包和弃耕抛荒行为

图 8-1 至图 8-3 是根据地区和时间分异绘制的土地面积对数形式密度图,表 8-1 至表 8-3 是根据地区和时间分异制作的农户人均土地面积、承包土地和弃耕土地比例表。两组图表显示了我国现有的土地状况和土地经营行为。

首先,在农户土地面积方面:全国农户平均拥有 9.97 亩土地。与类似调查对比:中国健康与养老追踪调查(2011~2012)数据显示,我国人均耕地面积有 3.4 亩。② 如表 8-1 所示,三年土地面积平稳中略有提升,在总农业用地面积对数密度时间分异图中,三条密度曲线重合度非常高,说明三次调查结果较为稳健。其中中部地区农户平均土地量最大,农户户均土地 12.07 亩,且呈现逐年递增

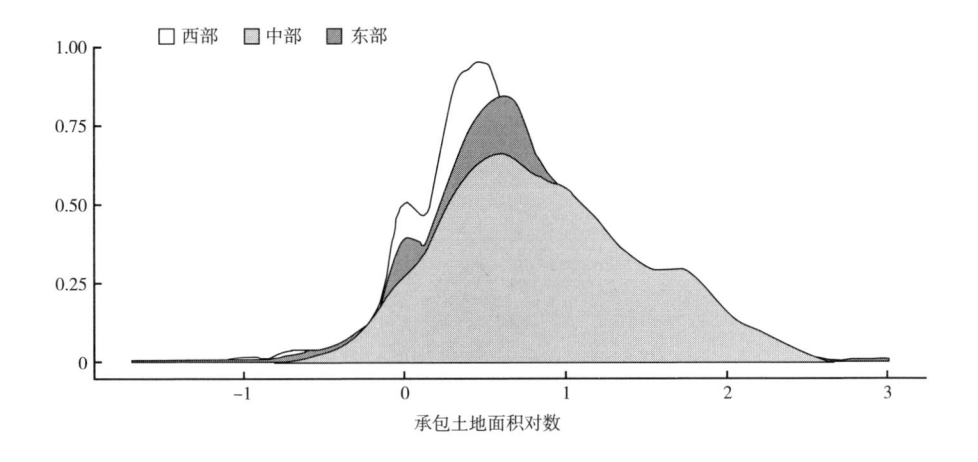

---

① 这里的土地泛指所有农业农地,指村里分的土地,包括耕地、果园、林地、草场等,也包括租种、代耕的他人的土地。
② 数据来源:中国健康与养老追踪调查(2011~2012)。

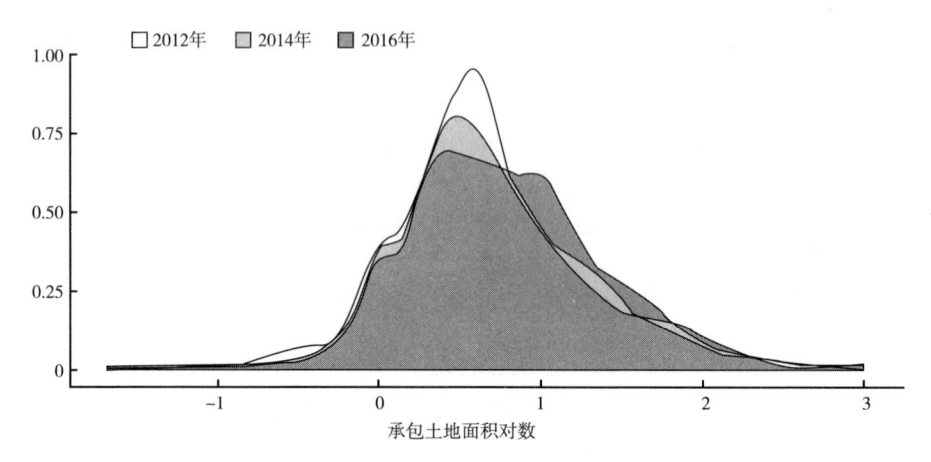

图 8-1 承包土地面积（对数）图（2012~2016 年）

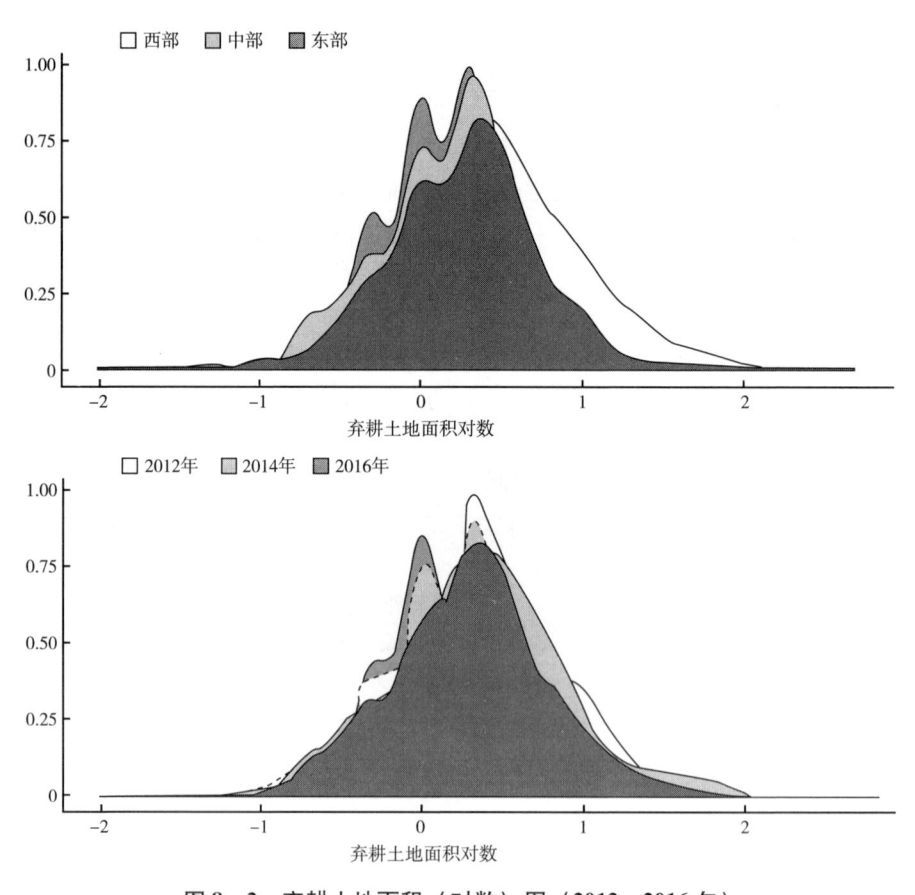

图 8-2 弃耕土地面积（对数）图（2012~2016 年）

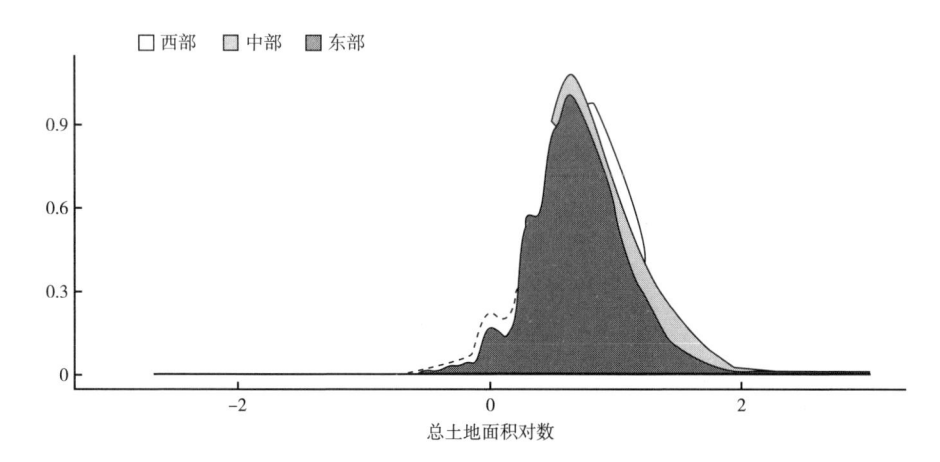

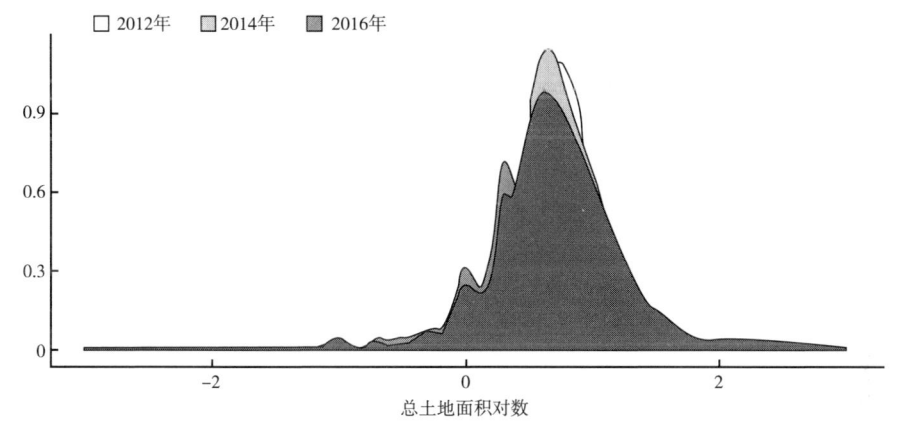

图 8-3 总土地面积（对数）图（2012~2016 年）

表 8-1 全国农户平均拥有土地面积情况（2012~2016 年）

单位：亩

项目	地区	2012 年	2014 年	2016 年	总计
土地面积	西部	10.62	10.48	10.32	10.45
	中部	10.64	10.73	13.62	12.07
	东部	6.17	9.38	8.14	7.94
	全国	9.05	10.12	10.47	9.97

的态势。东部地区的农户平均土地面积最小，农户户均只有 7.94 亩土地，三年收集的土地面积情况也有较大的差异，可能面临着频繁的土地重整。西部地区农

户户均土地介于中东部之间,约为10.45亩,三年户均土地面积也非常平稳。

其次,我国的土地承包状况是:全国有18.35%的农户有土地流入行为,他们平均承包了15.77亩土地。

三年平均承包比例数据显示:2012年农户承包比例最高,承包比例为19.58%,2014年略有下降,承包比例为17.27%,2016年稍有提升,承包比例为18.2%。与其他类似调查相对比:据农业部统计,截至2011年底全国农村耕地流转面积为2.28亿亩,占全国总耕地面积的17.8%。中国社科院发布蓝皮书显示:2014年全国家庭承包耕地流转面积已增加到4.03亿亩,流转比例达到30.4%。①

其中,中部地区总体承包比例较高,但在时间上呈现明显的下降趋势,从2012年承包比例为24.4%,逐渐降低至2016年的为19.12%;西部地区的承包比例最低,三年承包率均低于20%,2012年西部地区土地承包率为16.28%,2014年土地承包率为12.48%,2016年土地承包率有较大幅度提升,为17.10%。东部地区的承包比例介于两者之间,三年土地承包率较为稳定,其中2012年为19.36%,2014年降低为18.04%,2016年略微提升到18.55%。

有土地承包行为的农户承包土地面积的数据显示:中部地区平均承包土地的面积最大,尤其在2014年,中部地区流入土地的农户平均承包了37.43亩土地;其次,东部地区流入土地的农户平均承包土地面积也较大,平均为14.95亩,而且这三年平均承包土地面积平稳,均在15亩左右;西部地区在承包土地农户的比例(15.65%)上与东部地区虽差异不大(18.64%),但在承包面积上,远远低于中东部地区,总体的平均承包面积只有8.28亩。

表8-2 全国农户平均承包土地状况(2012~2016年)

单位:亩,%

承包状况	地区	2012年	2014年	2016年	总计
承包比例	西部	16.28	12.48	17.10	15.65
	中部	24.40	22.75	19.12	21.50
	东部	19.36	18.04	18.55	18.64
	全国	19.58	17.27	18.20	18.35

---

① 数据来源:李光荣主编《土地市场蓝皮书:中国农村土地市场发展报告(2015~2016)》,社会科学文献出版社,2016。

续表

承包状况	地区	2012年	2014年	2016年	总计
承包面积	西部	8.77	5.59	9.05	8.28
	中部	16.73	37.43	21.37	23.96
	东部	14.80	14.55	15.29	14.95
	全国	13.55	19.92	15.07	15.77

我国弃耕土地的基本状况是：全国有9.29%的农户有土地弃耕抛荒行为，他们平均闲置了4.55亩土地，西部地区弃耕行为最严重。

弃耕抛荒是指放弃对可以耕种的土地的耕耘。基于我国人多地少的国情，这将影响到我国的粮食安全，动摇农业发展的基础。数据显示，西部地区弃耕比例最高，约有13.01%的农户不再耕种土地，三年的抛荒率相差不大，除了2014年高达14.63%，2012年和2016年均在12%左右。中部地区和东部地区的弃耕率差距不大，两地区的弃耕率几乎仅有西部地区一半，分别为7.53%和6.95%。从时间维度上看，中部地区在2014年达到弃耕行为的高峰，在2016年弃耕行为的比例略有降低。而东部地区的弃耕率自2012年开始从5.74%持续提升到2016年7.72%，弃耕行为呈现稳定上升的趋势。

从弃耕土地的面积来看，西部地区的弃耕面积也是最大的，有弃耕行为的农户平均闲置了6.42亩土地，尤其在2012年和2014年平均弃耕面积达到8亩以上，2016年降低到4.56亩，但也超过中东部地区的平均弃耕面积。相比而言，中部和东部地区的平均闲置土地只有西部地区的一半左右，从2012年到2016年均稳定在3亩左右。

表8-3 全国农户平均土地弃耕状况（2012~2016年）

单位：亩，%

弃耕状况	地区	2012年	2014年	2016年	总计
弃耕比例	西部	12.18	14.63	12.61	13.01
	中部	6.03	8.4	7.97	7.53
	东部	5.74	6.9	7.72	6.95
	全国	8.23	10.04	9.51	9.29
弃耕面积	西部	8.12	8.14	4.56	6.42
	中部	3.15	3.47	3.36	3.33
	东部	3.17	3.08	3.48	3.31
	全国	5.18	5.29	3.86	4.55

2011年农业部发布《关于开展农村土地承包经营权登记试点工作的意见》，提出"把承包地块、面积、合同、权属证书全面落实到户"，让农户在承包土地的过程中登记颁证，标志着农地确权制度的确立，从而保证了土地流转的产权基础（程令国等，2016）。"土地确权"的本质是对农民的"还权赋能"，也是土地市场规范性的体现。多数学者认为这会对农民的决策行为产生重要影响，稳定的产权意味着农户对土地的长期收益将得到有效预期，农户的流转决定权更大，更有利于自主决定转出和转入时机（刘玥汐、许恒周，2016），因而有利于农村劳动力转移，推动城乡统筹；也有学者观察到这可能造成农地"私有化"（李昌平，2003）、农民"被产权"（李祖佩、管珊，2013）等负面冲击。但综合而言，产权稳定对于土地流转有积极的正向关系。

领取证书即为"土地确权"的主要方式。本调查关注了农户的证书领取情况，数据显示，一半以上的农户领取了农村土地承包经营权证书，其中70.78%的农户有房屋所有权证，其次有57.79%的农户领取了集体土地使用证书，领取农村土地承包经营权证书的农户最少，但也达到了一半以上，比例为53.80%。对比相类似的调查，《土地市场蓝皮书》[①] 显示签订合同的比例占60%。从地区差异而言，西部地区的农村领取土地承包经营权证书和集体土地使用证的比例最高，领取的农户比例分别为62.83%和64.48%，领取了房屋所有权证数的农户也达到71.13%以上。

相比而言，中部和东部地区的土地确权情况不太理想，在领取农村土地承包经营权证书方面，中部地区的比例比东部地区略高一些，分别为50.09%和48.38%，在领取集体土地使用证方面，中部地区与东部地区的比例非常接近，均在54%左右。在拥有房屋所有权证方面，东部地区的比例比中部地区更高一些，两种比例分别为71.94%和68.82%。综合而言，西部地区的确权制度落实较为到位，中东部地区次之（见表8-4）。

2. 承包原因和弃耕原因

调查收集了农户承包土地和弃耕闲置土地的原因，分区域结果呈现于表8-5。总结而言，承包的原因主要为希望增收；弃耕的主要原因则是家庭劳动力缺乏。

[①] 数据来源：李光荣主编《土地市场蓝皮书：中国农村土地市场发展报告（2015~2016）》，社会科学文献出版社，2016。

表8-4 分区域农户领取证书情况表(2016年)

单位:%

项目		西部	中部	东部	合计
领取证书	有农村土地承包经营权证书	62.83	50.09	48.38	53.80
	有集体土地使用证	64.48	54.26	54.44	57.79
	有房屋所有权证	71.13	68.82	71.94	70.78

表8-5 土地承包原因、弃耕原因(2016年)

单位:%

项目		西部	中部	东部	合计
承包原因	希望增收	10.36	13.02	8.33	10.39
	有生产机械、特殊作物技术	0.18	0.51	0.23	0.29
	家里劳力多	2.11	0.76	0.63	1.18
	村里没人种的地多,荒了可惜	2.56	4.05	1.83	2.72
	自己无地或地太少	3.34	4.97	2.72	3.58
弃耕原因	缺少劳动力,无法耕种	6.07	5.35	4.15	5.16
	亏本,不愿耕种	1.72	1.64	1.06	1.46
	种地辛苦,不愿意耕种	0.81	0.97	0.86	0.87
	土地贫瘠,收成不好	6.88	3.20	2.19	4.11
	要搬迁到别处去,不再耕种	0.18	0.08	0.07	0.11

希望增收是承包土地的首要原因,有10.39%的农户因此流入土地。其中,中部地区因希望增收而承包土地的比例高达13.02%。其次,有些农户自己没有土地或土地太少,希望通过承包他人土地,提高家庭的土地面积,这部分农户高达3.58%。这类农户在中部地区的比例最高,为4.97%。此外,有些农户对于村里弃耕土地表示可惜,因此承包土地耕种的农户约有2.72%。这类农户在中部地区的比例较高,约为4.05%。因为家里劳动力多而承包土地的比例为1.18%,这种情况在西部地区比例更高,约为2.11%,中部地区和东部地区则较少,约为0.76%和0.63%。

弃耕的首要原因是家庭缺少劳动力,无法耕种。这种情况的总体比例为5.16%,在西部地区最多,约有6.07%的西部地区农户因为缺少劳力而闲置土地,中部次之,约有5.35%的家庭因此弃耕。其次,因为土地贫瘠,收成不好而弃耕的农户约为4.11%,这类因为土地投入产出比例过低的情况在西部地区最多,约有6.88%的农户因此弃耕,这说明西部地区的土地质量并不能给农户带来理想的回报。这种情况在中部和东部地区则较少。与之类似的因为亏本而不愿意种植的农户有1.46%,西部地区同样占了较高的比例,约有1.72%的农户因为亏本而不愿意耕种土地。

3. 土地调整途径、弃荒土地管理

我国的土地调整有几种类型:第一,通过机动土地进行调整。机动土地是指从村集体总面积中按5%的比例依法预留出的土地,属于村集体成员共同财产。预留了机动土地,一旦发生人地矛盾,可以通过机动土地进行调整。第二,根据农户的意愿内部商量调整。第三,将村组内的土地打乱重分。数据显示,村组内部分农户土地小调整的比重最高,达到57.71%,其中东部地区通过该途径调整的比例最高,为65.23%。其次,为利用村里的机动土地进行调整,比例为21.96%,西部地区则更倾向于使用该途径进行调整,高达38.46%。利用村组内土地打乱重分的方式调整土地的约有7.6%,而这种途径主要集中在东部地区,约有13.65%的农户使用这种方式对土地进行调整。

常年不住在村里的家庭对土地进行处理时(见表8-6),找人代耕的比重最高,为30.14%;中部地区找人代耕的比例为34.74%,西部为31.14%,而东部地区最少,找人代耕的比例为25.40%。其次为将该土地进行出租,约有24.59%的农户采用出租的方式;其中,东部地区采用出租的方式最多,约为35.87%,西部地区的农户最少,只有13.28%的农户采用该方式,中部地区介于两者之间,约有24.40%的农户通过出租土地的方式处理闲置土地。同时,对于这类无人耕种的土地置之不管的比例也有8.57%,其中西部地区的村庄闲置弃耕情况最为严重,约有14.38%的土地没有得到利用,中部地区次之,约有8.26%的土地没有得到合理使用,东部地区的村庄闲置土地的情况则较少,只有3.21%的土地被弃耕抛荒。

综合全国情况而言,农村土地调整多以村组农户之间的"小调整"为主,比例约在一半以上。"小调整"在西部、中部和东部地区都是最常见的土地调整途径。在中部和西部地区,排第二位的调整方式是利用村内机动土地进行调整;在东部地区排第二位的调整方式则是村组内土地打乱重分。对于农村劳动力迁移而导致的闲置土地,通常以找人代耕的方式进行利用,中部地区多使用这种方式利用闲置土地；其次为出租土地，东部地区更倾向于使用这种方式处理闲置土地。

表8-6 土地调整途径、常年不在村家庭土地利用情况（2016年）

单位：%

	项目	西部	中部	东部	合计
土地调整途径	利用村里的机动土地进行调整	38.46	24.81	13.40	21.96
	村组内部分农户土地小调整	49.45	46.62	65.23	57.71
	村组内土地打乱重分	0.00	0.00	13.65	7.60
	其他	12.09	28.57	7.71	12.74
常年不在村家庭土地利用	闲置弃耕	14.38	8.26	3.21	8.57
	找人代耕	31.14	34.74	25.40	30.14
	出租	13.28	24.40	35.87	24.59
	入股	0.66	0.16	3.18	1.41

（二）土地流转的影响因素

土地流转的基本目标是实现适度规模经营，因此理想的形式是流向以农业大户为主的规模农业主体，即从分散的小块家庭经营土地流向种粮能手、经营大户，形成"散户→大户"土地流动路径（陈金怡、唐学玉，2016）。因为农业大户有更强的市场意识，能敏锐地把握市场变化，根据市场安排生产经营，且大户有较强的自我服务意识，具备主动谋划资金、技术、销售和市场的能力，能够较好地自寻销路、抗御自然风险和市场风险，同时在筹资能力、人力资本方面更具优势，有助于专项经济作物的种植，而且能保证农作物的质量，实现农产品的集约化和专业化。

但现有研究发现，"散户→大户"路径并没有很好地实现。土地流转多发生在小规模分散经营的农户之间（黄祖辉，2008），农户间自发的土地流转由于缺乏供求信息，而局限于邻里间的小范围交易（陈金怡、唐学玉，2016）。这导致土地流转过程并非优化配置的过程，因此其"培育和壮大新型农业生产经营组织"的功能并未加强。散户的土地流出意愿和大户的流入意愿均不强，这要求农业大户作为农业经营主体应向资本经济的企业生产者发展（论卫星、杨林生，2014）。

2014年和2016年两期调查均收集了受访者是否为农业专业户的问题。共有1285户家庭为农业专业户,12220为非专业户。其中,农业专业户平均承包土地为14.33亩,而非农业专业户平均承包土地为1.83亩。如表8-8所示,2014年农业专业户平均承包面积为21.98亩,非农业专业户平均承包面积为1.84亩;2016年农业专业户平均承包面积为10.76亩,而非农业专业户平均承包1.82亩。这说明农业专业户土地承包面积明显的中位数多于非农业专业户（p<0.001）。

表8-7 农业专业户与承包面积关系（2014~2016年）

单位:亩

	2014年			2016年		
	平均承包面积	N	p值	平均承包面积	N	p值
农业专业户	21.98	408	p<0.001	10.76	877	p<0.001
非农业专业户	1.84	4583		1.82	7637	
合计	3.49	4991	—	2.74	8514	—

图8-4为农业专业户与承包面积（对数）关系的区域差异箱线图。总体上农业专业户的承包土地面积的中位数多于非农业专业户,且专业户的分位数点距离较远,二分位点与四分位点的位置较远,说明农业专业户承包土地面积的方差更大、异质性更强。

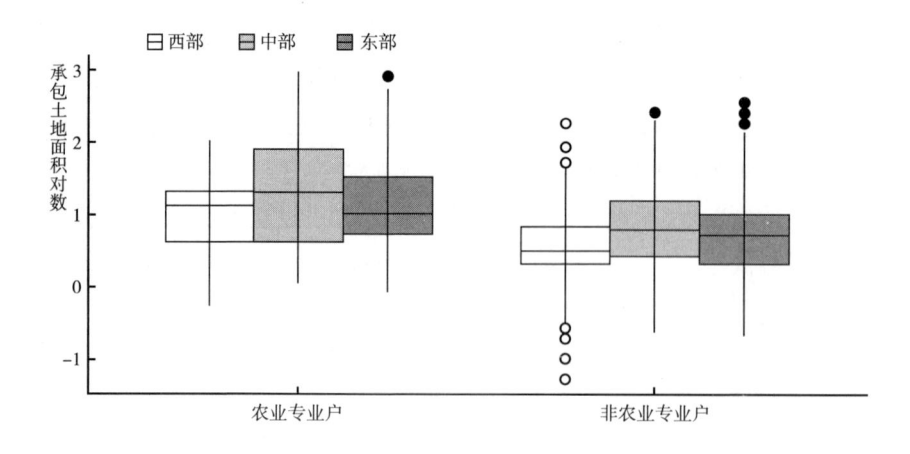

图8-4 农业专业户与承包土地面积区域分异图（2016年）

第八章 农村土地与农业发展

然而，两变量的相关关系不等于因果关系。要全面准确地了解农业专业户对于土地承包面积的影响，可以在控制相关变量后进行线性回归。在分析是否进行承包的同时，还辅以将土地面积和是否弃耕作为因变量进行研究。其中，土地面积为总面积的对数形式，是否承包和是否弃耕均为二分变量（承包为1，没有承包为0；弃耕为1，未弃耕为0）。

本调查在每个社区都选取了多个家户样本，由于各社区内部的个体有相似性，所有未被拟合进模型的背景信息最终都被包含在模型的个体层次误差项中，且由于相同背景下的个体层次误差项必然相关，违背了多元回归的基本假设，故考虑使用随机截距层次模型。

首先，测量社区间方差占总方差的比例，即计算组内相关系数 ρ 。结果显示土地面积、是否承包土地和是否弃耕的组内相关系数分别为 0.06、0.11 和 0.25，根据 Cohen 提出的原则，当 ρ 大于 0.059 时，ρ 的效应为中关联强度及以上，即应该使用层次模型。其次，调查将土地承包视为家庭行为，而与个体层次的变量无关，因此这里除了控制家庭层面变量（同住成员数量、农业生产人数）之外，还控制了社区层次变量（流动人口比例、从事农业人口比例、村里农业用地比例）和区域变量（三大地区）。

据表 8-8 的模型可以发现：同住成员与土地面积显著正相关，同住成员多会增加弃耕的概率；家庭农业生产人数对土地面积、承包土地的概率和弃耕土地的概率有显著影响，家庭农业生产人数越多，土地面积越大，家庭从事农业的人数每增加 1 人，土地面积增加 15%（ $=e^{0.14}-1$ ）；同时农业生产人数多的家庭也更倾向于承包土地，反之更不容易发生闲置土地弃耕抛荒的现象。是否为农业专业户对土地面积和承包土地有显著的正向影响，但对于弃耕抛荒的影响不显著。生产方式对于土地面积和是否承包土地的影响不显著，但对是否弃耕有显著的影响，如果农户使用效率较高的机械或半机械生产，则更倾向于使用土地，而非弃耕抛荒。模型还观察了农业专业户与生产方式的交互效应，生产方式对于农业专业户的土地持有的正向作用并无显著影响，但专业户身份对于机械生产对弃耕抛荒的负向作用有显著减弱。总体而言，农业专业户身份和机械化的农业生产方式有利于农户土地持有。

接下来进一步考察社区环境的影响。其中社区的流动人口对家户是否弃耕有显著影响：社区的流动人口越多，家户越倾向于保留土地而不弃荒；社区从事农业的人口比例越高，社区土地面积越大，则越倾向于承包土地，对于是否弃耕的影响不大；社区的农业用地比例越大，家户的平均土地面积越大，也更倾向于承包土地，而对于是否弃耕的影响不显著。

区域变量的参照组是西部地区，与西部地区相比，中部地区和东部地区弃耕的概率更低，而在土地面积和承包土地的行为上区域间差异不大。

表8-8 农户土地面积、承包土地面积和弃耕土地面积的影响因素（2016年）

变量	模型1 土地面积（对数）	模型2 是否承包	模型3 是否弃耕
农户家庭变量			
同住成员数量	0.05***	-0.02	0.10***
农业生产人数	0.14***	0.33***	-0.24***
农业专业户（专业户=1）	0.35***	0.91***	0.25
生产方式（机械生产=1）	0.01	0.00	-1.00***
专业户×生产方式	-0.03	-0.01	1.60***
社区变量			
社区流动人口率	0.33	-7.20	-23.31**
从事农业人口比例	0.41*	0.79**	-0.78
社区农地比例	0.38*	1.08***	-0.52
地区变量			
中部地区	0.24	0.35	-1.201**
东部地区	0.02	0.01	-1.66***
常数项	0.67***	-3.47***	-1.36*
样本量	3973	3998	3998
组数	129	130	130
Log likelihood	-4137.3382	-1843.6647	-1004.0605

注：*** $p<0.01$，** $p<0.05$，* $p<0.1$。

二 土地流转的家庭效应

（一）土地流转与家庭收入

图8-5展示了土地流转对于土地产出的影响。首先，土地总面积与家庭

总收入（对数）和家庭农林总收入呈非线性关系，当土地面积较小的时候，土地面积越大，越会制约总收入的增长，但当土地面积规模增加到一定程度后，土地的规模效应开始呈现，家庭总收入会随着土地面积的扩大而增加。土地总面积与家庭农林总收入同样呈非线性的关系，当土地没有达到一定规模时，土地面积与家庭农林总收入关系为负，之后则呈现明显的正向效应。其次，农户的土地转入行为对土地产出有显著正向影响，当我们区分了承包土地和未承包土地的群体，承包土地群体的斜率和截距均高于未承包土地的群体时，说明其土地回报率总体更高。

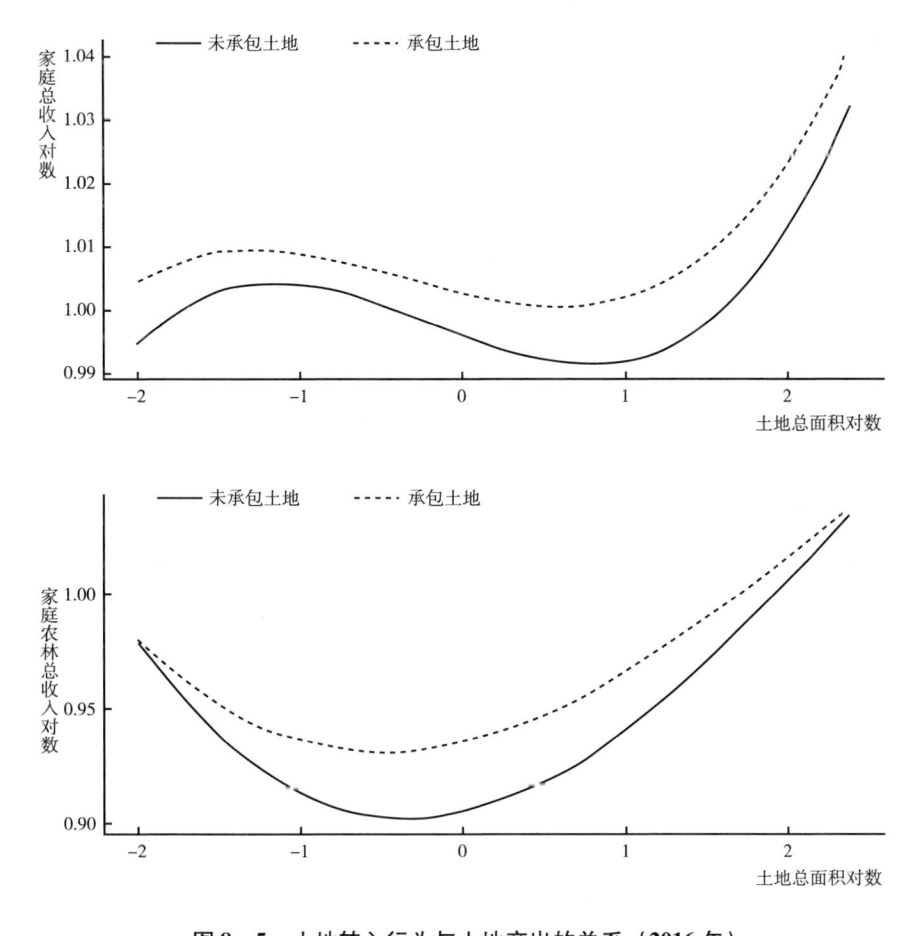

图 8-5 土地转入行为与土地产出的关系（2016 年）

（二）土地流转与非农就业

在城乡统筹背景下，农村人口只有摆脱粗放的传统农业生产方式，进入生产要素更集约的二、三产业，才能够从根本上打破城乡二元结构，实现城乡统筹发展（赵智等，2016）。现有研究主要讨论了这种劳动力转移趋势对于土地流转的作用。

非农就业的动力机制有两个方面，农业收入下降和非农部门工资上涨。前者可能抑制土地流转，而后者会促进土地流转（江淑斌、苏群，2012）。随着农业与非农产业之间劳动生产率的差距日益扩大，农民外出打工与进行农业生产之间产生了较大的比较利益（谭丹、黄贤金，2007）。家庭中非农劳动力人数的增多会对农民转出土地意愿产生积极作用，降低农户对土地的依赖性（林蓉等，2016）。同时，也有不少学者认为非农就业与土地流转存在相互影响关系：正因为农地制度变迁和土地流转促进了农村劳动力流动，劳动力流动反过来也促进了农地制度变革和土地流转（邵彦敏，2007）。或者说，两者作为家庭决策是同时进行的，非农就业决策是土地流转的内生决策（Feng，2006）。

土地流转作为重要的家庭决策之一，是家庭成员集体博弈的结果，因而会对家庭和个体产生重要影响。首先，土地作为生计资源，会影响家庭的整体收入水平，包括家庭总收入和家庭农林收入；其次，合理的土地面积会促使个体选择更合适的就业方式以获得效益的最优化，因此，家庭上年的土地计划策略会影响家庭成员第二年的就业类型。

由于家庭收入和农林收入是家庭行为，故这里控制了其他家庭变量和社区变量；此外，由于非农就业是个体行为，因此我们还控制了个体变量（性别、年龄、学历），考虑到问卷将土地流转视为家庭决定，虽然非农就业与土地流转在理论上有因果关系，但不能以个体行为决定家庭决策，故在此只讨论土地变量对个体非农就业的影响。同样考虑到社区背景的相似性，计算组内相关系数 ρ 值分别为 0.098、0.25 和 0.41，故选择使用层次模型进行拟合。

表8-9主要观察土地面积、承包行为和弃耕行为对收入和非农就业的影响。首先，个体的性别、年龄和最高学历会影响外出务工的概率；同住成员数量和农业生产人数则没有显著影响；如果家里是农业生产专业户，则个体更不可能选择外出务工；考察关键自变量土地禀赋对个体的影响，发现家里的土地

越多,个体越愿意外出务工,承包土地行为则对是否外出务工没有影响;另外如果家里的土地弃耕抛荒,则个体更容易选择外出务工。而社区的相关变量对外出务工的影响不显著。

表8-9 土地流转对家庭收入与非农就业的影响(2016年)

变量	模型1 是否外出务工	模型2 家庭收入(对数)	模型3 农林收入(对数)
性别(男性=1)	1.05***		
年龄	0.06***		
教育	-0.12***		
同住成员数量	-0.03	0.10***	-0.13***
农业生产人数	0.08	0.057***	0.27***
农业专业户(专业户=1)	-0.27*	0.19***	1.14***
土地面积	0.20***	0.07***	0.89***
是否承包	0.16	0.18***	0.93***
是否弃耕	-0.58***	-0.05	-0.41
从事农业人口比例	0.09	-0.47***	3.12***
农地比例	0.37	0.07	1.56**
中部地区	0.03	0.31***	-1.21**
东部地区	0.75***	0.51***	-0.35
常数项	-3.44***	9.27***	1.63**
样本量	3792	4585	4581
组数	134	137	137

注:*** p<0.01,** p<0.05,* p<0.1。

再看家庭收入的影响因素。家庭的同住成员、农业生产人数越多,家庭收入越高,同住成员和农业生产人数每增加1人,家庭收入分别增加10%(= $e^{0.1}-1$)和6%(= $e^{0.057}-1$)。在其他条件相同的情况下,农业专业户比非农业专业户家庭总收入高21%。此外,在家庭的土地禀赋方面,家里的土地面积越大,而且上年有土地流入行为的,其家庭收入越高,承包土地的家庭比未承包土地的家庭总收入高20%(= $e^{0.18}-1$);而是否弃耕土地对家庭收入对数则没有影响。最后,在社区环境变量上,本社区从事农业的人口比例越大,则家庭总收入会越低,这是因为家庭总收入中还包含了非农收入,而农地比例对非农收入没有影响;以西部地区为参照组,中部地区的家庭收入比西部地区高 36%（$=e^{0.31}-1$），东部地区比西部地区高 66%（$=e^{0.51}-1$）。

进一步考察家庭农林收入的影响因素。同住的成员数量越少，则农林收入越高，农业生产人数越多，则家庭的农林收入越多，家庭农业生产人数每增加1人，家庭农林收入会增加 31%（$=e^{0.27}-1$）。农业专业户的家庭农林收入比非农业专业户高 2.1 倍（$=e^{1.14}-1$）。此外，土地面积和承包土地与农林收入显著正相关，承包土地的家庭农林收入比未承包土地的家庭高 1.5 倍（$=e^{0.93}-1$）。而是否弃耕的影响则不显著。再看社区环境变量的影响，社区从事农业的人口比例越高，社区的农地比例越高，家庭的农林收入越高。与家庭总收入相反，中部地区的农林收入比西部地区更低，而东部地区与西部地区农林收入的差距则不显著。

三 土地流转与农村现代化发展

（一）农村与农业发展指标

表 8-10 使用农村地区村委数据，根据呈现我国农村地区从 2012 年到 2016 年农业发展的基础数据，分别统计了非农户籍人口比例、劳动力比例、农业生产比例、劳动力迁移比例、农地比例等反映农村和农业现代化的指标。

先看非农户籍人口比例。全国在农村的非农户籍人口比例三年均在 3% 左右，说明农村总人口中大部分为农村户籍人口。西部地区的非农户籍人口最少，基本在 2% 左右，而东部地区的非农户籍人口几年来稳定上升，从 2012 年的 3.68% 上升到 2016 年的 6.23%。

农村社区的劳动力比例是指该社区 15~64 岁人口占总人口的比例，社区劳动力比例的三年调查数据均在 40%~60% 范围内波动。数据显示，在 2012 年西部地区的农村劳动力比例较高，约为 66.79%，东部地区的劳动力比例最低；2014 年西部地区的劳动力比例仍然最高，约为 48.79%，中部地区的劳动力比例最低；在 2016 年，东部地区的劳动力比例达到最高，为 62.84%，西部地区和中部地区的劳动力比例相差不大，均占总人口的一半左右。

从事农业的比例是指在本村的劳动人口中从事农、林、牧、渔业的比例。

三年调查数据中,除了2014年从事农业的比例为43.5%外,其余两年均在60%左右。西部地区的农村劳动人口中从事农业的比例最高,2014年有一半的劳动人口从事农业生产,2012年和2016年有七成以上的劳动人口务农;中部地区的务农人口也较高,2014年接近一半,其余两年务农人口均在七成左右;东部地区的务农人口最少,2014年只有约三成人员务农,其余年份约有一半的人员务农。

劳动力迁移比例主要指常年外出务工的农民工的比例。除了2012年迁移比例在17.14%,其余两年均在12%左右,其中中部地区和西部地区劳动力外出务工的比例较高,但这两个地区外出比例均呈现逐年递减的趋势,而东部地区的劳动力迁移比例基本稳定在10%左右。

在农业用地方面,在农村地区农业用地占总行政面积的四成左右,其中中部地区农地占比最高。三年数据显示农业用地均在50%左右,西部地区与东部地区农地比例相差不大。2012年两者约在40%左右,而2016年则接近总行政面积一半左右(见表8-10)。

表8-10 区分年份和地区的农村与农业发展指标情况表(2012~2016年)

单位:%

项目	年份	西部	中部	东部	合计
非农户籍人口比例	2012	2.73	4.57	3.68	3.64
	2014	1.72	4.67	5.89	4.15
	2016	2.60	1.47	6.23	3.63
社区劳动力比例	2012	66.79	60.59	59.37	61.94
	2014	48.79	40.44	46.18	45.57
	2016	53.48	54.65	62.84	57.28
从事农业比例	2012	78.88	69.61	54.27	65.76
	2014	55.23	47.72	33.17	43.50
	2016	72.72	75.37	54.06	66.54
劳动力迁移比例	2012	19.30	24.38	10.95	17.14
	2014	15.20	14.59	9.36	12.73
	2016	12.47	14.39	11.44	12.62
农业用地比例	2012	42.34	51.20	43.25	45.20
	2014	30.07	47.76	36.07	37.33
	2016	49.07	53.24	48.65	50.08

（二）土地流转与家庭农业生产

本小节基于家庭农业生产分析土地流转对农业生产效率的影响。首先分析了土地承包与农业现代化关键要素农业机械化和专业化的关系，同时对承包土地对土地投入效率的影响进行了初步分析，最后探究了学界较关注的流转耕地的"非粮化"问题。由于前文已经对农业专业化进行论述，在本节主要讨论农业专业户和非专业户在家庭农业生产中的差异（详见表8-11）。

表8-11 区分农业专业户的家庭农业经营状况（2016年）

单位：天，小时

项目		西部	中部	东部	合计
从事农业天数	农业专业户	223	192	252	225
	农业非专业户	234	192	213	215
农忙时节从事农业的时数	农业专业户	9	10	10	10
	农业非专业户	9	9	9	9
农闲时节从事农业的时数	农业专业户	4	4	3	3
	农业非专业户	4	3	3	3

农业机械化主要指利用高效节约的农业机械装备，使农业生产技术水平得到提高，同时减少农业生产所需人力、畜力，而代以机器作业，从而实现农业的经济和生态效益，并促进家庭经营农业小生产的解放。农业机械化的目的是提高农业整体素质，逐渐形成农业现代化气象。土地流转与农业机械化相辅相成，土地流转使农地集中成片，形成适度规模经营，有利于农业机械的进入和使用，农业机具和新技术需要这样的环境条件，使各种生产要素的作用得到充分发挥。研究认为农机拥有量与大田承包面积和种粮效益呈现正向关系。也有研究认为土地规模经营不是农业机械化的充分必要条件，两者在制度上是相容的（曹阳、胡继亮，2010）。

表8-12主要呈现了家庭农业机械化程度与其生产经营的关系。在菜园经营中，使用传统农耕方式的比例最高，为54.9%，其次为半机械化生产，比例为35.11%，只有一成的农户实现了完全机械化生产。在果园的经营中，半机械化的比重最高，达到46.65%。传统农耕仍适用于果园经营，其比例为32.75%，果园使用机械化的比例为20.6%。在山林/经济林的经营中传统农耕的比例最大，占一半

以上的林地仍然使用了传统农耕方式，林地也开始使用半机械化工具进行耕种，比例为34.47%，林地的机械化程度为12.86%。粮食作物生产中，机械化和半机械化经营的比例较高，分别为23.67%和41.38%，传统农耕也有较高的比例，为34.95%。家庭禽畜养殖中使用传统农耕方式的比例较高，为53.96%，其次使用半机械化的比例为38.52%，机械化程度较低，比例为7.52%。在牧业经营中，半机械化的使用程度最高，为64.29%，传统农耕方式的比例为27.14%，机械化的比例为8.57%。在渔业生产中，半机械化的应用程度最高，有52.85%，其次为传统经营方式，有42.28%，而机械化使用的比例最低，只有4.88%。

从农业经营成本来看，使用农机生产的机械化成本最高，平均年成本为8220元，其次为半机械化家庭，成本为6469.93元，而传统农耕主要利用人力和畜力，所有成本最低，只有3026.78元。在农业收入方面，机械化经营的农户平均收入为15942.26元，半机械生产的农户收入为10578.16元，而传统农耕的农户收入最低，只有4697.97元。在政府的补贴方面，政府对于机械化和半机械化的农户补贴较多，分别为696.11元和808.84元，而对传统农耕的补贴只有251.04元。

表8-12 区分生产方式的家庭农业经营状况（2016年）

单位：%，元

项目	机械化	半机械化	传统农耕	合计
菜园	9.99	35.11	54.90	100
果园	20.60	46.65	32.75	100
山林/经济林	12.86	34.47	52.67	100
粮食作物	23.67	41.38	34.95	100
家庭禽畜养殖	7.52	38.52	53.96	100
牧业	8.57	64.29	27.14	100
渔业	4.88	52.85	42.28	100
成本	8220.00	6469.93	3026.78	5680.61
收入	15942.26	10578.16	4697.97	9792.37
政府补贴	696.11	808.84	251.04	587.18

下面通过对比农业成本与农业收入[①]的回报率，观察承包土地与未承包土地人群的农业收益是否存在差异。有研究认为农户土地流转对长期生产效率

---

① 农业成本和收入均是农户家庭的粮食、经济作物、林业生产的总和。

更为敏感，意味着土地是从低效率的农户转到高效率的农户（陈海磊等，2014）。从图8-6可以看出，农业成本与农业收入呈现正相关关系，图8-6a呈现的是全国的农业经济效益，依据是否有流入行为划分的两个群体也表现出显著的差异，有承包土地的家户其拟合线的截距与斜率均高于没有承包土地的家庭。而根据分地区的拟合线可看到，农业投入回报率呈现出区域差异，其中西部地区和中部地区的截距项较小，拟合线更为陡峭，而东部地区的截距项较大，拟合线更加平滑。

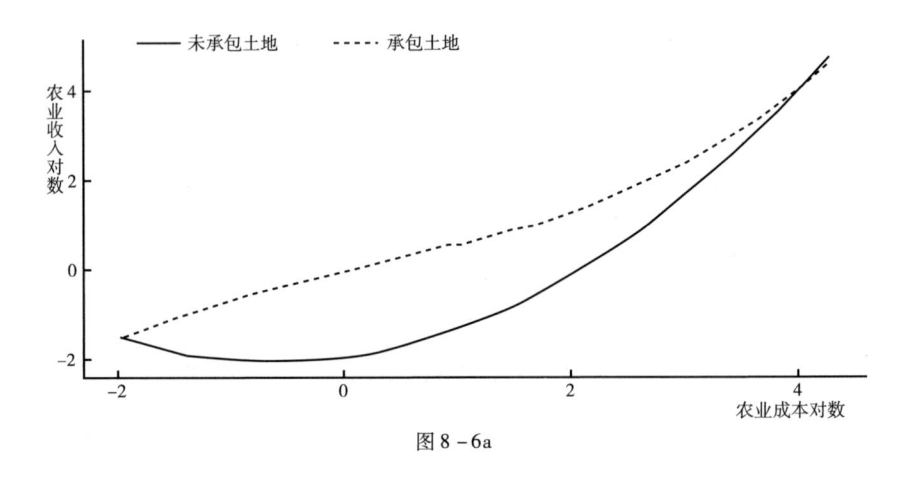

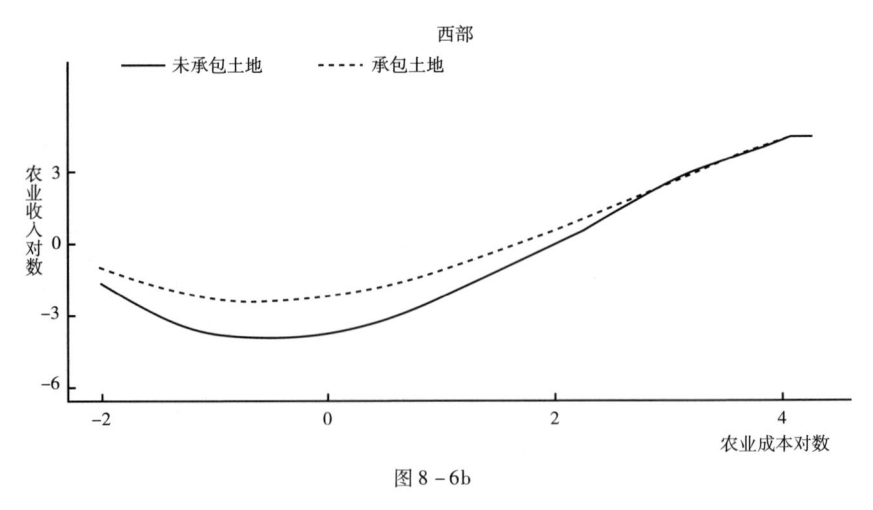

图8-6a

西部

图8-6b

图 8-6c 中部

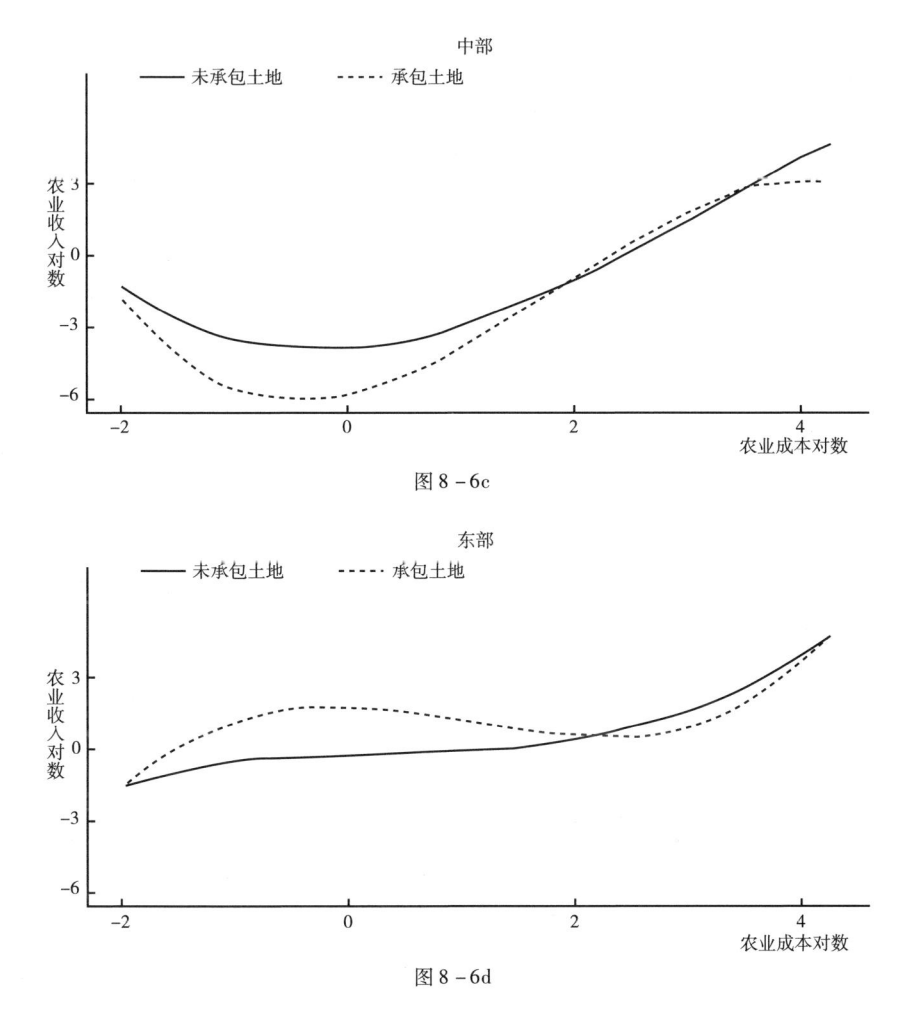

图 8-6d 东部

图 8-6 农业成本与农业收入关系拟合图（2016 年）

流转耕地的"非粮化"是指由经济因素驱动的土地经营者对土地采取的非农业、非粮食生产的利用措施。《土地市场蓝皮书》显示全国30.4%的耕地由非土地承包所有者在耕种。非土地承包者对土地抱有短期使用的动机，因此可能使用"掠夺式"的生产方式。由于非粮作物与粮食作物在劳动生产率上存在的显著差异，大量研究对土地流转导致的"非粮化"和"非农化"表示担忧（刘洪彬等，2012；刘润秋，2010）。但也有学者认为，非粮生产的高比例只会出现在家庭经营土地规模较小的时候；当土地规模较大时，种植者则会倾向于种植粮食作物，因此，在严格监管耕地用途的前提下，无须过度担心土地流转、规模经营所导致的"非粮化"问题（张宗毅、杜志雄，2015）。

2016年数据显示，流转耕地的"非粮化"情况并不突出。表8-13显示，粮食作物的种植比例最高，六成左右的土地被用于粮食生产。未承包土地农户与承包土地农户相比，粮食生产的比例更高，约为61.11%；承包土地的经营者则更多倾向于经营果园、渔业和其他经济作物（例如：茶叶、枸杞、西瓜、花生、甘蔗、辣椒等），比例分别为8.68%、3.31%和8.30%，均超过未承包土地农户的经营面积。

表8-13 土地利用（耕种作物）状况表（2016年）

单位：%

	菜园	果园	山林	粮食作物	禽畜	牧业	渔业	其他	合计
未承包土地	11.45	5.93	5.66	61.11	7.42	0.72	1.59	6.12	100
承包土地	9.35	8.68	4.65	57.21	7.59	0.92	3.31	8.30	100

（三）农村贫困与扶贫

全国农村贫困率为11.60%，其中西部地区和中部地区的贫困率较高，均在14%左右，东部地区的贫困率为6.21%。同时数据显示有4.71%的农户家庭得到了政府扶贫政策的补贴，西部地区获得扶贫资源的比例最高，为7.14%，中部地区次之，为5.45%，东部地区最低，为1.88%。

而导致农户贫困的最重要原因是农业收入低而且没有其他收入的补贴，占主要致贫原因的37.88%，其中东部地区有40.25%的农户是该原因致贫。其次为"因病致贫"，即家庭成员患重病或者残疾，这部分农户占总人数的29.75%，其中，中部地区因病致贫的比例最高，为37.32%；东部地区因病致贫的比例为28.93%；西部地区的比例最低，为24.09%。再次为"因学致贫"，即抚养子女和赡养老人的沉重负担，这部分贫困户有15.26%，其中西部地区因为家庭成员而贫困的比例最高，为17.93%；中部地区次之，比例为15.15%；东部地区这样的情况较少。此外，因为劳动力缺乏和居住条件差而贫困的比例分别为8.75%和3.76%。这两种情况在西部地区更为普遍，比例分别为10.08%和4.2%。

表8-14 我国贫困率、扶贫率和致贫原因现状（2016年）

单位：%

项目		西部	中部	东部	全国
贫困指标	贫困率	14.81	14.73	6.21	11.60
	扶贫率	7.14	5.45	1.88	4.71
致贫原因	农业收入低、无其他收入	38.66	35.56	40.25	37.88
	家庭成员患重病或残疾	24.09	37.32	28.93	29.75
	负担子女和老人	17.93	15.15	9.43	15.26
	劳动力缺乏	10.08	6.69	9.43	8.75
	居住条件差、信息闭塞	4.20	3.88	2.52	3.76
	其他	5.04	1.41	9.43	4.63

四 小结

土地流转的背景主要有两个方面：第一，随着我国工业化和城市化的发展，农村劳动力逐渐向城乡非农领域转移，从事非农产业农户的农地缺乏人力耕种，产出率不高，且出现弃耕撂荒现象；第二，我国农业步入现代化的快车道，机械化、集约化、规模化和专业化生产是我国农业的必然趋势，这意味着专营农户需要扩大土地规模，并对土地进行集中管理，以便更好、更高效地配置生产要素。土地流转的本质是所有权、承包权和经营权的分离。因此，土地流转的目标是将非农就业的农户和种粮大户的需求结合起来，将土地要素集中到最能发挥土地效应的经营者处。

本章主要研究了三个问题：第一，我国土地面积和土地管理行为的现状，以及影响我国土地流转的因素；第二，我国土地流转是否有利于个体的非农就业和农户的土地集中经营；第三，土地流转与农业现代化发展的关系。综合前文，小结如下。

首先，对我国的土地基本状况进行小结。2016年全国农户平均拥有9.97亩土地。在土地承包方面：我国有18.35%的农户有土地流入行为，他们平均承包了15.77亩土地；在土地利用方面：我国有9.29%的农户有土地弃耕抛荒行为，他们平均闲置了4.55亩土地，其中西部地区弃耕行为最严重。此外，农户承包土地的原因主要为希望增收；弃耕土地的主要原因则是家庭劳动力缺乏。

土地流转高效顺畅的前提是土地的产权或使用权得以清晰界定并受到有效保护（程令国等，2016）。在土地确权制度落实方面，西部地区的确权制度落实较为到位，中东部地区落实情况略差。西部地区农村领取土地承包经营权证书和集体土地使用证的农户比例分别为62.83%和64.48%。

农户承包土地的原因主要为希望增收；弃耕的主要原因则是家庭劳动力缺乏。对于农村劳动力迁移导致的闲置土地，中部地区多以找人代耕方式进行土地再利用；东部地区农户更愿意使用出租土地的方式处理闲置土地。

此外，本章分析了土地流转的影响因素。因为土地流转的理想形式是"散户→大户"流动路径，因此在控制了同住家庭成员数量、务农人数、社区和区域变量对土地流入行为的影响后，我们发现农业专业户对于土地流转有显著的影响。同时使用三年面板数据进行了稳健性验证。

其次，关于土地流转对于个体家庭的职业转化和收入的影响，农业专业户家庭的个体更倾向于务农而非外出打工，而家庭的土地流转行为并未对个体职业转化有明显的正向促进作用。同时，土地总面积与家庭总收入（对数）和家庭农林总收入呈非线性关系，当土地面积较小的时候，土地面积越大，越会制约总收入的增长，但当土地面积规模增大到一定程度后，土地的规模效应开始呈现，家庭总收入随着土地面积的扩大而增加。而土地承包行为对于农户家庭的总收入和农林收入均有正向影响，说明土地承包能促进农户家庭收入提高。

接下来讨论我国农业现状及土地流转与农业现代化的关系。我国农村地区人口大部分为农业户口，非农户籍的比例约为3%；农村地区15~64岁的劳动力比例约为50%；劳动人口中从事农业的比例为40%~60%，劳动力外出务工迁移的比例为10%~20%，说明常年外出务工从事非农行业的农民比例还比较低，西部和中部地区的外出迁移比例较高。农业用地比例占四成左右，没有超过一半。

机械化和专业化是农业现代化的两大关键要素。虽然采用机械化生产的农户农业成本较高，但收入回报率也显著高于传统农耕农户。在对比农业成本与农业收入方面，承包土地农户的投入收入比显著高于未承包土地的农户。在对流转土地非农化的关注中，流转耕地的"非粮化"情况并不突出，六成左右的土地被用于粮食生产，未承包土地农户的粮食生产的比例更高，约为61.11%。

2016年的调查关注了农村贫困和扶贫问题。全国农村贫困率为11.60%，西部地区和中部地区的贫困率较高，贫困率在14%左右，获得扶贫资源的比例也较高，约为7%左右。

最后，本章对于土地流转中存在的问题进行了总结。导致土地流转困难的原因如下：首先，土地收益有限，投入产出比较低，这导致土地集中的需求不足，同时现有农地制度安排造成的高交易成本也会影响土地集中的效益。而劳动力大量非农就业却没有引发土地快速流转的原因可能是：农业经营环境不断恶化，利润越来越低（江淑斌、苏群，2012）。其次，由于缺少农村土地流转服务组织，农户之间的土地流转意愿没有得到有效沟通，而仅仅是小范围熟识的农户间进行交易。这导致资源没有实现合理配置，供需未达到最佳组合，而土地流转滞后会约束农地规模化经营和农村剩余劳动力转移，进而影响农村人口市民化。

参考文献

1. 包宗顺、徐志明、高珊等：《农村土地流转的区域差异与影响因素——以江苏省为例》，《中国农村经济》2009年第4期。
2. 北京天则经济研究所《中国土地问题》课题组：《土地流转与农业现代化》，《管理世界》2010年第7期。
3. 曹阳、胡继亮：《中国土地家庭承包制度下的农业机械化——基于中国17省（区、市）的调查数据》，《中国农村经济》2010年第10期。
4. 柴志贤、周侠、蔡晓宇等：《农村土地流转会导致农户收入差距扩大吗？——以浙江省杭州市为例》，《经济研究导刊》2016年第5期。
5. 陈海磊、史清华、顾海英：《农户土地流转是有效率的吗？——以山西为例》，《中国农村经济》2014年第7期。
6. 陈金怡、唐学玉：《农村土地流转与农业大户经营——基于江苏省农户土地流转调查》，《安徽农业科学》2016年第44（15）期。

7. 程令国、张晔、刘志彪：《农地确权促进了中国农村土地的流转吗?》，《管理世界》2016 年第 1 期。
8. 范永俊：《发达地区农地制度改革的动因、绩效与优化路径——基于宁波五县市的调查分析》，《江海学刊》2012 年第 6 期。
9. 郜亮亮、黄季焜、冀县卿：《村级流转管制对农地流转的影响及其变迁》，《中国农村经济》2014 年第 12 期。
10. 黄祖辉：《王朋农村土地流转：现状、问题及对策——兼论土地流转对现代农业发展的影响》，《浙江大学学报》（人文社会科学版）2008 年第 2 期。
11. 江淑斌、苏群：《农村劳动力非农就业与土地流转——基于动力视角的研究》，《经济经纬》2012 年第 2 期。
12. 李昌平：《慎言农村土地私有化》，《中国土地》2003 年第 2 期。
13. 李景刚、高艳梅、臧俊梅：《农户风险意识对土地流转决策行为的影响》，《农业技术经济》2014 年第 11 期。
14. 李中：《农村土地流转与农民收入——基于湖南邵阳市跟踪调研数据的研究》，《经济地理》2013 年第 33（5）期。
15. 李祖佩、管珊：《"被产权"：农地确权的实践逻辑及启示——基于某土地产权改革试点村的实证考察》，《南京农业大学学报》（社会科学版）2013 年第 1 期。
16. 林蓉、翟旭宁、温钏艺：《非农就业、社会保障与土地流转关系探析——以河北省张家口市为例》，《农村经济与科技》2016 年第 27（15）期。
17. 刘洪彬、于国锋、王秋兵等：《大城市郊区不同区域农户土地利用行为差异及其空间分布特征——以沈阳市苏家屯区 238 户农户调查为例》，《资源科学》2012 年第 34（5）期。
18. 刘润秋：《耕地占补平衡模式运行异化风险及其防范》，《四川大学学报》（哲学社会科学版）2010 年第 3 期。
19. 刘玥汐、许恒周：《农地确权对农村土地流转的影响研究——基于农民分化的视角》，《干旱区资源与环境》2016 年第 30（5）期。
20. 论卫星、杨林生：《农业散户与农业大户间土地流转障碍探析》，《商业研究》2014 年第 56（5）期。
21. 吕悦风、陈会广：《农业补贴政策及其对土地流转的影响研究》，《农业现代化研究》2015 年第 36（3）期。
22. 邵彦敏：《农业人口流动与农村土地流转》，《人口学刊》2007 年第 4 期。
23. 谭丹、黄贤金：《农村非农就业与农村土地流转的关系研究——以江苏省宝应县农户调研为例》，《中国土地学会年会》，2007。
24. 许恒周、郭玉燕、吴冠岑等：《代际差异视角下农民工土地流转意愿的影响因素分析——基于天津 613 份调查问卷的实证研究》，《资源科学》2012 年第 34（10）期。

25. 闫小欢、霍学喜：《农民就业、农村社会保障和土地流转——基于河南省 479 个农户调查的分析》，《农业技术经济》2013 年第（7）期。
26. 张忠明、钱文荣：《不同兼业程度下的农户土地流转意愿研究——基于浙江的调查与实证》，《农业经济问题》2014 年第 35（3）期。
27. 张宗毅、杜志雄：《土地流转一定会导致"非粮化"吗？——基于全国 1740 个种植业家庭农场监测数据的实证分析》，《经济学动态》2015 年第（9）期。
28. 赵光、李放：《养老保险对土地流转促进作用的实证分析》，《中国人口资源与环境》2014 年第 24（9）期。
29. 赵智、郑循刚、李冬梅：《土地流转、非农就业与市民化倾向——基于四川省农业转移人口的调查分析》，《南京农业大学学报》（社会科学版）2016 年第 16（4）期。
30. 钟晓兰、李江涛、冯艳芬等：《农户认知视角下广东省农村土地流转意愿与流转行为研究》，《资源科学》2013 年第 35（10）期。
31. Feng Shuyi. Land Rental Market and Off-farm Employment-Rural Households in Jiangxi Province, P. R. China. Wageningen University, 2006: 121 – 125.
32. Thomas J. Miceli. The Economics of Land Transfer and Title Insurance. *The Journal of Real Estate Finance and Economics*, vol. 10. No. 1. 1995.

第九章
农村劳动力外出务工经历与现代性获得

刘河庆

改革开放以来，我国城市化进程日益加速，城市化逐渐成为影响农民群体流动的重要结构性力量。在城市化的带动下，大量农民工涌入城市，[①] 大中城市的数量以及城市人口规模不断上升。这种大规模人口转移在为城市快速发展提供充足劳动力的同时，也为农村发展带来了建设主体缺位等巨大挑战（周祝平，2008）。如伴随着农村青壮年人口的大量外流，部分村庄平时甚至很难看到年轻人，出现了"三八六一九九"的情况，对农村经济特别是农业的发展产生了较大的影响，有学者甚至提出村落作为一种社会形态可能走向终结（李培林，2002）。面对农村发展中出现的困局，国家运用自身的财政力量，通过向农村大量投入建设资金等方式开展了新农村建设，试图扭转农村发展局面。国家在向农村投入大量财政力量的同时，近年来也通过出台鼓励农民工返乡创业等政策试图为农村发展吸引足够的劳动力。另外，随着在城市工作和生活的日益艰难，以及家乡城镇化程度的提升，大量农民工选择从大城市回到自己的家乡，"回乡潮"成为社会各界关注的一个焦点（白南生、何宇鹏，2002）。无论因何种原因返回家乡，在城市饱经现代化进程洗礼的回流农民工，都可能成为新农村建设的重要力量，他们一部分人仍然投身于农业生产，而另一部分人则利用城市务工所积累的劳动技能或物质资本，投身于非农行业或创业之中。更为重要的是，经受城市化洗礼的回流劳动力可能有着较为现代的思想观念，从而成为农村现代化进程的生力军。在此背景下，本章将结合中国劳动力动态调查数据（CLDS）2014年及2016年的个体和村庄数据，相对系统

[①] 国家统计局《2016年农民工监测调查报告》显示，2016年农民工总量达到28171万人，比上年增加424万人，增长1.5%。

第九章　农村劳动力外出务工经历与现代性获得

地考察农村回流劳动力的个体特征等基本情况，同时重点分析外出务工经历对农村回流劳动力的职业选择、社区参与意愿以及思想观念的现代性等方面的影响。

一　农村回流劳动力的基本情况

近年来，农民工离城返乡的比例越来越高，在这部分人群中有由于难以适应城市生活而被迫返乡的回流劳动力，也有因受到国家政策或农村发展前景吸引而主动返乡的回流劳动力。以往研究从个体、家庭以及社区等三个层面分析农民工城乡流动的原因。劳动力迁移领域经典的"推拉理论"认为，宏观层次的劳动力流入地及流出地的不同特征及发展情况，意味着不同的推力和拉力，会对农民工流动的方向产生影响（Murphy，2002；梁玉成、刘河庆，2016）。以下部分将重点关注哪些区域的劳动力更容易回流到家乡，农村回流劳动力的基本个人特征、家庭状况以及基本回流情况等。

（一）劳动力回流的区域分布

首先关注各区域回流劳动力的平均人次上的差异（见图9-1）。总体而言，各个村庄平均捕捉到的回迁人次为9.91人次，其中西部村庄平均回流人次最多，为10.09人次；其次为东部村庄，该区域各村庄平均回流人次为9.51人次；相对而言，中部村庄平均回流人次最少，为9.28人次，低于全国平均水平。从东中西部村庄平均回流劳动力人次的差异来看，并非越发达的地区越容易吸引农民工回流，反而是西部地区的农村平均回流人次最多。

接下来我们更为具体地分析村庄层面的差异对农民工回流的影响。我们以村庄所拥有的企业数量来衡量村庄的现代化和经济发展程度，具体而言，我们依据村庄企业数量将本次调查中所涵盖的村庄分为以下四种类型：企业数量为0的村庄，企业数量为1~3个的村庄、企业数量为4~6个的村庄以及企业数量为7个及以上的村庄。表9-1结果显示，企业数量为4~6个的村庄平均回流人次最多，为11.08人次；其次为没有企业的村庄，平均回流人次为9.65人次；再次是拥有1~3个企业的村庄，平均回流人次为8.95人次；值得注意的是，拥有企业数量最多的村庄（7个及以上企业）平均回流人次反而最低，

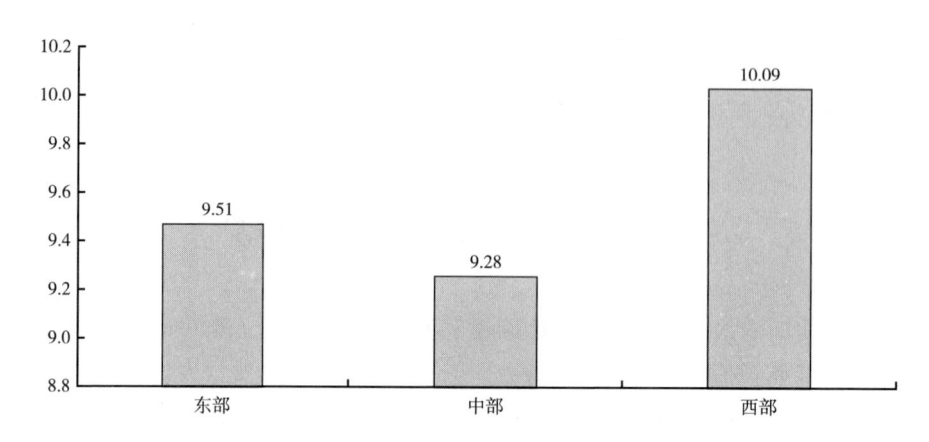

图 9-1 东中西部村庄平均回流人次对比

仅为 8.18 人次。以上结果再次印证了村庄发展程度对村庄回流人数的影响并非必然的正向影响，发展程度一般的村庄同样有较多的外出劳动力主动或被迫返回家乡。

表 9-1 不同发展程度的村庄平均回流人次对比

村庄企业数量	村庄平均回流人次	村庄企业数量	村庄平均回流人次
0 个	9.65	4~6 个	11.08
1~3 个	8.95	7 个及以上	8.18

（二）回流劳动力的个体特征

农村回流劳动力作为未来农村城镇化与现代化发展的重要力量，了解其基本的性别结构、年龄结构、受教育程度以及健康程度等基本情况非常必要。本部分将农村回流劳动力和农村未流动劳动力进行对比分析，其中回流劳动力样本有 2220 人，未流动劳动力样本有 8002 人，回流劳动力占农村现有劳动力（不包括农村外出务工劳动力）的比重为 22.33%（加权后）。[①] 就性别结构来

[①] 相较而言，CLDS2014 数据中，回流劳动力占农村现有劳动力（不包括农村外出务工劳动力）的比重为 26.77%（加权后），高于 2016 年的比例，这也从侧面说明近两年农村回流劳动力在农村现有劳动力中的占比在减少。

看，相较于农村没有外出务工经历的劳动力，农村回流劳动力男性所占比重明显更高。表9-2结果显示，农村回流劳动力中，男性占60.34%；而未流动劳动力中，男性占47.28%。

表9-2 农村回流劳动力与未流动劳动力性别结构对比

单位：%

被访者性别	农村回流劳动力	农村未流动劳动力
男	60.34	47.28
女	39.66	52.72
合计	100	100

从年龄来看，相较于农村未流动劳动力，农村回流劳动力有着一定的年龄优势，总体更为年轻。回流劳动力的平均年龄为42.52岁，中位值年龄为43岁；而未流动劳动力的平均年龄为49.60岁，中位值年龄为51岁。具体分年龄组来看的话（见表9-3），回流劳动力中，15~44岁的中低龄劳动力占比明显更高，为54.94；而未流动劳动力中，15~44岁的中低龄劳动力占比仅为30.81，低于回流劳动力超过20个百分点。

表9-3 农村回流劳动力与未流动劳动力年龄结构对比

单位：%

年龄段(岁)	农村回流劳动力	农村未流动劳动力
15~19	0.93	1.02
20~24	5.48	2.69
25~29	12.42	5.41
30~34	11.28	5.62
35~39	10.43	6.67
40~44	14.40	9.40
45~49	17.96	16.33
50~54	13.67	20.94
55~59	6.66	12.86
60~64	6.77	19.06
合计	100	100

从受教育年限来看，回流劳动力相较于农村未流动劳动力，受教育年限相对更高，有一定的人力资本优势。如通过表9-4可见，农村回流劳动力平均受教育年限为8.15年，而没有外出务工经历的农村劳动力平均受教育年限为6.60年。回流劳动力中，小学以下文化程度的劳动力占5.28%，小学文化程度的劳动力占31.79%，初中及以上文化程度的劳动力占比为62.93%；而农村未流动劳动力中，小学以下文化程度的劳动力占20.38%，小学文化程度的劳动力占36.16%，初中及以上文化程度的劳动力占比为43.46%。由此可见，农村外出务工劳动力离城返乡，将给所在村庄发展带来人力资本上的补充。

表9-4 农村回流劳动力与未流动劳动力受教育程度对比

单位：%，年

受教育程度	农村回流劳动力	农村未流动劳动力
小学以下	5.28	20.38
小学	31.79	36.16
初中	49.64	31.87
普通高中	7.42	6.34
职业高中/技校	1.19	0.89
中专	2.45	1.63
大专	1.93	2.11
大学本科	0.30	0.62
合计	100.00	100.00
平均受教育年限	8.15	6.60

对于农村劳动力的健康状况，我们以被访者的自评健康这一指标来比较农村回流劳动力与未流动劳动力在健康方面的差异。自评健康的测量方法是中国劳动力调查中询问了被访者"您认为自己现在的健康状况如何"，被访者根据自身情况回答以下五个选项"非常健康""健康""一般""比较不健康""非常不健康"。由表9-5可见，农村回流劳动力中回答"非常健康"的比重为15.54%，回答"健康"的比重为37.43%；而农村未流动劳动力中回答"非常健康"的比重为15.88%，回答"健康"的比重为33.72%。以上结果显示出，农村回流劳动力的自评健康程度要略好于农村

未流动劳动力。因此，尽管部分文献认为农村回流劳动力有较大比例是因病返乡，但数据显示，相较于农村原有的未流动劳动力，回流劳动力相对而言健康程度更好。

表9-5 农村回流劳动力与未流动劳动力自评健康程度

单位：%

自评健康	农村回流劳动力	农村未流动劳动力
非常健康	15.54	15.88
健康	37.43	33.72
一般	29.42	28.18
比较不健康	15.12	19.33
非常不健康	2.49	2.89
合计	100.00	100.00

（三）回流劳动力的具体回流情况

以上部分我们从性别结构、年龄结构、受教育程度及健康情况等方面分析了回流劳动力的基本个体特征。接下来我们从回流劳动力的返乡时间、在外务工时长以及流动地点等方面考察回流劳动力的具体回流情况。

从农村回流劳动力的返乡年份来看，大部分回流劳动力是近三年（2014~2016年）回到家乡的。数据描述结果显示（见表9-6），就全国来看，回流劳动力中2014~2016年（截止到2016年7月份）返乡的占比为38.67%，2011~2013年返乡的比重为14.69%，2008~2010年返乡的比重为11.49%，同时尽管以前文献多认为2008年金融危机的爆发是农民工"返乡潮"的开始，我们的数据中仍捕捉到相当比重的农民工（35.15%）在2008年之前已经回流到农村。值得注意的是，不同区域的回流劳动力在返乡时间上存在较大的差异。西部地区的回流劳动力中有近半（46.81%）为2014~2016年返回农村，中部地区回流劳动力近三年返乡的比重同样较高，为41.52%，相较于中西部，东部回流劳动力近三年返乡的比例较低，仅为30.52%。

表9-6 回流劳动力返乡年份

单位：%

返乡年份	东部	中部	西部	全国
2007及以前	46.25	27.91	27.22	35.15
2008~2010	11.38	12.96	10.26	11.49
2011~2013	11.85	17.61	15.71	14.69
2014~2016	30.52	41.52	46.81	38.67
合计	100.00	100.00	100.00	100.00

就回流劳动力在外务工的总体时长来看，大部分回流劳动力在外务工时间为三年及以内。其中外出务工时长为一到三年的占比最多，为45.78%，同时有26.34%的回流农民工在外务工时长为一年以内。相较而言，有长年在外务工经历的回流农民工占比相对较少，如在外务工七年及以上的回流农民工占比为14.92%。另外，通过表9-7我们可以观察到，在不同年份返乡的回流农民工，他们的在外务工时长存在较大的差异。近三年返乡的农民工（有36.77%在外务工时长为一年以内，40.87%在外务工时长为一到三年，两者总计为77.64%）在外务工时长相对最短，其次分别为2007年及以前返乡、2011~2013年返乡以及2008~2010年返乡的农民工（三者在外务工时长为三年及以内的比例分别为71.89%、64.45%以及63.71%）。

表9-7 回流劳动力在外务工时长

单位：%

在外务工时长	2014~2016	2011~2013	2008~2010	2007及以前	总体
一年以内	36.77	24.58	18.57	17.90	26.34
一到三年	40.87	39.87	45.14	53.99	45.78
四年到六年	8.82	14.95	17.30	15.38	12.96
七年及以上	13.54	20.60	18.99	12.73	14.92
合计	100.00	100.00	100.00	100.00	100.00

由于国内各区域发展的不均衡性，近年来跨省流动越来越成为农民工流动的常见形式，如国家统计局《2016年农民工监测调查报告》显示，2016年跨省流动农民工7666万人，占外出农民工总量的45.3%。以下部分将重点关注

第九章　农村劳动力外出务工经历与现代性获得

回流农民工的流动地点情况，中国劳动力调查中询问了返乡农民工一共在多少个省份（包括本省）工作过（出省旅游、探亲和出差都不算）。数据描述结果显示，超过一半的回流劳动力（51.78%）仅在1个省份工作过，而有48.22%的回流劳动力在2个及以上省份工作过。分区域来看，相对于东部，中西部的回流劳动力有更高的跨省流动比例。其中，中部农村回流劳动力中在2个及以上省份工作过的比重最高，为59.97%；其次为西部，比重为58.07%；东部农村回流劳动力中在2个及以上省份工作过的比重最低，仅为33.08%。

（四）回流劳动力与家乡的联系及未来意愿

回流劳动力能否长期留在家乡，进而成为农村建设的生力军，他们与村庄的联系程度是决定其是否再次流动的一个关键决定因素。本章使用"在村里是否有土地"以及"在村里是否购房或建房"两个指标来测量回流劳动力与家乡的联系情况。首先来看回流劳动力在村里拥有土地的情况（见表9-8），就全国而言，有73.92%的农村回流劳动力在村庄拥有土地。分区域来看的话，中部地区农村回流劳动力在村中拥有土地的比重最高，为81.03%；西部地区次之，农村回流劳动力在村中拥有土地的比重为75.15%；东部地区最低，农村回流劳动力在村中拥有土地的比重为68.22%。回流劳动力在村中的住房情况与拥有土地情况类似，分区域来看，中部地区农村回流劳动力在村中购房或建房的比重最高，为59.16%；其次为西部地区和东部地区，在村中购房或建房的比重分别为58.28%和57.59%。综上可以看出，以在村中拥有土地和住房两个指标来衡量农村回流劳动力与村庄的联系程度的话，中部地区回流劳动力与村庄的联系程度最高，西部次之，东部最低。

表9-8　回流劳动力与村庄的联系程度

单位：%

地区	在村里是否有土地		在村里是否购房或建房	
	是	否	是	否
东部	68.22	31.78	57.59	42.41
中部	81.03	18.97	59.16	40.84
西部	75.15	24.85	58.28	41.72
全国	73.92	26.08	58.24	41.76

农村回流劳动力回迁家乡后，往往会根据自身情况、家庭状况以及村庄本身发展的情况进行综合判断，进而做出再次外出务工或者定居家乡的决定，而这同样会对村庄的未来发展有非常直接的影响。本部分接下来重点分析农村回流劳动力的未来外出务工意愿，同时考察哪些原因促使回流劳动力想要长期待在家乡。表9-9统计了全国以及东中西部村庄回流劳动力是否还准备外出务工的情况。结果显示，就全国来看，有73.33%的农村回流劳动力打算长期待在家乡，而26.67%的回流劳动力则仍有继续外出务工的意愿。分区域来看，东部地区农村回流劳动力有意愿长期待在家乡的比重最高，为78.63%；其次为中部地区，比重为71.70%；西部地区农村回流劳动力有意愿长期待在家乡的比重最低，为67.60%。农村回流劳动力继续外出务工意愿的区域差异也显示出区域发展水平对回流劳动力吸引力的影响，相对而言，经济发展水平最高的东部地区更能吸引回流劳动力长期留在家乡。

表9-9 农村回流劳动力外出务工意愿

单位：%

是否还准备外出务工 （到其他县区）	东部	中部	西部	全国
是	21.37	28.30	32.40	26.67
否	78.63	71.70	67.60	73.33
合计	100.00	100.00	100.00	100.00

至于农村回流劳动力打算长期留在家乡的原因，就全国来看，"为了照顾家人"是促使农村回流劳动力长期返乡的首要原因（占比为49.51%），"生病、受伤等身体因素限制"导致的返乡同样是回流劳动力长期返乡的重要因素（占比为14.56%），同时"习惯了本地生活，不习惯外地生活"（占比为8.91%）、"在外找不到好工作"（占比为8.23%）以及"回家乡也能获得较好的收入"（占比为7.86%）等也是促使较多回流劳动力长期返乡的因素。就各区域的差异来看，东中西部回流劳动力皆主要是因为照顾家人而打算长留家乡，但相对而言，西部这一比例最高（51.20%），其次是中部（50.00%），东部则最低（48.14%）。同时值得注意的是，因回流地经济发展（回家乡也能获得较好的收入）以及社会融入（习惯了本地生活，不习惯外地生活）等

原因而选择长期返乡的回流劳动力比例则均是东部最高、西部次之、中部最低（见表9-10）。

表9-10 农村回流劳动力打算长期待在家乡的原因分布

单位：%

长期待在家乡的原因	东部	中部	西部	全国
为了照顾家人	48.14	50.00	51.20	49.51
回家乡也能获得较好的收入	8.97	6.50	7.44	7.86
在外找不到好工作	7.59	8.97	8.53	8.23
习惯了本地生活，不习惯外地生活	11.17	6.50	7.66	8.91
生病、受伤等身体因素限制	11.72	17.49	16.19	14.56
其他	12.41	10.54	8.98	10.93
合　　计	100.00	100.00	100.00	100.00

二 农村回流劳动力的就业选择与社区参与

城市化进程的深入以及城乡二元结构的逐渐形成，促使原本安土重迁的农民开始大规模地进入城市务工。伴随着流动空间的开放，农民的职业选择不像过去一样仅限于农业，而是有了更为多元、灵活的职业选择机会。另外，为了适应在城市的工作和生活，农民必须不断提升自己的工作技能以及个人能力。以往研究认为技术学习和权力赋予是农民工能力形成的重要环节（石智雷，2014），其中技术学习主要是指农民外出务工过程中通过培训或正式劳动过程而习得相关的劳动经验和劳动技能，而权力赋予主要是指城市工作和生活对农民权利意识和政治参与意愿等方面带来的影响。从这个角度讲，外出务工经历是农民个人现代能力形成的重要途径，对于回流农村的外出务工人员而言，他们可以利用在城市习得的工作技能在家乡从事非农工作或创业，同时他们也可能成为农村社区参与和社区建设的重要力量。基于此，本章接下来将通过对比回流劳动力与本地劳动力在就业选择、社区事务参与、政治参与等方面的异同，来具体考察外出务工经历给回流劳动力带来的能力上的变化。

就农村劳动力的工作状态而言，相对于农村未流动劳动力，农村回流劳动力当前无工作（工作包括务农）的概率更高。具体而言，有14.64%的农村回流劳动力当前无工作,而农村未流动劳动力中无工作的比例仅为5.34%(见表9-11)。这一差异也显示出相比于农村未流动劳动力,返乡的回流劳动力充分就业的比例相对较低。

表9-11 农村回流劳动力与未流动劳动力的工作状态对比

单位:%

工作状态	农村回流劳动力	农村未流动劳动力
无工作	14.64	5.34
有工作	85.36	94.66
合计	100.00	100.00

就农村劳动力的职业分布而言,正如前面提及的,经受城市化洗礼、在城市工作中习得劳动经验和劳动技能的农村回流劳动力,相比于农村的未流动劳动力,更容易利用习得的工作技能在家乡从事非农工作。表9-12数据描述结果显示,农村未流动劳动力中,传统的农、林、牧、渔业从业人员的比重为71.60%,相较而言,回流劳动力中从事农、林、牧、渔业的比重远低于未流动劳动力,仅为47.81%。同时,相较于农村未流动劳动力,农村回流劳动力有着明显更高的非农就业比例,如农村回流劳动力中制造及加工业等行业人员、商业和服务业人员、个体户以及专业技术人员的比重分别为29.15%、12.77%、6.26%以及2.50%,而农村未流动劳动力以上四种行业的从业人员比重则分别为12.62%、8.61%、3.49%以及2.00%。以上农村回流劳动力与未流动劳动力在就业选择上的较大差异,也昭示出有城市工作经历以及较熟练劳动技能的农村回流劳动力将是推动传统农村向现代农村转型的重要力量。

表9-12 农村回流劳动力与未流动劳动力的职业分布对比

单位:%

职业分类	回流劳动力	未流动劳动力
农村基层干部及卫生单位人员	0.52	0.55
专业技术人员	2.50	2.00
基层办事人员	0.63	0.77
商业和服务业人员	12.77	8.61
农、林、牧、渔业人员	47.81	71.60

第九章 农村劳动力外出务工经历与现代性获得

续表

职业分类	回流劳动力	未流动劳动力
制造及加工业等行业人员	29.15	12.62
个体户	6.26	3.49
其他	0.36	0.36
合　　计	100.00	100.00

以上分析了农村回流劳动力与未流动劳动力在就业选择上的差异，接下来我们将重点考察农村回流劳动力内部，不同外出务工时长对回流劳动力在家乡就业选择的影响。首先看传统农、林、牧、渔业的就业比重，通过表9-13可见，在外务工一年以内的农村回流劳动力从事该职业的比重最高，为52.80%；其次分别为在外务工七年及以上的回流劳动力（占比为50.40%）、在外务工四到六年的回流劳动力（47.94%）以及在外务工一到三年的回流劳动力（45.53%）。非农就业中，在外务工时长对农村回流劳动力职业选择的影响同样是非线性的，如制造及加工业等行业从事人员的比例从高到低依次为在外务工一年以内（31.05%）、七年及以上（29.03%）、一到三年（26.21%）以及四到六年（24.20%）的回流劳动力，而商业和服务业从业人员的比例从高到低则依次为在外务工一到三年（17.77%）、四到六年（13.70%）、七年及以上（12.90%）以及一年以内（10.35%）的回流劳动力。以上结果显示出，回流劳动力在外务工时长对其职业选择的影响并非线性的，并非在外务工时间越长，就越容易从事非农就业。尽管在外务工一到三年或四到六年的回流劳动力非农就业的比例均高于在外务工一年以内的回流劳动力，但由于年龄限制等原因，在外务工七年及以上的回流劳动力从事非农就业的比例反而最低。

表9-13　不同在外务工时长的回流劳动力职业分布对比

单位：%

职业分类	一年以内	一到三年	四到六年	七年及以上
农村基层干部及卫生单位人员	0.41	0.77	0.46	0.00
专业技术人员	2.28	2.05	3.20	1.21
基层办事人员	0.21	0.77	1.83	0.81
商业和服务业人员	10.35	17.77	13.70	12.90
农、林、牧、渔业人员	52.80	45.53	47.94	50.40

续表

职业分类	一年以内	一到三年	四到六年	七年及以上
制造及加工业等行业人员	31.05	26.21	24.20	29.03
个体户	2.90	6.39	8.21	5.65
其他	0.00	0.51	0.46	0.00
合　计	100.00	100.00	100.00	100.00

农民工的城市务工经历不仅使他们习得了劳动经验和劳动技能，同时使他们重新经历了权利赋予的过程。传统农村劳动力由于经济力量、政治力量和文化力量的弱小，在表达利益需求和实现自身的权益时长处于弱势，在社会竞争中处于较为不利的地位。而外出务工经历为传统农民提供了新的机会，使他们通过参与城市生活提高了自身的人力资本和社会资本，人力资本和社会资本的提升进而可能有利于返乡的农民工积极地参与村庄建设和村庄政治生活。本部分接下来将重点考察外出务工经历对农村劳动力的社区建设参与意愿、村民交往和政治参与意愿的影响。

首先来看农村劳动力的社区建设参与意愿。对于农村来说，村庄基础设施建设特别是公路等的修复和重建是农村社区建设的重要组成部分，因此本部分以"假如村里组织修路，需要劳力/资金，你是否愿意参加/捐款？"这一题项来测量农村劳动力的社区建设参与意愿。从表9-14可见，回流劳动力非常愿意参与社区建设的比例为47.55%，较为愿意参与社区建设的比例为40.21%；而未流动劳动力非常愿意参与社区建设的比例为44.21%，较为愿意参与社区建设的比例为39.43%，总体而言，回流劳动力（87.76%）有较高意愿参与社区建设的比例高于未流动劳动力（83.64%）。

表9-14 回流劳动力与未流动劳动力社区建设参与意愿对比

单位：%

社区建设参与	回流劳动力	未流动劳动力
非常愿意	47.55	44.21
比较愿意	40.21	39.43
看情况	9.78	11.76
不大愿意	2.37	3.97
非常不愿意	0.08	0.63
合　计	100	100

第九章 农村劳动力外出务工经历与现代性获得

表9-15进一步分析了不同在外务工时长对回流劳动力社区建设参与意愿的影响。描述结果显示，在外务工不满一年的回流劳动力非常愿意以及比较愿意参与社区建设的比例分别为53.06%及35.70%；在外务工一到三年的回流劳动力非常愿意以及比较愿意参与社区建设的比例分别为49.00%及38.03%；在外务工的年限为四到六年的回流劳动力非常愿意以及比较愿意参与社区建设的比例分别为47.18%及38.97%；在外务工七年及以上的回流劳动力非常愿意以及比较愿意参与社区建设的比例分别为47.20%及37.38%。综上可以看到，农村回流劳动力在外务工时间越长，其参与社区建设的意愿相对越低（在外务工一年以内到七年及以上的回流劳动力中有较高意愿参与社区建设的比例依次为88.76%、87.03%、86.15%、84.58%），在外务工时长对农村回流劳动力的社区建设参与意愿有着负向影响。

表9-15 不同在外务工时长的回流劳动力社区建设参与意愿对比

单位：%

社区建设参与	一年以内	一到三年	四年到六年	七年及以上
非常愿意	53.06	49.00	47.18	47.20
比较愿意	35.70	38.03	38.97	37.38
看情况	7.58	9.97	9.74	13.08
不大愿意	3.18	2.85	3.59	2.34
非常不愿意	0.49	0.14	0.51	0.00
合计	100	100	100	100

就农村劳动力村民交往意愿来看，未流动劳动力相较而言要高于回流劳动力。对于中国农村来说，同村村民举办的红白喜事是村民之间往来的重要事由，本部分以"村里其他人（不是亲戚朋友）办喜事，你会去送礼吗？"来测量农村劳动力的村民交往意愿。数据分析结果显示，在村庄其他村民办喜事时，回流劳动力回答全部都去的比重为20.81%，回答大部分会去的比重为30.71%，回答少部分会去的比重为21.37%，而回答极少会去的比重则为27.11%；同时，农村未流动劳动力以上四个选项的比重则分别为21.50%、31.56%、20.28%以及26.66%（见表9-16）。综合而言，相较于回流劳动力，未流动劳动力会更积极参与村庄内的村民交往，这也意味着虽然外出务工经历给农村回流劳动力带了劳动技能的提升和社区建设参与意愿的提升，但长时间的离乡经历也在一定程度上给回流劳动力带来了与家乡村民之间的疏离感。

表 9–16 回流劳动力与未流动劳动力村民交往意愿对比

单位：%

村民交往	回流劳动力	未流动劳动力
全部都去	20.81	21.50
大部分会去	30.71	31.56
少部分会去	21.37	20.28
极少会去	27.11	26.66
合　计	100	100

鉴于村官选举是传统中国农村政治生活的最主要组成部分，本部分以"假如村里组织投票选村干部，你是否愿意参加？"这一题项来测量农村劳动力的村庄政治生活参与意愿。表 9–17 的数据描述结果显示，回流劳动力中非常有意愿参与村官选举投票的比例为 36.47%，比较有意愿参与村官选举投票的比例为 39.63%；而未流动劳动力中非常有意愿参与村官选举投票的比例为 42.92%，比较有意愿参与村官选举投票的比例为 37.80%，综合来说高于回流劳动力。因此相较于回流劳动力，农村未流动劳动力参与本村基层政治生活的积极性更高。农村回流劳动力与未流动劳动力在政治参与意愿上的差异也再次揭示出，尽管农村回流劳动力有更高的非农就业比例以及社区建设参与意愿，但其在村庄基层政治生活以及村民交往等方面的积极性并未被完全调动起来。如何有效调动农村回流劳动力在村庄政治生活的中积极性，从而更充分地发挥这一群体在村庄政治生活中的作用是今后工作的一个重点。

表 9–17 回流劳动力与未流动劳动力政治参与意愿对比

单位：%

政治参与意愿	回流劳动力	未流动劳动力
非常愿意	36.47	42.92
比较愿意	39.63	37.80
看情况	14.61	11.92
不大愿意	8.01	6.55
非常不愿意	1.28	0.81
合　计	100	100

第九章　农村劳动力外出务工经历与现代性获得

三　农村回流劳动力的现代性

城市务工经历给中国农民带来的不仅仅是劳动技能的提升，更为重要的是，现代城市生活要求他们必须改变传统的生活方式和思想观念。城市会对生存于其间的人产生无所不在的影响，城市中庞大的科层组织、工作机构、社会位置、制度规范和各类角色会对在其间工作与生活的人提出严格的要求，要求他们适应城市里的一切，要求他们同城市里生活着的庞大的人群打交道，并相互适应（周晓虹，1998；张海波、童星，2006）。因此，在一定程度上可以说，城市务工经历是农民接触城市、培养个人现代性的最便捷、最直接的途径。本部分通过对比农村回流劳动力和农村未流动劳动力在思想观念现代性上的差异，重点关注城市务工经历对农村劳动力思想观念的影响。

（一）现代性的测量

现代性是与传统性相对应的概念。现代性是个人生活方式、心理状态、价值观念、思维方式等的一种新状态标志，获得现代性则是一个过程，是从传统性较多的个人向现代性较多的个人状态的转变。如英格尔斯认为一个具有现代性的个人常常表现为见多识广、积极参与，具有明显的个人效能感，具有独立性和自主性，乐意接受新观念和新经验（周晓虹，1998）。因此，就个体角度的现代性而言，现代性可以被定义为与现代生活相适应的价值观、社会行为模式、生活态度、习惯以及意向等。基于此，本部分使用中国劳动力动态调查（CLDS）2016年全国调查数据中"个体问卷"中的农民的现代性测量量表来分析农民的现代性。该量表共设置了"家里生男孩比生女孩好""多子（女）多福""上大学越来越没有用了""相对于其他村民，我会积极采用新推广的农业技术""即使不缺钱，也应该省着点花钱""我不会向银行贷款去城镇买房""外出打工比在家务农好""农业生产对你家来说越来越不重要"以及"我越来越不适应农村生活"等九个反映农村劳动力价值观念的题项，然后每个被访者根据自身的实际情况选择是否赞同。

(二)农村回流劳动力与未流动劳动力各项现代性指标对比

表9-18和表9-19分别报告了农村回流劳动力和农村未流动劳动力在上述现代性测量指标上的回答状况。其中,对于中国农民来说,生育观念是测量其现代性的重要指标,本部分分别从生育偏好和生育子女数量的期望这两个角度来进行。首先是生育偏好,从表9-18和表9-19可以看出,农村回流劳动力针对"家里生男孩比生女孩好"这一题项,回答非常赞同的比重为3.76%,回答比较赞同的比重为9.05%;而农村未流动劳动力针对这一题项,回答非常赞同和比较赞同的比重分别为4.97%和12.68%,均高于农村回流劳动力。其次来看生育子女数量,农村回流劳动力非常赞同"多子(女)多福"这一提法的比重为9.79%,比较赞同"多子多福"这一提法的比重为23.03%;与此同时,农村未流动劳动力回答非常赞同以及比较赞同"多子(女)多福"的比重分别为12.10%以及29.49%,同样高于回流劳动力。以上关于农村劳动力生育观念的分析结果也显示出,相对于未流动劳动力,农村回流劳动力在生育观念上更为现代,对传统的男孩偏好以及多子多福的观念认同程度相对较低。

部分学者认为对教育的态度是个体现代性的一个重要体现,一个人对教育越重视其现代性越强。中国劳动力调查现代性量表中测量了农村劳动力对教育无用论的态度。由表9-18和表9-19的数据描述结果可见,非常赞同"上大学越来越没有用了"的农村回流劳动力比重为3.94%,比较赞同"上大学越来越没有用了"的农村回流劳动力比重为9.24%;而非常赞同"上大学越来越没有用了"的农村未流动劳动力比重为4.28%,比较赞同"上大学越来越没有用了"的农村未流动劳动力比重为9.94%。由此可见,相对于农村未流动劳动力,回流劳动力更为重视教育,对读书无用论认同程度较低。

对新技能、新经验的接受程度同样是衡量个人现代性的重要指标之一。一般而言,传统性较强的人,往往满足于将世代相传的生活经验和生产技术作为谋生的基本手段,缺乏学习新技术的愿望和动力。而现代性较强的人,则乐于接受和学习新的经验和新的技术。中国劳动力调查农民现代性量表中,询问了农村劳动力对于"相对于其他村民,我会积极采用新推广的农业技术"这一论断的态度,从数据描述结果来看,18.04%的农村回流劳动力非常赞同这一说法,而38.73%的回流劳动力比较赞同这一说法;同时,农村未流动劳动力非常赞同及比较赞同这一说法的比例则分别为 17.28% 和 34.57%，均低于农村回流劳动力。由此可见，相较于未流动劳动力，有城市务工经验的回流劳动力更易于接受新技能和新经验。

中国劳动力调查农民现代性量表同时测量了农村劳动力的消费观念，由 9-18 和表 9-19 的数据描述结果可见，分别有 35.65% 和 50.13% 的农村回流劳动力非常赞同及比较赞同"即使不缺钱，也应该省着点花"这一观点，而非常赞同及比较赞同上述观点的农村未流动劳动力的比例则分别为 34.90% 和 46.31%。另外回流劳动力中选择非常赞同以及比较赞同"我不会向银行贷款去城镇买房"这一观点的比重分别为 18.10% 以及 32.58%，而未流动劳动力中选择非常赞同以及比较赞同上述观点的比重则分别为 18.32% 及 31.16%。上述数据揭示出，外出务工经历并未给农村劳动力的消费观念带来明显的变化，回流劳动力的消费观念相较于农村未流动劳动力甚至更为保守。

对于正处于加速变迁中的中国社会和中国农民来讲，职业观念和生活观念是其现代观念的重要组成部分。随着社会变迁和社会流动的加剧，部分农民特别是有城市务工和生活经历的农民，变得越来越易融入城市生活方式和职业体系，进而开始不适应农村传统的职业体系和生活方式。中国劳动力调查农民现代性量表中测量了农村劳动力的职业观念和生活观念。首先来看农村劳动力的职业观念，综合表 9-18 和表 9-19 可见，相较于农村未流动劳动力，农村回流劳动力的职业观念更为现代。具体来说，农村回流劳动力非常赞同以及比较赞同"外出务工比在家务农好"的比例分别为 24.20% 及 39.72%；而农村未流动劳动力中非常赞同及比较赞同上述说法的比例则分别为 18.54% 及 35.51%。同时，农村回流劳动力非常赞同及比较赞同"农业生产对你家来说越来越不重要"的比例分别为 7.88% 及 19.33%，同样均高于农村未流动劳动力（比重分别为 6.24% 和 17.64%）。综上可见，农村回流劳动力相较于未流动劳动力，在职业观念方面现代性更强，已经越来越不适应传统农村单一的职业体系。从生活观念来看，农村回流劳动力对于农村生活的适应度弱于农村未流动劳动力。农村回流劳动力相对不适应农村生活的比例为 11.33%（其中非常不适应农村生活的比例为 2.16%，比较不适应农村生活的比例为 9.17%），而农村未流动劳动力相对不适应农村生活的比例为 10.61%（其中非常不适应农村生活的比例为 2.47%，比较不适应农村生活的比例为 8.14%），略低于农村回流劳动力。综上，有城市务工和生活经验的农村回流劳动力，相对于农村未流动劳动力，在生育观念、教育观念、对新技术和新经验的态度、职业观念和生活观念等方面现代性均更高，而在消费观念上则相对更为保守。

表9-18 农村回流劳动力现代性量表

单位：%

题项	非常赞同	比较赞同	一般	不太赞同	非常不赞同	合计
1. 家里生男孩比生女孩好	3.76	9.05	17.00	43.84	26.35	100
2. 多子（女）多福	9.79	23.03	17.61	36.95	12.62	100
3. 上大学越来越没有用了	3.94	9.24	10.28	39.66	36.88	100
4. 相对于其他村民，我会积极采用新推广的农业技术	18.04	38.74	29.86	10.71	2.65	100
5. 即使不缺钱，也应该省着点花钱	35.65	50.13	9.36	3.69	1.17	100
6. 我不会向银行贷款去城镇买房	18.10	32.58	16.87	22.60	9.85	100
7. 外出打工比在家务农好	24.20	39.72	17.24	14.53	4.31	100
8. 农业生产对你家来说越来越不重要	7.88	19.33	21.43	35.35	16.01	100
9. 我越来越不适应农村生活	2.16	9.17	15.95	44.70	28.02	100

表9-19 农村未流动劳动力现代性量表

单位：%

题项	非常赞同	比较赞同	一般	不太赞同	非常不赞同	合计
1. 家里生男孩比生女孩好	4.97	12.68	20.40	39.37	22.58	100
2. 多子（女）多福	12.10	29.49	19.05	28.88	10.48	100
3. 上大学越来越没有用了	4.28	9.94	11.84	37.71	36.23	100
4. 相对于其他村民，我会积极采用新推广的农业技术	17.28	34.57	32.98	11.24	3.93	100
5. 即使不缺钱，也应该省着点花钱	34.90	46.31	12.75	4.66	1.38	100
6. 我不会向银行贷款去城镇买房	18.32	31.16	21.06	20.29	9.17	100
7. 外出打工比在家务农好	18.54	35.51	21.98	18.00	5.97	100
8. 农业生产对你家来说越来越不重要	6.24	17.64	21.50	34.56	20.06	100
9. 我越来越不适应农村生活	2.47	8.14	18.46	40.81	30.12	100

（三）农村劳动力现代性的因子分析结果

以上从表9-18和表9-19的数据描述结果中我们虽然可以看出农村回流劳动力和未流动劳动力在现代性指标上的大致差异，但指标数量相对较多且较为复杂，同时相互之间存在一定的相关关系，直接分析的话可能会造成信息重叠，从而影响分析的有效性。因而有必要对上述指标进行简化，保留对现代性最具代表性和概括性的指标，且使各指标之间相互独立。基于上述需求，本部分采用主成分分析法，对测量农村劳动力现代性的9个指标进行因子分析，经过斜交旋转，得出三个特征值大于1的农村劳动力现代性因子（因子分析结果见表9-20）。

表9-20 农村劳动力现代性指标因子分析结果

题项	因子1（职业与生活观念现代性因子）	因子2（消费观念现代性因子）	因子3（生育观念现代性因子）
1. 家里生男孩比生女孩好	-0.146	-0.065	0.773
2. 多子（女）多福	0.084	0.081	0.789
3. 上大学越来越没有用了	-0.476	-0.155	0.285
4. 相对于其他村民，我会积极采用新推广的农业技术	-0.156	-0.615	-0.035
5. 即使不缺钱，也应该省着点花钱	0.169	0.724	-0.018
6. 我不会向银行贷款去城镇买房	-0.106	0.583	0.066
7. 外出打工比在家务农好	0.388	-0.458	0.081
8. 农业生产对你家来说越来越不重要	0.788	-0.012	0.034
9. 我越来越不适应农村生活	0.732	0.151	-0.083
特征值	1.626	1.511	1.321
变异比（%）	0.181	0.168	0.147

其中由于指标1、指标2、指标3、指标5以及指标6的计分方向与整个量表相反，故在因子分析之前，对上述指标进行负向计分。[1] 同时，上述9个指

---

[1] 本部分的赋分方式为，"非常赞同"赋5分，"比较赞同"赋4分，"一般"赋3分，"不太赞同"赋2分，"非常不赞同"赋1分。得分越高，代表个体的现代性越高，得分越低，现代性越低。

标进行 KMO（Kaiser-Meyer-Olkin）检验的 KMO 值为 0.6079，[①] 高于 0.5，表明上述 9 个指标适合做因子分析。

由表 9-20 的因子分析结果可见，9 个指标主要被概括为 3 个因子。其中因子 1 主要与农村劳动力的职业观念和生活观念密切相关（"农业生产对你家来说越来越不重要""我越来越不适应农村生活"这两个指标的因子负载分别为 0.788 和 0.732），因而我们命名因子 1 为"职业与生活观念现代性因子"；第二个因子与农村劳动力的消费观念密切相关，本部分将该因子命名为"消费观念现代性因子"；因子 3 则主要反映农村劳动力的生育观念，我们称之为"生育观念现代性因子"。由上述结果可知，经过因子分析，农村劳动力的现代性指标主要可以概括为职业与生活观念现代性、消费观念现代性以及生育观念现代性三部分。以上三部分因子得分越高，则表明相应的现代性越高，因子得分越低，则代表相应的现代性越低。

图 9-2 则进一步报告了农村回流劳动力和未流动劳动力在以上三个现代性因子得分上的差异。由图可见，农村回流劳动力在职业与生活观念现代性因子上的平均得分为 0.086，远高于农村未流动劳动力在该项因子上的得分（-0.022）；同时，农村回流劳动力消费观念现代性的均值为 -0.103，小于农村未流动劳动力（0.027）；最后，就生育观念现代性程度来说，农村回流劳

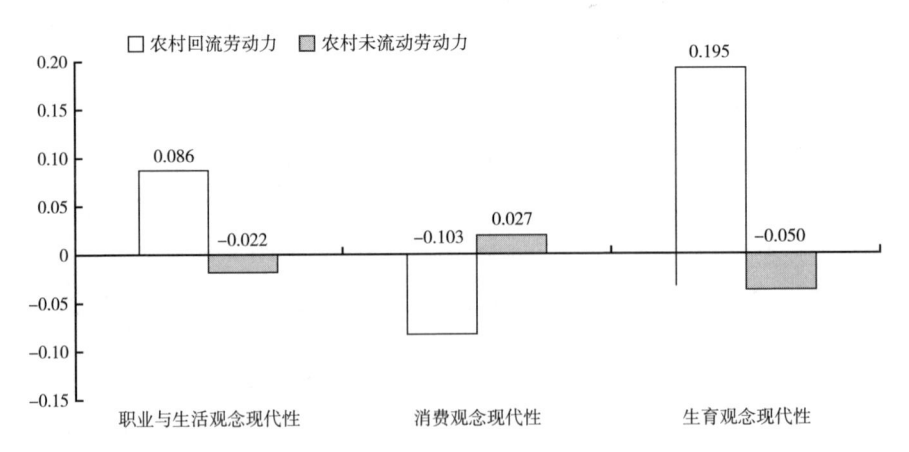

图 9-2 农村回流劳动力与未流动劳动力的现代性对比

[①] 一般认为，KMO 值在 0.5 以下时，不适合做因子分析。

第九章 农村劳动力外出务工经历与现代性获得

动力生育观念相较于农村未流动劳动力更为现代，其中农村回流劳动力在生育观念现代性因子上的平均得分为0.195，而农村未流动劳动力在该因子上的平均得分为-0.050。图9-2的结果再次表明，城市务工和生活经验确实为农村回流劳动力带来了现代性的提升，但这种提升主要体现在职业与生活观念现代性和生育观念现代性上，在消费观念上，相较于农村未流动劳动力，他们反而更为保守。

四 结论与讨论

本章从外出务工经历对农村劳动力的现代能力以及思想观念的现代性的影响的视角出发，基于中国劳动力动态调查（CLDS）2014年和2016年的个体及村庄数据，在考察农村回流劳动力具体回流情况的基础上，重点分析了有外出务工经历的农村回流劳动力和无外出务工经历的农村未流动劳动力在就业选择、社区事务参与、政治参与以及各项现代性指标上的异同。从农村回流劳动力的具体回流情况来看，东中西部各村庄回流劳动力在回流数量、返乡时间，在外务工时长、与家乡的联系程度以及长期返乡原因上存在较大的差异。另外，相较于农村未流动劳动力，农村回流劳动力在性别结构、年龄结构、受教育程度以及自评健康等方面优于未流动劳动力，有一定的人力资本优势，同时有着外出务工经历的农村回流劳动力非农就业的比例更高，对社区建设的参与意愿也更强。最后，在思想观念的现代性方面，经受城市工作和生活洗礼的农村回流劳动力在职业和生活观念以及生育观念等方面现代性更强。

长期以来，学界或社会舆论多更为关注快速城市化为农村发展所带来的诸多负面影响，比如城市化吸引了大量农村青壮年劳动力迁入城市，直接导致了农村建设主体的缺失以及农村的凋敝，再比如激烈的城市竞争以及艰苦的工作环境使大量农民工因病、因贫返乡，从而加重了农村的发展负担。本章则通过实证数据发现，城市化同样可能为农村发展带来潜在的正向影响。一个重要的体现就是，在城市务工和生活过的农村劳动力，不仅积累了一定的劳动技能和劳动经验，同时也有着更高的家乡建设参与意愿和更为现代的思想观念。他们回流到家乡后，无疑会成为推动传统农村向现代农村转型的一股重要力量，因此如何更为充分地发挥回流劳动力在其所在村庄中的积极作用，将是各级政府工作的一个重点。当然，本章仅通过数据初步描述了城市务工经历对农村劳动力现代能力和现代性的影响，至于外出务工经历对农村劳动力能力和观念的具体的更为深入的影响机制则需要未来继续加以探讨。

参考文献

1. 白南生、何宇鹏：《回乡，还是外出？——安徽四川二省农村外出劳动力回流研究》，《社会学研究》2002 年第 3 期。
2. 李培林：《巨变：村落的终结——都市里的村庄研究》，《中国社会科学》2002 年第 1 期。
3. 梁玉成、刘河庆：《新农村建设：农村发展类型与劳动力人口流动》，《中国研究》2016 年第 21 期。
4. 石智雷：《城市化改造传统农民》，中国人民大学出版社，2014。
5. 张海波、童星：《被动城市化群体城市适应性与现代性获得中的自我认同——基于南京市 561 位失地农民的实证研究》，《社会学研究》2006 年第 2 期。
6. 周晓虹：《流动与城市体验对中国农民现代性的影响——北京"浙江村"与温州一个农村社区的考察》，《社会学研究》1998 年第 5 期。
7. 周祝平：《中国农村人口空心化及其挑战》，《人口研究》2008 年第 2 期。
8. Murphy, R. 2002, *How Migrant Labor is Changing Rural China*. Cambridge：Cambridge Univer-sity Press.

专题二 社区与社会组织

第十章
乡村建设与村庄社会关系

何蛟龙

1979年，中国改革开放的总设计师邓小平提出了建设小康社会的发展目标。小康社会建设是对中国式现代化建设的浓缩性表述，是党和国家的一项核心建设任务。党的十六大进一步提出要"全面建设小康社会"，而党的十八大则提出要"全面建成小康社会"。城乡协调发展、共同进步是全面建设小康社会和全面建成小康的题中之意。然而，长久以来，我国城乡发展严重失调，积重难返，村庄发展滞后已经成为阻碍我国社会经济可持续发展的重要因素。如何解决村庄发展与乡村建设问题成为我国党中央国务院关心的头号问题。2004~2015年，我国连续十二年发布以"三农"为主题、以社会主义新乡村建设为指向的中央一号文件，这既体现了乡村建设在我国社会主义现代化建设中至关重要的地位，也体现了乡村建设的极端艰巨性。"十三五"时期是全面建成小康社会的决胜阶段，能否补齐村庄发展短板、建设好美丽村庄将决定我国全面建成小康社会能否取得最终胜利。

在乡村建设，特别是经济建设方面，我国东部发达地区已经取得了许多成功经验。在改革开放初期，市场制度尚十分薄弱的情况下，该地区的村庄经济建设即取得了巨大成就，这引起了国内外经济学与社会学界的研究兴趣。诸多研究结果发现，村庄社会关系通过强化非正式制度，弥补了正式市场制度的不足，进而有利于当地乡镇企业的发展（Peng，2004）。而经济发展起来的东部村庄在其他建设方面也有更大的投入能力。据此，可推论村庄社会关系与乡村建设之间可能存在紧密关系。准确认识这种关系对于加强村庄建设有非常重要的现实意义和理论意义。本章将重点探究村庄社会关系和乡村建设的基本情况，以及不同社会关系水平下村庄社区在政治民主、经济发展和社会治安方面的基本现状，为提出加强乡村建设的针对性建议奠定基础。

一 乡村建设与村庄社会关系研究的理论、指标与数据

（一）理论研究综述

社会关系是社会学的一个重要研究议题，自20世纪80年代西方新经济社会学家将其与社会资本议题结合起来后，就重新获得了学术界的广泛关注，并取得了蔚为壮观的研究成果。与此同时，诸多学者也对社会关系研究进行了总结。舒勒等指出，纵观不同的社会资本文献，信任和网络被认为是社会资本的两个关键内容，其他词则通常带有修辞意味（Schuller et al.，2000）。边燕杰归纳了布迪厄、科尔曼、普特南和福山四位学者的观点，指出他们一致认为社会资本是社会网络结构，属集体共有财产，但他们对于社会资本的来源和作用则各执一端（边燕杰，2004）。同时，四位代表性学者分析社会资本的视角也有所不同，布迪厄和科尔曼强调微观个体的社会资本，而普特南和福山强调宏观社会的社会资本。本章所关注的是宏观层次的社会关系和社会资本。普特南认为社会生活中的网络、信任和互惠等特征构成了宏观社会层面的社会资本，它在很大程度上能促进社区的发展，而个人也会从这种发展中受益。福山进一步强调信任是社会资本的本质，它对于经济、政治及社会各领域有着非常重要的作用和影响。从普特南和福山的研究中可推论出好的社会关系可能会对乡村建设起推动作用。那么，我国的村庄社会关系如何呢？

第十章 乡村建设与村庄社会关系

我国村庄社会关系的研究,一般认为是从差序格局理论开始的。费孝通先生指出中国传统村庄社会的关系特征是以己为中心,一圈圈往外推,愈推愈远,也愈推愈薄。血缘、地缘、业缘、学缘就是这外推的路线,其中,血缘是最基本的路线。通过这些路线往外推,就形成了乡土中国的社会网络(费孝通,1998)。然而,这一格局在改革开放以来受到剧烈冲击。村庄社会中的差序格局发生了裂变,利益已经成为解读当前中国村庄社会关系的关键词。周建国提出"紧缩圈层结构论"以代替差序格局来概括现代中国社会关系的特点。该结构是指人们为了获取更多的社会资源,会同时横向向中心圈,纵向向结构上层移动,形成社会关系在两个维度上紧缩的"紧缩圈层结构"(周建国,2002)。同时,胡必亮提出了"关系共同体"理论,指出居于村庄之中的村民在历史久远的共同交往中形成了共同的价值观念和行为准则,这些准则既依赖于一定的血缘、地缘等条件,又突破了这些条件的范围,使关系根据一定的秩序获得了拓展。(胡必亮,2005)。后两种理论反映我国村庄社会关系与社会结构一样处于转型期。在这种情况下,村庄社会关系是否能促进村庄建设,是一个重大的现实问题和理论问题。

(二)村庄社会关系和乡村建设的指标构建

当今社会学界一般将社会关系分为强关系和弱关系两类。例如,格兰诺维特在关于职业流动的分析中区分了强关系和弱关系,并提出了弱关系假设(Granovetter,1973),而边燕杰在我国天津进行的类似研究中仍沿用此分法,不过提出的是强关系假设。在这种两分法中,强关系与弱关系按联系的紧密性区别开来。然而,联系紧密性具有较大的伸缩性,这给将结构式问卷题项操作化为关系变量的工作带来麻烦。为避免此种麻烦,本章从CLDS问卷中选取相关题项进行因子分析,生成主成分,[①] 而不仅仅根据题目设问进行区分。

本章主要以中国劳动力动态调查(CLDS)2016年全国调查数据中的"村居问卷"为基础,同时选取部分"个体问卷"题项,构建村庄社会关系和乡

[①] 在确定最终选择题项前,笔者进行了多次因子分析试验。在简洁性原则和卡方值最大化两条原则下,确定了最终题项。

村建设评价体系。具体而言，在 CLDS 个体问卷部分，本章选取了 I6.1、I6.4、I6.5 三题，以社区为单位计算每个社区的平均值，生成"当地平均可提供帮助人数""当地平均居民信任度""当地平均居民互助度"三个新题项。在 CLDS 村居问卷中，本章选取了 R6.1（第一大姓占人口比）、R6.1.1（第一大姓成员之间是否团结）、R104.1（本村居民家庭关系和谐度）、R104.2（本村村民之间的关系和谐度）、R104.3（本村村民与村委会干部的关系和谐度）五个题项。八个题项有效回答数目如表 10-1 所示。

表 10-1 社会关系题项有效回答数目

变量	有效回答数量
当地平均可提供帮助人数	227
当地平均居民信任度	227
当地平均居民互助度	227
第一大姓占人口比	214
第一大姓成员之间是否团结	223
本村居民家庭关系和谐度	226
本村村民之间的关系和谐度	227
本村村民与村委会干部的关系和谐度	227

注：村居问卷中删除了在乡村建设相关题项中应答缺失的样本和人口总数题项中应答缺失的样本。

为更深入地了解变量间的关系结构，本章采用主成分分析法，对以上 8 个指标进行因子分析。在因子分析前，先对 8 个指标进行标准化处理。处理后的指标经过斜交旋转，得出三个特征值大于 1 的村庄社会关系因子（见表 10-2）。第一个因子与本村居民家庭关系和谐度、本村村民之间的关系和谐度、本村村民与村委会干部的关系和谐度 3 个变量密切相关（因子载荷分别为 0.8766、0.9009、0.8021）。这些变量反映了当地人际关系的情况，我们称之为人际关系因子；第二个因子与当地平均可提供帮助人数、当地平均居民信任度、当地平均居民互助度 3 个变量密切相关，这些变量反映了当地人际互动情况，我们称之为互动关系因子；第三个因子与第一大姓人口占比、第一大姓成员之间是否团结 2 个变量密切相关，这些变量反映了宗族关系评价情况，我们称之为宗族关系因子。

第十章　乡村建设与村庄社会关系

表10-2　村庄社会关系变量的因子分析

变量	因子一(人际关系因子)	因子二(互动关系因子)	因子三(宗族关系因子)
当地平均可提供帮助人数	0.04	0.55	0.27
当地平均居民信任度	0.13	0.89	0.01
当地平均居民互助度	0.10	0.93	-0.06
本村居民家庭关系和谐度	0.88	0.11	0.00
本村村民之间的关系和谐度	0.90	0.11	0.03
本村村民与村委会干部的关系和谐度	0.80	0.07	0.05
第一大姓人口占比	-0.05	-0.10	0.83
第一大姓成员之间是否团结	0.24	0.18	0.62
特征值	2.31658	2.03732	1.18667

乡村建设的多数评价指标可以直接从CLDS村居问卷中获得。CLDS村居问卷分为"人口""土地与经济""基层组织"及"社区安全与和谐"等四个版块，后面三个版块分别反映了乡村建设的经济、政治和社会事业与社区安全建设。在经济发展建设方面，本章选取"土地与经济"版块第R24组题（村庄非农产业经济）。该题处理为非农产业占比和是否有非农产业，分别使用在交叉表分析和OLS回归分析中。有非农产业的，非农占比越高的经济建设越好。在政治民主建设方面，本章选取"基层组织"版块R124.w16题（参选选民投票比）。投票选举是民主的基本形式，投票率越高，民主政治建设越好。在社会治安建设方面，本章选取CLDS个体问卷"社会参与社会支持"版块I6.5.1题（您觉得本社区安全吗？）。当地居民对治安的评价是村庄治安建设成果的直观反映。该题被处理为村平均安全评价水平。

（三）村庄分布情况

2016CLDS调查共成功获得401个村居（社区）样本，其中有效村居数据239份，占村居样本总量的59.60%。经过数据清理保留227份村居数据。[①]

[①] 具体而言，数据清理过程中删除了个体问卷村居编码与村居问卷编码不匹配的样本7份，缺少居住人口、劳动力人口情况等关键信息的样本5份。

2016CLDS 调查共成功获得 21086 个个体样本，其中村庄个体样本① 10378 个，占个体样本总量的 49.22%。个体问卷题项经过处理后被合并入村居数据中，作为村居层次变量使用。227 个村居的基本分布情况如表 10-3 所示。

表 10-3 村居基本分布情况表

变量	变量选项	频数	占比
所属地区	东部	85	37.44
	中部	55	24.23
	西部	71	31.28
	东北	16	7.05
村庄人口规模	500 人以内	17	7.49
	500~1500 人	62	27.31
	1500~3000 人	80	35.24
	3000~8000 人	56	24.67
	8000 人以上	12	5.29
地形	平原	103	45.58
	丘陵	60	26.55
	山区	63	27.87
到县城距离	5 千米以内	43	19.20
	5~10 千米	54	24.11
	10~30 千米	66	29.46
	30~60 千米	39	17.41
	60~150 千米	22	9.82
是否乡镇政府驻地	是	33	14.60
	否	193	85.40
近两年是否发生大规模人口迁移	是	1	0.46
	否	215	99.54
基础设施项目数量	5 项及以下①	21	9.25
	6~9 项	161	70.93
	10 项及以下	45	19.82

①基础设施项目数量是指拥有基础设施的种类数。例如，若某村庄仅有公交车站和垃圾处理站两类基础设施，则该村庄的基础设施项目数量为 2，而不论该村有多少公交车站和垃圾处理站。
②有些被调查者对部分问题——地形、到县城距离等——未做回答，因此其频数和少于 227。

---

① 此处指的是从村庄行政村获取的个体样本，而不包括从城市社区获取的、从村庄流入城市的个体样本。

据表10-3可知，227个村居在区域、规模、地形、区位上或呈均匀，或呈正态分布。大部分村庄非乡镇政府驻地，绝大部分村庄近两年来未发生大规模人口迁移，大部分村庄的基础设施项目数量为6~9项。这227个村居的社会关系变量数据大致情况如表10-4和图10-1所示。

表10-4 村庄社会关系基本情况

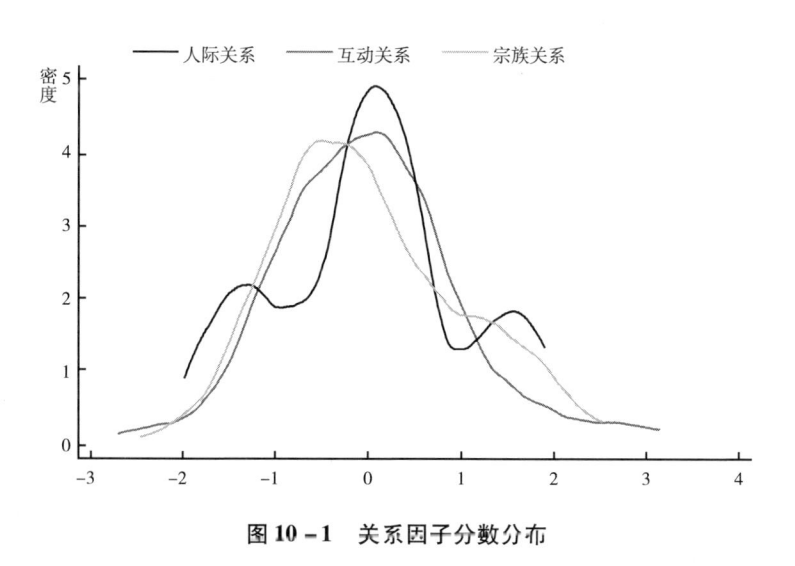

变量	村居数	均值	标准差	最小值	最大值
当地平均可提供帮助人数	227	3.80	0.30	3.16	4.70
当地平均居民信任度	227	3.53	0.40	2.31	4.91
当地平均居民互助度	227	3.32	0.49	1.89	4.91
本村居民家庭关系和谐度	227	3.97	0.71	3	5
本村村民之间的关系和谐度	227	3.90	0.70	3	5
本村村民与村委会干部的关系和谐度	227	3.95	0.71	2	5
第一大姓人口占比	227	45.11	26.55	2	100
第一大姓成员之间是否团结	227	4.10	0.67	2	5

图10-1 关系因子分数分布

据表10-4可知，227个村居在平均可提供帮助人数、平均居民信任度、平均居民互助度、家庭关系和谐度、居民关系和谐度和干群关系和谐度上均处于中等偏上水平（5分表示水平最高，依次递减，1分表示水平最低），且标准差值表明村居之间在以上方面差异较小。该表还表明，各村之间第一大姓人口占比差异非常大，既有"单姓村"，也有"百姓村"，均值为45.11%。第一大姓成员之间团结水平较高，且村居之间在此方面差异较小。

对表10-4中的各题项进行主成分分析，并计算其因子值分布，结果见图10-1。横坐标表示因子值大小，纵坐标表示分布比例。因子值分数越高，代表村庄社会关系越好。图10-1显示，村庄社会关系均大致呈正态分布。人际关系呈"山"字形分布，有三个峰值，表明除大部分村庄在该项上存在正态分布外，仍有相当一部分存在人际关系极好或极差的现象。互动关系正态分布显著。宗族关系呈左偏态分布，表明宗族关系平均水平相对较低。

二 村庄社会关系与村庄经济发展建设

有关村庄社会关系与村庄经济发展之间关系的研究成果非常多，在此仅选择部分代表性作品进行介绍。格兰诺维特的"嵌入性"观点指出社会经济活动嵌入社会网络和社会关系中运行。因此，立足于社会关系视角剖析社会经济建设活动具有重要的现实意义。倪志伟和英格拉姆指出非正式规范在社会网络中自发形成，而它们的实施是持续社会关系的副产品。进一步可推论社会网络对于经济表现十分重要。在中国市场化改革的早期，市场制度的诸多方面仍留有大量空白，而社会关系等非正式制度则在弥补市场不足方面起到了重要作用。诸多研究表明村庄社会关系在弥补产权制度缺陷上发挥了重要作用。折晓叶和陈婴婴指出集体产权依靠社会连带关系中的情理和习惯规则而被看作一种习俗性产权，从而对市场合约不完备情况下产生的产权冲突起到缓和与协调的作用。彭玉生的研究发现，亲属忠诚和亲属信任在保护私人企业家财产权利和减少交易成本方面发挥了重要作用，进而指出宗族网络对私营企业的发展具有巨大的积极作用（Peng，2004）。而周雪光提出了"关系产权"的概念。根据他的分析，企业有意放弃部分产权的排他性而通过关系来组建产权，这为企业搭建了彼此嵌套的结构，企业在其中获得了政府部门的庇护（周雪光，2005）。总而言之，我国东部村庄地区市场化改革早期的经济发展与当地的社会关系对私有产权的保护和拓展有密切关系。那么，时至今日，随着村庄社会关系的变化，这种相关关系是否仍存在？推而广之，全国各地的乡村建设状况是否都与当地的社会关系相关？CLDS 村居

第十章　乡村建设与村庄社会关系

调查为此提供了很好的检验数据。

在交叉表分析中，本章以村非农产业占比反映村经济发展水平。为避免出现分组样本过少的情况，本章将村庄社会关系平均分为从最低的20%到最高的20%共5组，下同。村庄社会关系与村非农产业占比的分布如图10-2至图10-4所示。

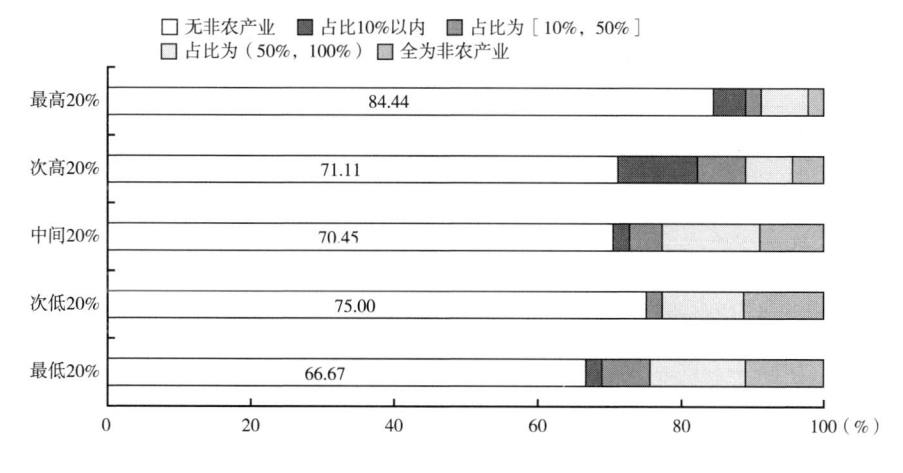

图 10-2　人际关系分组与非农产业占比

图10-2显示，随着人际关系向最高组变化，全农产业的村庄占比在增加。在人际关系最低组村庄中，全农产业的村庄仅占66.67%。而在人际关系最高组村庄中，这一比例提高到84.44%，增长了17.77个百分点。也就是说，图10-2初步显示出人际关系得分与非农产业占比之间的反向变化趋势。

图10-3显示，随着互动关系向最高组变化，全农产业的村庄占比在增加。在互动关系最低组村庄中，全农产业的村庄仅占56.82%。而在互动关系最高组村庄中，这一比例提高到86.67%，增长了29.85个百分点。也就是说，图10-3初步显示出互动关系得分与非农产业占比之间的反向变化趋势。

图10-4显示，随着宗族关系向次高组变化，全农产业的村庄占比在增加。在宗族关系最低组村庄中，全农产业的村庄占70.45%。而在宗族关系次高组村庄中，这一比例提高到84.09%，增长了13.64个百分点。然而，从宗族关系次高组到最高组，这一比例又骤然下降到64.44%，下降了19.65个百分点。也就是说，图10-3初步显示出宗族关系得分与非农产业占比之间先同

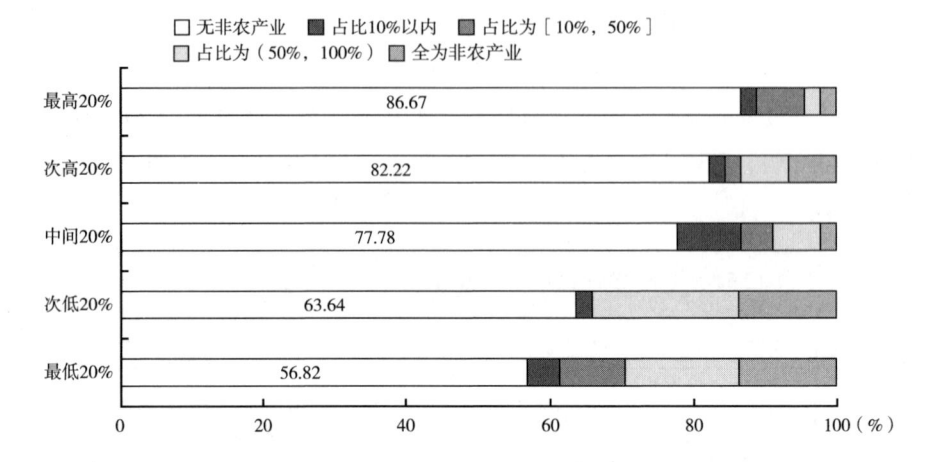

```
□无非农产业  ■占比10%以内  ■占比为[10%, 50%]
□占比为(50%, 100%)  □全为非农产业
```

最高20%	86.67
次高20%	82.22
中间20%	77.78
次低20%	63.64
最低20%	56.82

图 10-3　互动关系分组与非农产业占比

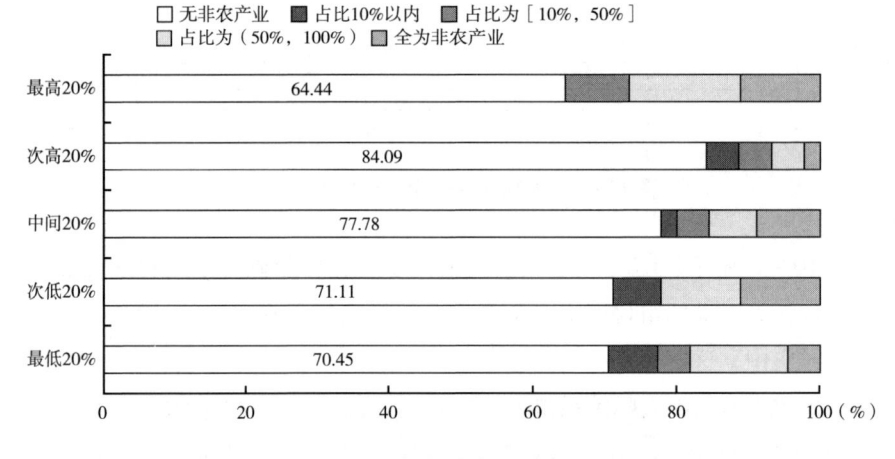

```
□无非农产业  ■占比10%以内  ■占比为[10%, 50%]
□占比为(50%, 100%)  □全为非农产业
```

最高20%	64.44
次高20%	84.09
中间20%	77.78
次低20%	71.11
最低20%	70.45

图 10-4　宗族关系分组与非农产业占比

向后反向的变化趋势。

为更加精确地分析村庄社会关系与村庄非农产业占比之间的关系，本章测量了不同关系类别不同分组村庄非农产业占比的均值。结果如表 10-5 所示。

表 10-5 显示，以人际关系分组为类别，村庄非农产业占比全距为 13.29 个百分点。人际关系最低组的平均村庄非农产业占比最高，为 22.89%，高出全体样本均值 5.26 个百分点，且从最低组到最高组，呈波动下降趋势。以互动关系分组为类别，村庄非农产业占比全距为 23.9 个百分点。互动关系最低组的平均村庄

第十章 乡村建设与村庄社会关系

表 10-5 村庄社会关系与村非农产业占比

单位：%

关系层次	最低 20%	次低 20%	中间 20%	次高 20%	最高 20%	全体样本均值
人际关系	22.89	20.98	21.78	13.07	9.60	
互动关系	30.52	29.50	8.68	13.38	6.62	17.63
宗族关系	17.14	19.89	16.18	7.92	26.80	

非农产业占比最高，为 30.52%，高出全体样本均值 12.89 个百分点，且从最低组到最高组，呈波动下降趋势。以宗族关系分组为类别，村庄非农产业占比全距为 18.88 个百分点。宗族关系最高组的村庄非农产业占比最高，为 26.80%，高出全体样本均值 9.17 个百分点。表 10-5 初步显示出人际关系、互动关系与村庄非农产业占比之间的负相关关系。

在以上描述的基础上，为解析村庄社会关系与村庄经济发展建设之间的相关关系，本章以村庄是否有非农产业为因变量，以村庄社会关系为自变量进行二元 logistic 回归分析。非农产业占比在 1% 以上的村庄全部重新编码为 1，占比为 0 的依然保留原值。Logistic 回归结果显示在分析模型中。① 在基准模型中，我们放入所属地区、人口规模、距县城距离、是否乡镇政府驻地、地形以及 2014 年 7 月以来是否经历过大规模人口迁移和村庄基础设施项目数量变量。基准模型在以下村庄社会关系与其他建设情况的回归分析中仍保持不变。同时，村主任和村支书是村庄各项建设事业的主要决策者，他们的个人特征很可能与村庄非农产业发展相关。为更清晰地阐释村庄社会关系与村庄非农产业的相关关系，本章还建立了对比模型，将基准变量与村主任/支书的性别、年龄、教育程度和工厂管理经验放入模型中，下同。回归模型结果如表 10-6 所示。

表 10-6 显示，基准模型对村庄有非农产业发生比的虚拟解释力为 29.9%，其中地区、人口规模和村庄基础设施项目数量变量的相关系数显著。对比模型对村庄有非农产业发生比的解释力为 29%，模型中新增的村干部特征变量的相关系数均不显著。分析模型对村庄有非农产业发生比的解释力为

---

① 本章根据模型诊断结果决定分析模型中是否加入社会关系与其他变量的交乘项。出于模型简洁原则考虑，在诊断结果显示未缺漏关键变量的情况下，不加交乘项。

表 10-6　村庄是否有非农产业 logistic 回归分析结果

变量	基准模型	对比模型	分析模型
地区:参考东部地区			
中部地区	-0.528	-0.567	-0.725
西部地区	-1.359**	-1.192*	-1.454**
东北地区	-0.729	-0.375	-0.785
人口规模	0.000**	0.000	0.000
距县城距离	-0.001	-0.006	0.002
是乡镇政府驻地	0.865	1.112*	1.223**
地形:参考平原			
丘陵	0.164	0.435	-0.001
山地	0.022	0.308	-0.155
是否经历过大规模人口迁移(否)	—	—	—
基础设施项目数	0.441***	0.478***	0.452***
男性村主任(性别)		0.204	
村主任年龄		0.002	
村主任教育		0.011	
男性村支书(性别)		-1.096	
村支书年龄		0.0171	
村支书教育		0.005	
村主任有工厂管理经验		0.168	
村支书有工厂管理经验		-0.015	
人际关系因子			-0.256
互动关系因子			-0.714***
宗族关系因子			-0.169
常数	-5.170***	-5.322	-5.164***
样本数	200②	132	200
Pseudo R2	0.299	0.290	0.347
Count	0.835	0.826	0.835

注:①*** $p<0.01$,** $p<0.05$,* $p<0.1$。
②模型结果表明将地区变量和地形地势变量作为定类变量进行处理与不进行此操作相比并没有显著差异,且考虑到此两个变量并非解释变量,故在以下两节的 OLS 分析中将直接将此两个变量作为定距变量处理。
③本章的所有模型均进行了模型奇异值和杠杆值检验,对存在奇异值和杠杆值的样本已令其因变量值为缺失值,不进入模型中,下同。

34.7%,比基准模型提高了 4.8 个百分点。互动关系因子的相关系数显著。为了更清楚地表示结果,本章将系数显著的变量的回归系数的反对数列示到表 10-7 中。

表 10-7 村庄是否有非农产业 logistic 回归分析 Exp（B）结果

变量	基准模型	对比模型	分析模型
西部地区	0.257*	0.303*	0.234**
人口	1.000***		0.180***
是乡镇政府驻地		3.042*	3.399**
基础设施项目数量	1.555**	1.613***	1.571***
互动关系因子			0.485***

注：*** p<0.01，** p<0.05，* p<0.1。

表 10-7 显示，西部地区村庄有非农产业的概率与全农产业的概率之比（以下简称发生比）平均是东部地区的 23.4%～30.3%。① 这表明西部地区村庄更不可能有非农产业。是乡镇政府驻地的村庄有非农产业的发生比是不是乡镇政府驻地村庄的 3.042～3.399 倍。基础设施项目数量与村庄有非农产业的发生比之间存在正相关关系，相关系数在 1.555～1.571 之间，这表明村庄拥有越多基础设施，拥有非农产业的发生比就越高。互动关系因子每增加一单位，村庄有非农产业的发生比降低 48.5%，即互动关系越好，村庄越不可能有非农产业。

总之，村庄互动关系与村庄有非农产业发生比之间存在负相关关系，互动关系得分越高，有非农产业发生比越低，这是早期研究所忽略的问题。笔者认为，村庄社会关系和非农产业占比之间的负相关关系可能与非农产业对村庄传统生产关系与生活关系结构的冲击有关。而市场化改革早期发现的宗族关系与村庄经济发展之间的正相关关系在此并未发现，其中原因需要更多的研究进行探究。

三 村庄社会关系与村庄政治民主建设

民主政治是一项集体行动，受到社会结构的制约。社会是由个体和群体联合构成的，而联结人与人、群体与群体的是社会关系。个人行为受社会结

---

① 不同模型的结果略有不同，但只要未发生较大的变化，如影响方向变化，显著度由显著变为不显著，那么可以忽略。

构制约，就必然受社会关系制约。镶嵌理论认为社会成员的行为既是"自主"的，也是镶嵌在社会关系网络中受社会关系制约的。另外，基层民主的发育强调如何将民主理念与思维通过一定路径镶嵌到社会成员的日常生活中。而社会成员的行动又镶嵌在社会网络中，社会关系的性质与基层民主的运行和发展紧密相连。总之，政治民主作为一种社会行为，必须在社会关系结构中运行。

社会关系的性质会影响到政治民主建设。一些研究认为强关系对政治民主不利。弗朗西斯·福山认为建立在血缘关系之上的社会是低信任度的社会，不利于民主社会的发展（福山，2001）。乌拉斯认为局限于某个家庭或群体的特殊社会关系往往形成特殊的信任，会被巩固起来反对外在的各种社会关系网络，并进而增进了特殊社会群体关系的活动，减少了社会冲突通过民主方式解决的机会。而要加强政治民主建设，就有必要改造社会关系模式。帕特南（又译普特南）的民主社会资本理论认为，自发自主的自愿性组织加强了公民之间的横向联系，促进了社会信任与合作，有助于打破传统垂直与等级式的社会结构和庇护—附庸社会关系网络（帕特南，2001）。格兰诺维特认为，强连带滋生了小空间的凝聚力，导致了社会整体的破碎，而弱连带却是"个人取得机会以及社区从事整合不可或缺的因素"。也就是说，这些学者认为弱关系对政治民主建设有利。

具体到中国，基层村庄的民主建设必然受到中国基层社会关系的制约。传统中国的社会关系结构是差序格局结构，以血缘、地缘等关系作为联结人与人、群体与群体的纽带，依附性是这种关系模式的重要特点。个人行为依附于这种社会关系网络，而缺少自主性。这种关系模式与民主社会发育所需要的理性、自主、协商、合作的社会关系存在冲突，因而被认为是导致中国广大村庄基层社会与基层民主运行困难的重要原因。然而，正如前文所指出的，中国的社会关系结构处于大变革时期，更加平等、更加自主、更加功利的社会关系正逐步取代传统的依附性关系和义务性关系，这可能为当下的基层政治民主建设提供了发展契机。借助CLDS村居调查，能够对此命题进行检验。

本章用最近选举中选民参选比例反映村庄基层民主制度建设。村庄社会关系与村委会选举投票率的分布如图10-5~图10-7所示。

第十章 乡村建设与村庄社会关系

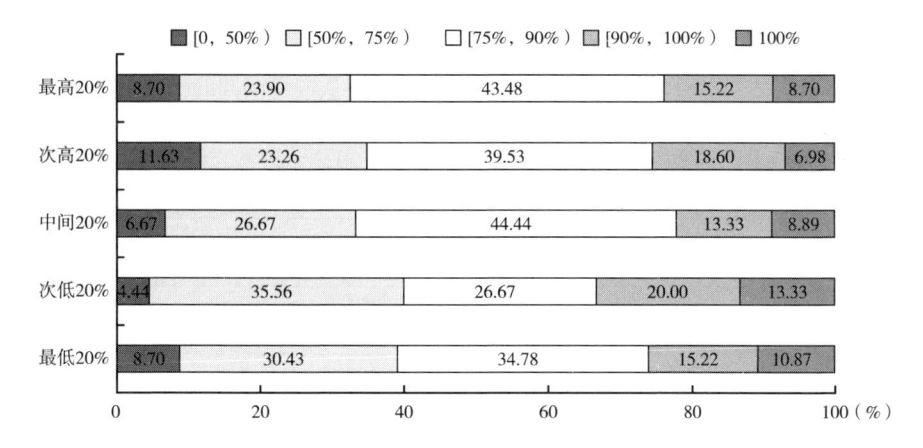

图 10-5 人际关系分组与村委会选举投票率

图10-5显示，在人际关系次低组的村庄中，村委会投票率为100%、[90%,100%)、[50%,75%)的比例最高。在人际关系次高组的村庄中，村委会投票率在50%以下的比例最高。从图10-5中，无法看出人际关系分组和投票率分组之间的关系。

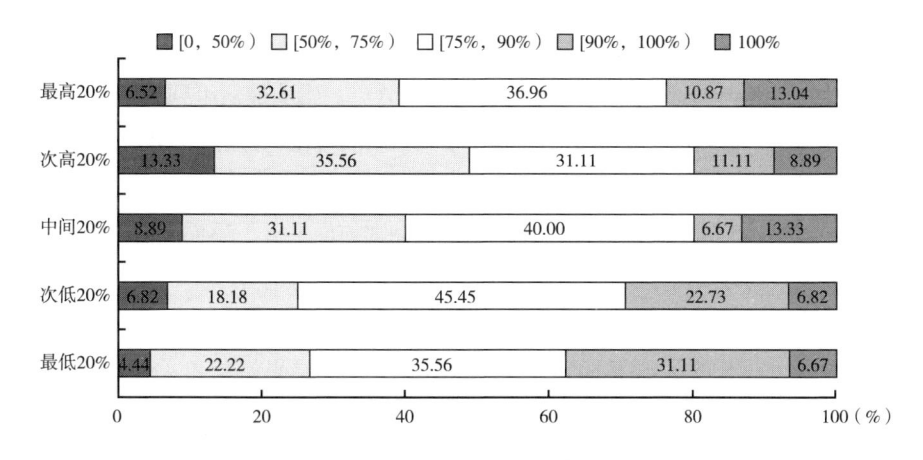

图 10-6 互动关系分组与村委会选举投票率

图10-6显示，随着互动关系从最低组向次高组变化，村委会选举投票率为[90%,100%)和100%的村庄占比总和下降到20%，减少了17.78个百分点，投票率为[0,50%)和[50%,75%)的村庄占比总和上升到48.89%，增加了22.23个百分点。而从次高组到最高组，村委会投票率变化方向发生了倒转，前者

327

反倒上升了 3.91 个百分点,后者反倒下降了 9.76 个百分点。也就是说,图 10-6 初步显示出互动关系得分与村委会选举投票率之间先反向后同向的变化趋势。

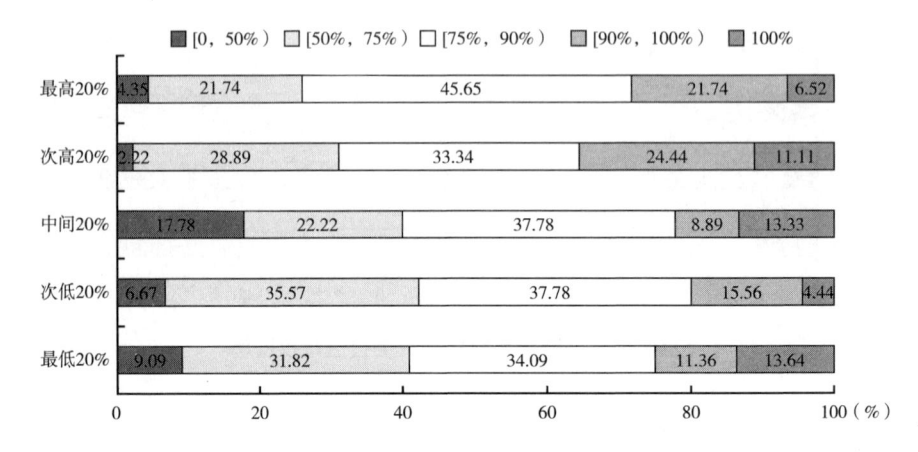

	[0, 50%)	[50%, 75%)	[75%, 90%)	[90%, 100%)	100%
最高20%	4.35	21.74	45.65	21.74	6.52
次高20%	2.22	28.89	33.34	24.44	11.11
中间20%	17.78	22.22	37.78	8.89	13.33
次低20%	6.67	35.57	37.78	15.56	4.44
最低20%	9.09	31.82	34.09	11.36	13.64

图 10-7 宗族关系分组与村委会选举投票率

图 10-7 显示,随着宗族关系从次低组向次高组变化,村委会选举投票率为 [90%,100%) 和 100% 的村庄占比在上升,两类占比总和上升到 35.55%,增加了 15.55 个百分点,而投票率为 [0,50%) 和 [50%,75%) 的村庄占比在下降,两类占比总和下降到 31.11%,减少了 11.13 个百分点。而从最低组到次低组和从次高组到最高组,村委会投票率变化方向与中间三组的变化趋势是相反的。以选举投票率为 [90%,100%) 和 100% 的村庄占比来看,占比均在下降,以选举投票率为 [0,50%) 和 [50%,75%) 的村庄占比来看,则前面上升,后面下降。图 10-7 显示宗族关系得分与村委会选举投票率之间非线性的变化趋势。

为更加精确地分析村庄社会关系与村委会选举投票率之间的关系,本章测量了不同关系类别不同分组的村委会选举投票率的均值。结果如表 10-8 所示。

表 10-8 村庄社会关系与村委会选举投票率

单位:%

关系层次	最低 20%	次低 20%	中间 20%	次高 20%	最高 20%	全体样本均值
人际关系	79.40	80.84	79.46	77.81	78.78	79.27
互动关系	83.40	82.51	77.00	74.13	79.37	
宗族关系	78.48	77.26	75.03	83.15	82.34	

表10-8显示，以人际关系分组为类别，村委会选举投票率全距为3.03个百分点。人际关系次低组的平均村委会选举投票率最高，为80.84%，但仅高出全体样本均值1.57个百分点。以互动关系分组为类别，村委会选举投票率全距为9.27个百分点。互动关系最低组的平均村委会选举投票率最高，为83.40%，高出全体样本均值4.13个百分点。且从最低组到次高组，村庄村委会选举投票率持续下降。以宗族关系分组为类别，村委会选举投票率全距为8.12个百分点。宗族关系次高组的平均村委会选举投票率最高，为83.15%，高出全体样本均值3.88个百分点。表11-8显示出互动关系与村庄选举投票率之间的非线性相关关系，即在互动关系达到最高水平前，互动关系越好，投票率越低。

在以上描述的基础上，为解析村庄社会关系对村庄基层民主建设的影响，本章以村委会选举投票率为因变量，以村庄社会关系为自变量进行OLS回归分析。回归结果显示在分析模型中。基准模型保持不变，对比模型中舍弃了村主任/支书是否有工厂管理经验变量，加入了党员比变量。回归模型结果如表10-9所示。

表10-9 村庄村委会投票率OLS回归分析结果

变量	基准模型	对比模型	分析模型
地区(东部地区)	-0.814	-0.760	-0.074
人口规模	0.000	0.000	0.000
距县城距离	-0.012	-0.026	-0.011
是否乡镇政府驻地(否)	-0.479	1.694	-0.470
地形(平原)	1.094	1.369	1.201
近两年是否经历过大规模人口迁移(否)	-22.220*	-21.940	-20.320
村庄基础设施项目数量	0.764	0.414	0.815
村主任性别(女)		-3.433	
村主任年龄		-0.221	
村主任教育		-0.121	
村支书性别(女)		0.593	
村支书年龄		0.096	
村支书教育		0.126	
党员比		31.09	

续表

变量	基准模型	对比模型	分析模型
人际关系因子			1.553
互动关系因子			-1.394
宗族关系因子			1.832*
常数	76.180***	86.440***	74.130***
样本数	197	132	197
R-squared	0.045	0.084	0.087

注：*** $p<0.01$，** $p<0.05$，* $p<0.1$。

表10-9显示，基准模型对村委会选举投票率的解释力很小，仅有近两年是否经历过大规模人口迁移变量的相关系数显著，其他系数均不显著。对比模型对村委会选举投票率的解释力较大，对比模型解释力比基准模型提升3.9个百分点。但是，仍没有任一对比模型变量相关系数显著。分析模型对村委会的选举投票率有一定解释力，分析模型的解释力比基准模型提升4.2个百分点。宗族关系因子相关系数显著，具体而言，宗族关系每增加一单位，村委会选举投票率就增加1.832%。

宗族关系是一种强关系，而互动关系是一种弱关系。强关系促进投票率而弱关系却没有显著影响，这种发现是与福山、沃伦等人的观点相反的。笔者认为，强关系的解释机制可能是：村委会选举往往需要候选人展开拉票竞赛，拉动更多的村民给自己投票，就更有胜选可能。当大家都展开拉票活动时，就能提升村委会选举投票率。拉票活动能在多大程度上提升投票率，则受到村内平均关系密度的影响。在宗族力量强的村庄，关系密度大，拉票活动能得到更多响应，因而投票率就提升得更多。

总之，村庄社会关系与村庄政治民主建设之间的关系较为复杂，互动关系与投票率之间的负相关关系需要进一步探明，而宗族关系与村委会投票率的正相关关系可能是受到拉票活动的影响。两者的结果与福山、格兰诺维特等人的结论不符，这启示我们：首先，在分析我国社会关系与政治民主建设之间的关系时，必须实现本土化。其次，宗族等强关系力量在我国仍然占据重要地位，如何利用其优点、限制其缺点是一项重大课题。

四 村庄社会关系与村庄社会治安建设

前文已经指出,社会成员的社会行为镶嵌在社会关系结构中,而关系结构中的社会资本是社会行为的主要凭借之一。在交往中形成的信任、合作与互惠等社会资本对于社会秩序至关重要。齐美尔指出,如果没有人们相互间享有的普遍信任,社会本身将瓦解。袁振龙指出信任是社会中非常重要的一种整合力量,它有助于社会秩序的维护。具体而言,它通过减少社会交往行为者所面临的社会现实复杂性来维护社会秩序和社会稳定(袁振龙,2009)。治安与村庄基础设施一样,是一种公共产品,如果社会成员之间不能合作互惠,不能进行自组织和自治理,社会治安很可能陷入困境。

具体到社会关系对社会治安的影响。在理论研究方面,科尔曼、普特南、波茨等国外学者都探讨过社会资本与违法犯罪的关系。而国内学者张陶然明确提出了治安社会资本的概念,指出这种资本可为治安秩序维护活动提供便利与积极力量,能够产生治安效益、实现治安价值(张陶然,2016)。在实证研究方面,Halpern在"芝加哥社区人文发展项目"调查中发现人们之间的相互信任和邻里间的利他行为是解释社区之间犯罪率差别的关键因素(牛惊雷,2014)。寇特和黑里的调查也表明社区内人们若互不熟悉,集体活动参与度低,犯罪和暴力现象就会更多(邹宜斌,2005)。总而言之,这些研究均表明,社会关系与社会资本对于社会治安有正向影响。

而具体到中国,村庄社会关系,尤其是宗族关系曾长期是维护村庄社会治安的主要力量。王廷惠指出传统中国是一个以习俗、伦理为核心的礼俗社会,重视等级、辈分、礼仪等非正式社会关系和非正式制度安排。这些非正式制度安排,例如村庄规约、宗族长老主持公道等最大限度地保证了在"皇权不下县"的情况下通过村庄自治就能实现治安管理。然而,中国近现代以来的系列村庄革命运动已经颠覆了礼俗社会,宗族关系等传统熟人社会关系是否仍能发挥保障社会治安的作用仍未可知。有的研究还认为村庄社会治安问题,归根结底在于传统社会资本流失而新社会资本尚未完全发育所形成的社会失范(韩广富、王芳,2012)。甚至一些研究指出,村庄宗族势力有走向非法化、黑社会化,扰乱社会治安的趋势(秦勃,2010)。然而,以上有关国内社会关系与村庄治安建设的研究仍以定性为主,缺少实证调查数据的支持。借助 CLDS 村居调查,我们能够对以上问题进行回答。

本章以 CLDS 个体问卷答卷者对所在社区是否安全评价的村居均值来衡量社区治安建设状况。原题选项从"很安全"到"很不安全"共有四个选项,赋值分别为 1~4 分。经变量处理后,计算村内所有个体评价的均值,并用 5 减去均值作为村安全评分。村庄社会关系与村治安状况评价的分布如图 10-8 至图 10-10 所示。图中非常好代表评分在 4.5 及以上,很好代表评分在 4 分及以上 4.5 分以下,较好代表评分在 3.4 分以上 4 分以下。

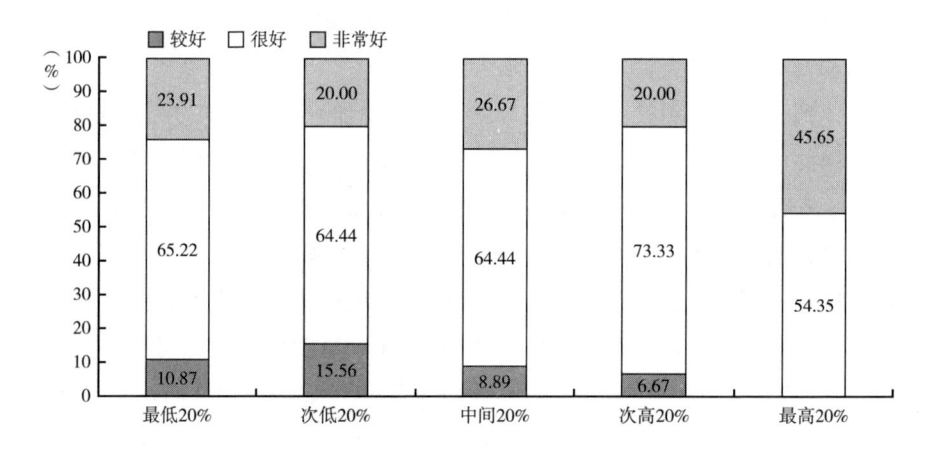

图 10-8 人际关系分组与村庄治安状况评价

图 10-8 显示,随着人际关系从次低组向最高组变化,治安状况非常好的村庄占比波动上升到 45.65%,增长了 25.65 个百分点,而治安状况较好的村庄占比持续下降至 0,减少了 15.56 个百分点。而从最低组到次低组,则出现反向变化,但变化不大。也就是说,图 10-8 初步显示出人际关系得分与村庄治安状况之间的正相关关系。

图 10-9 显示,随着互动关系从最低组向最高组变化,治安状况非常好的村庄占比持续上升至 50%,增长了 39.13 个百分点,而治安状况比较好的村庄占比持续下降至 0%,减少了 17.39 个百分点。也就是说,图 10-9 显示出互动关系得分与村庄治安状况之间十分明显的正相关关系。

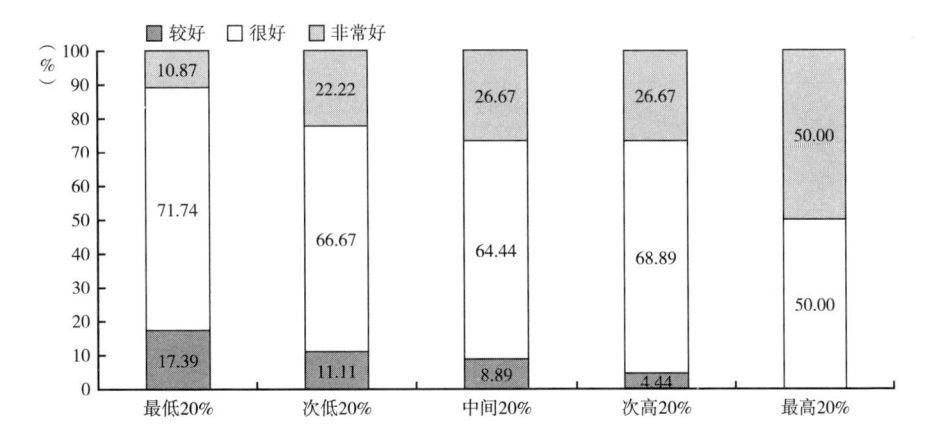

图 10-9 互动关系分组与村庄治安状况评价

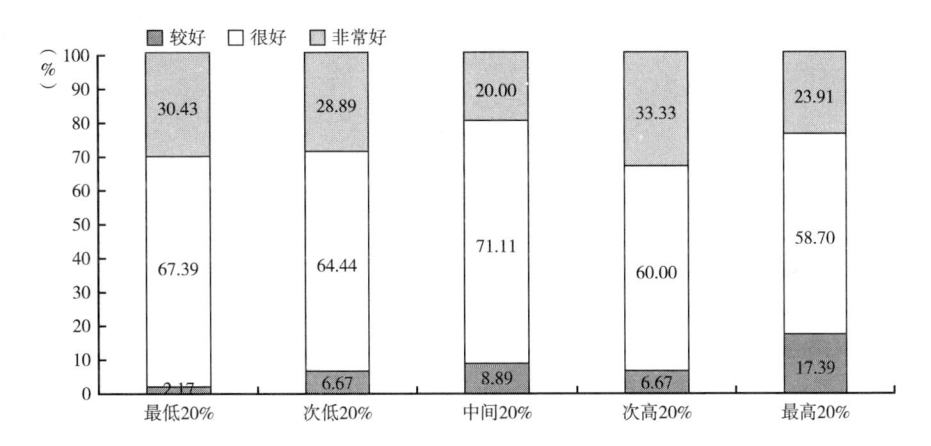

图 10-10 宗族关系分组与村庄治安状况评价

图 10-10 显示，随着宗族关系从最低组向最高组变化，治安状况较好的村庄占比波动上升至 17.39%，增长了 15.22 个百分点。而治安状况非常好的村庄占比变化情况波动大，变化趋势不明朗。图 10-10 初步显示，宗族关系与村庄治安状况之间可能存在负相关关系。

为更加精确地分析村庄社会关系与村庄治安状况之间的关系，本章测量了不同关系类别的不同关系分组村庄治安状况的均值（"很好"为 5 分，"较好"为 4 分，"一般"为 3 分）。结果如表 10-10 所示。

表 10-10　村庄社会关系与村庄治安状况评价

单位：分

关系层次	最低 20%	次低 20%	中间 20%	次高 20%	最高 20%	均值
人际关系	2.13	2.04	2.17	2.13	2.46	2.19
互动关系	1.93	2.11	2.17	2.22	2.50	
宗族关系	2.28	2.22	2.11	2.27	2.07	

表 10-10 显示，以人际关系分组为类别，村庄治安状况得分全距为 0.42 分，最高组社会治安评价最高，为 2.46 分，高出全体样本均值 0.27 分，村庄治安状况均值从最低组到最高组呈波动上升趋势；以互动关系分组为类别，村庄治安状况得分全距为 0.57 分，最高组社会治安评价最高，为 2.50 分，高出全体样本均值 0.31 分，村庄治安状况均值从最低组到最高组也呈持续上升趋势；以宗族关系分组为类别，村庄治安状况得分全距为 0.21 分，最低组社会治安评价最高，为 2.28 分，仅高出全体样本均值 0.09 分。表 10-10 更加显著地反映了村庄人际关系及村庄互动关系与村庄治安状况之间的正相关关系。

在以上描述的基础上，为解析村庄社会关系对村庄治安状况的影响，本章以个体问卷村庄治安状况评价平均分为因变量，以村庄社会关系为自变量进行 OLS 分析。回归结果显示在分析模型 1 和分析模型 2 中。分析模型 2 加入了村庄人口数量与社会关系的交乘项。基准模型保持不变。对比模型中删除了村主任/支书是否有工厂管理经验变量。OLS 回归模型结果如表 10-11 所示。

表 10-11　村庄治安状况 OLS 回归分析结果

变量	基准模型	对比模型	分析模型 1	分析模型 2
地区（东部地区）	0.035**	0.047**	0.035**	0.036**
人口规模	0.000***	0.000**	0.000***	0.000***
距县城距离	0.000	0.001	-0.000	-0.000
是否乡镇政府驻地（否）	0.045	0.0795	0.0204	0.029
地形（平原）	-0.011	-0.025	-0.002	0.004
最近两年是否经历过人口迁移（否）	-0.119	-0.084	-0.120	-0.118
村庄基础设施项目数量	-0.016*	-0.027**	-0.008	-0.006
村主任性别（女）		0.027		
村主任年龄		-0.003		

续表

变量	基准模型	对比模型	分析模型1	分析模型2
村主任教育		-0.003*		
村支书性别(女)		-0.085		
村支书年龄		0.002		
村支书教育		-0.001		
人际关系因子			0.047***	0.077***
互动关系因子			0.073***	0.068***
宗族关系因子			0.006	0.022
人口与人际关系交乘项				-0.000**
人口与互动关系交乘项				-0.000
人口与宗族关系交乘项				-0.000
常数	4.479***	4.607***	4.394***	4.388***
样本数	196	133	196	196
R^2	0.227	0.212	0.345	0.382

注：*** $p<0.01$，** $p<0.05$，* $p<0.1$。

表10-11显示，基准模型对村庄治安状况评价得分的解释力为22.7%，地区变量、人口规模变量和村庄基础设施项目数量与村庄社会治安的相关系数显著，具体而言，中西部地区的村庄治安状况更好，人口越少的村庄治安状况越好，村庄基础设施项目数量越少村庄治安状况越好。对比模型的解释力更小，且村干部特征变量的相关系数几乎均不显著。分析模型1的解释力为34.5%，比基准模型提升11.7个百分点，且加入社会关系变量后，村庄基础设施数量变量与村庄社会治安之间的负相关关系消失。人际关系因子和互动关系因子相关系数显著，具体而言，人际关系每增加一单位，村庄治安状况评价得分就增加0.047分，而互动关系每增加一单位，村庄治安状况评价得分就增加0.073分。加入交乘项的分析模型2比分析模型1解释力增加了3.7个百分点，且人际关系因子的相关系数得分为0.077分，而互动关系因子的相关系数为0.068分。人口与人际关系交互项相关系数显著且为负，这说明人际关系与村庄治安状况之间的相关关系受到村庄人口规模的调节，人口规模越大，人际关系因子与村庄治安评价之间的正相关关系越小。总体而言，分析模型2不能根本改变分析模型1的结论，即人际关系和互动关系与村庄社会治安之间存在正相关关系。

总之，本章的研究结果表明，村庄社会关系的确对村庄治安状况有促进作用，这与科尔曼、普特南、波茨等国外学者及郑也夫、袁振龙等国内学者的研究结论或观点相同。不过，本章并未发现宗族关系与村庄社会治安之间的负相关关系，这或许是因为宗族势力是否向"恶势力"方向发展，是受到一定条件刺激和制约的，相关结论仍需更多的实证研究来验证。

五　总结与讨论

本章主要关注村庄社会关系与乡村建设之间的关系。在本章前言部分及每节开头部分，都进行了文献回顾，对以往有关村庄社会关系与乡村建设之间关系的研究进行总结。而在主体部分，通过对CLDS2016调查村居问卷和个体问卷数据的处理，本章主要完成了以下工作。首先，本章通过对多个变量进行因子分析，建立了测量村庄社会关系的三个指标——人际关系、互动关系和宗族关系，通过对村居问卷和个体问卷相关题项的处理，建立了乡村建设的三个指标——经济发展、政治民主与社会治安。其次，本章主要以柱状图和交叉表，描述了在三种村庄社会关系的不同分组水平下，村庄经济发展、政治民主与社会治安建设的状况，并进行了初步相关关系判断。最后，本章分别以村庄三项建设为因变量，以村庄社会关系为自变量，另加入基准变量和一些村干部特征变量，进行了二元logistic回归分析与OLS回归分析，并对回归结果进行了分析和解读。最终的结果如下。

首先，村庄互动关系与村庄经济发展之间存在负相关关系，互动关系越好，村庄有非农产业的发生比越低。其他社会关系变量及村干部特征与村庄经济发展之间的关系不显著。其次，村庄宗族关系与村庄政治民主之间存在正相关关系，村庄宗族关系越好，村委会选举投票率越高。人际关系变量、互动关系变量及村干部特征与村庄政治民主之间的关系不显著。最后，村庄人际关系和互动关系与村庄治安评价之间存在正相关关系，人际关系或互动关系越好，村庄治安评价越高。并且，随着村庄人口规模增大，人际关系与村庄治安评价之间的正相关关系变小。宗族关系变量及村干部特征与村庄的关系不显著。

综合以上发现，还可以得出以下三个结论：其一，互动关系与乡村建设之间的联系最全面。互动关系与三个方面的乡村建设之间均有显著关系，而人际关系仅与社会治安、宗族关系仅与政治民主之间存在显著关系。其二，社会关系与村庄各项建设事业之间的关系并不是单向正相关关系，研究结果甚至发现除在社会治安方面外，村庄社会关系与经济发展建设和政治民主建设事业之间存在负相关关系。其三，村庄社会关系比村干部特征更能解释村庄各项建设的成果。结果表明，村干部特征变量在村庄各项建设事业中的系数几乎都不显著，而村庄社会关系则都有系数显著的变量。

以上研究结果与以往的研究结论相比有诸多不同，乃至相互背离之处。互动关系与村庄经济发展建设、政治民主建设之间都存在负相关关系，这是笔者在起笔之时所未料到的。为了防止模型错误，笔者对 OLS 回归模型进行了异常值诊断、残差正态分布诊断、方差齐性诊断、模型规范诊断等，对二元 logistic 模型也进行了异常值诊断和模型规范诊断，并未发现重大问题。因此，模型结果应该是可信的。笔者在每节最后也给出了自己的解释，但解释是否正确需要更多的研究进行验证。以上这些与早期研究结论不符的结果，非常具有讨论意义。同时，村庄社会关系比村干部特征更能解释村庄各项建设成果的结论和互动关系与乡村建设之间的联系最全面的结论分别涉及什么力量主导了乡村建设和什么关系是村庄的主要社会关系两大问题，它们也具有重大讨论价值。望本章的分析能为今后更深入的研究奠定基础。

参考文献

1. Granovetter, 1973, The Strength of Weak Ties. *American Journal of Sociology*, 78（Volume 78, Number 6）: 1360 – 1380.
2. Peng, 2004, Kinship Networks and Entrepreneurs in China's Transitional Economy. *American Journal of Sociology*,（Volume 109, Number 5）: 1045 – 1074.
3. Putnam, 2000, *Bowling Alone: The Collapse and Revival of American Community*. New York: Acm Conference on Computer Supported Cooperative Work, 1 (12): 357.
4. Schuller Tom, Stephen Baron, John Field, 2000, Social Capital: a Review and Critique [C]. in Stephenaron. John Field and Schuller Tom eds, *Social Capital: Critical Perspectives*. Oxford University press.
5. 〔美〕普特南:《使民主运转起来》，江西人民出版社，2001，第 114 ~ 134 页。
6. 〔美〕福山:《信任：社会美德与创造经济繁荣》，海南出版社，2001，第 357 ~

358页。
7. 费孝通:《乡土中国 生育制度》,北京大学出版社,1998,第25~30页。
8. 边燕杰:《城市居民社会资本的来源及作用:网络观点与调查发现》,《中国社会科学》2004年第3期。
9. 周雪光:《"关系产权"——产权制度的一个社会学解释》,《社会学研究》2005年第2期。
10. 秦勃:《村民自治、宗族博弈与村庄选举困局——一个湘南村庄选举失败的实践逻辑》,《中国农村观察》2010年第6期。
11. 邹宜斌:《社会资本:理论与实证研究文献综述》,《经济评论》2005年第6期。
12. 周建国:《紧缩圈层结构论——一项中国人际关系的结构功能分析》,《社会科学研究》2002年第2期。
13. 胡必亮:《关系共同体》,人民出版社,2005,第1~20页。
14. 袁振龙:《社区社会资本对社区治安状况的影响》,《中国人民公安大学学报》(社会科学版)2009年第6期。
15. 韩广富、王芳:《社会资本理论视阈下的我国农村治安问题分析》,《理论与现代化》2012年第1期。
16. 张陶然:《治安防控体系构建中的治安社会资本问题研究》,《新视野》2016年第3期。
17. 牛惊雷:《社会资本范式下村民自治与城镇化农村社会治安管理》,《四川警察学院学报》2014年第3期。

第十一章
城市社区异质性和社区关系

蔡禾　张蕴洁

伴随着市场经济体制改革和政府行政管理体制改革，中国城市的社会管理重心由"单位"转向"社区"，传统的社会管理模式在应对城市大量"单位人"转为"社区人"以及大量农村人口涌入城市的过程中日益变得疲软和滞后。与此同时，伴随"城市化"与"市场化"进程，城市社区之间和社区内部的人口结构差异逐渐加大，差异化的人口结构与利益诉求给当前的社区整合与社区治理带来了挑战。总体而言，2016年调查数据显示，不同城市社区在人口结构方面存在不同程度的差异，同一社区内部的人口结构也会在某些指标中显示出较大的差异性。与此同时，如果将社区整合这一概念操作化为邻里关系、社区居委会投票率、社区居民自评的本社区的安全感，那么社区间和社区内的异质性对于社区整合的影响切实存在，不同的异质性指标会对社区整合领域中的多个方面带来差异性的影响。因此，社区建设的目标需要同社区的人口结构相匹配，在适应空间社会结构的前提下，差异性地提供社区服务与资源，营造社区公共议题，并实现社区整合。

一　城市社区结构与社区异质性

（一）城市社区住房的小区和产权类型

伴随"市场化"改革，住房成为城市居民根据自身需求和愿望进行挑选的有价值商品，住房需求受到经济条件和诸多社会因素的影响，多重因素综合作用的结果是具有若干相似特征的人群趋向于在小区的范围内群居，这也间接形成了不同等级小区的居住特征和人口结构特征，从而使不同小区的特征存在差异。

2016年劳动力调查显示（见表11-1），在城市家庭现居住房所属的小区类型中，普通/中档商品房小区、未改造的老城区（街坊）、机关/事业单位住宅区以及村改居住宅区是四类最为普遍的小区类型，占比分别为30.89%、22.77%、13.86%、12.40%。在不同小区类型中居住的居民会拥有差异性的群体特征和群体需求，其小区拥有的治理方式、服务供给模式及服务质量也会存在较大的不同。与此同时，当前基层城市治理是以社区作为单位的，在社区人口结构异质性扩大和社区治理辐射范围、类别差异较大的基础上，差异性地提供服务、满足需求，激励社区整合是一项关键的任务。

表11-1 全国东、中、西部城市社区家庭现居住房所属小区类型

单位：%

小区类型	东部	中部	西部	全国
未改造的老城区（街坊）	31.81	15.33	18.27	22.77
工矿企业单位住宅区	4.53	11.37	14.67	8.97
机关/事业单位住宅区	7.23	20.32	14.43	13.86
保障性住房小区	2.45	2.13	1.60	2.18
普通/中档商品房小区	28.08	33.99	30.13	30.89
高档商品房/住宅/别墅区	0.76	1.29	1.36	1.08
村改居住宅区	18.58	7.75	8.11	12.40
移民社区	0.42	1.57	0.16	0.86
棚户区	0.81	1.37	5.71	1.80
其他	5.34	4.87	5.57	5.18
合计	100	100	100	100

在住房产权方面，2016年调查显示（见表11-2），84.04%劳动力家庭的住房为完全自有，租住比例为8.20%，由父母/子女提供的比例为4.11%，随着市场化的深入，住房分配已遵从市场逻辑，在此作用下和单位共有权以及单位免费提供的住房类型现占比较低，分别为0.88%和1.12%。从地区差异上看，东部劳动力家庭完全自有住房的比例相对最低，而租住的比例相对最高；中部地区的住房完全自有率最高；西部地区和单位共有产权的比例最高。鉴于城市住房的市场回报较高，城市居民在住房权属方面的差异也体现了其在市场

机制下获取资源能力的差异,由此带来的需求差异也要求在社区治理的过程中给予不同权属的城市家庭以精准服务。

表 11-2 全国东、中、西部城市社区家庭现居住房产权类型

单位:%

现居住房产权类型	东部	中部	西部	全国
完全自有	78.89	88.14	84.01	84.04
和单位共有权	0.32	0.90	2.38	0.88
租住	12.62	4.89	7.52	8.20
政府免费提供	0.20	0.31	0.32	0.27
单位免费提供	1.89	0.44	1.32	1.12
父母/子女提供	4.20	4.21	3.53	4.11
向其他亲友借住	1.08	0.61	0.48	0.77
其他	0.80	0.49	0.44	0.60
合　计	100	100	100	100

(二)人口结构的基本特征

根据 2016 年调查(见表 11-3),城市社区家庭中的平均同住成员人数为 3.53 人。就家庭同住成员的人数看,小于或等于 3 人同住的家庭占比最高,为 57.73%,同住家庭成员为 4 人或 5 人的占比为 30.76%;非同住家庭成员方面,63.52% 的家庭中不含非同住家庭成员;27.17% 的城市社区家庭中拥有 60 岁以上的老年人,11.45% 的家庭中含 7 岁以下的儿童。分区域来看,东部地区的家庭平均同住成员人数最少,西部家庭的平均同住成员人数最多。差异性的家庭人口结构和人口规模,客观上也会对社区某些方面的管理和服务带来要求。

表 11-3 全国东、中、西部城市社区家庭人口结构类型

单位:%,人

城市社区家庭人口结构		东部	中部	西部	全国
家庭同住成员人数	≤3	56.37	58.89	59.17	57.73
	>3,≤5	30.63	29.63	32.43	30.76
	>5,≤7	11.27	9.93	7.23	9.96
	>7	1.72	1.55	1.17	1.55

续表

城市社区家庭人口结构		东部	中部	西部	合计
非同住家庭成员	0	62.99	59.49	69.61	63.52
	1	16.26	19.39	14.54	16.75
	1人以上	20.74	21.12	15.85	19.72
家中是否有60岁以上老年人	无	71.42	70.71	78.32	72.83
	有	28.58	29.29	21.68	27.17
家中是否有7岁以下儿童	无	88.82	89.31	87.07	88.55
	有	11.18	10.69	12.93	11.45
家庭平均同住成员人数		3.41	3.49	3.60	3.53

社区之间相比，不同的社区拥有不同的户籍/非户籍人口比例、业主比例以及外来人口比例，且这些反映社区人口结构的指标在不同社区之间存在很大的差异。如图11-1所示，在171个城市社区中，几项指标的上下四分位值都存在比较明显的差异。分区域来看，东部地区的城市家庭中，非户籍人口数的占比整体高于中部和西部，外来人口的占比方面也是东部地区高于另外两个地区；中部地区的社区户籍人口占比较东西部分布较集中；东、中、西部的社区业主比例的上四分位值都在20%以下，同时在东部存在较多业主比例显著高于上边缘的社区。

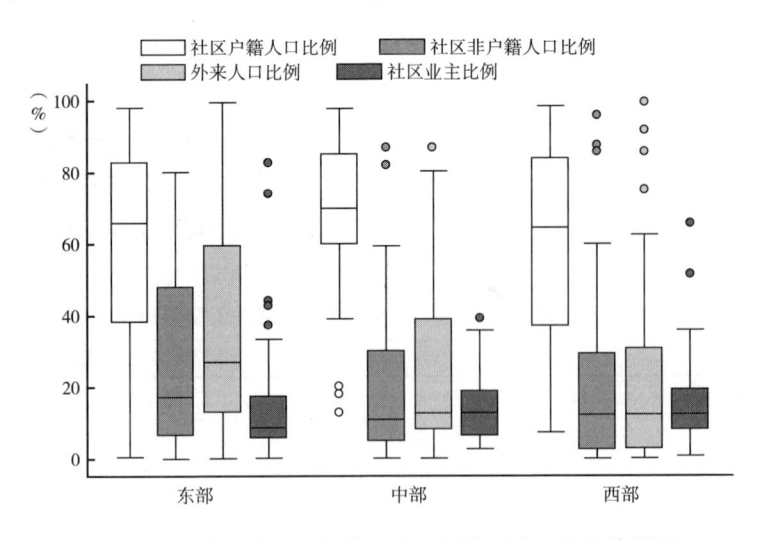

图11-1 东、中、西部社区内不同类别人口占比箱线图

（三）社区异质性指标及测量

异质性是古典城市社会学家沃斯提出的城市社会学核心概念，意指城市人口的差异程度。城市是一个国家的政治经济文化中心，因而也是人口的聚集地，不同地区、不同职业、不同阶级阶层等各类人群在这里交汇。相对于农村而言，城市人口结构呈现出明显的异质性特征。在过去计划经济体制影响下，"户籍制""单位制"造就了一个较封闭的劳动力市场和异质性较低的城市人口结构。而市场经济体制改革和加速的城市化进程使我国的城市人口结构发生了巨大的变化，异质性大大增加。异质性意味着基于传统地缘关系、血缘关系、"单位制"关系而形成的城市居民之间的人际关系和社会信任也在发生变化，社区的"熟人社会"性质开始消解，"陌生人社会"特征日益显现，社区整合出现问题。通过2016年劳动力调查数据，我们能够利用个体、家庭、社区三个层面的数据全面地了解到当前城市社区的人口结构及其背后的社区异质性特征，进而通过研究这些特征，为社区整合和未来治理提供依据和方向。

社区异质性既表现在不同社区相比较，其人口在总体人员规模，居民的年龄、受教育程度、家庭经济水平等维度上存在差异；又体现在同一社区内部的居民互相之间存在结构性差异，社区内部人与人之间存在差别。因此，本研究将社区异质性区分为社区间异质性和社区内异质性，从两个角度展现社区人口结构的差异性特征。其中，社区间异质性变量有：社区人口平均年龄、社区人口平均受教育程度、社区家庭平均收入；社区内异质性变量有：社区人口年龄标准差、社区人口受教育程度标准差、社区家庭收入标准差。社区人口规模、社区业主比例、社区外来人口比例、社区居民职业种类四个指标同时纳入社区间异质性和社区内异质性指标。上述指标的具体描述性统计如表11-4所示。

1.社区间异质性测量指标

以社区为单位，通过家庭数据计算社区内的业主比例，居住人口的年龄均值、受教育程度均值和家庭收入均值；通过村居数据中"人口规模"和"外来人口数量"这两个指标计算出外来人口比例。表11-5为社区间异质性相关测量变量的相关矩阵，呈现了社区间异质性变量之间的相关关系。

表11-4　城市社区异质性衡量指标的描述性数据结果

社区异质性指标	样本量	均值	标准差	最小值	中位数	最大值
人口规模（人）	170	9929	8918	750	7704	65000
业主比例	171	14%	13%	0%	11%	83%
平均年龄（岁）	171	43.56	7.52	28.92	43.16	63.20
年龄的标准差	171	20.39	2.20	14.04	20.35	25.89
平均受教育年限（年）	171	9.66	1.45	6.04	9.75	13.11
受教育年限标准差	171	4.03	0.57	2.44	4.01	5.94
职业种类数量（个）	171	21.06	6.66	3	20	41
家庭平均收入（元）	171	76531	32118	17988	69706	209629
家庭收入的标准差	171	58726	30102	15173	52527	168882
外来人口比例	159	30%	27%	0%	19%	99%

注：受到数据缺失值的影响，人口规模和外来人口比例这两个指标的样本量不足171个社区。

表11-5　社区间异质性变量的相关矩阵（Pearson相关系数）

	人口规模	业主比例	平均年龄	平均受教育年限	职业种类数量	家庭平均收入	外来人口比例
人口规模	1.000						
业主比例	0.052	1.000					
平均年龄	-0.238***	0.063	1.000				
平均受教育年限	0.024	0.110	0.311***	1.000			
职业种类数量	0.207***	0.140**	-0.438***	0.059	1.000		
家庭平均收入	0.087	0.017	0.028	0.538***	0.334***	1.000	
外来人口比例	0.273***	-0.043	-0.207***	0.074	0.315***	0.276***	1.000

注：* $p<0.1$，** $p<0.05$，*** $p<0.01$。

2. 社区内异质性测量指标

社区内异质性包括社区内部的年龄异质性、经济异质性、教育异质性，它们分别以社区内居民的年龄标准差、家庭年收入标准差、受教育程度标准差作为指标值。与此同时，社区业主比例和外来人口比例在反映出社区间差别的同时也从某种程度上说明了社区内部居住人员的分化情况，因此同步应用为社区内异质性的测量指标。表11-6为社区内异质性变量之间的相关矩阵。

表 11-6 社区内异质性变量的相关矩阵（Pearson 相关系数）

	人口规模	业主比例	年龄标准差	受教育年限标准差	职业种类数量	家庭收入的标准差	外来人口比例
人口规模	1.000						
业主比例	0.052	1.000					
年龄标准差	-.153**	0.056	1.000				
受教育年限标准差	0.090	0.182**	0.266***	1.000			
职业种类数量	0.027***	-0.140*	-0.035	0.102	1.000		
家庭收入的标准差	0.039	-0.065	0.113	0.262***	0.270***	1.000	
外来人口比例	0.273***	-0.043	-0.016	0.078	0.315***	0.152	1.000

注：* $p<0.1$，** $p<0.05$，*** $p<0.01$。

二 社区异质性对社区整合的影响

（一）社区整合的三个维度

社区整合概念衍生于涂尔干的社会整合概念，意指一个社会/社区的人与人或人与群体之间，通过共同信仰、情感、共享规范等基础，形成紧密、有序联系的状态（涂尔干，1893/2000）。不难看出，社区整合与社区异质性之间是存在紧张的，因为异质性有可能会导致人与人之间联系纽带的松弛。同时，良好的社区邻里关系、和谐的社区秩序、普遍的社区公共参与是社区整合的重要体现，原有学界对社区异质性与社区整合的实证研究也主要集中在这三个方面。

在2016年劳动力调查数据中，分别用邻里关系的三个维度、居民参与投票率、居民社区安全感自评三个方面的数据来体现社区整合。分性别看，在居民熟悉程度、信任程度、互动频率中回答程度低或频率少类别的选项中，男性比例略高于女性；投票方面，女性自己参与投票的比例高于男性；而在社区安全感评价方面，认为社区"不太安全"和"很不安全"的女性占比高于男性。分年龄段看，55岁以上年龄组的城市社区居住人员在熟悉程度、信任程度、互动频率以及参与社区居委会投票等选项中，积极回答的占比明显高于低年龄段组，且三个年龄段之间差异明显；但是在社区安全程度自评方面不存在明显的年龄段差异。综合来看，认为社区邻里关系较好的居民占比明显地高于认为所在社区较安全的居民占比，由此可见，这两方面不存在明显的正向相关关系，因此，在社区整合的过程中，需要区别影响不同整合维度的主要因素，有针对性地采取促进整合的策略。

表11-7 城市社区居民分性别、年龄的社区整合相关回答占比

单位：%

社区整合指标		性别		年龄组			合计
		男性	女性	15~35岁	36~55岁	55岁以上	
熟悉程度	非常不熟悉	3.51	3.35	5.12	2.70	2.3	3.43
	不太熟悉	18.21	16.35	23.49	15.35	11.14	17.20
	一般	34.31	34.67	37.24	34.20	30.74	34.50
	比较熟悉	30.54	32.64	25.84	33.39	37.34	31.68
	非常熟悉	13.43	12.99	8.32	14.36	18.48	13.19
信任程度	非常不信任	1.18	0.95	1.39	0.93	0.81	1.06
	不太信任	10.31	9.73	12.48	9.05	8.09	10.00
	一般	44.00	44.04	49.75	41.96	39.33	44.02
	比较信任	37.00	37.90	31.65	39.69	42.07	37.49
	非常信任	7.50	7.38	4.74	8.38	9.71	7.43
互助频率	非常少	9.19	8.33	9.86	8.29	7.84	8.72
	比较少	22.34	20.15	24.87	20.04	17.61	21.15
	一般	37.51	37.04	39.16	36.82	35.16	37.26
	比较多	25.77	28.96	21.99	29.20	32.61	27.49
	非常多	5.20	5.52	4.12	5.65	6.78	5.37
居委会选举投票	自己去投票	30.90	34.29	17.72	35.56	47.96	32.76
	家人代投票	9.88	9.12	12.28	8.42	7.72	9.46
	没去投票	59.22	56.59	70.00	56.02	44.32	57.78
社区安全程度自评	很安全	21.83	20.22	21.02	20.21	22.53	20.96
	较安全	63.95	64.26	65.73	63.72	62.41	64.12
	不太安全	12.67	13.92	11.36	14.42	14.19	13.35
	很不安全	1.55	1.59	1.89	1.66	0.87	1.57
合计		100	100	100	100	100	100

（二）社区异质性与邻里关系

针对社区异质性与邻里关系的实证研究存在两派对立的观点，一派是

"同质相容"论,该派认为异质性会降低社会互动,导致居民心理上的不认同,提高引发矛盾和摩擦的可能性(王颖,2002)。而与其相对应的"异质互补"论则认为,在异质的社团中,个体之间可以共享的知识和信息更多,从而可以提升成员间交往能够获得的潜在利益,形成互补效应。李洁瑾等系统剖析了上述两类观点的作用机制和研究视角,利用社会资本分类理论框架,探究异质性与邻里社会资本之间的关系,并划分基于社区内纽带的整合性社会资本和基于社区间网络的链合性社会资本,提出社区内部异质性增大会抑制整合性的社会资本和促进链合性的社会资本(李洁瑾、黄荣贵、冯艾,2007)。与此同时,蔡禾、贺霞旭运用 CGSS2005 数据,证明了社区内异质性对居民邻里关系具有负面影响,但这一影响受到社区间异质性的制约,即居民的社会参与和社区公共空间的供给会显著地提高居民邻里的关系水平,这意味着城市社区凝聚力的提升有待于社区公共领域的发展(蔡禾、贺霞旭,2014)。不过,以上研究大多从居民个体特征层面对社区关系的影响效应出发,缺乏中观层次的社区社会结构探讨。

1. 邻里关系的测量指标和调查结果

测量社区凝聚力时,常见的邻里关系或社区凝聚力测量量表需要个体针对社区居民信任感、邻里互助、关系紧密程度等维度进行测量(Buckner,1988)。过往研究(蔡禾等,2014;2017)将邻里交往指标设定为社区信任、关系强度和互惠三个维度的相加赋值得分。本研究采用的是以社区为单位的集体层次的测量方法,即以社区为单位,通过计算社区内个体数据的均值来测量社区层面的特征。研究将社区居民的"熟悉程度""信任程度"以及"互惠行为"这三项指标得分相加,形成最终赋值范围在 3~15 分之间的"邻里关系"指标,接着以社区为单位,对每个社区所有个体样本的"邻里关系"得分求取均值,作为该社区的邻里关系得分。具体问卷题目与选项赋值、测量结果如表 11-8 所示。

从图 11-2 可以看出,在对邻里关系进行测量的三个指标中,熟悉程度(关系强度)、相互信任的社区平均得分高于邻里之间的互助程度,对街坊及其他居民的信任程度的回答总体来说比较集中。分地区看,西部地区社区的平均熟悉程度和互助频率均高于中部和东部地区。分三次调查的时间差异看(图 11-3),2012 年、2014 年和 2016 年三次调查中,回答为"一般"的中性回答占比

表 11-8 社区邻里关系问卷题目、选项、赋值及结果

问卷题目	问题选项和赋值
您和本社区(村)的邻里、街坊及其他居民互相之间的熟悉程度是怎样的?	非常不熟悉 1—2—3—4—5 非常熟悉
您对本社区(村)的邻里、街坊及其他居民信任吗?	非常不信任 1—2—3—4—5 非常信任
您与本社区(村)的邻里、街坊及其他居民之间有互助吗?	非常少 1—2—3—4—5 非常多
邻里关系 = 关系强度 + 信任 + 互助	3 ~ 15

社区整合维度	样本量	均值	标准差	下四分位值	中位值	上四分位值
邻里关系(3 ~ 15)	171	9.62	1.12	7.03	9.45	13.37

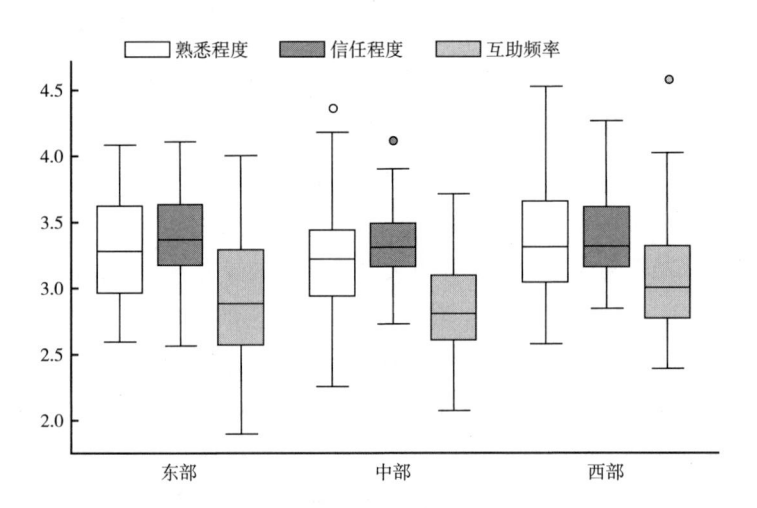

图 11-2 全国分区域城市社区邻里关系的三项指标

趋于下降;"比较熟悉"、"比较信任"、互动频率"比较多"等正面回答的比例则呈现出上升的趋势。

2. 社区异质性对邻里关系的影响

从社区间异质性和社区内异质性对社区邻里关系的多元回归分析结果可以看出,中国城市社区之间和社区内部的社会结构分异,会对社区整体的邻里关系亲疏带来不同的影响效果。

(1) 社区间异质性对邻里关系的影响

表 11-9 中的多元回归结果显示,社区规模、社区业主比例、平均年龄、

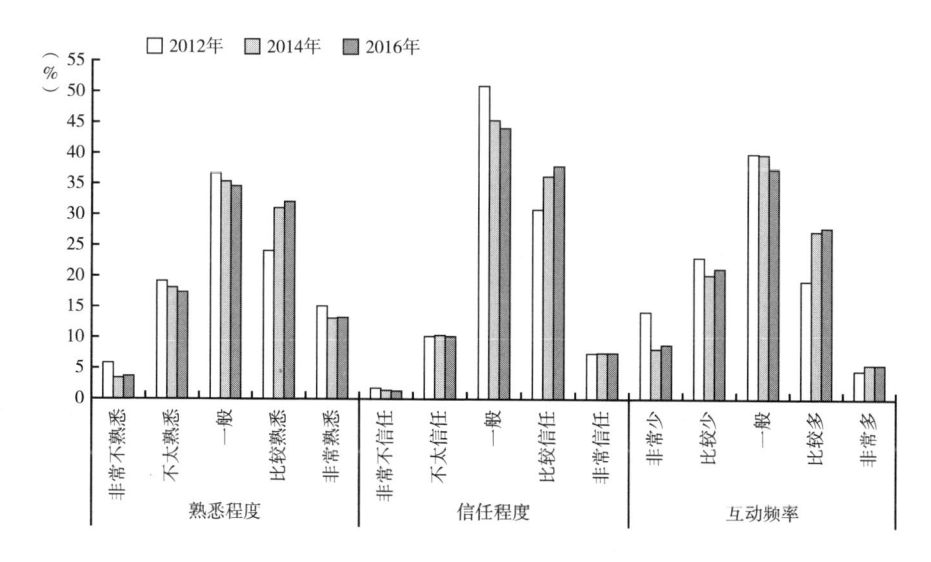

图 11-3　三次调查社区邻里关系的三个维度选项回答占比

平均受教育年限以及外来人口比例会对社区邻里关系带来显著影响。全模型中，社区规模越大，邻里关系越差，说明在治理水平和技术一定的条件下，社区整合有一定的规模范围限制，规模越大的社区越难整合。业主比例显著影响社区邻里关系，业主比例越高，社区邻里关系越差，在加入这个变量后，模型解释力 R^2 增加了 7 个百分点。在控制了社区人口规模、平均年龄、平均受教育程度、家庭平均收入、业主比例和外来人口比例等变量后，社区人口的平均年龄对社区邻里关系水平有显著的正向影响，年龄均值越大的社区邻里关系水平越高。社区平均受教育年限对社区邻里关系的影响呈显著负向关系，即平均受教育年限越高的社区，邻里关系水平越低，在引入平均受教育程度变量后，模型的解释力提升 17 个百分点，这可能是因为受教育水平越高的人，其社会交往的网络越多元，社会活动的空间越会脱离社区空间。外来人口比例对社区邻里关系具有显著的负向影响，在人口流动的态势依然强劲的当下，如何提升外来人口与社区居民的融合度是一个意义重大的课题。

（2）社区内异质性对邻里关系的影响

表 11-10 呈现的是社区内异质性对社区邻里关系影响的多元回归分析结果，模型显示，社区内的业主比例和受教育程度标准差对邻里关系有显著影响。依次加入社区居民的年龄、教育、职业和收入异质性等 4 项指标后，模型

表 11–9　社区间异质性影响社区邻里关系的多元回归分析

变量	模型 1	模型 2	模型 3	模型 4	模型 5	模型 6	模型 7
社区规模	-0.000**	-0.000**	-0.000*	-0.000	-0.000	-0.000	-0.000*
业主比例		-2.311***	-2.368***	-2.057***	-2.123***	-2.123***	-2.120***
年龄均值			0.012	0.034***	0.030**	0.030**	0.023*
平均受教育年限				-0.330***	-0.321***	-0.301***	-0.267***
职业数量均值					-0.009	-0.007	-0.009
家庭收入均值						-0.000	-0.000
外来人口比例							-0.849***
常数项	9.85***	10.16***	9.60***	11.77***	12.05***	11.93***	12.12***
样本量	170	170	170	170	170	170	159
R^2	0.033	0.103	0.109	0.273	0.275	0.277	0.306

注：* $p<0.1$，** $p<0.05$，*** $p<0.01$。

总体解释力仅上升了 8 个百分点，这表示上述四类标准差总体上对于邻里关系的影响不明显。相对地，除了外来人口占比带来的显著负向影响外，社区业主比例较高反而对邻里关系带来负向影响。由此可见，在邻里关系领域，社区范围内人口的来源和社区身份对于居民邻里关系的影响强于社区内居民自有人口特征差异带来的影响。

表 11–10　社区内异质性对社区邻里关系的影响因素分析

变量	模型 1	模型 2	模型 3	模型 4	模型 5	模型 6	模型 7
社区规模	-0.000**	-0.000**	-0.000**	-0.000*	-0.000	-0.000	-0.000**
业主比例		-2.311***	-2.370***	-2.208***	-2.442***	-2.590***	-2.534***
社区年龄标准差			0.054	0.070*	0.068*	0.074*	0.067*
受教育年限标准差				-0.227	-0.190	-0.091	-0.089
职业数量均值					-0.026**	-0.017	-0.017
家庭收入的标准差						-0.000**	-0.000**
外来人口比例							-0.836***
常数项	9.850***	10.164***	9.050***	9.594***	10.035***	9.822***	10.229***
样本量	170	170	170	170	170	170	159
R^2	0.033	0.103	0.114	0.126	0.148	0.188	0.236

注：* $p<0.1$，** $p<0.05$，*** $p<0.01$。

（三）社区异质性与公共参与

针对社区异质性与居民公共参与的实证研究多以社区居民参与居委会选举投票为分析对象。在微观层面上，大量研究证实居民的个体特征差异会导致参与行为的差异。如年龄越大的女性，参与意愿越强（马卫红等，2000）；拥有更活跃想象力和对知识更有好奇心的居民，参与意愿更强（Chang & Jacobs，2012）；居民在社区当中的共同利益和情感认同是其社区参与的基本动力（孙璐，2006）；居民本身对社区的情感认同程度会影响其参与意愿和行动（王小章、冯婷，2004）。也有学者从宏观层面研究了居民公共参与行为的影响因素，例如从社区管理体制和社会保障等政策角度展开对居民公共参与行为的研究（张亮，2001），或从法制空间与政府约束力的角度探讨完善建立公众参与机制的可行性（武小川，2014）。本研究则利用2016年数据，在宏观层面，从社区异质性的角度看不同异质程度社区在社区投票方面表现出的差异。

1. 社区居民居委会投票率指标和调查结果

社区人口异质性的增加，使社区居民的利益需求呈现多元化，如何在利益需求多样化的社区中达成共识，实现社区建设目标，社区居民的公共参与显然是非常重要的，是实现社区居民自治的前提条件。CLDS设计了"是否参与社区居委会选举投票"的问题，设立了"自己去投票""家人代投票""没去投票""不适用"等选项。本研究以此作为衡量社区居民投票行为的指标，将"自己去投票"和"家人代投票"赋值为1，将"没去投票"和"不适用"赋值为0，以社区为单位求取上述赋值的均值，即获得对每个社区的社区居委选举投票率的测量。对所有社区样本的统计结果如表11-11所示。

表11-11 社区居委会选举投票结果

单位：个，%

社区整合维度	样本量	均值	标准差	下四分位值	中位值	上四分位值
居委会选举投票率（0~100%）	171	34.22	22.32	0.00	32.43	92.65

分区域看，西部城市的社区居民参与投票率最高，东部次之，中部地区的投票率最低（见图11-4）。

□ 自己去投票　■ 家人代投票　▨ 没去投票

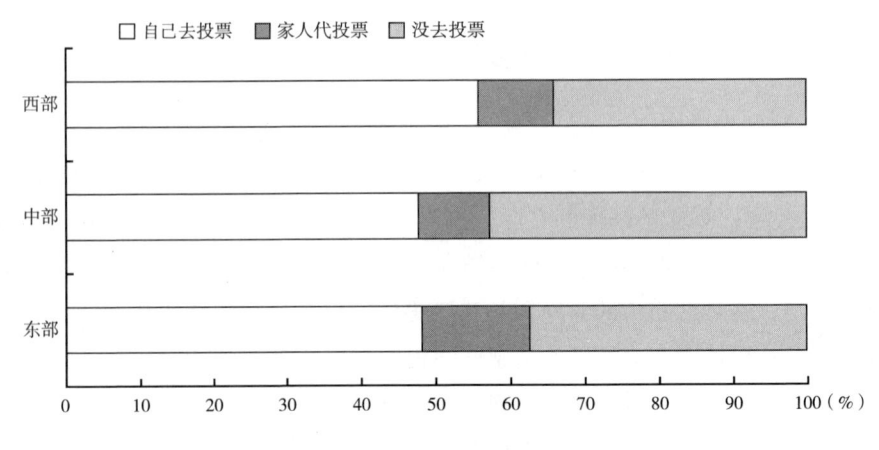

图11-4　东、中、西部城市社区居民参与居委会选举投票的比例

2. 社区异质性对社区居民居委会投票率的影响

（1）社区间异质性对居民居委会投票率的影响

表11-12是社区间异质性对社区居委会选举投票率的影响模型。比较模型7和模型8我们发现，社区邻里关系（非异质性指标）显著影响了社区居民的选举参与率，加入社区邻里关系这个变量之后，模型解释力R^2提高了近20个百分点，这说明良好的社区整合与社区公共参与密不可分，邻里关系和社区投票参与之间有显著的相关关系。另外我们还能发现，部分社区间异质性的指标在加入社区邻里关系这个变量之后，系数的显著性，甚至系数的方向都发生了变化。比如社区业主比例，在模型2到模型7中，它与社区选举参与率都是显著的负向关系，但是当放入社区邻里关系之后，这种负向的影响不再显著。还有平均受教育年限、职业数量均值以及外来人口比例这3个变量，系数的方向均发生了变化，这说明这些社区间异质性的指标可能只是通过影响邻里关系而影响了社区居委会投票率。而在表11-9社区邻里关系的影响因素分析中，我们发现这些变量确实对社区邻里关系发挥着显著的影响。在表11-12中分别放入它们的嵌套模型4、模型5和模型7中，我们发现加入这几个变量之后，模型解释力R^2并没有显著变化。因此，这几个异质性指标对社区投票参与率无显著影响。

社区异质性指标中比较显著的几个指标有社区规模、年龄均值和家庭收入均值。社区规模对居民的选举参与具有显著的负向影响，社区规模越大，居民选举的参与率越低。这和之前的结论一致，社区规模越大，越不利于社区的治理，不管是邻里关系的培育，还是基层选举的开展。年龄均值越大，居委会选举参与率越高，说明越是年轻人居住的社区，居民选举投票率越低，这和社区参与的分析结果一致。年轻人聚集的社区，社区整合和社区公共参与水平均比较低，这需要我们有创新的手段吸纳年轻人的参与。最后，我们发现社区家庭收入均值越高，社区居民选举参与率越高，这说明社区发展程度和投票参与率可能存在一定的正向关系。

表 11-12 社区间异质性对居委会选举参与率的影响因素回归分析

变量	模型 1	模型 2	模型 3	模型 4
社区规模	-0.000 ***	-0.000 ***	-0.000 **	-0.000 **
业主比例		-0.217 *	-0.251 **	-0.251 *
年龄均值			0.008 ***	0.008 ***
平均受教育年限				0.000 *
职业数量均值				
家庭收入均值				
外来人口比例				
社区邻里关系				
常数项	0.399 ***	0.428 ***	0.089	0.089
样本量	170	170	170	170
R^2	0.052	0.067	0.128	0.128

变量	模型 5	模型 6	模型 7	模型 8
社区规模	-0.000 **	-0.000 **	-0.000 ***	-0.000 **
业主比例	-0.237 *	-0.237 *	-0.255 *	-0.034
年龄均值	0.008 ***	0.008 ***	0.007 ***	0.005 **
平均受教育年限	-0.002 *	-0.014	-0.013 *	0.015
职业数量均值	0.002	0.000	-0.000	0.001
家庭收入均值		0.000 *	0.000 *	0.000 ***
外来人口比例			-0.019	0.073
社区邻里关系				0.109 ***
常数项	0.029	0.101	0.154	-1.183 ***
样本量	170	170	159	159
R^2	0.130	0.146	0.161	0.359

注：* $p<0.1$，** $p<0.05$，*** $p<0.01$。

（2）社区内异质性对居民居委会投票率的影响

表 11-13 显示了社区内异质性对社区居委会选举投票率的影响。从模型 1 到模型 7 的变量叠加过程中，模型解释力 R^2 由 0.052 转变为 0.325，模型总体解释力提升 27.3 个百分点。但比较模型 7 和模型 8，我们可以看到其中 20% 的解释比例是由社区邻里关系带来的。由此可见，在社区总体投票率方面，社区内良好的邻里关系是提升居民参与居委会投票的关键因素。社区整合与社区公共参与密不可分，普遍的社区公共参与标志着社区认同的存在，同时社区参与本身也能够增加社区互动，促进和谐社会关系的形成。由此可见发展社区邻里关系是实现社区整合的基础，良好的社区邻里关系能够成为促进社区公共参与的重要力量。

大部分涉及城市社区内部异质性变量的引入对于提高模型的整体解释力并无显著影响。在总模型中，只有社区规模、社区年龄标准差和家庭收入标准差三个变量显著。与社区间的异质性分析类似，社区规模越大，居委会投票参与率越低；社区年龄标准差在模型 2～模型 7 中一直不显著，加入和社区邻里关系之后才显著，我们认为这是一个不稳定的关系，社区年龄标准差对居委会投票参与率没有影响。最后，我们还发现家庭收入标准差越大，居民参与率越高，即在控制了社区规模、业主比例、职业数量、外来人口比例等一些指标之后，收入越不平等的社区，居民越可能参与投票。

表 11-13 社区内异质性对居委会选举参与率的影响因素回归分析

变量	模型 1	模型 2	模型 3	模型 4
社区规模	-0.000***	-0.000***	-0.000***	-0.000***
业主比例		-0.217*	-0.211	-0.180
社区年龄标准差			-0.006	-0.002
受教育年限标准差				-0.043
职业数量均值				
家庭收入的标准差				
外来人口比例				
社区邻里关系				
常数项	0.399***	0.428***	0.542***	0.645***
样本量	170	170	170	170
R^2	0.052	0.067	0.070	0.081

续表

变量	模型5	模型6	模型7	模型8
社区规模	-0.000***	-0.000***	-0.000***	-0.000**
业主比例	-0.193	-0.175	-0.177	0.073
社区年龄标准差	-0.003	-0.003	-0.007	-0.013*
受教育年限标准差	-0.041	-0.053*	-0.051	-0.042
职业数量均值	-0.001	-0.002	-0.002	-0.001
家庭收入的标准差		0.000	0.000**	0.000***
外来人口比例			-0.018	0.068
社区邻里关系				0.099***
常数项	0.669***	0.694***	0.758***	-0.287
样本量	170	170	159	159
R^2	0.083	0.097	0.128	0.325

注：* $p<0.1$，** $p<0.05$，*** $p<0.01$。

（四）社区异质性与社区秩序

在社区异质性与社区秩序的关系上，社区内人口群体的多元化导致了群体利益的分化，从而使社区内部的利益矛盾加剧。业主的维权行动展现了社区居民利益的多元化与社区的分化（马捷，2009）；社区公共产品供给中出现的"邻避"现象则揭示了社区居民的利益认知和社区认同感（何艳玲，2009）；居民对社区组织，如居委会、业委会、志愿者联合会等的参与，则展现了社区居民利益诉求方式的差异（熊易寒，2012）。这种异质性带来的利益主体多元化与社区秩序之间存在紧密的联系。对于居民自身而言，社区秩序之于个体所表达出的最直接反映指标就是居民对于社区本身安全感的认知和评价。

1. 社区公共秩序的测量指标和结果

协调社区利益，化解社区矛盾，建立社区秩序，实现社区和谐，是社区建设的重要内容。但异质性带来的人们在经济、文化、宗教、族群等各个方面的差异，不仅形成了社区居民不同的利益诉求，在一定条件下还造成了社区矛盾和社区冲突，对社区秩序带来挑战。由于良好的社区秩序能够给居民带来较好的安全感，居民在社区内的安全感感知从某种程度上能够作为社区秩序的指标。CLDS中"你觉得你所在的社区安全吗？"这一问题，由社区居民回答，共有"很安全""较安全""比较不安全""很不安全"四个选项,分别赋值1~4,在社区层面上计算社区安全感均值形成该指标,指标测量值如表11-14所示。

表11-14 社区安全感测量结果

社区整合维度	样本量	均值	标准差	下四分位值	中位值	上四分位值
安全感(1~4)	171	1.98	0.27	1.13	1.97	2.76

2. 社区异质性对社区安全感的影响

社区异质性对社区平均安全感影响因素的回归模型见表11-15。全模型中,社区异质性相关变量对于社区安全感均值的影响解释力较低,R^2为0.099,且在社区内异质性对安全感的影响因素分析模型中也是相似的结果。这意味着,社区间或社区内异质性的相关因素对于社区整体的居民安全感来说并非主要的影响因素。但是,社区业主比例对于社区安全感有正向影响,并且在$p<0.05$的水平上显著。然而,与过往经验不一致的是,社区外来人口的比例对于提升社区安全感有正向的影响。

表11-15 社区异质性对社区平均安全感的影响因素回归分析

变量	模型1	模型2	模型3	模型4	模型5	模型6	模型7
社区规模	0.000	0.000	0.000	0.000	0.000	0.000	0.000
业主比例		0.353**	0.357**	0.336**	0.357**	0.357**	0.362**
年龄均值			-0.001	-0.002	-0.001	-0.001	0.001
平均受教育年限				0.023	0.020	0.019	0.015
职业数量均值					0.003	0.003	0.003
家庭收入均值						0.000	-0.000
外来人口比例							0.206**
常数项	1.944***	1.896***	1.934***	1.785***	1.697***	1.702***	1.634***
样本量	170	170	170	170	170	170	159
R^2	0.011	0.039	0.039	0.052	0.056	0.056	0.099

注:* $p<0.1$,** $p<0.05$,*** $p<0.01$。

除了社区居民安全感均值之外,在社区问卷中,关于社区内不同成员之间和谐程度的作答中(见表11-16),社区家庭成员之间、社区居民与居委会干部之间的和谐程度,回答为"比较高"和"非常高"的比例之和分别超过87%和90%，可见在居委会干部看来，居民的家庭和谐程度和居民与干部之间的和谐程度较高。居民之间的和谐程度则有超过79%的社区干部认为"比较高"以及"非常高"。与以上三个主体之间较高的和谐度相比较，居民与外来务工人员之间、居民与租户之间的和谐程度中，分别有超过40%和30%的社区干部认为其"比较低"或"一般"，该比例与以上几个主体之间总体和谐度较高的回答有比较大的差异。社区中多主体之间的和谐程度，对于营造积极的社区秩序有关键的影响。该结果与外来人口带给社区安全感正向的影响力之间其实是存在张力的，作为治理主体的判断认知与作为居民的主观感受之间可能存在一定程度的差异。

表11-16 社区内不同群体之间的和谐程度

单位：%

和谐程度	非常低	比较低	一般	比较高	非常高	合计
家庭成员之间	0.61	0.61	11.52	54.55	32.73	100
居民之间	0.00	1.21	19.39	55.15	24.24	100
居民与外来务工人员之间	0.00	3.11	37.27	45.96	13.66	100
居民与居委会干部之间	0.00	0.61	9.09	50.30	40.00	100
居民与租户之间	0.00	1.23	29.01	54.94	14.81	100

三 社区现有公共服务设施与人口结构的配置

由本章前两部分可以发现，根据2016年劳动力调查数据，当前城市社区中，一方面，不同的社区存在不同的人口结构，社区间存在异质性；另一方面，同一社区内部，社区居民的来源、年龄、受教育程度和职业种类的差异同样会带来社区内的异质性。鉴于第二部分展示的社区异质性会给社区关系、公共参与和社区秩序带来不同程度的影响，为了增进社区的整合，需要在社区公共服务配置上与社区异质性情况相匹配。从社区基础公共服务的社区占有情况上看（表11-17），我国城市社区中拥有幼儿园、小学和初中的比例分别是73.68%、53.22%和29.24%；拥有儿童游乐场、健身场所和社区广场/公园的比例分别为17.15%、75.88%

和 61.54%；拥有医院或私人诊所的比例为 83.93%。由此看出，在各类公共服务的配置上看，不同的社区实际上是存在一定的区别的，同时不同的区域也存在社区内"设施有无"的差异。那么，设施的有无与具体数量是否与小区的具体人口结构相匹配呢？

表 11-17 东、中、西部地区公共设施占有情况

社区内是否拥有以下设施		东部	中部	西部	合计
幼儿园	无	30.12	18.37	28.21	26.32
	有	69.88	81.63	71.79	73.68
小学	无	48.19	44.90	46.15	46.78
	有	51.81	55.10	53.85	53.22
初中	无	72.29	69.39	69.23	70.76
	有	27.71	30.61	30.77	29.24
儿童游乐场	无	78.05	85.42	87.18	82.25
	有	21.95	14.58	12.82	17.75
健身场所	无	18.07	20.83	41.03	24.12
	有	81.93	79.17	58.97	75.88
社区广场/公园	无	32.93	41.67	46.15	38.46
	有	67.07	58.33	53.85	61.54
医院或私人诊所	无	25.93	4.17	10.26	16.07
	有	74.07	95.83	89.74	83.93
合计		100	100	100	100

表 11-18 和表 11-19 分别是社区老年人口比例与社区老年服务资源、社区儿童比例与儿童服务资源的交互分类表，均基于 CLDS2016 数据分析所得。表 11-18 显示，不同老年人比例的分组类别所对应的资源配置情况并没有完全和人员占比的分类相吻合，例如，社区内广场/公园的比例和数量在不同类别的社区中分布相似，虽然"有老年活动中心的社区比例"大体上看与社区类别（按照老年人比例划分）相一致，但是"平均每个社区拥有的老年活动中心数量"则未与社区类别相对应。表 11-19 中显示的社区儿童比例和儿童服务供给则体现出，无论儿童人口占社区人口的比例属于哪个分类组别，其儿童服务资源配置的差异总体不大，也就是说服务资源在基层社区的配置并未与其对应的需求量紧密对接。

第十一章　城市社区异质性和社区关系

表11-18　2016年城市社区老年人口比例与老年服务供给（共171个社区）

社区类型 （按照老年人口 比例分类）	老年人口比例 （60岁以上）	社区数量 （个）	有老年活动中心 的社区比例 （%）	平均每个社区拥有 的老年活动中心 数量（所）	有广场或公园的 社区比例 （%）	平均每个社区拥有 公园或广场的 数量（所）
1	<15%	42	64.29	1.95	59.52	1.02
2	≥15%，<25%	43	74.42	1.00	60.47	0.86
3	≥25%，<36%	43	81.40	1.60	60.47	0.88
4	≥36%	43	90.70	1.88	62.79	1.02

表11-19　2016年城市社区儿童比例与儿童服务供给（共171个社区）

社区类型 （按照儿童 比例分类）	儿童比例 （7岁以下）	社区数量 （个）	有幼儿园的 社区比例 （%）	平均每个社区 拥有的幼儿园 数量（所）	有儿童游乐场的 社区比例 （%）	平均每个社区拥 有的儿童游乐场 数量（所）
1	<2.4%	41	63.41	1.02	9.76	0.10
2	≥2.4%，<4.8%	44	81.82	1.77	20.45	0.32
3	≥4.8%，<7.3%	43	74.42	1.65	23.26	0.37
4	≥7.3%	43	74.42	2.23	16.28	0.16

上述社区公共服务设施与人口结构的配置结果体现了现阶段在我国的城市管理体系中，通常依据行政管理的层级地位配置资源，政府"一刀切"地向社区交付工作职能和配置资源，并以同样的指标考核社区工作绩效。这样做的结果往往是社区公共产品供给与社区需求不匹配，无论社区间和社区内有什么样的人口结构差异，社区获得的公共服务或设施匹配往往趋同。

四 小结与讨论

"城市化"与"市场化"加剧了城市异质性，本章主要分析了城市社区结构和社区整合之间的关系，由此得到的启发是，在城市社区建设的过程中，公共服务的配给需要与城市社区结构相匹配。在第一部分，主要从当前城市社区住房的小区和产权类型、人口结构的基本特征，得出当前城市社区在社区之间和社区内部存在不同维度的差异，并从中概括出了社区异质性的相关指标；在第二部分，我们试图研究社区异质性对于社区整合的影响，过往关于城市异质性与社区关系的量化研究主要是从居民的个体层次出发，分析居民个体的人口经济社会特征的差异对其行为的影响，而本研究则假设社区居民的行为和观念不仅受到自身个体差异的影响，还要受自身所处社区环境的影响，从社区中观层次对社区异质性与社区整合展开研究，并将社区整合区分为邻里关系、公共参与和社区秩序三个维度；第三部分综合了前两部分中反映出的社区异质性存在会对社区整合带来影响的相关结论，分析了当前城市社区公共服务供给方面存在的未遵从客观异质性需要的"一刀切"供给模式。

本研究通过2016年劳动力调查数据反映了中国城市异质性在社区间和社区内的状况，并主要从社区邻里关系、社区居委会选举投票率这两个维度分析了社区异质性对社区整合的影响。结果发现异质性确实对社区整合有影响，社区间异质性相较于社区内异质性对于社区整合的影响力更大。特别是社区的业主比例、居民的平均年龄、居民的平均教育水平和外来人口比例是主要的影响因素，社区居民受教育程度均值和年龄均值对社区邻里关系和社区居民参与投票率有显著负向影响；良好的社区关系能够增加社区居民的投票率；社区外来人口占比对社区邻里关系和参与选举的投票率有显著负向影响，但是同样的变量在研究社区安全感时显示出相反的结果，可见不同异质性指标的影响效应和影响机制是不同的。社区异质性对社区整合的影响也意味着在不同社区里，社区建设的主要问题是不同的，即使面临同样的问题，其潜在影响因素也会有差异。因此，开展社区建设的工作重点和策略需要在不同社区中有所不同，社区建设需要个性化的规划与执行。例如，在那些外来人口较多的社区和平均教育水平较高的社区，更要重视邻里关系的建设；在那些平均年龄较低的社区和业主比例较高的社区，动员居民参与居委会选举可能成为工作难点。

从城市社区社会结构中反映出的普遍存在的社区异质性以及异质性与社区整合的关系，引导我们思考在异质性成为城市社会不可避免的发展趋势的情况下，需要如何开展社区建设以增进社区关系、促进社区整合。结合当前城市公共服务供给与人口结构之间存在的张力，本研究认为，需要在社区建设的过程中纳入空间社会结构的理念，即社区建设目标要与社区人口结构相匹配。具体来说，每个社区的工作重点设置、社区建设的资源配置和社区管理的绩效评估都应该基于对每个社区的人口经济社会特征的科学分析。这需要基于对现有社区结构的把控建立一个自下而上的社区管理视角，从政府需要的社区建设向居民需要的社区建设转变。同时社区管理者要意识到，在不可避免的异质化发展趋势下，管理意味着要从不同的利益诉求中去发现能够吸引不同群体参与的社区"公共议题"，从而增进社区的公共参与，并通过公共参与形成社区认同，最终实现社区整合。

参考文献

1. 布劳（Blau, P. M.）：《不平等和异质性》，中国社会科学出版社，1991。
2. 蔡禾、贺霞旭：《城市社区异质性与社区凝聚力——以社区邻里关系为研究对象》，《中山大学学报》（社会科学版）2014年第54（2）期。
3. 蔡禾、张蕴洁：《城市社区异质性与社区整合——基于2014年中国劳动力动态调查的分析》，《社会科学战线》2017年第3期。
4. 何艳玲：《"中国式"邻避冲突：基于事件的分析》，《开放时代》2009年第12期。
5. 李洁瑾、黄荣贵、冯艾：《城市社区异质性与邻里社会资本研究》，《复旦学报》（社会科学版）2007年第5期。

6. 马捷:《城市社区冲突研究》,中国政法大学硕士学位论文,2009。
7. 马卫红、黄沁蕾、桂勇:《上海市居民社区参与意愿影响因素分析》,《社会》2000年第6期。
8. 孙璐:《利益、认同、制度安排——论城市居民社区参与的影响因素》,《云南社会科学》2006年第5期。
9. 涂尔干:《社会分工论》,渠东译,生活·读书·新知三联书店,2000。
10. 王小章、冯婷:《城市居民的社区参与意愿——对H市的一项问卷调查分析》,《浙江社会科学》2004年第4期。
11. 王颖:《现代城市管理与社区重建》,《浙江学刊》2002年第3期。
12. 武小川:《论公众参与社会治理的法治化》,武汉大学博士学位论文,2014。
13. 熊易寒:《从业主福利到公民权利——一个中产阶层移民社区的政治参与》,《社会学研究》2012年第6期。
14. 王宁、陈胜:《中国城市住房产权分化机制的变迁——基于广州市(1980~2009)的实证研究》,《兰州大学学报》(社会科学版)2013年第41(4)期。
15. 张亮:《上海社区建设面临挑战:居民参与不足》,《社会》2001年第1期。
16. Buckner J. C., "The Development of an Instrument to Measure Neighborhood Cohesion", *American Journal of Community Psychology*, 1988, 16 (6): 771–791.
17. Chang J., Jacobs R. L., "Determinants and Outcomes of Employee Participation in a Strategic Community of Practice: A Mixed-method Approach", *Human Resource Development Quarterly*, 2012, 23 (3): 341–362.

第十二章
家庭慈善捐赠行为

杨永娇

长期以来，我国慈善捐赠的研究基本上都以个人和组织（例如企业）为主体，家庭在慈善事业发展中的角色和作用还未得到充分的重视和研究。家庭始终是中国社会最重要的基本单位（费孝通，1985），是人的社会化的最初场所，具有不可替代的积极社会功能。现有研究显示，慈善捐赠行为常常以家庭为一个经济实体发生，并且夫妻共同决策是主流模式（朱建刚、刘艺非，2017）。同时，家庭慈善的代际传递效应和家庭的慈善氛围也能有效带动家庭成员参与慈善事业，将家庭捐赠发展为一种可持续的内化的行为，而非偶然性的行为（Lily Family School of Philanthropy，2016）。换言之，家庭具有提高捐赠行为持续性的重要作用。

因此，积极探索全民慈善事业发展模式，要重视家庭作为捐赠对您对推动公益慈善事业的重要作用，要将慈善捐赠领域的研究对象从"个人"延伸至"家庭中的个人"。激励家庭的持续捐赠不是简单地对家庭进行介入，或者只面向家庭的某个或某些成员，而是要以家庭为整体进行评估，以家庭整体作为激励对象，充分考虑家庭的整体特征和利益，以及家庭成员之间的利益关联，建立个人与家庭并重、个人与家庭关联的家庭慈善捐赠激励体系，把慈善文化与家庭文化建设有机结合起来，促进运动式的慈善行为发展成为以内驱为主的稳定、持久的社会规范，使家庭在善经济时代成为引领社会进步的重要力量。本报告将基于三轮连续的"中国劳动力动态调查"（China Labor-force Dynamic Survey，CLDS）数据，分析我国家庭捐赠的基本情况、变化趋势及持续性情况，并针对如何激励我国家庭慈善捐赠提出建议。

本报告使用的数据来自中山大学社会科学调查中心 2012 年、2014 年和

2016年三轮连续的"中国劳动力动态调查"。该调查所展示的家庭捐赠情况都是调查开展前一年的情况。在调查中，慈善捐赠是指向慈善组织或受益人自愿、无偿赠予有形或无形财产的行为。CLDS将"家庭"成员界定为与被访者本人"在本地共同居住，经济共用"的成员，包括在被访者现居住地家庭中居住、有血缘关系，以及在被访者现居住地家庭中居住、没有血缘关系、居住时间在6个月及以上的成员。

CLDS的随机样本覆盖全国29个省、自治区和直辖市（除港澳台、西藏、海南）。2012年CLDS共完成10612个家庭户问卷（其中村家庭户问卷6080户，居家庭户问卷4532户），2014年CLDS共完成14226个家庭户问卷（其中村家庭户问卷8038户，居家庭户问卷6188户），2016年CLDS共完成14226个家庭户问卷（其中村家庭户问卷8248户，居家庭户问卷5952户，26户未填村/居性质）。三轮调查共追踪的家庭为4281户（其中农村家庭2771户，城市家庭1283户，城乡流动家庭227户）。为了更真实和准确地反映家庭捐赠的全国情况，本报告对分析数据（除了追踪的样本）做了加权处理，即采用多变量反复加权法进行事后加权。

一 2012~2016年中国家庭的捐赠情况

（一）家庭捐赠的全国总体情况

1. 捐赠参与率

全国家庭捐赠参与率在2012年的调查中为24.71%，2014年下降了约7个百分点至17.51%，2016年虽然回升达到了19.59%，但也没有达到2012年的水平。三轮调查的家庭捐赠平均参与率仅为20.60%。

在国际上为数不多的关于家庭捐赠的大规模调查中，美国的收入动态追踪调查（Panel Study of Income Dynamics）显示，美国全国的家庭捐赠参与率在2011年、2013年和2015年的三轮调查中分别是54.46%、52.34%和47.86%。可见，虽然美国的家庭捐赠参与率呈现下降的趋势，但中国的家庭捐赠参与率与美国相比相去甚远，这也凸显了进一步激励我国家庭捐赠行为的巨大可为空间，强调了研究家庭慈善捐赠激励的现实意义。

2. 捐赠额度

从全体家庭的捐赠额度来看，三轮调查中的家庭平均捐赠额度呈现递增的趋势。其中，2014 年调查中的捐赠均值在 2012 年的基础上有了较大增长，增幅为 33.73%。从捐赠家庭的捐赠额度上看，2014 年无论是捐赠均值还是中位值相较于 2012 年都几乎翻了一番，并且大额捐赠的数额有了提升。到 2016 年，捐赠家庭的平均捐赠额度下降了 15.18%，而中位值保持不变，95% 分位值上升，最大值明显下降（见表 12-1）。这个变化趋势与 2016 年调查中的大额捐赠减少、捐赠额度更加均衡有关。

表 12-1 全国家庭捐赠额度概况

单位：元

家庭类型	年份	均值	标准差	中位值	95% 分位值	最大值
全体家庭	2016	171.82	2637.46	0	500	230000
	2014	170.84	4018.39	0	400	400000
	2012	127.75	1828.80	0	500	150000
捐赠家庭	2016	894.50	5894.84	200	3000	230000
	2014	1054.55	9938.94	200	2000	400000
	2012	551.41	3768.62	100	1600	150000

注："全体家庭"包括有捐赠和无捐赠的所有家庭样本，"捐赠家庭"是指有过捐赠行为的家庭样本。

（二）家庭捐赠的城乡和户籍比较

1. 城乡比较

（1）捐赠参与率

三轮 CLDS 数据均显示我国农村社区和城市社区的家庭捐赠参与率呈现较大差异，并且该差异在统计意义上显著（卡方检验 $p<0.05$）。总体来说，城市社区家庭的捐赠参与率高于农村社区家庭（见图 12-1）。城乡捐赠参与率差距在 2012 年调查中为 20.75 个百分点，2014 年缩小至 17.37 个百分点，2016 年又扩大至 19.67 个百分点。

（2）平均捐赠额度

从全体家庭的捐赠额度来看，城市社区家庭捐赠的平均额度是农村社区家庭捐赠平均额度的 4~5 倍，城乡差距在 2016 年的调查中有所缩小（见表

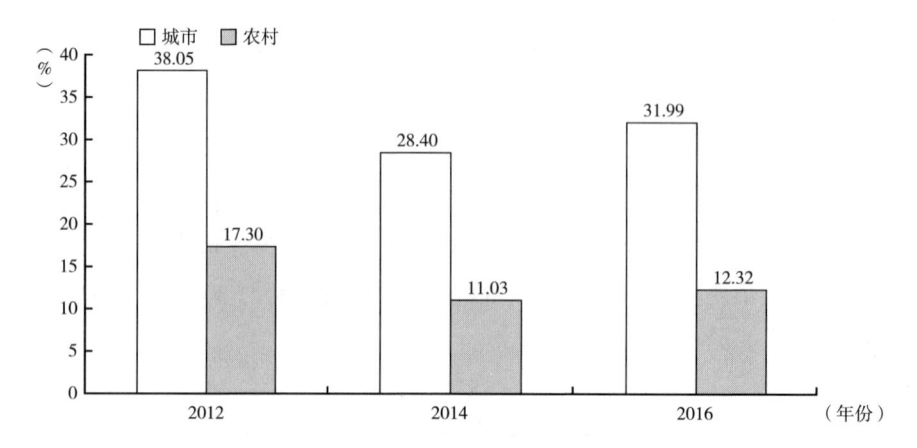

图 12-1 城乡家庭捐赠参与率

12-2）。从捐赠家庭的捐赠额度来看，城市社区家庭捐赠平均额度是农村社区家庭捐赠平均额度的约 2 倍。2016 年调查显示城乡平均捐赠额度差距缩小。

表 12-2 城乡家庭捐赠额度平均水平

单位：元

家庭类型	城乡家庭	2012 年	2014 年	2016 年	三轮均值
全体家庭	城市	258.34	343.14	325.35	308.94
	农村	56.69	68.22	82.50	69.14
捐赠家庭	城市	719.53	1280.37	1037.37	1012.42
	农村	349.15	689.99	679.44	572.86

（3）占捐赠总额的比重

总体来看，三轮调查中城市社区的家庭捐赠额占据了家庭捐赠总额的更大比例（见图 12-2）。城市家庭捐赠总额在 2012 年是农村家庭捐赠总额的 2.5 倍，到 2014 年，这个差距扩大到 3.0 倍，直到 2016 年城乡差距缩小至 2.3 倍。这也说明城乡家庭捐赠额度逐渐发展均衡。

2. 本地家庭和流动家庭捐赠比较

（1）捐赠参与率

从整体上看，户口不在本地的家庭（流动家庭）比户口在本地的家庭的捐赠

第十二章 家庭慈善捐赠行为

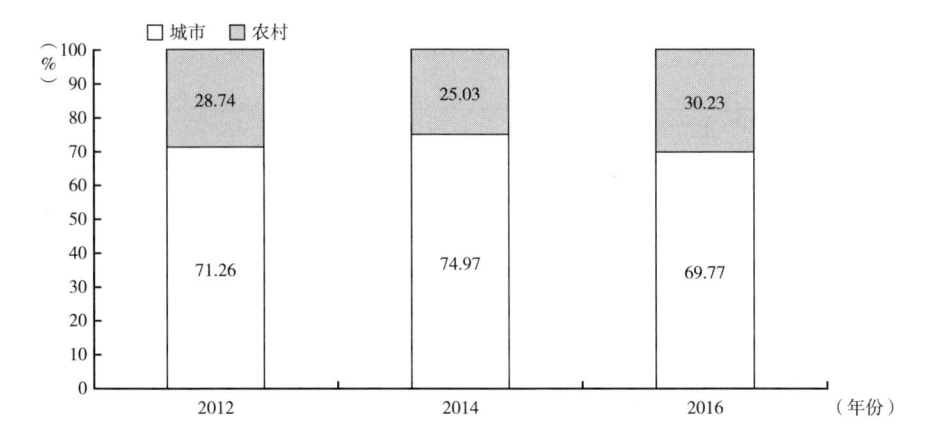

图 12-2 城乡家庭捐赠额占家庭捐赠总额比例

参与率高（见图12-3）。该差距在三次调查中逐渐拉大，从2012年的7.29个百分点上升到2014年的8.88个百分点，到2016年达到了16.08个百分点。

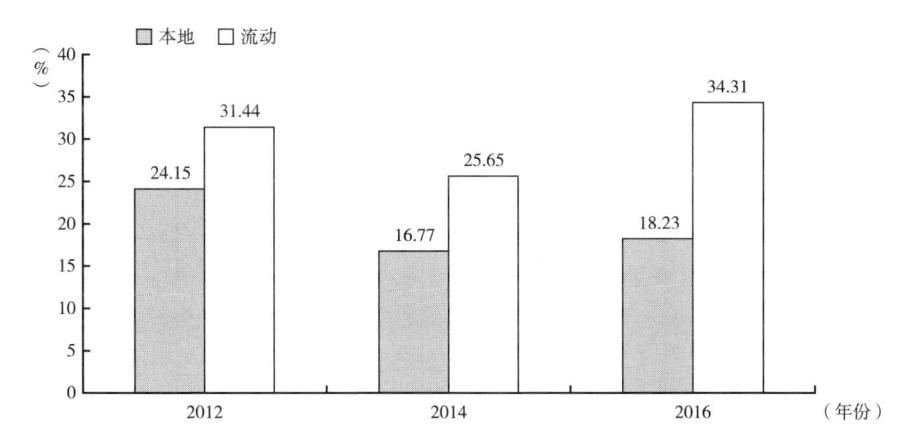

图 12-3 本地家庭和流动家庭的捐赠参与率

（2）平均捐赠额度

2012年调查显示，无论是全体家庭还是捐赠家庭，本地家庭的捐赠平均额度都比流动家庭的平均捐赠额度高，但2014年和2016年的调查情况不同，流动家庭的平均捐赠额超过了本地家庭的平均捐赠额（见表12-3），但与2014年相比，2016年的差距有所减小。并且，流动家庭的捐赠额均值在2014年调查中有了飞跃。

表 12-3 本地家庭和流动家庭的捐赠额度平均水平

单位：元

家庭类型	本地/流动家庭	2012 年	2014 年	2016 年	三轮均值
全体家庭	本地	129.98	149.06	155.39	144.81
	流动	100.90	427.57	335.49	287.99
捐赠家庭	本地	574.76	920.59	866.98	787.44
	流动	338.64	1344.87	1006.32	896.61

（3）占捐赠总额的比重

从占捐赠总额的比重来看，本地家庭的捐赠额度占全体家庭捐赠额度的绝大多数（见图12-4）。流动家庭的捐赠额度比例有了较大提升，从2012年的6.07%上升到2014年的19.82%，虽然2016年有所回落，但也高出了2012年约10个百分点。这也反映了流动家庭和本地家庭在家庭捐赠总额上差距的缩小。

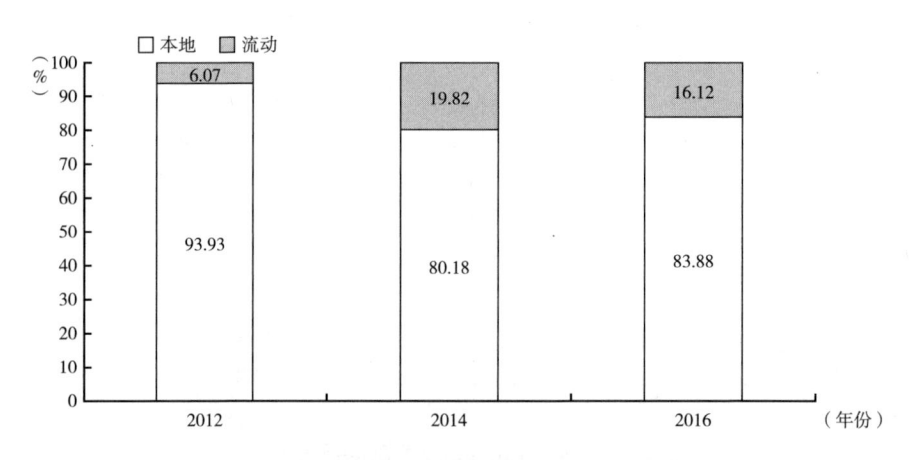

图 12-4 本地家庭和流动家庭的捐赠额占总额的比例

（三）家庭收入、消费结构与捐赠

1．家庭收入与捐赠

（1）收入水平与捐赠参与率

根据李春玲（2013）按照收入对中产阶级的划分标准，本部分将家庭收入水平划分为了低、中、高三种水平。① 三轮 CLDS 数据显示，收入水平越高的家庭的捐赠参与率越高（见图 12-5）。三种收入水平的家庭捐赠参与率都呈现出随年份的波动，即 2014 年比 2012 年降低，随后 2016 年有所回升。

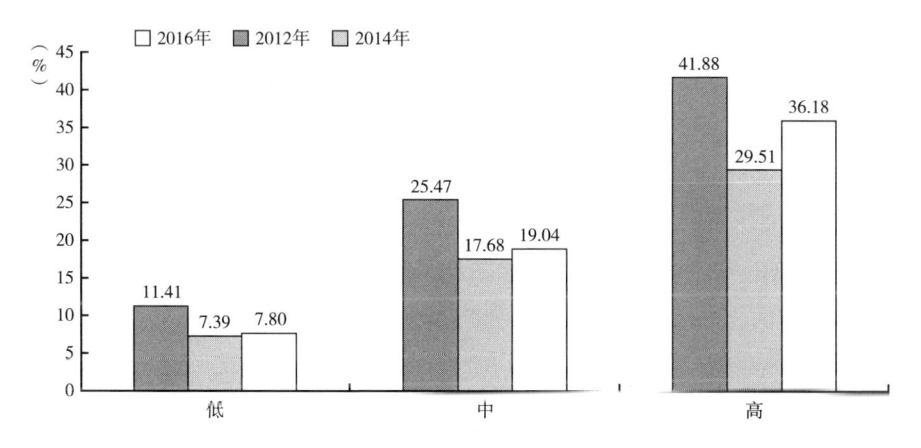

图 12-5 不同收入水平家庭的捐赠参与率

（2）收入水平与捐赠均值

无论是对于全体家庭还是捐赠家庭而言，收入水平越高的家庭的平均捐赠额度越高（见表 12-4）。除了高收入水平家庭的平均捐赠额度一直保持增长外，中等收入水平家庭和低收入水平家庭的平均捐赠额度都呈现出随年份的波动，即 2014 年增长，随后 2016 年下降。

2. 家庭消费结构与捐赠

（1）恩格尔系数②与捐赠参与率

根据联合国粮农组织对恩格尔系数的划分标准，本报告将家庭恩格尔系数分为五种水平：恩格尔系数 59% 以上为绝对贫困；50% ~ 59% 为温饱；40% ~ 49% 为小康；30% ~ 39% 为富裕；30% 以下为很富裕。图 12-6 显示，

---

① 李春玲（2013）将收入中位数的 50% ~ 200% 划分为中产阶级。基于 CLDS 调查情况，我们将 2012 年家庭收入在 12500 ~ 50000 元的家庭划分为中等收入家庭，其上和其下的分别划分为高收入家庭和低收入家庭；将 2014 年家庭收入在 20000 ~ 80000 元的家庭划分为中等收入家庭，其上和其下的分别划分为高收入家庭和低收入家庭；将 2016 年家庭收入在 20000 ~ 80000 元的家庭划分为中等收入家庭，其上和其下的分别划分为高收入家庭和低收入家庭。
② 恩格尔系数（Engel's Coefficient）是食品支出总额占个人消费支出总额的比重。

表 12-4　各收入水平家庭捐赠额度平均水平

单位：元

收入水平	全体家庭				捐赠家庭			
	2012年	2014年	2016年	三轮均值	2012年	2014年	2016年	三轮均值
低	17.92	26.66	19.28	21.29	166.81	410.82	251.37	276.33
中	96.71	120.17	78.13	98.34	401.51	733.50	415.67	516.89
高	364.92	430.40	608.45	467.92	908.90	1541.66	1711.39	1387.32

家庭消费结构与家庭捐赠参与率呈现出倒 U 形关系："贫困"家庭的捐赠参与率是最低的，"富裕"家庭的捐赠参与率是最高的，而"很富裕"家庭的捐赠参与率反而还不及"小康"家庭。这说明我国富人阶层的慈善潜力还有待进一步发掘。

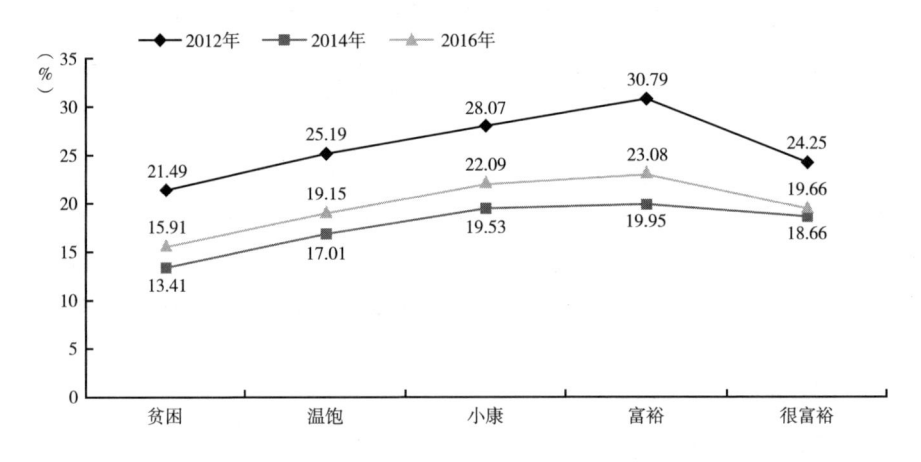

图 12-6　不同消费水平家庭的捐赠参与率

（2）恩格尔系数与捐赠均值

表 12-5 显示，从家庭捐赠的平均额度来看，全体家庭和捐赠家庭在三轮调查中都有波动。根据三轮捐赠的均值可以看出，"很富裕"家庭的捐赠平均额度是最高的。值得注意的是，"贫困"家庭的捐赠参与率虽低，但捐赠家庭中"贫困"家庭的平均捐赠额度却仅次于"很富裕"家庭。参与了捐赠的"温饱"家庭的平均捐赠额也高于"小康"家庭。三轮调查中，捐赠家庭的平均捐赠额度和家庭消费结构呈现出更加明显的 U 形关系（见图 12-7），即参

与了捐赠的"小康"家庭在三轮调查中的平均捐赠额度是最低的,其他消费结构的家庭在捐赠中的捐赠均值均高于"小康"家庭。

表 12-5 各消费水平家庭捐赠额度平均水平

单位:元

消费水平	全体家庭				捐赠家庭			
	2012 年	2014 年	2016 年	三轮均值	2012 年	2014 年	2016 年	三轮均值
贫困	59.77	100.23	166.12	108.71	294.01	818.60	1082.77	731.79
温饱	207.54	82.56	101.30	130.47	857.17	522.07	532.14	637.13
小康	119.35	92.37	139.72	117.15	436.28	502.02	638.94	525.75
富裕	132.24	134.34	173.76	146.78	442.06	725.02	761.65	642.91
很富裕	121.58	265.62	210.13	199.11	528.17	1516.80	1086.23	1043.73

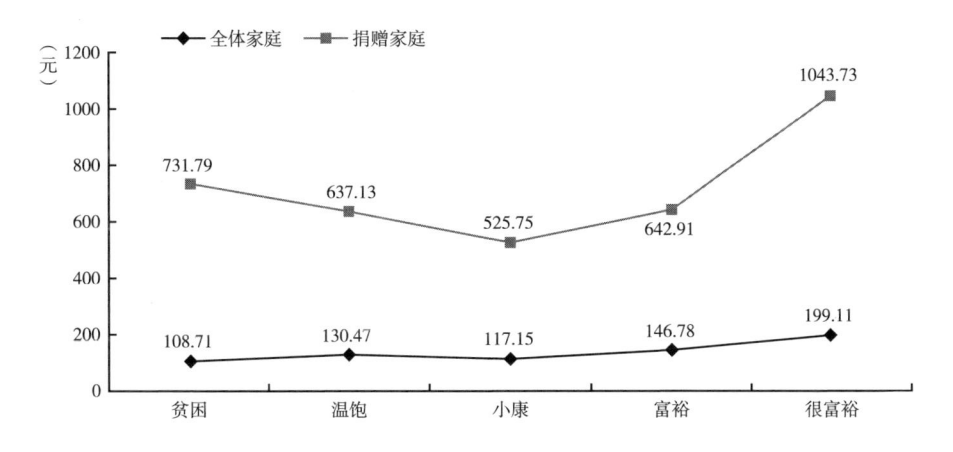

图 12-7 家庭消费结构与三轮调查中的家庭平均捐赠额度

(四)家庭结构与捐赠

现有研究显示,家庭结构会影响家庭捐赠。也就是说,家庭捐赠会依据家庭结构的差异表现出不同的特点。本部分将基于 CLDS 全国数据依次从家中就业人口比例、有无未成年人、有无党员、成员平均受教育水平、家中女性成员的比例这五个方面来分析我国家庭捐赠的情况。

1. 家庭的就业人口比例

(1) 捐赠参与率

图 12-8 显示，三轮调查中捐赠参与率最高的是家人中有一半及以下就业的家庭，其次是家人中有一半以上就业的家庭，再次是家人全就业的家庭，最后是家人无就业的家庭。可见，家庭就业人口比例过高或过低都不利于家庭参与捐赠。

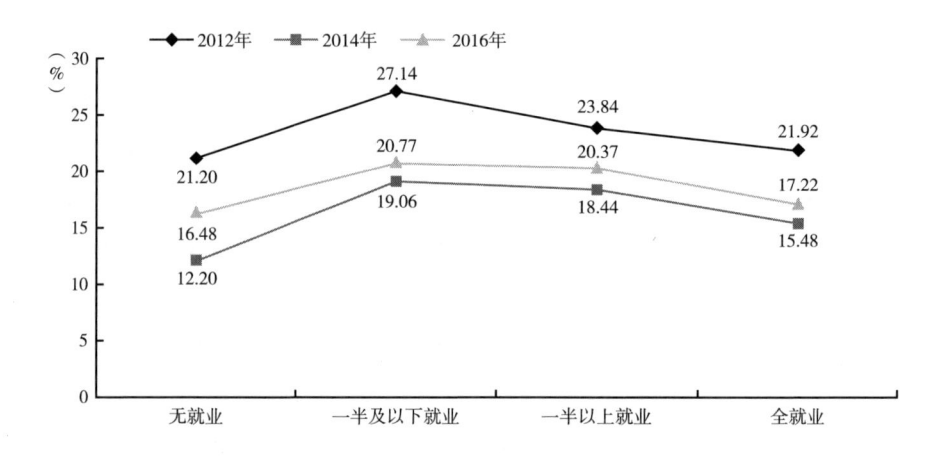

图 12-8　不同就业人口比例家庭的捐赠参与率

(2) 平均捐赠额度

表 12-6 显示，在全体家庭中，家人中无就业的家庭在三轮调查中的平均捐赠额度都是最低的，而家人中有一半以上就业的家庭在三轮调查的捐赠均值中是最高的。同样，在捐赠家庭中，家人中无就业的家庭在三轮调查的捐赠均值中都是最低的，而家人中有一半以上就业的家庭在三轮调查的捐赠均值中是最高的。无论是对于全体家庭还是捐赠家庭而言，只有家人中有一半以上就业的家庭的捐赠额度均值是在 2012~2016 年三轮调查中持续上升的，其他各组都经历了上升和下降的起伏过程。

2. 家庭是否有未成年人

(1) 捐赠参与率

图 12-9 显示，在三轮调查中，家中有未成年人的家庭比家中无未成年人的家庭在捐赠参与率上均高出约 2.5 个百分点。

表 12-6 不同就业人口比例家庭的平均捐赠额度

单位：元

就业人口比例	全体家庭				捐赠家庭			
	2012年	2014年	2016年	三轮均值	2012年	2014年	2016年	三轮均值
无就业	108.68	119.58	71.80	100.02	559.74	1063.94	450.65	691.44
一半及以下就业	129.49	191.06	144.98	155.18	511.68	1091.99	715.94	773.20
一半以上就业	134.26	152.19	268.50	184.98	593.61	883.81	1327.57	935.00
全就业	118.39	194.00	143.37	151.92	573.92	1364.60	847.22	928.58

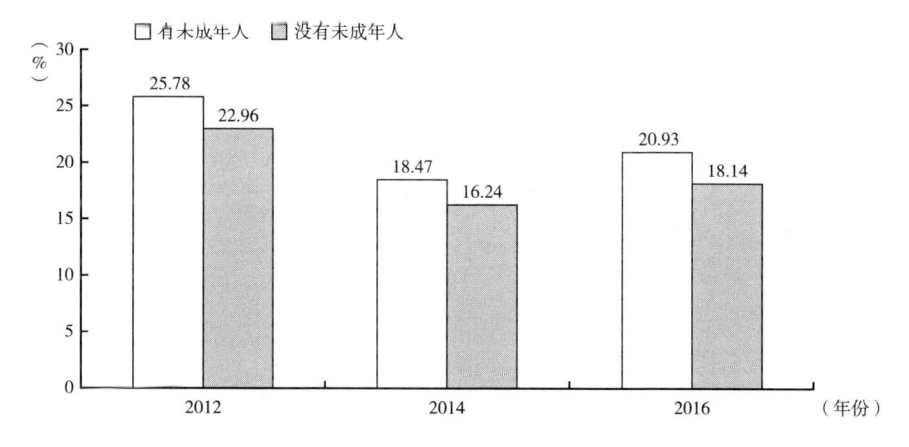

图 12-9 有无未成年人家庭的捐赠参与率

（2）平均捐赠额度

无论是对于全体家庭还是捐赠家庭而言，除了 2012 年的调查之外，2014 年和 2016 年有未成年人家庭的捐赠平均额度比没有未成年人的家庭高（见表 12-7）。虽然在捐赠家庭中，没有未成年人的家庭比有未成年人家庭的三轮捐赠均值高出了 9.61 元，但这是由 2012 年的差距造成的，2014 年和 2016 年有未成年人家庭的平均捐赠额度明显超过了没有未成年人的家庭，这也在一定程度上说明慈善捐赠的教育功能和代际传递效应逐渐凸显。

表 12-7 有无未成年人家庭的平均捐赠额度

单位：元

有无未成年人	全体家庭				捐赠家庭			
	2012年	2014年	2016年	三轮均值	2012年	2014年	2016年	三轮均值
有未成年人	95.69	205.05	185.81	162.18	394.99	1208.86	904.44	836.10
没有未成年人	180.38	123.07	156.88	153.44	841.74	813.13	882.25	845.71

3. 家庭有无党员

（1）捐赠参与率

图 12-10 显示，在三轮调查中，有党员家庭的捐赠参与率明显高于没有党员家庭的捐赠参与率。这个差距在 2012 年是 17.27 个百分点，到 2014 年差距变为 16.47 个百分点，到 2016 年该差距继续缩小至 15.29 个百分点。

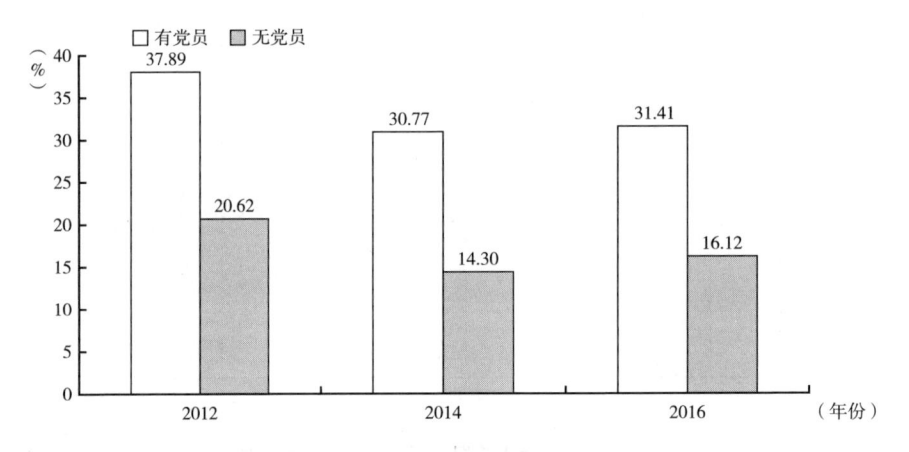

图 12-10 有无党员家庭的捐赠参与率

（2）平均捐赠额度

无论是对于全体家庭还是捐赠家庭而言，有党员家庭的平均捐赠额度在三轮调查中都远远超出没有党员的家庭，最多超出 3.5 倍之多（见表 12-8）。然而，从占家庭捐赠总额的比例来看，无党员家庭逐渐赶超有党员家庭，至 2016 年，其捐赠总额占到了 51.37%（见图 12-11）。这表明，虽然党组织对慈善捐赠的动员力量强大，但受党组织影响相对更小的无党员成员家庭慈善力量也在逐渐增强。

第十二章 家庭慈善捐赠行为

表 12-8 有无党员家庭的平均捐赠额度

单位：元

家庭有无党员	全体家庭				捐赠家庭			
	2012 年	2014 年	2016 年	三轮均值	2012 年	2014 年	2016 年	三轮均值
有党员	306.69	455.86	368.70	377.08	859.30	1562.56	1189.41	1203.76
无党员	73.19	101.53	114.12	96.28	378.24	778.30	724.43	626.99

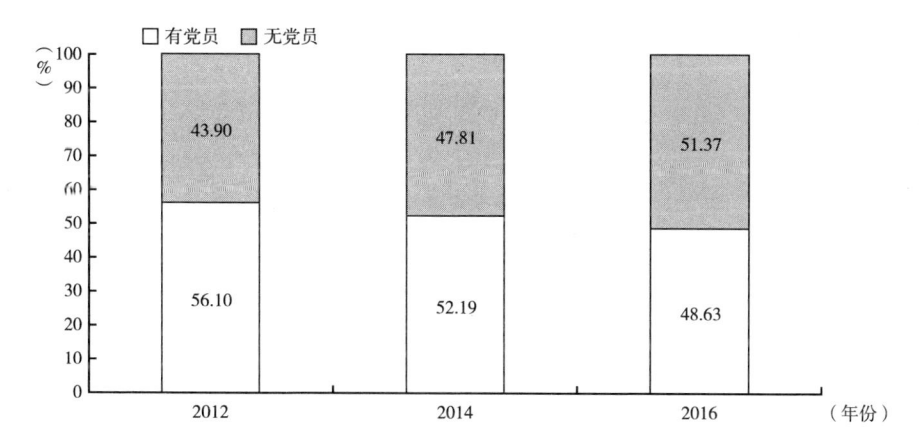

图 12-11 有无党员家庭的捐赠额度占总额的比例

4. 家庭成员平均教育水平

（1）捐赠参与率

在 CLDS 中，家庭成员的受教育水平从低到高包括了小学以下至研究生及以上。本部分依据每轮 CLDS 中家庭成员平均教育水平的三分位数，将家庭成员的平均教育水平分为了高、中、低三类。从图 12-12 可以看出，在三轮调查中，成员平均教育水平越高的家庭，捐赠参与率越高。同时，2016 年不同教育水平家庭的捐赠参与率差距相较于 2012 年有所缩小。

（2）平均捐赠额度

如表 12-9 所示，无论是在全体家庭还是捐赠家庭中，平均教育水平高的家庭的捐赠平均额度都大大高于其他两组家庭。

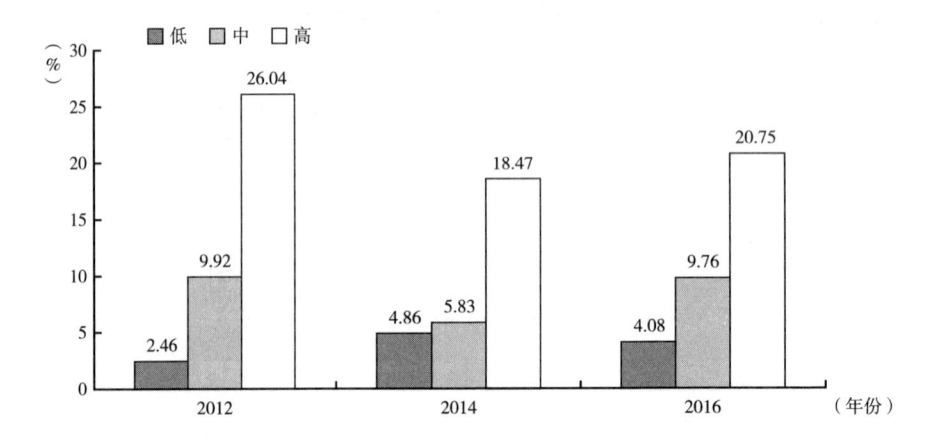

图12-12 不同平均教育水平家庭的捐赠参与率

表12-9 不同平均教育水平家庭的平均捐赠额度

单位：元

教育水平	全体家庭				捐赠家庭			
	2012年	2014年	2016年	三轮均值	2012年	2014年	2016年	三轮均值
低	3.72	11.00	7.05	7.26	166.69	251.01	174.79	197.50
中	16.99	9.48	16.81	14.43	205.14	180.46	175.72	187.11
高	136.89	184.99	186.09	169.32	559.15	1078.62	914.60	850.79

5. 家庭的女性成员比例

（1）捐赠参与率

图12-13显示，三轮调查中，捐赠参与率最高的是家人中有一半以上成员是女性的家庭，其次是家人中有一半及以下成员是女性的家庭，再次是家人全是女性的家庭，最后是家人无女性的家庭。

（2）平均捐赠额度

从平均捐赠额度来看，无论是全体家庭还是捐赠家庭，三轮CLDS中捐赠均值最高的是家中有一半以上成员是女性的家庭，其次是家中有一半及以下成员是女性的家庭（见表12-10）。成员中没有女性和全部都是女性的家庭的平均捐赠额度均大大低于家中有一定比例女性成员的家庭。

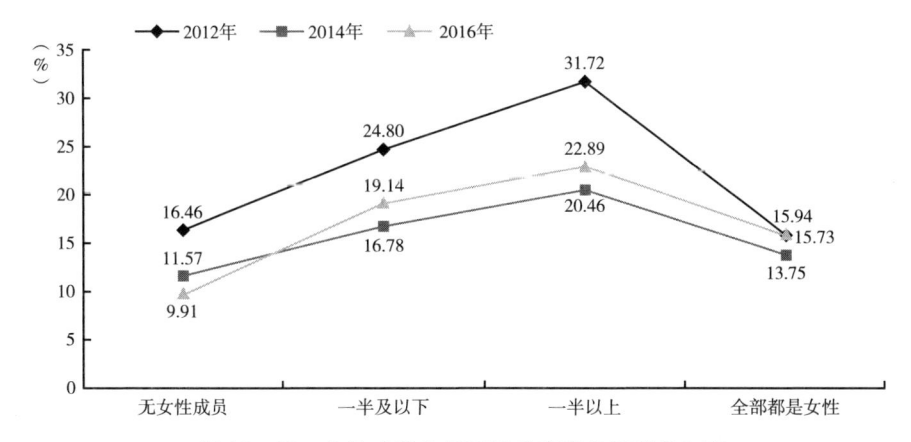

图 12-13 女性成员比例不同的家庭的捐赠参与率

表 12-10 不同女性成员比例家庭的平均捐赠额度

单位：元

女性成员比例	全体家庭				捐赠家庭			
	2012 年	2014 年	2016 年	三轮均值	2012 年	2014 年	2016 年	三轮均值
无女性成员	63.17	99.42	73.11	78.57	419.37	879.22	767.24	688.61
一半及以下	137.36	155.63	159.63	150.87	589.35	1012.82	846.53	816.23
一半以上	131.19	224.69	231.64	195.84	440.98	1175.33	1040.27	885.53
全部都是女性	92.30	80.29	85.56	86.05	620.14	636.43	550.34	602.30

（五）捐赠领域

1. 捐赠参与率

（1）全体家庭参与率

从全体家庭参与捐赠的领域看来，三轮调查中参与率最高的领域均为"扶贫济困、防灾救灾"（见图12-14）。这一领域的捐赠参与率在2012年和2014年明显领先于其他领域，而到了2016年，这一领域的优势降低了，"教育助学"领域的捐赠参与率有很大提升，只比"扶贫济困、防灾救灾"少了约3个百分点。

（2）捐赠家庭参与率

从捐赠家庭的参与率来看，同样，三轮调查中参与率最高的领域均为"扶贫济困、防灾救灾"（见图12-15）。这一领域的捐赠参与率在2012年和

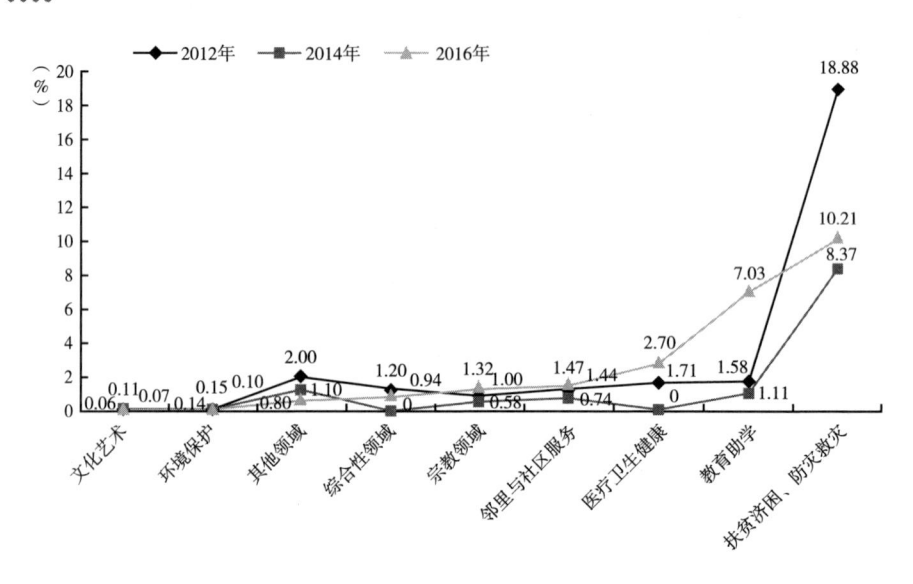

图 12－14　全体家庭不同捐赠领域的参与率

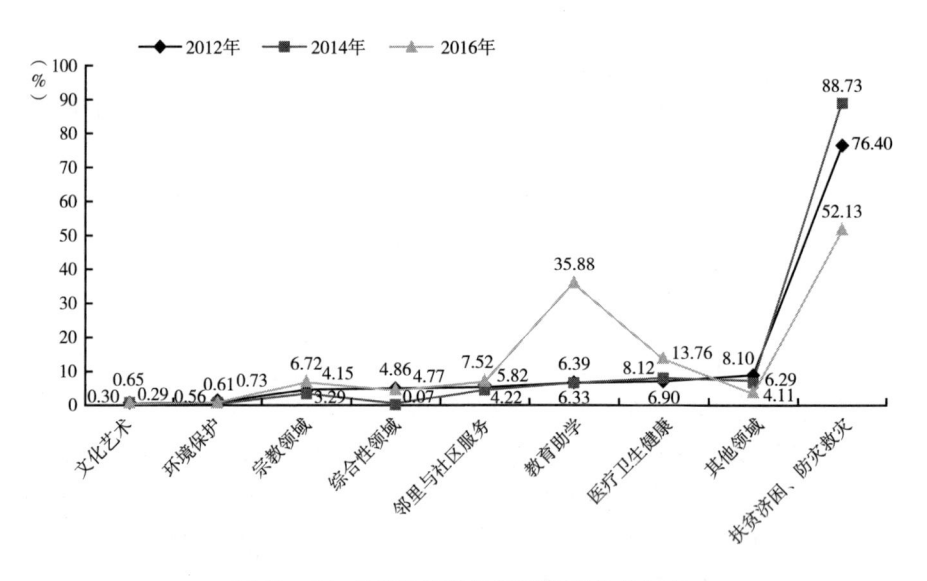

图 12－15　捐赠家庭不同捐赠领域的参与率

2014 年调查中明显领先于其他领域，而到了 2016 年，这一领域的优势降低了，"教育助学"领域的捐赠参与率提升了约 29 个百分点至 35.88%，只比"扶贫济困、防灾救灾"的参与率少 16.25 个百分点。除此之外，"医疗卫生健康"领域的捐赠参与率提升了5.64个百分点至13.76%。同时捐赠参与率提升的领域还有"邻里与社区服务""宗教领域""环境保护"。这显示,捐赠家庭参与捐赠的各个领域逐渐呈现均衡发展的趋势。

2. 平均捐赠额度

表12-11显示,2012年,捐赠家庭在宗教领域的平均捐赠额度最高,且是唯一超过1000元的领域。2014年和2016年,文化艺术领域的捐赠平均额度最高。三轮CLDS的整体情况显示,捐赠家庭在文化艺术领域的平均捐赠额度最高,其次是宗教领域,再次是教育助学和邻里与社区服务。文化艺术领域的平均捐赠额度约为宗教领域的4倍。家庭捐赠平均额度最低的三个领域分别是其他领域、环境保护和医疗卫生健康。

表12-11 捐赠家庭在各捐赠领域的捐赠额度平均水平

单位:元

捐赠领域	2012年	2014年	2016年	三轮均值
文化艺术	609.38	14274.10	2826.21	5903.23
宗教领域	1956.94	1264.54	879.71	1367.06
教育助学	781.08	2059.92	1089.63	1310.21
邻里与社区服务	646.47	824.79	1862.94	1111.40
综合性领域	470.70	753.83	831.48	685.34
扶贫济困、防灾救灾	434.08	459.64	565.69	486.47
医疗卫生健康	308.35	614.08	357.23	426.55
环境保护	185.67	383.05	326.38	298.37
其他领域	256.37	0.00	582.29	279.55

从各领域捐赠额度占捐赠总额的比例来看,扶贫济困、防灾救灾这一领域有绝对优势,但该优势在逐年减弱(见图12-16)。教育助学、邻里与社区服务这两个捐赠领域的家庭捐赠额度占总捐赠额的比例提高了,而扶贫济困、防灾救灾所占比例缩小。同时,总的来说,捐赠平均额度最高的文化艺术领域的捐赠额度占捐赠总额的比例却排在各个捐赠领域的末尾。这表明,文化艺术领域多大额捐赠,但捐赠参与率低;而扶贫济困、防灾救灾这一捐赠均值相对较低的领域多小额捐赠,但捐赠参与率高。

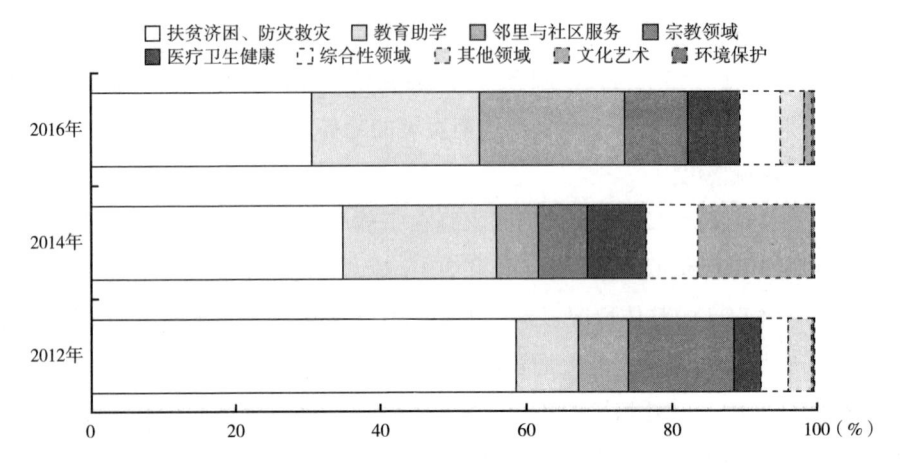

图 12-16 各领域捐赠额度占捐赠总额的比例

二 三轮调查追踪家庭的捐赠持续性

（一）家庭捐赠持续性的全国情况

1. 捐赠参与率

三轮 CLDS 共追踪到家庭 4281 户。三轮调查中均参与捐赠的家庭仅有 205 户，占总体追踪家庭数量的 4.79%。换言之，95.21% 的家庭都没有捐赠或没有连续三年捐赠。每轮调查参与捐赠的家庭比例由 2012 年的 25.39% 下降至 2014 年的 16.16% 之后在 2016 年回升至 20.51%。可见，我国家庭捐赠行为总体上呈现出持续性低且发生率低的特点，家庭捐赠主要是偶然和随机行为。

追踪的家庭在 2014~2016 年的捐赠持续性比 2012~2014 年有所增长。如图 12-17 所示，这表现为：首先，2012 年调查中捐赠过且 2014 年继续捐的家庭比例为 34.16%，2014 年捐赠过且 2016 年继续捐的家庭比例上升至 46.02%。同时，2016 年与 2014 年相比有更高比例没有捐赠经历的家庭参与捐赠。2012 年没有捐赠过的家庭中有 10.03% 在 2014 年参与捐赠，2014 年没有捐赠过的家庭有 15.59% 在 2016 年参与捐赠。再者，家庭的弃捐率下降。2012 年捐赠过但 2014 年不再捐赠的家庭比例为 65.84%，2014 年捐赠过但 2016 年不再捐赠的家庭比例为53.98%。虽然相较于弃捐率而言，捐赠保留率更低，但捐赠保留率及捐赠新生率的增长反映出家庭捐赠的热情在加温，家庭将在我国慈善事业中发挥更加重要的作用。

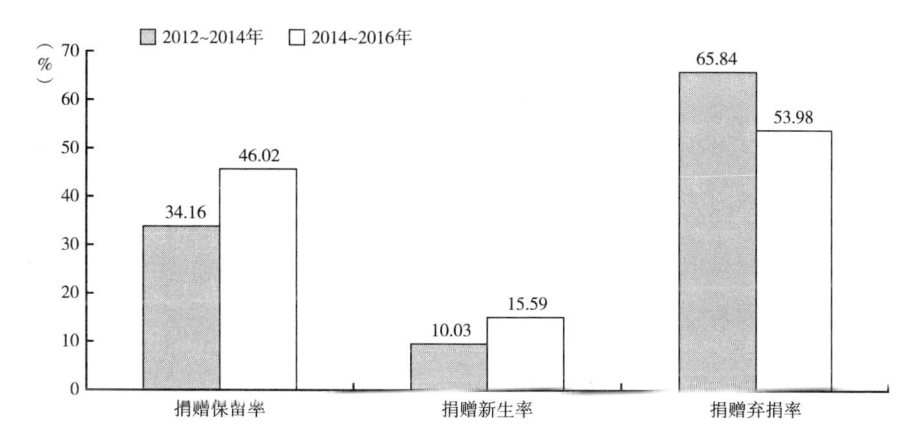

图12-17　家庭捐赠保留率、新生率以及弃捐率

注：①保留率：上一轮调查中存在家庭捐赠行为且新一轮调查中持续捐赠。
②新生率：上一轮调查中没有家庭捐赠行为而新一轮调查中出现家庭捐赠行为。
③弃捐率：上一轮调查中存在家庭捐赠行为而新一轮调查中没有出现家庭捐赠行为。

2. 捐赠额度

表12-12显示，在三轮调查追踪的全体家庭中，捐赠额均值从2012年到2014年逐步上升，95%分位值先下降后上升。在三轮调查中都参与捐赠的家庭中，2014年的捐赠额均值明显高出其他年份，这主要是受到极值的影响，即有一户家庭在2014年捐赠了400000元，将该极值去掉之后，均值变为688.72（标准差为2988.80）。这意味着剔除极值的影响，捐赠家庭的平均捐赠额度在2014年上升之后在2016年有略微下降。

表12-12　三轮调查追踪家庭的捐赠额度概况

单位：元

家庭类型	年份	均值	标准差	中位值	95%分位值	最大值
全体家庭	2016	180.24	3787.00	0	500	230000
	2014	177.18	6199.76	0	300	400000
	2012	107.56	1475.90	0	400	88000

续表

家庭类型	年份	均值	标准差	中位值	95%分位值	最大值
捐赠家庭	2016	666.85	1788.09	200	3000	21000
	2014	2757.69	28897.22	200	2000	400000
	2012	464.55	1651.370	200	1000	20000

图 12-18 显示，从参与捐赠的家庭在三轮调查中捐赠额的变化来看，相较于 2012 年而言，2014 年捐赠额增长或持平的家庭占捐赠家庭的 65.54%。相较于 2014 年，2016 年捐赠额增长或持平的家庭占捐赠家庭的 57.59%。三轮调查中，捐赠额度一直保持增长或持平的家庭占捐赠家庭的 31.49%。这说明，能更长时间持续保持捐赠额度增长的家庭是少数。

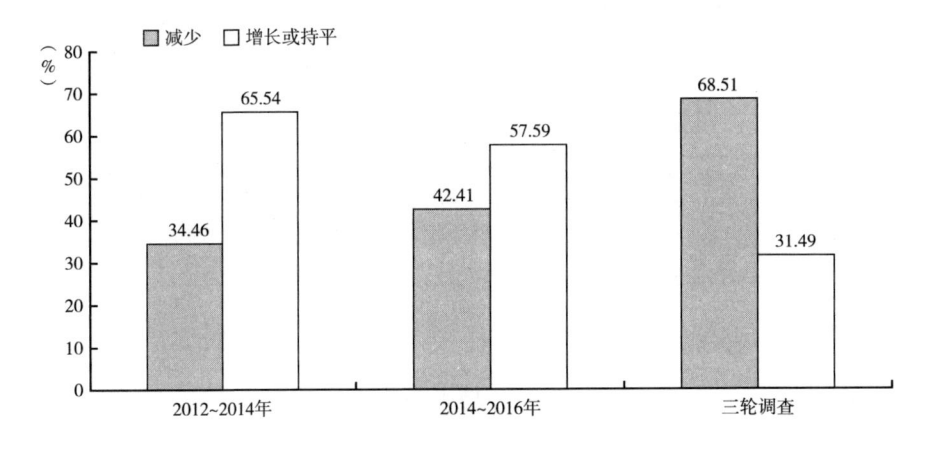

图 12-18　捐赠家庭捐赠额度的变化

（二）捐赠持续性的城乡差异

三轮调查中均在城市社区的家庭比均在农村社区的家庭有更高比例在三轮调查中均参与了捐赠，并且该差异在统计意义上显著（卡方检验 $p<0.05$）。三轮调查中均在城市社区的家庭中，有 10.76% 在三轮调查中均参与了捐赠；而三轮调查中均在农村社区的家庭中，仅 2.09% 在三轮调查中均参与了捐赠；在三轮调查中城乡社区有变化的家庭中，有 3.96% 在三轮调查中均参与了捐赠。

从追踪家庭的平均捐赠额度来看（见表12-13），无论是对于全体家庭还是三轮调查中都捐赠的家庭而言，三轮调查均在城市的家庭的平均捐赠额度都是最高的，其次是三轮调查中城乡社区有变化的家庭（流动家庭），最低的是三轮调查均在农村的家庭。对于全体追踪家庭而言，三轮调查中城乡社区有变化的家庭的平均捐赠额度逐轮调查递减；而对于捐赠家庭而言，虽然三轮调查均在农村的家庭的平均捐赠额度最低，但其呈现出逐轮调查递增的变化趋势。

表 12-13 城乡社区追踪家庭的平均捐赠额度

单位：元

家庭类型	城乡家庭	2012 年	2014 年	2016 年	三轮均值
全体家庭	三轮均在农村	59.29	29.36	80.64	56.43
	三轮均在城市	207.09	512.36	418.73	379.39
	流动	153.47	107.97	58.96	106.80
捐赠家庭	三轮均在农村	159.29	237.83	264.14	220.42
	三轮均在城市	588.09	3923.89	862.87	1791.62
	流动	421.11	622.22	300.00	447.78

（三）家庭收入及消费结构变化

1. 收入变化与捐赠持续性

家庭捐赠的持续性与家庭收入的变化有关。图 12-19 显示，收入在三轮调查中都增加或持平的家庭三轮持续捐赠的比例为 6.1%，而收入三轮都减少的家庭持续捐赠的比例仅为 4.1%。卡方检验显示二者的差异具有统计显著性（p<0.01）。然而，在连续捐赠的家庭中，收入三轮都减少的家庭占比较高，这主要是由于追踪家庭中收入二轮都减少的家庭占大多数（64.80%）。

表 12-14 显示，三轮调查中收入增长或持平的家庭的平均捐赠额度明显高于三轮调查中收入减少的家庭。这说明，家庭经济水平的提升为家庭持续参与捐赠并捐赠更大数额提供了重要保障。

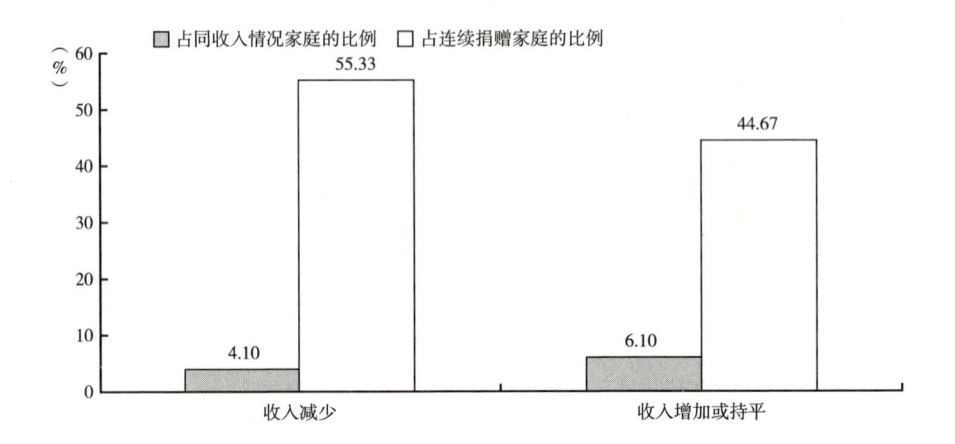

□ 占同收入情况家庭的比例　□ 占连续捐赠家庭的比例

图 12-19　不同收入变化情况的家庭三轮调查均参与捐赠的比例

表 12-14　不同收入变化情况家庭的平均捐赠额度

单位：元

家庭类型	收入变化	2012 年	2014 年	2016 年	三轮均值
全体家庭	减少	77.76	78.60	80.17	78.84
	增长或持平	165.78	380.03	364.34	303.38
捐赠家庭	减少	403.69	488.83	471.02	454.51
	增长或持平	560.31	5786.81	890.57	2412.56

2. 消费结构变化与捐赠持续性

家庭消费结构的变化也与捐赠持续性有关。图 12-20 显示，三轮调查恩格尔系数均减少的家庭三轮连续捐赠的比例为 5.0%，而三轮调查恩格尔系数均增长或持平的家庭三轮连续捐赠的比例仅 4.3%。同时，在连续捐赠的家庭中，恩格尔系数三轮都减少的家庭占比更高（86.19%）。

表 12-15 显示，在追踪的全体家庭中，三轮调查中恩格尔系数均增长或持平的家庭的平均捐赠额度略高于三轮调查中恩格尔系数减少的家庭。而在捐赠家庭中，三轮调查中恩格尔系数均增长或持平的家庭的平均捐赠额度明显低于三轮调查中恩格尔系数减少的家庭。这说明，恩格尔系数的增加，即家庭对食物的支出增加，对家庭参与慈善捐赠产生了挤出效应。

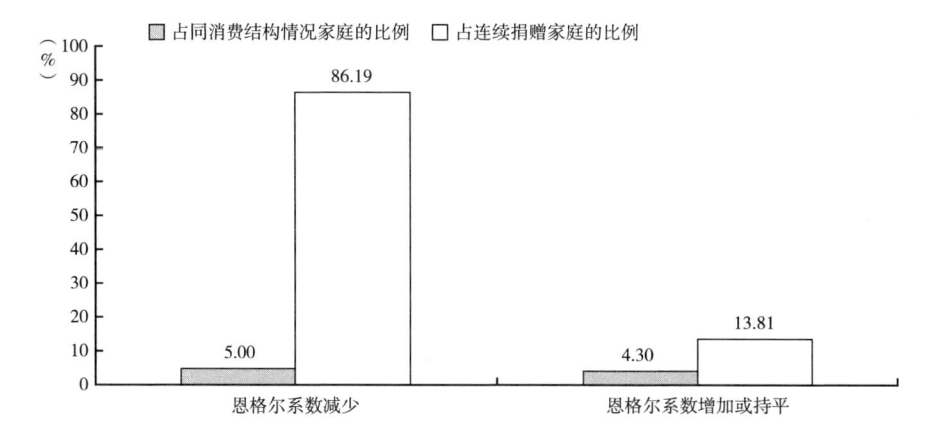

图 12-20　不同消费结构变化情况的家庭三轮调查均参与捐赠的比例

表 12-15　不同消费结构变化情况家庭的平均捐赠额度

单位：元

家庭类型	恩格尔系数变化	2011 年	2013 年	2015 年	三轮均值
全体家庭	减少	90.10	90.89	188.42	123.14
	增长或持平	243.85	88.85	217.78	183.49
捐赠家庭	减少	464.83	802.08	738.19	668.37
	增长或持平	262.00	288.04	399.16	316.40

（四）家庭结构与捐赠持续性

同本章第三部分一致，本部分将依次从家中就业人口比例、有无未成年人、有无党员、成员平均受教育水平、家中女性成员的比例这五个方面来分析我国家庭捐赠的持续性。

1. 家庭的就业人口比例

从家庭在三轮调查的平均就业人口比例来看，图 12-21 显示，持续捐赠比例最高的是家人中有一半及以下就业的家庭，其次是家人中有一半以上就业的家庭，再次是家人全就业的家庭，最后是家人无就业的家庭。结合本章第三部分的分析结果可见，家庭就业人口比例过高或过低不仅不利于家庭参与捐赠，而且不利于家庭捐赠的持续性。

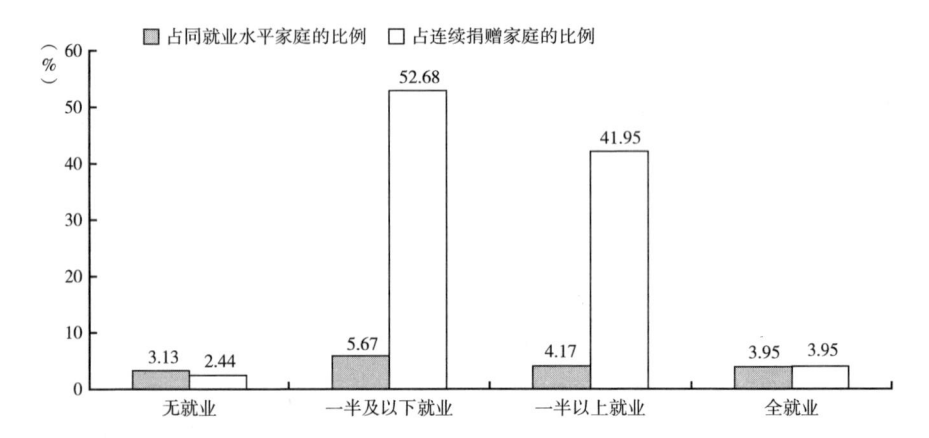

图 12-21　不同平均就业人口比例的家庭三轮调查均参与捐赠的比例

表 12-16 显示，在追踪的全体家庭中，家人中有一半及以下就业的家庭在三轮调查的捐赠均值中是最高的，而家人中全就业的家庭在三轮调查中的平均捐赠额度都是最低的。在捐赠家庭中，家人中有一半以上就业的家庭在三轮调查中的捐赠均值都是最低的，而家人中无就业的家庭在三轮调查捐赠均值中是最高的。结合图 12-21 所示内容可得，家人中全就业的追踪家庭不仅捐赠持续性低，而且捐赠的平均额度也相对较低；家人中有一半及以下就业的追踪家庭不仅捐赠持续性高，而且捐赠平均额度也相对较高。对于连续参与捐赠的无就业人口的家庭而言，其平均捐赠额度大大超过其他就业人口比例类型的家庭。这在一定程度上反映，虽然经济实力和资源基础能够有效推动家庭慈善捐赠，但对于缺乏这些因素的无就业人口家庭，其他因素，例如利他主义，可能更有助于驱动其为慈善捐赠做出更大贡献。

表 12-16　不同平均就业人口比例家庭的平均捐赠额度

单位：元

就业人口比例	全体家庭				连续捐赠家庭			
	2012 年	2014 年	2016 年	三轮均值	2012 年	2014 年	2016 年	三轮均值
无就业	178.51	287.38	132.67	199.52	4170.00	8180.00	2250.00	4866.67
一半及以下就业	91.57	302.13	240.30	211.33	366.49	4369.47	669.10	1801.69
一半以上就业	119.17	63.33	133.74	105.41	360.38	415.32	527.85	434.52
全就业	80.67	49.17	111.58	80.47	400.00	820.00	1300.00	840.00

2. 家庭是否有未成年人

从家中有无未成年人来看,图 12-22 显示,在三轮调查中均有或任何一轮有未成年人的家庭都比三轮调查中均无未成年人的家庭的持续捐赠比例高。

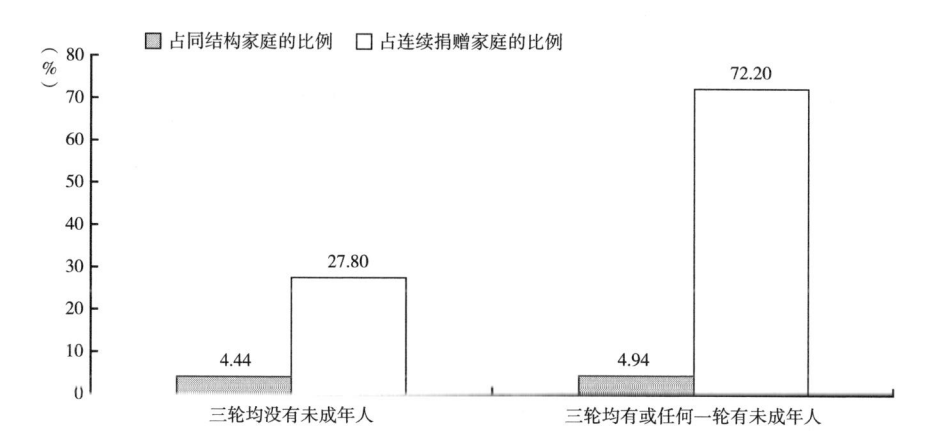

图 12-22 有无未成年人的家庭三轮调查均参与捐赠的比例

表 12-17 显示,无论是对于追踪的全体家庭还是三轮都参与了捐赠的追踪家庭而言,在三轮调查中均有或任何一轮有未成年人的家庭都比三轮调查中均无未成年人的家庭的平均捐赠额度高。在捐赠家庭中,三轮调查中均有或任何一轮有未成年人的家庭的平均捐赠额度是三轮调查中均无未成年人家庭的 3.55 倍。

表 12-17 有无未成年人家庭的平均捐赠额度

单位:元

有无未成年人	全体家庭				捐赠家庭			
	2012 年	2014 年	2016 年	三轮均值	2012 年	2014 年	2016 年	三轮均值
三轮均没有未成年人	145.71	95.90	165.19	135.60	313.68	559.82	504.09	459.20
三轮均有或任何一轮有未成年人	91.70	212.19	186.67	163.52	523.43	3633.66	727.33	1628.14

3. 家庭有无党员

图 12-23 显示,三轮调查中均没有党员的家庭的持续捐赠比例比三轮均有或任一轮有党员的家庭低,且后者是前者的近两倍。

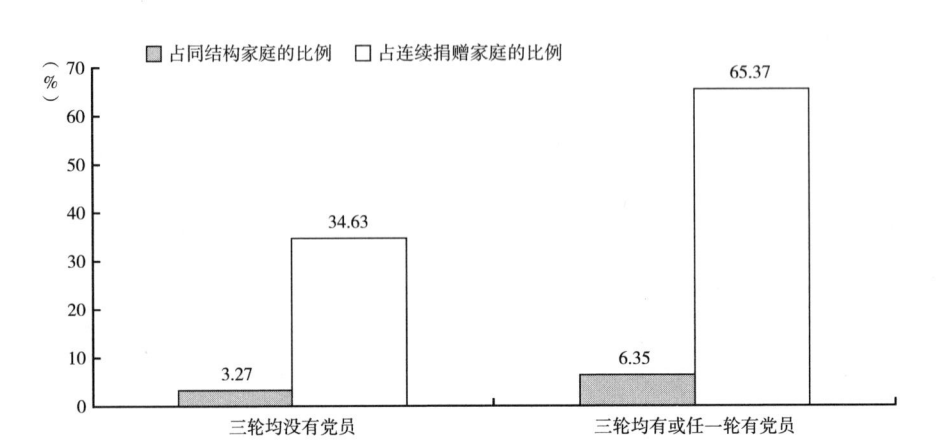

图12-23 有无党员家庭三轮调查均参与捐赠的比例

表12-18显示,无论是对于追踪的全体家庭还是三轮都参与了捐赠的追踪家庭而言,三轮调查中均有或任一轮有党员的家庭的平均捐赠额度都比三轮调查中均没有党员的家庭高。对于全体家庭而言,前者比后者高出1.88倍;对于捐赠家庭而言,前者比后者高出5.32倍。

表12-18 有无党员家庭的平均捐赠额度

单位:元

有无党员	全体家庭				捐赠家庭			
	2012年	2014年	2016年	三轮均值	2012年	2014年	2016年	三轮均值
三轮均没有党员	89.98	46.45	105.47	80.63	191.44	383.71	290.79	288.65
三轮均有或任一轮有党员	126.44	312.10	257.21	231.92	618.63	3991.42	864.77	1824.94

4. 家庭成员平均教育水平

从三轮调查中家人的平均教育水平①来看,图12-24显示,在三轮调查中,成员平均教育水平越高的家庭,持续捐赠的比例越高。

---

① 在CLDS中,家庭成员的受教育水平从低到高包括了小学以下至研究生及以上。本部分依据每轮CLDS中家庭成员平均教育水平的三分位数,将家庭成员的平均教育水平分为了高、中、低三类。

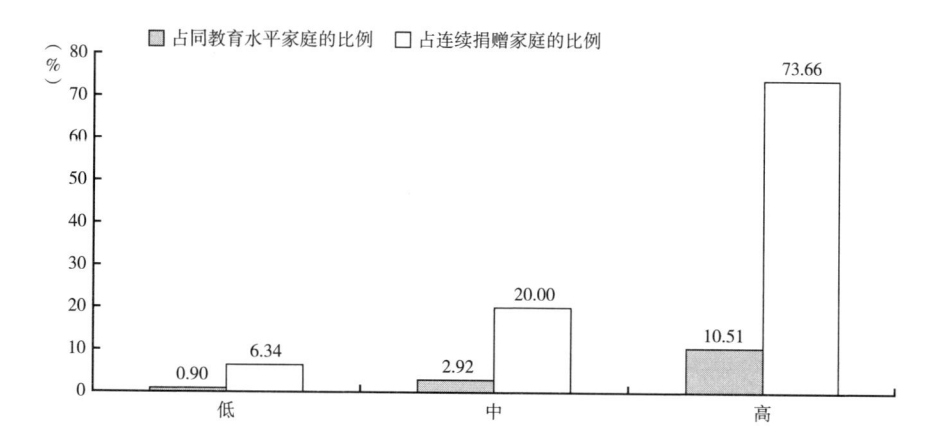

图 12-24 不同平均教育水平家庭在三轮调查均参与捐赠的比例

表 12-19 显示，无论是对于追踪的全体家庭还是三轮都参与了捐赠的追踪家庭而言，平均教育水平低的家庭的捐赠平均额度明显低于其他两组家庭，而平均教育水平中等家庭的平均捐赠额度最高。尤其是对于三轮调查都参与了捐赠的家庭而言，平均教育水平中等的家庭的平均捐赠额度比高平均教育水平的家庭高出了4.11倍。

表 12-19 不同平均教育水平家庭的平均捐赠额度

单位：元

教育水平	全体家庭				捐赠家庭			
	2012 年	2014 年	2016 年	三轮均值	2012 年	2014 年	2016 年	三轮均值
低	17.46	16.88	27.05	20.46	198.33	330.77	227.69	252.26
中	132.68	331.95	303.49	256.04	145.14	10714.87	401.95	3753.99
高	175.84	187.83	213.68	192.45	577.52	850.49	778.05	735.35

5. 家庭的女性成员比例

从家庭女性成员的平均比例来看，图 12-25 显示，三轮调查中，持续捐赠比例在同结构家庭中最高的是家人中有一半以上成员是女性的家庭，其次是家人中有一半及以下成员是女性的家庭，再次是家人全是女性的家庭，最后是无女性的家庭。

从平均捐赠额度来看，表 12-20 显示，在追踪的全体家庭中，捐赠均值

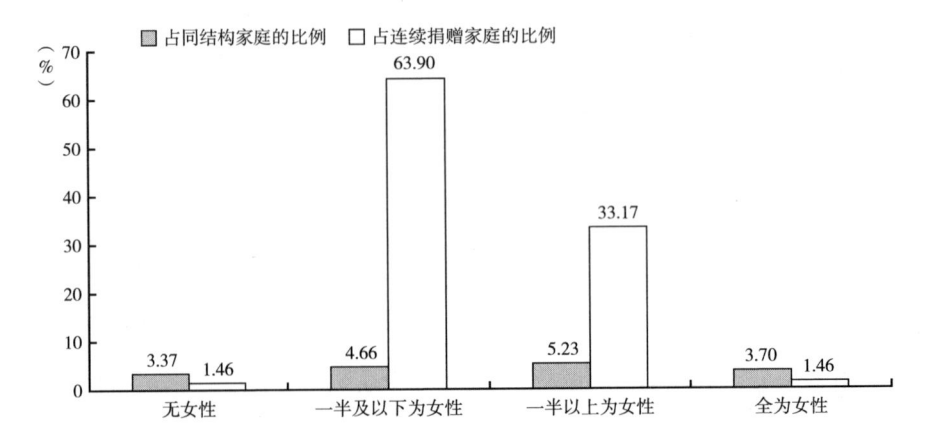

图 12-25 不同女性比例家庭在三轮调查均参与捐赠的比例

最高的是家中有一半以上成员是女性的家庭，其次是家中有一半及以下成员是女性的家庭。在三轮都参与了捐赠的追踪家庭中，捐赠均值最高的是家中有一半及以下成员是女性的家庭，其次是家中有一半以上成员是女性的家庭。成员中没有女性和全部都是女性的家庭的平均捐赠额度均低于家中有一定比例女性成员的家庭。

表 12-20 不同女性比例家庭的平均捐赠额度

单位：元

女性成员比例	全体家庭				捐赠家庭			
	2012 年	2014 年	2016 年	三轮均值	2012 年	2014 年	2016 年	三轮均值
无女性成员	28.41	17.42	69.21	38.35	166.67	400.00	1666.67	744.45
一半及以下	108.01	215.84	132.20	152.02	382.21	3744.31	571.91	1566.14
一半以上	115.98	114.04	301.88	177.30	655.08	1042.70	815.67	837.82
全为女性	59.56	28.88	26.20	38.21	400.00	350.00	400.00	383.33

（五）捐赠领域与捐赠持续性

家庭在不同慈善领域的捐赠持续性有所不同。表 12-21 显示，三轮调查中，家庭在扶贫济困、防灾救灾这一慈善领域的持续捐赠参与率最高，为 38.05%，远远超出其他慈善领域。在家庭连续捐赠了两轮或以上的慈善领域中，扶贫济困、防灾救灾这一慈善领域依然是参与率最高的，为81.95%，该比例约为第二大领域——综合性领域——的9.3倍。其次，教育助学和宗教领域也是家庭参与捐赠相对较为频繁的领域。总体说来，除了扶贫济困、防灾救灾这一慈善领域之外，家庭在其他慈善领域的捐赠持续性都不高。

表12-21 不同慈善领域的捐赠持续性

捐赠领域	三轮均捐赠 频数	三轮均捐赠 百分比(%)	两轮或三轮捐赠 频数	两轮或三轮捐赠 百分比(%)
扶贫济困、防灾救灾	78	38.05	168	81.95
综合性领域	2	0.98	18	8.78
宗教领域	2	0.98	5	2.44
教育助学	1	0.49	13	6.34
医疗卫生健康	1	0.49	2	0.98
其他领域	0	0.00	2	0.98
邻里与社区服务	0	0.00	1	0.49
环境保护	0	0.00	1	0.49
文化艺术	0	0.00	0	0.00

三 总结与讨论

（一）我国家庭捐赠的总体特征

1. 家庭捐赠参与率低，平均捐赠额度总体上升

我国家庭的捐赠参与率总体较低（三轮调查的均值为20.60%），并且在三轮调查中呈现出先降后升的变化。全体家庭在三轮调查中的平均捐赠额度递增，捐赠家庭在三轮调查中的平均捐赠额度呈现出波动式增长态势。国内家庭的慈善捐赠参与热情与美国相比相去甚远，这表明我国家庭捐赠的潜力还有待进一步发掘。

2. 家庭捐赠的持续性低但有所上升

总体看来，我国家庭捐赠的持续性低，家庭捐赠主要是偶然和随机行为。在三轮调查共追踪到的4281户家庭中，三轮调查中均参与捐赠的家庭仅占总体追踪家庭的4.79%。追踪的家庭的捐赠持续性有所增长，表现为捐赠保留率和捐赠新生率的上升以及弃捐率的下降。在追踪的全体家庭中，捐赠均值从2012年到2016年逐步上升。三轮调查均参与捐赠的追踪家庭的平均捐赠额度在2014年上升之后2016年有略微下降，但95%分位值逐年上升。

3. 城市社区的家庭捐赠更活跃、持续性更强，流动家庭比本地家庭捐赠更活跃

城市家庭的捐赠参与率及平均捐赠额度都比农村家庭高，城乡家庭捐赠参与率差距扩大，但平均捐赠额度差距缩小。从追踪家庭的捐赠持续性来看，三轮调查中均在城市社区的家庭有更高比例在三轮调查中均参与了捐赠，并且三轮调查均在城市的追踪家庭的平均捐赠额度是最高的。

同时，户口不在本地的家庭（流动家庭）比户口在本地的家庭的捐赠参与率高，该差距在三次调查中逐渐拉大。虽然在2014年和2016年，流动家庭的平均捐赠额度增高并且超过本地家庭，但本地家庭的捐赠额度依然占总体捐赠额度的绝大多数。流动家庭的平均捐赠额度超过本地家庭，这可能与流动家庭对迁出地或家乡的捐赠热情有关。

4. 家庭收入水平越高捐赠越活跃，家庭消费结构与捐赠活跃度呈非线性关系

家庭收入水平和消费结构能够反映家庭参与慈善捐赠的经济基础和资源基础。分析结果显示，收入水平越高的家庭参与捐赠的比例越高，平均捐赠额度也越高。从追踪家庭的捐赠持续性来看，在三轮调查中收入都增加或持平的家庭持续捐赠的比例比收入减少的家庭高。

家庭消费结构与家庭捐赠参与率呈现出倒U形关系，而家庭消费结构与平均捐赠额度呈现出U形关系，即恩格尔系数为40%~49%以及30%~39%的家庭捐赠参与率相对更高，但平均捐赠额度相对更低；而恩格尔系数为59%以上和30%以下的家庭的捐赠参与率相对更低，但捐赠均值相对更高。从追踪家庭的捐赠持续性来看，恩格尔系数均增长或持平的家庭三轮持续捐赠的比例比恩格尔系数减少的家庭低。

5. "扶贫济困、防灾救灾"是最受家庭欢迎的捐赠领域，且各领域的家庭捐赠逐渐呈现均衡发展趋势

从家庭参与捐赠的慈善领域看来，三轮调查中参与率最高的领域均为"扶贫济困、防灾救灾"。从追踪家庭的捐赠持续性来看，除了扶贫济困、防灾救灾这一慈善领域之外，家庭在其他慈善领域的捐赠持续性都不高。"教育助学""邻里与社区服务""宗教领域""环境保护"等捐赠领域的参与率有所提升。这显示，捐赠家庭参与捐赠的各个领域逐渐呈现出均衡发展的态势。同时，捐赠家庭在文化艺术领域的平均捐赠额度最高，其次是宗教领域。从各领域捐赠额度占捐赠总额的比例来看，扶贫济困、防灾救灾这一领域有绝对优势，但该优势在减弱。教育助学、邻里与社区服务这两大捐赠领域的家庭捐赠额度占总捐赠额的比例有所提升。

（二）家庭结构对家庭捐赠的影响

1. 家庭就业人口比例过高或过低对家庭参与捐赠及捐赠的持续性均不利

三轮调查中，捐赠参与率最高的是家人中有一半及以下就业的家庭，最低的是家人无就业的家庭。家人中有一半以上就业的家庭在三轮调查中的平均捐赠额度是最高的，而家人中无就业的家庭在三轮调查中的平均捐赠额度是最低的。从追踪家庭的捐赠持续性来看，家人中有一半及以下就业的家庭不仅在三轮调查中持续捐赠比例最高，而且捐赠的平均额度也相对更高；而家人全就业的追踪家庭不仅捐赠持续性低，而且捐赠的平均额度也相对更低。家人中无就业的家庭由于缺乏捐赠的经济基础，其捐赠的积极性低，这印证了 Yen（2002）的观点；而家人全就业的家庭可能由于较大的工作负担和压力占据了关注和参与慈善事业的时间及精力，参加慈善捐赠的积极性不高。

2. 有未成年人家庭捐赠更活跃，且持续性更强

三轮调查中，有未成年人家庭的捐赠参与率比无未成年人家庭高，且2014年和2016年有未成年人家庭的捐赠平均额度比没有未成年人的家庭高。从追踪家庭的捐赠持续性来看，在三轮调查中均有或任何一轮有未成年人的追踪家庭都比三轮调查中均无未成年人的家庭的持续捐赠比例高，且平均捐赠额度高。这印证了未成年人的存在对家庭捐赠的积极影响（Lily Family School of Philanthropy，2016）。

3. 有党员家庭的捐赠更活跃，且持续性更强

有党员家庭的捐赠参与率明显高于没有党员的家庭。无论是对于全体家庭还是捐赠家庭而言，有党员家庭的平均捐赠额度在三轮调查中远远超出没有党员的家庭。从追踪家庭的捐赠持续性来看，三轮调查中均没有党员的家庭的持续捐赠比例及平均捐赠额度都比三轮均有或任一轮有党员的家庭低。这印证了党组织的动员和党员的带头作用对家庭捐赠的有力推动（毕向阳等，2010；刘凤芹、卢玮静，2013）。

4. 家庭成员平均教育水平越高的家庭捐赠越活跃，且持续性越强

家庭成员平均教育水平越高的家庭，捐赠参与率越高。无论是对于全体家庭还是捐赠家庭，平均教育水平高的家庭的平均捐赠额度都大大高于其他家庭。一方面，受教育水平高的家庭可能拥有更强的经济实力和更多资源可以用于支持慈善事业；另一方面，受教育水平高的家庭可能有更强的亲社会态度。从追踪家庭的捐赠持续性来看，在三轮调查中，成员平均教育水平越高的家庭，持续捐赠的比例越高。这印证了 Bekkers 和 De Graaf（2006）关于教育对慈善捐赠的积极影响的观点。

5. 成员中没有女性和全部都是女性的家庭的捐赠活跃度低，且持续性低

三轮调查中捐赠参与率和平均捐赠额度最高的是家人中有一半以上成员是女性的家庭。成员中没有女性和全部都是女性的家庭的捐赠参与率和平均捐赠额度均明显低于家中有一定比例女性成员的家庭。从追踪家庭的捐赠持续性来看，三轮调查中，持续捐赠比例最高的是家人中有一半以上成员是女性的家庭，且成员中没有女性和全部都是女性的家庭的平均捐赠额度均低于家中有一定比例女性成员的家庭。由于女性更倾向于积极参与慈善捐赠（Andreoni & Vesterlund，2001），因此，没有女性成员的家庭其捐赠的积极性低；然而，成员中全都是女性的家庭因其经济地位可能较低，可能会降低其参与慈善捐赠的积极性。

（三）激励我国家庭慈善捐赠的建议

三轮 CLDS 数据分析显示，我国家庭慈善捐赠参与率低，且大部分家庭慈善捐赠行为的偶然性和随机性高，持续性低。可见，激励家庭慈善捐赠是一个任重而道远的艰巨任务。基于本章的分析，激励我国家庭慈善捐赠可以尝试从以下几方面着手。

第一，大力发展经济、提高家庭收入水平是激励家庭捐赠的有效手段。这是从家庭经济水平对家庭捐赠的影响总结得出的。我国党和政府一直致力于这两方面的发展，并取得了良好的成效。这也在一定程度上解释了我国家庭平均捐赠额度和捐赠持续性有所提高的现状。保持国家经济稳定发展将进一步促进更多家庭的慈善捐赠行为向持续性和稳定性方面转变。

第二，针对城乡家庭、本地和流动家庭慈善捐赠的差异性，采取差别化的激励手段。这要求进一步探讨分别影响不同家庭参与慈善捐赠及捐赠持续性的主要因素。例如，城市社区家庭及本地家庭可能更容易受到单位动员及党组织动员的影响，而宗教文化、宗族文化、宗祠文化或"祖荫"文化对农村家庭或流动家庭的慈善捐赠可能有更重要的影响。对影响不同类型家庭参与捐赠及捐赠持续性的因素做出区分，将有助于优化动员效果。

第三，充分考虑家庭结构层面的影响因素，发挥家庭的整合作用激发家庭捐赠。例如，根据家庭就业人口比例采取不同的激励手段：由于全部成员都就业的家庭的慈善捐赠参与相对不活跃，由此，可针对全部成员都就业的家庭强化工作单位的组织动员。再者，由于有未成年人的家庭、有党员的家庭以及家庭成员平均教育水平更高的家庭会更加积极地投入慈善捐赠，因此可在捐赠活动或募捐活动中加强亲子活动环节，大力宣传慈善捐赠的教育功能，同时继续加大组织动员，加强党建，发挥党员的带头作用，并且加大教育资源投入、提高教育质量。另外，充分发挥女性成员在家庭捐赠中的带头作用，将有助于激励更多家庭参与到慈善捐赠中来，增强家庭捐赠行为的持续性和稳定性。

第四，加强各慈善捐赠领域的宣传，激活家庭对各个慈善领域的捐赠热情。"扶贫济困、防灾救灾"是最受家庭欢迎的捐赠领域，这主要是由于各大媒体对灾害的积极报道和宣传，以及政府政策对扶贫的大力支持和动员。"教育助学""邻里与社区服务""医疗卫生健康""环境保护"等领域也亟须慈善资源的滋养，但这些领域与"扶贫济困、防灾救灾"领域相比往往紧迫性更低，但其重要性也不容忽视。因此，从事这些领域慈善工作的社会组织和社会工作者应加强宣传，政府政策也应加强对这些慈善领域的重视和支持，让更多的家庭意识到这些领域的重要性是激励家庭参与相关领域捐赠的前提。

参考文献

1. Andreoni, J., & Vesterlund, L. 2001. Which is the Fair Sex? Gender Differences in Altruism. *Quarterly Journal of Economics*, 116（1），293-312.

2. Bekkers, R. & De Graaf, N. 2006. Education and Prosocial Behavior. Working Paper, Department of Sociology/ICS Utrecht. The Netherlands: Utrecht University.
3. Lily Family School of Philanthropy. 2016. A Tradition of Giving: New Research on Giving and Volunteering within Families. Report, Indiana University-Purdue University Indianapolis (IUPUI).
4. Yen, T. 2002. An Econometric Analysis of Household Donations in the USA. *Applied Economics Letters*, 2002, 9 (13): 837 – 841.
5. 毕向阳、晋军、马明洁、何江穗:《单位动员的效力与限度——对我国城市居民"希望工程"捐款行为的社会学分析》,《社会学研究》2010年第6期。
6. 蔡佳利:《家计单位捐赠行为之研究》,台北:世新大学管理学院,2005。
7. 费孝通:《乡土中国》,生活·读书·新知三联书店,1985。
8. 李春玲:《如何定义中国中产阶级:划分中国中产阶级的三个标准》,《学海》2013年第3期。
9. 刘凤芹、卢玮静:《社会经济地位对慈善捐款行为的影响》,《北京师范大学学报》(社会科学版)2013年第3期。
10. 陆群:《论我国少数民族宗教慈善的特点及局限》,《齐鲁学刊》2013年第4期。
11. 王小鲁、余静文、樊纲:《中国市场化八年进程报告》,《财经》2016年4月11日。
12. 朱建刚、刘艺非:《中国家庭捐赠规模及影响因素探析》,《中国人口科学》2017年第1期。

第十三章
城市劳动力的社会组织参与

史宇婷

和谐社会的建设和发展，离不开全体公民社会责任感的提高和公共精神的培育，以及其广泛、深入的社会参与。公共参与所体现的公民现代性，既体现在如基层选举（竞选）和维权运动等的政治性参与中，也体现在如公益慈善和社团组织参与等的非政治性的社会参与之中。公民对各种社团和社会组织的参与，是其社会生活和公共生活的重要组成部分，也是制度化、组织化地参与社会建设和社会管理之渠道。从社会资本的角度看，社会公民的高水平、广泛的社会组织参与，及其在社团组织内的人际交往，有助于社会资本的构建、人与人之间基于共同利益的合作互惠（陈福平，2009）以及社会普遍信任的建立（胡荣、李静雅，2006；胡荣、胡康，2007）。

然而，中国社科院在 2011 年发布的《社会蓝皮书》中指出，当前中国公民的社会参与总体水平较低，在城市受访者中，只有 4.5% 的人参加了民间社团组织而农村地区的社团参与率则更低。[①] 当前关于居民社会参与的研究或调查报告，主要集中于对特定人群的现状描述和分析，得出的发现和结论也不尽相同。如一项针对河南省 "80 后" 青年群体的社会建设参与现状的调查报告指出，他们对社会组织和公共事业的关注流于信息掌握和线上讨论，实际的行为参与程度较低（高中建，2011）。更多的分析是对老年人的社会参与的，归纳总结他们的参与现状和特点（王莉莉，2011），通过建立统计回归模型，分析其影响/制约的因素，大概从城乡、性别、经济收入、文化教育、健康等方面进行解释（陈茗、林志婉，2004；韦璞，2007；杨华、项莹，2014；张文

[①] 《社会蓝皮书称当前公民社会参与总体水平仍较低》，中国新闻网，http://www.chinanews.com/gn/2011/12-19/3542761.shtml。

娟、赵德宇，2015）。此外，还有针对未成年人社会参与的调查（董小苹，2013；董艳春，2017），以及对中产阶层社会参与的分析（于显洋，2008；王新松、张秀兰，2016）。

本章主要关注城市劳动力对各类社团和社会组织的参与状况及其相关因素。在2012~2016年的三轮"中国劳动力动态调查"中，我们收集了15岁以上城市劳动力社会组织参与的相关信息，包括参与社会组织和社团的比例和种类分布，以及参与社团组织活动的频率。结合调查中收集到的社会人口、社会经济特征等方面的信息，我们还可以比较不同人群在社团组织参与方面的差异，并对城市劳动力社团组织参与的影响因素进行分析。本章第一部分描述统计分析中的结果均经过加权处理。

一　城市劳动力的社会组织参与：2012~2016年

"中国劳动力动态调查"中，主要通过两个指标测量城市社区受访者的社团和社会组织参与状况，首先询问受访者是否为某社团或社会组织的成员，包括居委会、社工机构（2014年和2016年调查）、业主委员会、休闲/娱乐/体育俱乐部/沙龙组织、学习/培训机构、同乡会、宗亲组织（2014年和2016年调查）、公益/志愿者团体和宗教组织这几大类；然后根据受访者隶属某社团组织的成员身份，询问其在每一类社团组织中的活动参与频率，从"从不参与"到"每天参与"不等。"社团组织成员身份"反映了受访劳动力对社会组织最低限度的一种参与，而"社团组织活动频率"则考察其在社团组织中的活跃程度。如此，我们既可以考察到城市地区劳动力的社会组织参与广度，也可以兼顾其参与的深度。

图14-1展现了城市社区劳动力成为至少1个社团或社会组织的成员之比例及其变化。总体而言，三轮调查下来，全国城市社区劳动力的社团组织参与率经历了一个先降后升的过程，从2012年接近28%下降到2014年的12%，在2016年稍有回升。和以往相关研究报告中极低的参与水平相比，可以认为近年来我国居民的社会参与状况呈现出越来越好的发展态势，这也在一定程度上回应了2012《社会蓝皮书》报告中"有16.5%城市受访者今后打算参加民间团体"的调查发现，以及学者做出的对中国公民社会参与前景的乐观展望（张华，2009；王兵，2012）。

第十三章　城市劳动力的社会组织参与

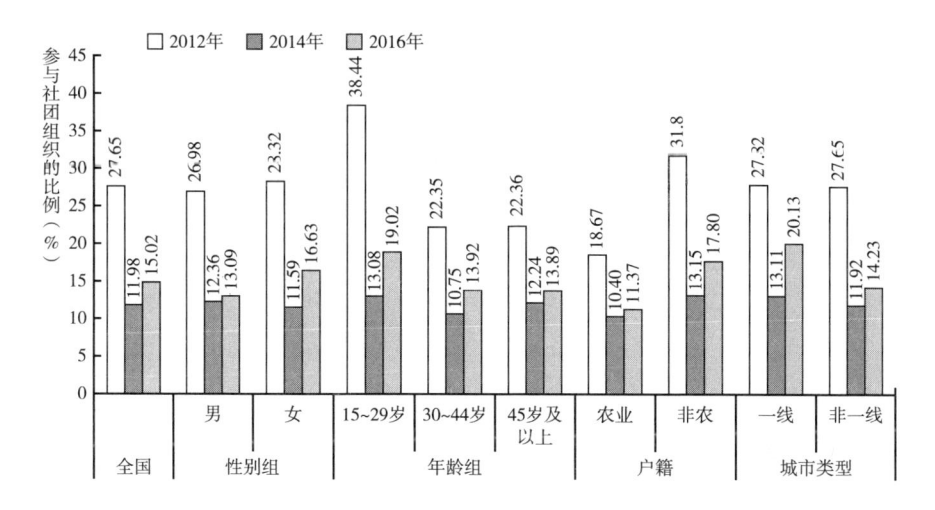

图 13-1　城市社区劳动力的社团和社会组织参与率

在性别分布上，女性普遍比男性表现出更积极的社团组织参与状态——除 2014 年外，2012 年和 2016 年女性的社团组织参与比例都高于男性。把劳动力分为低龄（15~29 岁）、中龄（30~44 岁）、高龄（45 岁及以上）三组，可以看到在三轮调查中，低龄劳动力的社团组织参与率几乎都是最高的（2012 年接近 40%），而中龄劳动力则处于相对最低的水平。从户籍性质来看，在三轮调查中，城市社区中拥有非农户口的劳动力，其社团组织参与率均远高于持有农业户口的乡-城流动人口，前者最高可达 31.8%，而后者则不超过 20%。我们还把城市社区分为两类：一线城市社区①和非一线城市社区，可以发现两类城市社区的劳动力社团组织参与率的差距随着调查年份后移不断拉大，尽管都经历了从 2012 年到 2014 年的较大幅度下降，一线城市社区劳动力的社团组织参与率到 2016 年较非一线城市有较大幅度回升。

综合三轮调查的数据可以看到，就成为社团组织成员的比例而言，当前中国城市地区，女性、青年、非农户籍和一线城市社区的劳动力具有更高的社团组织参与水平。

从参与社团组织类别的多样化来看，就全国城市社区而言，从 2012 年到

---

① 一线城市指北京、上海、广州、深圳。

2016年同样经历了先降后升的过程（图13-2a）。女性劳动力的人均参与社团组织类别数，除2014年外均多于男性，且差距在2016年进一步拉大。低龄劳动力人群对中、高龄劳动力人群的社团参与多样化优势，在三轮调查中均得到保持。非农户口的城市劳动力人均参与社团组织类别数，也一直明显多于农业户籍的劳动力。一线城市的劳动力人群在社团组织参与上的多样化，也优于非一线城市中的劳动力人群。

而如果我们只分析参与了社团组织的城市劳动力群体，可以看到，全国城市社区劳动力的社团组织参与多样化程度，在三轮调查期间呈现出稳步上升的趋势（图13-2b）。与男性相比，女性劳动力的社团组织参与多样化程度，在2014~2016年提升幅度较大；而中龄劳动力群体则是三个年龄段中提升最快的，从2012年的人均1.13种社团组织类别到2016年的1.37种，甚至优于低龄劳动力群体；参与了社团组织的非农户籍城市劳动力群体，其社团组织参与多样化程度在三轮调查期间得到相当大的发展，而农业户籍的城市劳动力群体则在这方面较为迟缓；最后，相比一线城市劳动力在社团参与多样化程度上的增长放缓，非一线城市劳动力的状况可谓"成长喜人"，从2012年低于全国平均水平的人均1.18种，上升至2016年的1.36种，甚至高于一线城市的平均水准。

综上也许能从一个侧面反映出，近年来社会组织和民间团体的发展，已不仅局限于发达地区的一线城市，而是在更广泛的城市地区内有所体现，并朝着多元化和多样化的方向逐渐推进——起码就已有一定社团组织参与习惯的居民

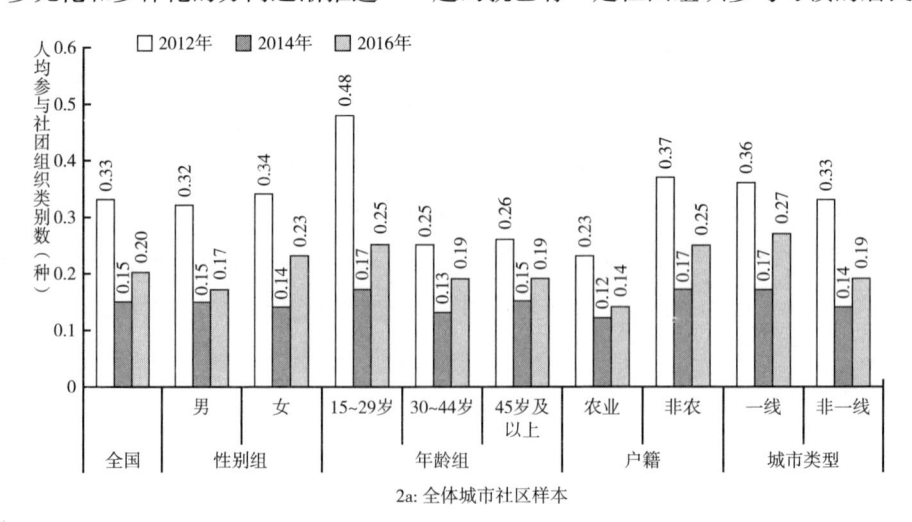

2a: 全体城市社区样本

第十三章 城市劳动力的社会组织参与

2b：参与了社团组织的城市社区样本

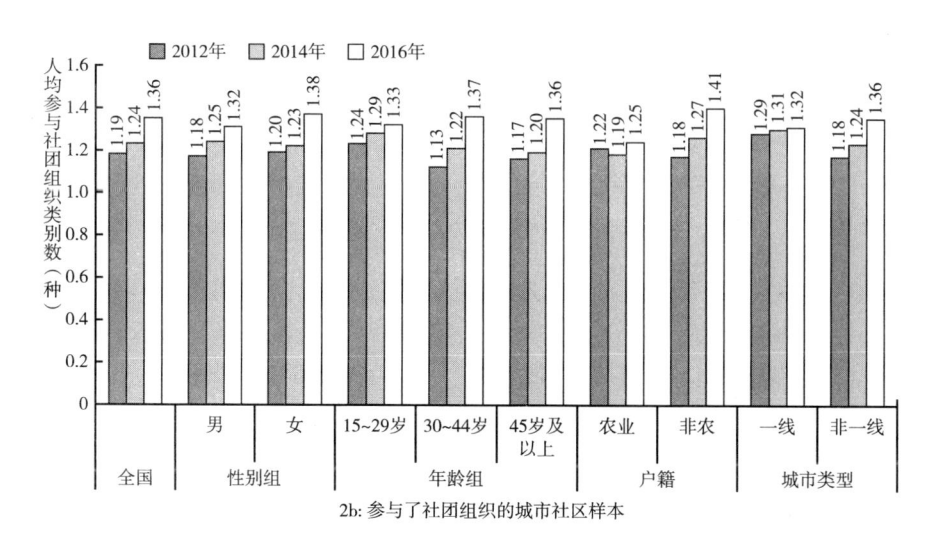

图 13-2 城市社区劳动力的平均参与社团组织类别多样化

而言，这种多样化的态势正不断增强。

从图 13-3 可以看到，总体而言，城市劳动力对各类社团组织的参与率在 2012~2016 年都发生了先降后升的变化。参与社团组织的偏好类型，主要落在居委会（半行政性的自治组织）、休闲娱乐体育类沙龙和学习/培训类机构之上，对社工、公益类、宗教类和宗亲组织的参与率则处于相对较低水平。这表明当前中国城市劳动力的社团组织参与仍着重于对功能性、娱乐性需求的满足，对公益性的追求较为不足。

值得留意的是，居委会作为以社区为单位的基层群众性自治组织，其参与率在三轮调查期间有较为明显的下降。尽管居委会的参与率到 2016 年仍是各类社团组织中最高的，这一逐渐式微的态势却在某种程度上折射出，近年来居委会在社区参与和社区治理方面面临一些困境，如存在功能"模糊化"、地位"边缘化"、制度化交易成本增加等问题（马卫红，2010；张雪霖、王德福，2016），在社区建设的动员式参与中时常出现"主体脱域"问题（王冠，2011），居委会在行政权力和资源等方面受掣肘，以及在具体事务上的过度负载，事实上不利于发挥其作为居民参与社区乃至社会建设的制度化和组织化途径的作用。

与居委会组织参与被"边缘化"的状况相比，城市劳动力对业主委员会

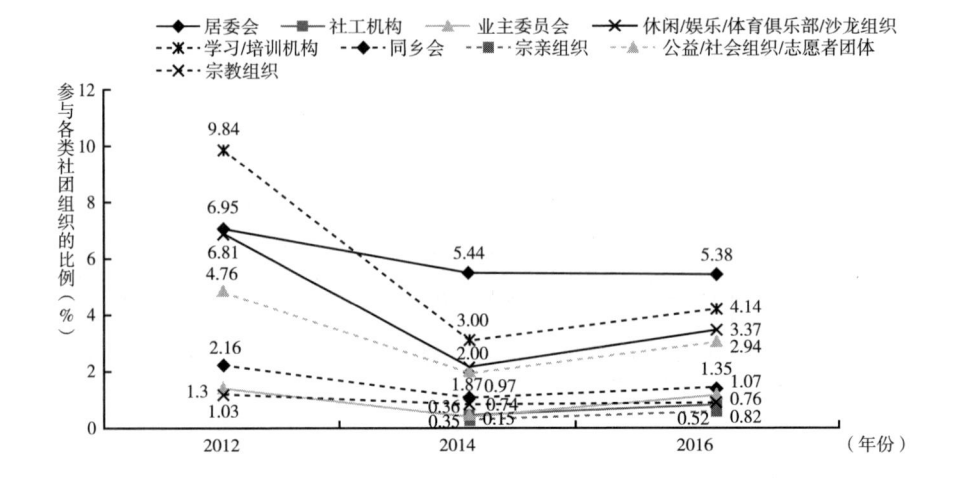

图 13-3　城市劳动力对各类社团组织的参与率

注：2012 年调查数据中并未包括"社工机构"和"宗亲组织"这两类社团组织，故此处图中相应位置空白。

的参与率在 2014~2016 年有较大增幅（尽管参与率仍处于较低水平）。作为住房体制、房屋产权改革和房地产市场形成的产物，业主委员会的出现和兴起反映了转型期中国城市社区的发展与变迁，也体现了居民利益和自治诉求的变化。事实上在成长过程中，业主委员会也一直需要和物业公司以及居委会"斗智斗勇"，形成一种"三方博弈"（刘安，2006）。这三者在理论上看似应能达成协作以实现社区自治，但实际上其利益诉求却不尽相同，加上权责范围的交叉，法律、制度认可上的含糊不清，导致它们难免在具体事务的处理上有所争端。而随着房地产市场的进一步发展，城市居民房屋自有率的提高，以及人们物权意识的强化，业主委员会作为一种"业主民意代表"的集合组织，居民的参与水平将越来越高。

除了上述两类组织外，其他休闲娱乐沙龙类、学习培训类和公益志愿类的社团组织，参与率均在 2014~2016 年有较大提升，表明城市劳动力对这些非政治性或行政性组织的参与兴趣持续增加，且发展态势良好。同乡会和宗亲组织这类基于地缘或亲缘的社团组织参与率增长较缓，而宗教类的社团组织参与率在三轮调查期间变化最小。

上文关注的是城市劳动力个人参与社团组织的广度，通过个体隶属志愿团体的成员关系（Membership）来测量（陈福平，2009）。下文将关注劳动力参与各类社团组织的深度，通过作为社团组织成员的劳动力个体参与各类组织活动的频率来进行测量，这在一定程度上可以反映出劳动力的社团组织参与质量——成为某某社团组织的成员，只是一种最基本的制度化社会参与，而对社团组织活动的参与活跃度，则更能体现出个体对自身所在社团组织的高度认同，以及对社会参与意识的践行。

在考察城市劳动力对各类社团组织的参与活跃度时，由于2012~2016年三轮调查问卷中的提问方式有些微区别，我们统一对"过去一年参加该（类）组织活动的频率"的回答进行重新编码："经常参加"指每周参加一次或以上，"偶尔参加"指每年参加一次或以上，"从不参加"指从来没有参加过活动。在这里，我们主要关注各类社团组织中"高活跃度"（即经常参加社团组织活动）的成员比例和"低活跃度"（即从不参加社团活动）的成员比例（图13-4）。

高活跃度成员在不同类别的社团组织中的分布及其变化有明显差异（图13-4中4a）。在居委会和社工机构中，高活跃度成员比例在近年来有了较大幅度提升，尤其是后者从2014年的16.44%飙升至2016年的将近40%，表明参与社工机构组织成员的积极性和参与质量都在不断提高，图13-4的4b中低活跃度成员比例的大幅下降也可以反映这一趋势。虽然居委会组织的参与率在近年来有所下降，但成员活跃度不减反增，这在某种程度上也可以反映出居委会作为一个具有一定行政性质的自治组织，其内部凝聚力和成员积极性也在不断提高。

与前文中"先降后升"的参与率相比，业主委员会的高活跃成员比例却在2012~2016年发生了"先升后降"的变化。对照其低活跃度成员比例的变化状况，可以看出业主委员会的成员活跃度主要经历了"由高到中"的变化，背后的原因可能是多方面的，既有业主委员会自身的如组织制度松散、脱离业主利益倾向等问题，也有参与者即业主的认同度不足等问题，更多的还可能是其身处的制度环境不够友好、现存管理机制不够健全等问题（刘安，2012），其中种种纷繁复杂，有待学界进一步研究和讨论。

在三轮调查期间，休闲娱乐体育类的社团组织经历了高活跃度成员比例的大幅度下降，类似的还有宗亲组织和公益志愿类的社团组织。但这三者的成员

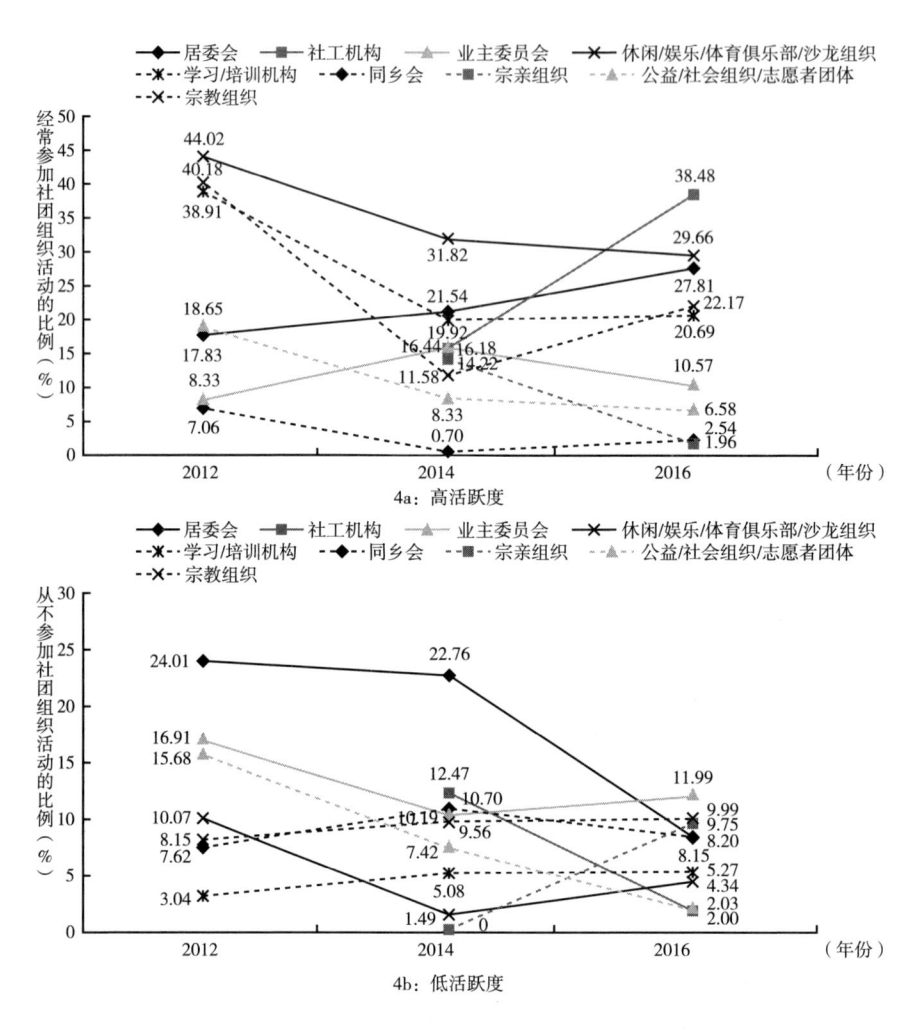

图 13-4 城市社区劳动力对各类社团组织的参与活跃度

注：2012年调查数据中并未包括"社工机构"和"宗亲组织"这两类社团组织，故此图中相应位置空白。

活跃度分布和变化轨迹不尽相同：对休闲娱乐体育类社团而言，尽管其高活跃度成员比例在2012~2014年大幅减少，但与此同时其低活跃度成员比例也有所下降，这表明相当一部分高活跃度成员转化为中活跃度成员；对宗亲组织而言，在2014~2016年无论低活跃度成员比例从0突增至近10%，大部分高活跃度成员转化为中低活跃度成员；最后，对公益志愿类社团而言，在2012~

2016年无论是高活跃度还是低活跃度成员的比例都明显下降，更多人转变为中度活跃的参与者。

此外，学习/培训机构、同乡会和宗教组织的高活跃度成员比例都呈现出先降后升的趋势。在着重知识和技能的学习型社团组织中，相当一部分高活跃度成员在2012~2014年变为中活跃度成员，其后则无太大变化；同乡会组织在前期发生相似的情况，但其后经历了高活跃度成员比例回升和低活跃度成员比例下降的变化；最后，宗教组织中的高活跃度成员在2012~2014年经历了极大波动，其低活跃度成员比例却无太大变化，表明部分高活跃度成员在前两年转化为中活跃度成员，在后两年间又有一部分变成高活跃度成员。

综上，我们对社团组织成员参与活跃度的考察，只是从一个侧面反映了城市劳动力个体对社会组织的参与深度和质量及其发展趋势。如前所述，社团组织参与活跃度的变化背后，不仅仅是组织成员的个人因素，往往还有来自社团组织自身以及宏观社会制度环境等方面的影响。在强国家推动的社会转型历史进程中，社会组织所面临的制度性激励、约束和机会结构，构成相当复杂的影响机制（黄晓春，2015）。这些机制既塑造着社会组织的发展，也同样作用于公民参与社会组织的过程和后果。

二 城市劳动力社会组织参与的影响因素分析

在前文的描述统计部分，我们可以看到城市劳动力对社团和社会组织的参与水平在各调查年份和不同特征群体中的分布。在本部分我们将利用"劳动力动态调查"2016年的数据，结合前文以及一些相关研究文献的发现，用回归分析的统计方法纳入可能对劳动力社团组织参与有影响的变量，并在控制其他变量的效应后，考察这些因素的作用是否依然显著。

首先，为比较社团组织参与的群体差异，我们对劳动力的性别、年龄、户籍以及城市类型与其社团组织参与的关系进行卡方检验，结果表明城市劳动力的社团参与率存在较显著的性别差异（$p<0.05$）、年龄差异（$p<0.001$）、户籍差异（$p<0.001$）和一线/非一线城市类型的差异（$p<0.001$）。另外，考虑到有研究纳入个人婚姻状态对社团组织参与的影响（陈福平，2009），我们

也在模型1（基准模型）中放入婚姻状况的定类变量，分别是"未婚""在婚"和"离异/丧偶"。

除社会人口特征以外，我们还考虑了人力资本和其他社会结构以及社会经济特征对劳动力社团组织参与率的影响。模型中用于测量人力资本的主要变量是教育水平，考虑到不同层次的教育水平对人们认知能力、价值观、社会参与动机和能力等的影响是有差异的，我们在此处将城市劳动力的教育水平处理为5分定序变量，变量值1~5分别表示"未上过学""小学/私塾""初中""高中"和"大专及以上"。社会经济特征主要考虑经济水平和阶层地位。经济水平以个人在过去一年的总收入（单位：元）为测量指标，再处理为对数形式。① 对阶层地位则主要考虑"是否属于中产阶层"。我们参考刘欣（2007）提出的以公共权力、资产控制权和技术资本为基础的城市阶层地位划分框架，将在政治权威结构或经济资产控制权/所有权结构中处于中间位置的群体定义为"中产阶层"。具体到调查问卷和数据，我们根据城市劳动力的雇佣状态、职业性质、单位所有制、行政管理级别等指标，将下列群体划分为"中产阶层"：拥有少量公共权力的中低层党政事业单位干部，拥有一定行政级别的办事人员，拥有少量公共资产控制权的中低层国企经理，拥有少量经济资产所有权或控制权的小雇主和非国企经理，拥有技术资产的专业技术人员。模型中还会控制政治面貌和宗教信仰的效应：就国内情况而言，党员比非党员具有更强的社团组织参与动机；而就国内外学者的研究发现来看，有宗教信仰的人也比无宗教信仰的人有更多的公民参与行为，特别是对公益组织和志愿活动的参与（Crystal & Debell，2002；Lam，2006；李丁、卢云峰，2010）。

我们还希望考察社会信任、幸福感和健康水平对劳动力社团组织参与的影响。尽管已有的多数研究将社会信任作为受到社会参与作用的因变量，我们认为这两者的作用关系可能是相互的，即个人对社会的普遍信任感越高，其亲社会倾向和社会参与意识越强，从而可能更积极地参加社团组织和其他社会活动。幸福感对社团组织参与的效应也可能遵循类似路径：个人对生活的满意度和幸福感评价高，既反映其客观生活条件的满足，也在一定程度上反映其乐观

---

① 调查中个人总收入的缺失值较多，为尽量减少对回归分析结果的影响，我们用个人年收入的中位数对缺失值进行简单填补。

心态和较高的精神健康水平,这些同样能提高其亲社会意识和社会参与行为。最后,从社会参与的资源理论角度来看,身体健康意味着个人有更充沛的精力和时间投入社会活动之中,因此劳动力的健康水平同样有可能影响其社团组织参与率。在模型中,我们对社会信任、幸福感和健康水平做如下操作化测量:普遍信任,对"总的来说,您是否同意大多数人还可以信任的这种看法?"的回答从"非常不同意"到"非常同意"分别赋值为1~4分,得到一个关于社会信任的连续变量;生活幸福感,对"总的来说,您认为您的生活过得是否幸福?"的回答从"非常不幸福"到"非常幸福"分别赋值为1~5分,得到一个关于幸福感的连续变量;自评健康水平,对"您认为自己现在的健康状况如何?"的回答从"非常不健康"到"非常健康"分别赋值为1~5分,也得到一个关于健康水平的连续变量。

此次纳入分析的所有变量的基本统计描述见表13-1。对回归分析部分的因变量处理如下:我们将"至少参加了1个社团组织"编码为1,没有参加任何社团组织则编码为0,由此得到一个关于社团组织参与的二分变量。其二分对数偶值模型(binary logit model)输出结果见表13-2。该模型假设,对数偶值(log odds)与模型的各自变量之间存在线性关系,呈现模型结果时,把自变量的系数b通过指数转换得到e^b,才能表示该自变量的单位变化对因变量变化的效应,该效应所引起因变量的变化幅度即"偶值比"(odds ratio)(蔡禾、王进,2007),偶值比越大,该自变量对因变量的效应越显著。

表13-1 变量基本统计描述(N=7118)

单位:%

变量名	有参与(N=1127)	无参与(N=5991)	总量/均值
社团组织参与			15.83
女性	57.32	53.38	54
非农户籍	63.53	53.73	55.28
婚姻状态			
未婚	25.38	17.23	18.52
在婚	70.28	78.15	76.9
离异或丧偶	4.35	4.62	4.58
一线城市	19.34	12.4	13.5
政治面貌(党员=1)	19.96	11.05	12.46

续表

变量名	有参与(N=1127)	无参与(N=5991)	总量/均值
宗教信仰(有=1)	22.54	12.52	14.11
教育水平			
未上过学	1.15	3.57	3.19
小学/私塾	7.81	12.44	11.7
初中	23.78	32.98	31.53
高中/职中/中专/技校	30.35	26.66	27.24
大专及以上	36.91	24.35	26.34
中产阶层	16.95	10.38	11.42
年龄	40.78(14.92)	42.67(13.66)	42.36(13.88)
收入对数	10.47(0.76)	10.46(.74)	10.46(0.74)
生活幸福感	4.08(0.85)	3.84(0.89)	3.88(0.89)
一般信任感	2.8(0.54)	2.76(0.52)	2.77(0.52)
自评健康	2.18(0.89)	2.22(0.9)	2.21(0.9)

注：括号内数值为标准差。

性别对城市劳动力社团组织参与率的效应在三个模型中都非常显著。在控制其他变量后（模型3），女性参与社团组织的偶值比较男性高出23%，说明从平均水平上看，女性参与社会组织的意愿较男性更强，这与大多数研究中关于女性比男性有更强的社会参与意愿和更积极的社团活动参与行为的发现相一致。

年龄变量及其二次项的回归系数均显著，也就是说，年龄对社团组织参与的影响呈现为开口向上的U形曲线，表明随着年龄增长，城市劳动力参与社团组织的比例会先降后升，在前文的描述统计部分中，低、中、高龄劳动力群体的参与率分布也可以印证这一点。

户籍性质对城市劳动力是否参与社团组织同样在三个模型中都有十分显著的影响，持有非农户口的城市劳动力参与社团组织的偶值比是持有农业户口劳动力的1.27倍，这意味着在城市中生活工作且具有城市户口的"真·城市人"往往比"新·城市人"有更高概率参与至少1个社团组织。这在某种程度上也可以类比学者在户籍制度对非本地户籍人口参与公共事务造成制约等方面的实证发现（陈钊等，2014）。户籍制度对外来人口参与公共事务的平等权利的限制，既可能作用于他们的参与意识，更可能在现实中制约其参与行为。

表13-2　城市劳动力社会组织参与的影响因素（2016年中国劳动力动态调查，N=7118）

变量	模型1	模型2	模型3
女性	0.20**	0.25***	0.21**
年龄	-0.06**	0.08***	-0.07***
年龄平方/100	0.06**	0.09***	0.09***
非农户籍	0.42***	0.25**	0.24**
一线城市	0.52***	0.57***	0.59***
婚姻状况（参照组：未婚）			
在婚	-0.19	-0.14	-0.19
离异或丧偶	-0.21	-0.11	-0.10
党员		0.65***	0.59***
有宗教信仰		0.96***	0.91***
教育水平（参照组：未上过学）			
小学		0.70*	0.66*
初中		0.81**	0.79**
高中		1.23***	1.18***
大专及以上		1.45***	1.33***
收入对数		-0.11*	-0.13*
中产阶层			0.30**
普遍信任			0.07
生活幸福感			0.25***
自评健康			-0.09*
常数项	-0.73*	-0.63	-1.83**
Pseudo R²	0.02	0.06	0.07

注：*** p<0.001，** p<0.01，* p<0.05。

就城市劳动力参与社团组织的地区差异而言，我们认为对"一线/非一线城市"的划分可能比传统的"东-中-西"划分更具现实意义。模型结果显示，"是否为一线城市"这一变量对城市劳动力的社团组织参与有显著效应，且这一效应随着模型中对更多变量的控制而增强，在一线城市中生活的劳动力群体，其参与社团组织的偶值比，较非一线城市中的要高出80%。

与已有的研究结论不同，在控制其他变量后，婚姻状态对城市劳动力的社团参与并无显著效应，尽管在前期的相关性分析中，卡方检验显示两者在0.001水平上相关。这表明婚姻的效应被其他变量所解释。

相对于非党员城市劳动力，政治面貌为党员的社团组织参与偶值比要高出

80%，党员身份背后的组织动员因素，在相当程度上促使党员更愿意参与社会生活，这也符合我们对中国社会现实的一般看法，以及一些相关的实证研究结论。在控制其他变量后，有宗教信仰的城市劳动力群体，其参与社团的偶值比是无宗教信仰劳动力群体的 2.49 倍。

教育对城市劳动力参与社团组织的促进效应，也大致符合多数实证研究的发现（Egerton，2002；Campbell，2009；Gesthuizen&Scheepers，2012；王新松、赵小平，2013）。我们并未将教育的影响简单化约为每增加一年受教育年限的效应，而是考察不同水平的教育经历对社团组织参与率的作用。在控制其他变量后可以看到，具有小学文化水平的城市劳动力群体，其参与社团组织的偶值比是从未上过学的劳动力群体的 1.94 倍，而初中、高中、大专以上水平的劳动力群体的偶值比则分别是前者的 2.2 倍、3.25 倍和 3.77 倍。这表明随着教育水平的递进，教育对劳动力社团参与的促进效应不断扩大。

关于收入对人们社团参与的效应，研究者一般而言持有两种相反观点：一是收入越高，个人接触社团活动的机会越多，并且也有越高的自我价值实现和社会参与需求，从而提高社团组织参与度；另一种是收入越高，人们参与社会活动的机会成本更高，在理性衡量后有可能会选择更少参与。我们对 2016 年调查数据的分析结果显然更符合后一种说法，在控制其他变量后，收入对数每增加 1，其参与社团组织的偶值比下降 12%，表明城市劳动力的个人收入越高，越不倾向于成为社团组织的成员。高收入往往与较高的工作强度和较长的工作时间挂钩，而对社团组织和社会活动、公共事务的参与，则需要一定的时间和精力投入，对那些高收入群体而言，从理性选择的角度出发，假如社团参与带来的收益并不能抵消时间和精力的消耗，那么他们很可能会选择放弃部分社团参与。

社团组织参与和公共事务参与的阶层差异，在近年来也受到学界关注，其中主要争论的问题是，中国城市新兴的中产阶层是不是公民参与和社会建设的主力？这一群体又是否比其他阶层群体有更强的社会参与意识和更积极的社会参与行为？有学者发现中国城市里中产阶级比非中产阶级对民间社团组织和志愿服务的参与度更高，且中产阶层内部也有差异，其中，新中产和低收入中产的参与更积极（汪润泉，2016；王新松、张秀兰，2016）。但另外也有学者发现，上海某区中的中产阶层居民比非中产居民更不愿意参与"低碳社区创建"

（孙中伟、黄时进，2015）。而在本章的实证分析中，我们可以看到在控制其他变量后，中产阶层劳动力参与社团组织的偶值比是非中产阶层劳动力的1.35倍。而对照模型3中收入效应增强的结果则可以推测，"低收入中产"可能才是城市劳动力社团组织参与的主体。

普遍信任并未对城市劳动力的社团组织参与产生显著影响，其中可能有着更为复杂的机制未被发现。有学者认为，中国传统的基于关系主义的社会参与模式，与广泛、开放的现代社团参与之间，存在巨大张力，假如社会参与不建立在制度保障的基础上，社会参与和社会资本的良性构建的内涵，是永远无法真正达成一致的（陈福平，2012）。

幸福感对城市劳动力的社团组织参与有显著正向效应，对生活的幸福感评分每增加1分，其参与社团的偶值比就增加29%。事实上，社团组织参与和生活幸福感之间的促进作用可以是双向的，生活状况良好、心态乐观的人更愿意参与社团组织活动和其他社会活动，而这些参与行为，又会反过来提高其幸福感和对生活的满意度。

最后，我们发现健康水平对城市劳动力参与社团组织的效应是显著负向的，劳动力的自评健康得分每提升1分，其参与社团组织的偶值比减小9%，这与我们的预期明显不符。背后的原因，既可能是对健康水平的测量方式不够准确，也有可能是未考虑健康水平对不同年龄段人群的效应差异，如一项对老年人社会参与和自评健康关系的研究发现，自评健康好的老人比自评健康差的老人参与社会活动的偶值比高出22%~40%（陆杰华等，2017）。本章只是提出一些初步的分析发现，要厘清这些问题，需要进一步细化研究设计。

三 小结

2012~2016年，全国城市社区劳动力的社团组织参与率经历了一个大幅下降→小幅上升的过程。总体而言，当前中国劳动力的社会组织和社团参与仍处于较低水平，人们还没有养成经常性的社会参与习惯。城市地区劳动力的社团组织参与存在显著的性别、年龄、户籍和地区差异：女性劳动力、低龄劳动力、非农户籍劳动力和一线城市劳动力的社团组织参与比例更高。

在参与社团组织的类型方面，大部分成员分布在居委会、休闲娱乐体育类沙龙和学习/培训类机构中。居委会作为以社区为单位的基层群众性自治组织，其参与率却在三轮调查期间有较为明显的下降，业主委员会的参与率则在2014~2016年之间有较大增幅（尽管参与率仍处于较低水平）。休闲娱乐沙龙类、学习/培训类和公益志愿类的社团组织，参与率均在2014~2016有较大提升，同乡会和宗亲组织这类基于地缘或亲缘的社团组织参与率增长较缓，而宗教类的社团组织参与率在三轮调查期间变化最小。

从各类社团组织成员的参与活跃度来看，在居委会和社工机构中，高活跃度成员比例在近年来有了较大提升，业主委员会的高活跃成员比例却在2012~2016年发生了"先升后降"的变化。休闲娱乐体育类的社团组织经历了高活跃度成员比例的大幅度下降，类似的还有宗亲组织和公益志愿类的社团组织。学习/培训机构、同乡会和宗教组织的高活跃度成员比例，都呈现出先降后升的趋势。

从社会人口特征、社会经济特征和对社会生活的主观评价的角度，我们分析了城市劳动力社会组织参与的影响因素，发现在控制其他变量后，性别、年龄、户籍、地区、政治面貌、宗教信仰、教育、收入、阶层、幸福感和健康都对个人是否参与社团组织有显著效应。

从历史上看，中国并没有形成一个很深厚的社会成员完全自发的社会组织参与，或西方意义上的"公民参与"（civic engagement）传统。有学者指出，中华人民共和国成立后出现的"群众参与"的社会参与模式，是在国家动员下的组织化参与，具有"国家动员""庇护主义"和"精英动员"的特点（杨敏，2005）。这种"国家动员－群众参与"的模式之烙印，在改革后的市场社会主义阶段仍发挥着深刻作用，既形塑着社会组织发育和发展的制度和社会空间，也对组织参与者造成影响。

在社会组织层面，改革近40年来，中国社会组织的发展经历了"从无到有"到"规范管理－发展高潮"两个主要阶段（王名，2009）。到2011年，全国共有社会组织46.2万个，吸纳了599.3万人就业，形成固定资产达1885亿元（夏建中、张菊枝，2014）。尽管经历了长足发展，当前中国的社会组织仍面临着问题与阻碍，其中受到学界关注的，主要是由过于理想化的角色期待，以及制度环境制约所共同造成的社会组织的角色困境（文军，2012）。这种"角色困境"往前追溯，同样可以涉及改革前的"国家动员－群众参与"

的社会参与模式——中国社会组织的发展，本就是一个国家主导和推动的"自上而下"的过程，那么社会组织自身运作和发展的空间，在很大程度上受到现行政策、制度环境乃至资源的约束，也是自然而然的。

另外，对于社会组织的参与者即普通居民而言，在既有的"社区动员"框架下，动员和组织参与的主体是被上级政府赋予行政权威的居委会，而居民本身则往往变成"被动员"的"客体"，其社会参与的域界也时常被限制在社区之内，长此以往参与意愿和行动上的积极性也不会太高；即使居民能基于共同的兴趣爱好、权益诉求形成超越社区参与范畴的社会组织参与，在现实中也容易受到权力和资本的联合压制（杨敏，2005）。而社会大众对社会组织赋予过高的"道德化/公益性"期望，也容易使他们在这些组织行动力不足之时，对其产生"信任危机"甚至将其边缘化或污名化。在这些"危机"和"失望"之下，民众个人对参与社会组织和公共生活的热情下降，最终也不利于社会建设和治理的良好发展。

结合本章中的数据发现和相关文献归纳，可以看到一方面是社会组织似乎在蓬勃发展，另一方面是作为社会组织参与主体的城市劳动力的低参与水平，这可能正是当前中国社会组织和公民参与遭遇僵局的体现。当然，从乐观的角度来看，困局既是危机，也能成为打破瓶颈的发展机遇。

参考文献

1. 蔡禾、王进：《"农民工"永久迁移意愿研究》，《社会学研究》2007年第6期。
2. 陈福平：《强市场中的"弱参与"：一个公民社会的考察路径》，《社会学研究》2009年第3期。
3. 陈福平：《市场社会中社会参与的路径问题——关系信任还是普遍信任》，《社会》2012年第32（2）期。
4. 陈茗、林志婉：《城市老年人参与社会公益活动的意愿及其影响因素》，《人口学刊》2004年第3期。
5. 陈钊、陆铭、徐轶青：《移民的呼声——户籍如何影响了公共意识与公共参与》，《社会》2014年第34（5）期。
6. 董小苹：《1992~2012：中国青少年的社会参与》，《青年研究》2013年第6期。
7. 董艳春：《未成年人互联网自我表达和社会参与状况调查研究》，《中国青年研究》2017 年第 1 期。

8. 高中建：《"80 后"新生代社会认同与社会建设参与现状研究——以河南 8 个城市的调查数据为例》，《中国青年研究》2011 年第 9 期。
9. 胡荣、胡康：《城市居民的社会交往与社会资本建构》，《社会科学研究》2007 年第 4 期。
10. 胡荣、李静雅：《城市居民信任的构成及影响因素》，《社会》2006 年第 26（6）期。
11. 黄晓春：《当代中国社会组织的制度环境与发展》，《中国社会科学》2015 年第 9 期。
12. 李丁、卢云峰：《华人社会中的宗教信仰与公共参与：以台湾地区为例》，《学海》2010 年第 3 期。
13. 刘安：《社区业主委员会的发展与城市社区自治》，《南京社会科学》2006 年第 1 期。
14. 刘安：《业委会发展的困境及其突破》，《城市问题》2012 年第 3 期。
15. 刘欣：《中国城市的阶层结构与中产阶层的定位》，《社会学研究》2007 年第 6 期。
16. 陆杰华、李月、郑冰：《中国大陆老年人社会参与和自评健康相互影响关系的实证分析——基于 CLHLS 数据的检验》，《人口研究》2017 年第 1 期。
17. 马卫红：《后选举时代城市居民委员会的生存困境及其原因分析》，《长春市委党校学报》2010 年第 4 期。
18. 孙中伟、黄时进：《"中产"更环保吗？城市居民的低碳行为及态度——以上海市黄浦区为例》，《人口与发展》2015 年第 21（3）期。
19. 汪润泉：《中产阶级的公共意识与公共参与——基于中产阶级类型化的比较分析》，《江汉学术》2016 年第 35（6）期。
20. 王兵：《当代中国人的社会参与研究述评》，《哈尔滨工业大学学报》（社会科学版）2012 年第 6 期。
21. 王冠：《动员式参与与主体间性：居委会的社区参与策略考察》，《北京科技大学学报》（社会科学版）2011 年第 27（4）期。
22. 王莉莉：《中国老年人社会参与的理论、实证与政策研究综述》，《人口与发展》2011 年第 17（3）期。
23. 王名：《走向公民社会——我国社会组织发展的历史及趋势》，《吉林大学社会科学学报》2009 年第 49（3）期。
24. 王新松、张秀兰：《中国中产阶层的公民参与——基于城市社区调查的实证研究》，《经济社会体制比较》2016 年第 1 期。
25. 王新松、赵小平：《中国城市居民的志愿行为研究：人力资本的视角》，《北京师范大学学报》（社会科学版）2013 年第 3 期。

26. 韦璞:《老年妇女社会参与现状及其影响因素——基于上海市调查数据的实证研究》,《人口与发展》2007 年第 13(6)期。
27. 文军:《中国社会组织发展的角色困境及其出路》,《江苏行政学院学报》2012 年第 1 期。
28. 夏建中、张菊枝:《我国社会组织的现状与未来发展方向》,《湖南师范大学社会科学学报》2014 年第 43(1)期。
29. 于显洋:《中产阶层的社区参与:意识与渠道研究》,《湖南师范大学社会科学学报》2008 年第 37(2)期。
30. 杨华、项莹:《浙江农村老年人社会参与影响因素研究》,《浙江社会科学》2014 年第 11 期。
31. 杨敏:《公民参与、群众参与与社区参与》,《社会》2005 年第 25(5)期。
32. 张华:《1949~2009:中国青年社会参与的特点和历史经验》,《中国青年研究》2009 年第 10 期。
33. 张文娟、赵德宇:《城市中低龄老年人的社会参与模式研究》,《人口与发展》2015 年第 21(1)期。
34. 张雪霖、王德福:《社区居委会去行政化改革的悖论及其原因探析》,《北京行政学院学报》2016 年第 1 期。
35. Campbell D. E. , "Civic Engagement and Education: An Empirical Test of the Sorting Model", *American Journal of Political Science*, 2009, 53 (4): 771 – 786.
36. Crystal D. S. , Debell M. , "Sources of Civic Orientation among American Youth: Trust, Religious Valuation, and Attributions of Responsibility", *Political Psychology*, 2002, 23 (1): 113 – 132.
37. Egerton M. , "Higher Education and Civic Engagement", *British Journal of Sociology*, 2002, 53 (4): 603 – 620.
38. Gesthuizen M. , Scheepers P. , "Educational Differences in Volunteering in Cross-national Perspective: Individual and Contextual Explanations", *Nonprofit and Voluntary Sector Quarterly*, 2012, 41 (1): 58 – 81.
39. Lam Puiyan, "Religion and Civic Culture: A Cross-National Study of Voluntary Association Membership", *Journal for the Scientific Study of Religion*, 2006, 45 (2): 177 – 193.

图书在版编目（CIP）数据

中国劳动力动态调查. 2017年报告 / 蔡禾主编. ——
北京：社会科学文献出版社，2017.11
 ISBN 978 - 7 - 5201 - 1642 - 8

Ⅰ.①中… Ⅱ.①蔡… Ⅲ.①劳动力 - 调查报告 - 中
国 - 2017 Ⅳ.①F249.21

中国版本图书馆CIP数据核字（2017）第260897号

中国劳动力动态调查：2017年报告

主　　编 / 蔡　禾

出 版 人 / 谢寿光
项目统筹 / 王　绯　赵慧英
责任编辑 / 赵慧英

出　　版 / 社会科学文献出版社·社会政法分社（010）59367156
　　　　　　地址：北京市北三环中路甲29号院华龙大厦　邮编：100029
　　　　　　网址：www.ssap.com.cn
发　　行 / 市场营销中心（010）59367081　59367018
印　　装 / 北京季蜂印刷有限公司

规　　格 / 开　本：787mm × 1092mm　1/16
　　　　　　印　张：26.75　字　数：449千字
版　　次 / 2017年11月第1版　2017年11月第1次印刷
书　　号 / ISBN 978 - 7 - 5201 - 1642 - 8
定　　价 / 118.00元

本书如有印装质量问题，请与读者服务中心（010 - 59367028）联系

▲ 版权所有 翻印必究